U1006203

中宣部2019年主题出版重点出版物

中国社会科学院创新工程项目

中华人民共和国史研究丛书

主编　武　力

中华人民共和国文化史
（1949—2019）

第二版

The Cultural History of the People's Republic of China (1949—2019)

欧阳雪梅　主编

当代中国出版社
Contemporary China Publishing House
2019年·北京

图书在版编目（CIP）数据

中华人民共和国文化史：1949-2019 / 欧阳雪梅主编．-- 2 版．-- 北京：当代中国出版社，2019.9（2019.11 重印）
（中华人民共和国史研究丛书 / 武力主编）
ISBN 978-7-5154-0966-5

Ⅰ．①中… Ⅱ．①欧… Ⅲ．①文化史－中国－ 1949-2019 Ⅳ．① K270.3

中国版本图书馆 CIP 数据核字（2019）第 181257 号

出 版 人　曹宏举
特约编辑　陈立旭
责任编辑　宗　边
责任校对　康　莹
封面制作　创世禧图文
出版发行　当代中国出版社
地　　址　北京市地安门西大街旌勇里 8 号
网　　址　http://www.ddzg.net　邮箱：ddzgcbs@sina.com
邮政编码　100009
编 辑 部　（010）66572264　66572154　66572132　66572180
市 场 部　（010）66572281　66572161　66572157　83221785
印　　刷　北京润田金辉印刷有限公司
开　　本　720 毫米 × 1060 毫米　1/16
印　　张　29.75 印张　2 插页　440 千字
版　　次　2019 年 9 月第 2 版
印　　次　2019 年 11 月第 2 次印刷
定　　价　74.00 元

版权所有，翻版必究；如有印装质量问题，请拨打（010）66572159 转出版部。

“中华人民共和国史研究丛书”编委会

主　编　武　力

编　委　（以姓氏笔画为序）

王巧荣　王爱云　宋月红　张金才

李　文　李正华　欧阳雪梅　武　力

罗燕明　郑有贵　姚　力　郭志刚

第二版序言

古人说“欲知大道，必先为史”。习近平总书记也指出：“重视历史、研究历史、借鉴历史，可以给人类带来很多了解昨天、把握今天、开创明天的智慧。”十八大以来，以习近平同志为核心的党中央多次强调全党和全国人民要加强对中共党史和新中国历史的学习。当代中国研究所作为中央赋予“研究、编撰、宣传”新中国史的专门机构和“国家队”，从2013年开始编撰“中华人民共和国史研究丛书”，并列入中国社会科学院创新工程项目，研究对象的时间下限为2012年中共十八大之前。到2016年10月，该项目顺利结项并出版以下6卷：《中华人民共和国政治史》《中华人民共和国经济史》《中华人民共和国文化史》《中华人民共和国社会史》《中华人民共和国外交史》《中华人民共和国史研究的理论与方法》。丛书出版后，得到有关专家学者的好评，并被列入2016年中国社会科学院向社会推介的创新工程重要成果。中华人民共和国史学会会长朱佳木同志认为这套丛书是中华人民共和国史研究构建自身学科体系、话语体系的又一创新成果，也是国史研究继续深化和细化的基础性成果。

这次出版的第二版，除了对第一版进行修改提炼外，主要是增补了党的十八大以来的历史。这次增补，继续得到中共党史文献研究院、中共中央党校等单位专家的帮助，并经中央权威部门审定出版。在这里对上述单位和专家长期一贯的支持和帮助表示衷心感谢。此外，我们还计划于近期陆续出版《中华人民共和国国防史》《中华人民共和国“一国两制”史》

《中华人民共和国生态文明史》《中华人民共和国民族工作史》《中华人民共和国科技史》《中华人民共和国教育史》等，不断拓展中华人民共和国史研究的广度和深度，不断完善学科体系、学术体系和话语体系，为广大党员干部及人民群众学习新中国史提供满意的读本，发挥好“存史、资政、育人、护国”的作用。

从人类发展的长河和中华民族悠久历史来看，新中国70年的历史很短，可以说只是一瞬间，但它却辉煌壮丽，气象万千，是中华民族五千多年历史的一个重大转折点，也对世界历史的进程产生了深刻影响。这个重大转折及其意义，要求我们去记述好、认识好、宣传好，这是时代的要求，是党和人民的要求，我们作为新中国历史的研究者，任重道远。

我们坚信，在以习近平同志为核心的党中央领导下，在中国社会科学院党组的指导下，在全国党史和新中国史研究机构和专家学者的大力支持下，我们一定不辱使命，通过不断深入研究和增补修订，使这套丛书日趋完善。

当代中国研究所　武　力

2019年9月

目　录

绪　言

一、中华人民共和国文化史的研究对象

学术界关于文化词义的界定有几百种，见仁见智。联合国教科文组织将文化定义为某一社会或社会群体特有的精神与物质、智力和情感方面的不同特点之总和，除了文学和艺术，还包括生活方式、聚居方式、价值体系、传统和信仰。按照联合国教科文组织的解释，文化领域代表一系列具有文化性的生产制造、活动和实践，可以归为文化和自然遗产、表演和节庆、视觉艺术和手工艺、书籍报刊、视听和交互媒体、设计和创意服务六大类，以及非物质文化遗产，它们代表着最为核心的文化领域。横向领域有教育和培训、存档和保护、装备和辅助材料，相关领域包括旅游、体育及娱乐。

马克思主义唯物史观认为，文化是一个社会历史范畴，与经济、政治相关联。恩格斯指出：“政治、法、哲学、宗教、文学、艺术等等的发展是以经济发展为基础的。但是，它们又都互相作用并对经济基础发生作用。”[①] 毛泽东在此基础上作了进一步的概括：“一定的文化（当作观念形态的文化）是一定社会的政治和经济的反映，又给予伟大影响和作用于一

①《马克思恩格斯选集》第 4 卷，人民出版社 1995 年版，第 732 页。

定社会的政治和经济。”[①] 中国共产党是从文化与经济、政治的关系来考察文化，揭示文化的本质，认识文化在社会发展中的地位和作用的。

中华人民共和国文化史是研究中华人民共和国（以下简称“新中国”）在中国共产党领导下，以马克思主义为指导，组织人民开展文化建设，推动文化繁荣发展的历史。新中国成立以来，文化的范畴尤其是核心文化领域，是比较确定的，但在不同历史时期有所调整，表述也有所变化。1949 年 9 月通过的《中国人民政治协商会议共同纲领》，将国民公德、自然科学、社会科学、文学艺术、教育、体育、卫生、新闻出版等列入文化建设的范畴。[②] 改革开放后，邓小平提出社会主义精神文明的概念，指出精神文明不但是指教育、科学、文化，而且是指共产主义的思想、理想、信念、道德、纪律，革命的立场和原则，人与人的同志式关系等。[③] 文化与经济、政治相对应，精神文明与物质文明相对应。文化、文化建设和精神、精神文明建设，是从不同视角所作的两种表述方式。虽然前者涵盖的内容比后者更为宽广，但就实质和要义而言，二者完全吻合并相互贯通。

1991 年 7 月 1 日，江泽民在庆祝中国共产党成立 70 周年大会上的讲话中论述有中国特色社会主义的文化，明确指出，文化领域包括教育、科学、文学艺术、新闻出版、广播影视、卫生、体育、图书馆、博物馆等各种文化事业及多种形式的群众文化娱乐活动。[④] “科教兴国”战略确立后，在国家政策中教育与科学逐步相对独立。在 1996 年出台的《关于加强社会主义精神文明建设若干重要问题的决议》中，精神文明建设内容包括思想道德和教育科学文化，文化事业包括文学艺术、新闻出版、哲学社会科学等。中共十五大明确了“发展教育和科学，是文化建设的基础工程”，哲学社会科学是“科学”的一部分，“发展文学艺术、新闻出版、广播影

①《毛泽东选集》第 2 卷，人民出版社 1991 年版，第 663—664 页。

② 参见《建国以来重要文献选编》第 1 册，中央文献出版社 2011 年版，第 9—10 页。

③ 参见《邓小平文选》第 2 卷，人民出版社 1994 年版，第 367 页。

④ 参见《江泽民文选》第 1 卷，人民出版社 2006 年版，第 160 页。

视等事业，是文化建设的重要内容”[①]。

2002年，中共十六大区分了公益性文化事业与经营性文化产业。2011年10月，中共十七届六中全会通过的《关于深化文化体制改革推动社会主义文化大发展大繁荣若干重大问题的决定》，重点研究部署与经济建设、政治建设、社会建设相对应的文化建设，内容包括社会主义核心价值体系、哲学社会科学、新闻舆论、文学艺术、网络文化、公益性文化事业、文化产业、对外文化交流与合作、文化人才队伍、群众性文化活动等。《决定》“对教育、科技、体育等领域，在与文化建设直接相关的问题上也有所涉及”[②]。2012年发布的国家“十二五”时期文化改革发展规划纲要提出九大任务，主要包括社会主义核心价值体系建设、公共文化服务体系建设、现代文化产业体系建设、文化体制机制改革创新、文化产品创作生产引导、传播体系建设、文化遗产保护传承与利用、对外文化交流与合作和文化人才队伍建设。中国特色社会主义理论体系的学习研究宣传、哲学社会科学发展、思想道德建设属于社会主义核心价值体系建设内容；公共文化服务体系建设包括文化馆、博物馆、图书馆、美术馆、科技馆、纪念馆、工人文化宫、青少年宫等公共文化服务设施和爱国主义教育示范基地建设与服务以及群众性文化活动开展。文化规划在布局谋篇上突出了时代特征，事业与产业并重，创作生产与传播消费相连，国内与国际呼应。

中共十八大以来，文化建设被列为“五位一体”总体布局的有机组成部分，《国家“十三五”时期文化发展改革规划纲要》突出加强思想理论建设，提高舆论引导水平，培育和践行社会主义核心价值观，繁荣文化产品创作生产，加快建设现代公共文化服务体系建设，完善现代文化市场体系和现代文化产业体系，传承弘扬中华优秀传统文化，推动中国特色社会主义文化制度成熟定型，提升文化开放水平，增强国家文化软实力和国际话语权。

---

①《江泽民文选》第2卷，人民出版社2006年版，第34页。

② 李长春:《关于〈中共中央关于深化文化体制改革推动社会主义文化大发展大繁荣若干重大问题的决定〉的说明》,《人民日报》2011年10月27日。

从上述历史脉络可以看出，与经济、政治、社会对应的文化范畴很广泛，包括思想道德、社会主义核心价值体系、哲学社会科学、新闻出版、广播影视、文学艺术、公共文化服务体系、文化产业、文化遗产保护、对外文化交流与合作、文化人才队伍等核心的文化领域；教育、科学、体育作为与文化紧密相关的领域，仍然纳入文化史研究范畴，但对教育和科技的描述偏重于其有关思想理念、政策、制度体制和成就方面的内容。本书研究的是大文化，与联合国教科文组织定义的文化大部分重合，但范围更广阔。

作为中华人民共和国史的分支学科，本书从文化的角度记述中华人民共和国史的全过程。由于篇幅所限，中华人民共和国文化史研究不可能对上述头绪众多的文化领域一一进行全面梳理，而是以新中国发展为历史背景，以客观史实为基础，以中国特色社会主义文化发展道路探索为主线，梳理新中国成立 70 年来文化建设与发展的主体脉络，重点关注国家层面有关文化建设理论、方针、政策的演变及实践成果，考察文化领域的制度建设，介绍、分析文化领域具有重大意义的标志性事件、问题和社会思潮，以及人民群众有代表性的文化创造，体现每一历史时期文化建设与发展的阶段性特征，总结经验教训，把握当代中国文化发展规律。

二、中华人民共和国文化建设的主要特征

占主导地位的文化性质，是由占主导地位的经济和政治状况决定的。新中国文化建设有自己的特征，主要表现在以下几个方面：

（一）坚持马克思主义在文化建设中的指导地位

以马克思主义为指导，是中国特色社会主义文化最鲜明的特征。马克思主义是人类思想史上最重要的科学认识成果，是在批判地继承德国古典哲学、英国政治经济学和法国空想社会主义等诸多人类优秀成果的基础上发展起来的，主要由哲学、政治经济学、科学社会主义三大部分构成，本身具有文化形态。马克思主义以科学的世界观作为理论的基础，深刻揭示了自然界、人类社会、人类思维发展的普遍规律，为人类社会发展进步指明了方向；马克思主义坚持实现人民解放、维护人民利益的立场，以实

现人的自由而全面的发展和全人类解放为己任，反映了人类对理想社会的美好憧憬；马克思主义揭示了事物的本质、内在联系及发展规律，是“伟大的认识工具”，是人们观察世界、分析问题的有力思想武器；马克思主义具有鲜明的实践品格，不仅致力于科学解释世界，而且致力于积极改变世界，是指引人民推动社会进步、创造美好生活的科学理论。“马克思的思想理论源于那个时代又超越了那个时代，既是那个时代精神的精华又是整个人类精神的精华。”①

十月革命一声炮响，给中国送来了马克思主义。中国先进知识分子在“翘首以迎世界新文明之曙光”②，尝试用无产阶级的宇宙观作为观察国家命运的工具，思考解决中国问题的出路时，也开始研讨和阐发学理，运用唯物史观阐释历史学、政治哲学、人类学古史研究、东西文化关系等问题。如李大钊的《史学要论》、蔡和森的《社会进化史》、杨明斋的《评中西文化观》、李达的《现代社会学》等。瞿秋白的《社会哲学概论》对辩证唯物主义的阐释，使马克思主义显示出学理的深刻性和彻底性，焕发出独特的思想活力和理论魅力。③“自从中国人学会了马克思列宁主义以后，中国人在精神上就由被动转入主动。”④

中国共产党成立后，在革命、建设、改革各个历史时期，坚持把马克思主义基本原理同中国具体实际相结合，运用马克思主义立场、观点、方法，研究解决各种重大理论和实践问题，不断推进马克思主义中国化，产生了毛泽东思想、邓小平理论、“三个代表”重要思想、科学发展观、习近平新时代中国特色社会主义思想等马克思主义中国化、时代化的重大理论成果，极大地丰富和发展了当代马克思主义。党的理论创新每前进一步，党的理论武装就跟进一步。党重视马克思主义研究宣传阐释，推进党的理论创新成果深入人心，统一了思想、凝聚了共识，巩固了全党全社会

---

① 习近平：《在纪念马克思诞辰200周年大会上的讲话》，《人民日报》2018年5月5日。

②《李大钊全集》第2卷，人民出版社2006年版，第228页。

③ 参见李维武：《以学术展现前所未有的新型社会理想和人生理想——中国早期马克思主义者对新文化运动的学术贡献》，《中国社会科学报》2015年4月20日。

④《毛泽东选集》第4卷，人民出版社1991年版，第1405页。

团结奋斗的共同思想基础。与时俱进的马克思主义指导、引领了中国社会主义先进文化的前进方向，充分发挥其凝聚力量、引领风尚、教育人民的作用，确立巩固和壮大了社会主义意识形态阵地。中国化的马克思主义是理论和文化创新的旗帜。马克思主义基本原理，马克思主义中国化形成的成果及其文化形态是中国社会主义文化的主体内容和最大增量。

“坚持以马克思主义为指导，核心要解决好为什么人的问题。”[①] 新中国文化建设恪守这一马克思主义观点，发展民族的、科学的、大众的文化，从“提高全民族的思想文化素质，为经济建设服务”到“注重满足人民群众的精神文化需求”，再到“保障人民群众基本文化权益”，“人民对美好生活的向往，就是我们的奋斗目标”，坚持“以人民为中心”的工作导向，坚持人民的主体性，为了人民、依靠人民，把满足人民精神文化需求作为文化建设的出发点和落脚点，坚持面向基层、面向群众，鼓励创作生产更多受到群众欢迎的文化产品，让文化发展成果惠及全体人民；提出以文化人、以文育人、以文培元，以培养有理想、有道德、有文化、有纪律的社会主义公民为目标，推动了人的全面发展。

（二）根植于中华优秀传统文化的沃土

文化具有继承性。新中国的新文化从哪里来，“必须把前头的时代略微认清，才能知道那来龙去脉”[②]。博大精深的中华传统优秀文化是当代中国文化发展的重要资源。中国是世界四大文明古国之一，中国人民在几千年历史长河中，从思想到器物，从制度到文化，从艺术到科技，都创造了辉煌成就。春秋战国时期，中国就产生了老子、孔子、庄子、孟子、墨子、孙子、韩非子等伟大思想巨匠，他们提出“协和万邦，四海一家”“大道之行，天下为公”等社会理想愿景，“道之以德，齐之以礼”“兼爱非攻”“和而不同”等社会治理方案，“天人合一”“合同异、离坚白”“齐物论、逍遥游”等思维方式。中国建设了万里长城、都江堰、大运河、故宫、布达拉宫等气势恢宏的伟大工程。每一个历史时期，中华民族都留下

① 习近平：《在哲学社会科学工作座谈会上的讲话》，《光明日报》2016 年 5 月 19 日。
② 梁启超：《中国近代三百年学术史》，东方出版社 2004 年版，第 2 页。

了无数不朽的文学艺术作品，创作了从诗经、楚辞、汉赋，到唐诗、宋词、元曲、明清小说等伟大文艺作品，传承了格萨尔王、玛纳斯、江格尔等震撼人心的伟大史诗。中国发明的造纸术、火药、印刷术、指南针等对世界影响深远，在天文、算学、医学、农学等多个领域创造的成果对世界文明进步贡献巨大。汉字、儒家思想、家族与政治伦理、太学与科举制度等在东亚及东南亚传播，到唐代已基本形成儒家文化圈。在17世纪前，中国是世界上文化最发达的国家，中华文化丰富的传承性、内源性、原创性、连续性，都是独树一帜的。新社会形态的文化并不是对旧社会形态文化的简单否定，而是在新的时代条件下的积极扬弃。毛泽东在领导新民主主义文化建设的过程中明确指出："我们信奉马克思主义是正确的思想方法，这并不意味着我们忽视中国文化遗产和非马克思主义的外国思想的价值。"① 中国共产党确立了对传统文化取其精华、去其糟粕，古为今用、推陈出新的科学态度，但对"精华"的内涵在不同的历史发展阶段有不同的认知。

在新中国成立初期，为与新的经济基础和传统文化转型的要求相适应，批判旧礼教、旧道德、旧思想，破旧立新是第一位的，继承的主要是包含人民性的文化遗产、中华美德、民族精神，从推陈出新出发，民族传统戏曲艺术遗产的整理和革新取得了不小成绩，从"古为今用"意义上，分门别类地整理古籍。开展全面建设社会主义时期，我国开始强调"对中国的文化遗产，应当充分地利用，批判地利用"②，以保持文化的民族特点、民族风格，逐步建立了文物保护制度。但让人痛心的是"文化大革命"中破"四旧""批儒评法"，不适当地否定、破坏了很大一部分传统文化及遗存。

改革开放后，中国学习国际先进管理经验和科学技术，谋经济发展的同时也扩大中外文化交流，西方各种文化学说、思想体系、学术观点如潮涌入，许多人把各种西方思想作为主要的思想资源，把传统文化视为中

---

①《毛泽东思想年编（1921—1975）》，中央文献出版社2011年版，第393页。
②《毛泽东文集》第8卷，人民出版社1999年版，第225页。

国现代化的包袱，在20世纪80年代中后期发展到极致，出现了彻底否定中国文化传统，力主全盘西化的文化虚无主义现象。“文化热”中，以中国文化书院为代表，研究中国哲学，进行中西文化比较，举办中外比较文化系列讲座与研究班、面向驻京外国友人开展中国文化系列讲座，进行国际性学术研讨，主张将强调人文主义的儒学与强调理性主义的西方哲学对话，以儒家文化应对西方文化的不足[①]，代表了知识界理性地对待传统文化的认知。“八九政治风波”后，为有效地抵御“西化”“自由化”，1990年1月，李瑞环在全国文艺工作者情况交流座谈会上发表《关于弘扬民族优秀文化的若干问题》的讲话，在重申“取其精华，去其糟粕”“古为今用，推陈出新”原则的基础上，指出：对待民族文化遗产，不能用今天的标准去苛求，苛求势必导致历史虚无主义；文化遗产具有相对的稳定性，具有超越阶级和时代的继承性和借鉴性，“我们的先辈在治理国家、修养品德、成就事业等方面”的宝贵经验可资借鉴[②]，阐述了对传统文化的理解和尊重态度。江泽民明确有中国特色社会主义的文化“渊源于中华民族五千年文明史，又植根于有中国特色社会主义的实践”[③]。在爱国主义旗帜下，弘扬祖国传统文化和民族精神日益受到重视。中共十七大提出“弘扬中华文化，建设中华民族共有精神家园”的任务，要求“全面认识祖国传统文化，取其精华，去其糟粕，使之与当代社会相适应、与现代文明相协调，保持民族性，体现时代性”[④]。

中共十八大以来，中共中央从中华民族伟大复兴的视角，反复强调中华优秀传统文化是中华民族最基本的文化基因，是中华民族的精神命脉，积淀着中华民族最深层的精神追求，代表着中华民族独特的精神标识，是我们在世界文化激荡中站稳脚跟的根基。2014年，习近平出席纪念孔子诞辰2565周年国际学术研讨会，系统阐发了对以儒学为代表的中

① 见陈越光：《八十年代的中国文化书院》，生活·读书·新知三联书店2018年版，第67—107页。

②《十三大以来重要文献选编》（中），中央文献出版社2011年版，第279页。

③《十五大以来重要文献选编》（上），中央文献出版社2011年版，第30页。

④《十七大以来重要文献选编》（下），中央文献出版社2013年版，第27页。

国传统文化的看法。他指出：“中国优秀传统文化的丰富哲学思想、人文精神、教化思想、道德理念等，可以为人们认识和改造世界提供有益启迪，可以为治国理政提供有益启示，也可以为道德建设提供有益启发。”[①]他要求加强对中华优秀传统文化的挖掘和阐发，努力实现中华传统文化的创造性转化、创新性发展，把跨越时空、超越国度、富有永恒魅力、具有当代价值的文化精神弘扬起来。[②]

这就是说，中国随着封建君主制的结束，儒家作为国家主导意识形态的功能已不复存在，“中国共产党继承儒学中的优秀文化，但不会延续道统”[③]。中华民族优秀文化包含的核心思想理念、中华人文精神、传统美德，是中华民族的突出优势，是我们最深厚的文化软实力。中华民族五千年文明创造的博大精深的中华文化，厚重的史学传统、绚丽的文学艺术、博大精深的哲学智慧、良好的教育传统中许多富有民族性和生命力的因素，得以重视与传承。比如，天下为公、大同世界的思想，自强不息、厚德载物的精神，以民为本、安民富民乐民的思想，为政以德、政者正也的思想，革故鼎新、与时俱进的思想，脚踏实地、实事求是的思想，经世致用、知行合一、躬行实践的思想，集思广益、群策群力的思想，仁者爱人、以德立人的思想，以诚待人、讲信修睦的思想，清廉从政、勤勉奉公的思想，俭约自守、力戒奢华的思想，求同存异、和而不同的思想，居安思危的思想等等[④]，是中国当代文化的宝贵资源，其中不少优秀传统思想经过改造被赋予了时代内涵。如实事求是成为中国共产党的思想路线。从“民本”到“为人民服务”“以人为本”，“以德治国”，社会主义核心价值观中的“和谐”“爱国”“诚信”“友善”“公正”“平等”等概念，均是对传统文化的继承与弘扬。“己所不欲，勿施于人”“求同存异”，转换为中国国际交往的原则。中华文化的价值内涵与人文精神已经深深浸润到民族

---

①《在纪念孔子诞辰 2565 周年国际学术研讨会暨国际儒学联合会第五届会员大会开幕会上的讲话》的观点，见《光明日报》2014 年 9 月 25 日。

②《习近平谈治国理政》，外文出版社 2014 年版，第 104 页。

③ 陈先达：《哲学的困境与中国哲学的前景》，《光明日报》2017 年 2 月 13 日。

④《光明日报》2014 年 9 月 25 日。

文化心理中，塑造了中华民族的民族性格与民族精神。许多喜闻乐见的传统文化样式，更是社会主义文化借鉴和利用的资源。新中国的文化是从延续民族文化血脉中开拓前进的，中国优秀传统文化为中国特色社会主义文化提供了丰厚的滋养，是中国道路生于斯、长于斯的深厚土壤，也是中华民族崛起和中国现代化道路成功的深层次文化支撑。

（三）延续五四新文化精神，继承新民主主义革命文化

中国古代文明在鸦片战争后受到西方近代文明的强力冲击，中华传统文化尚未实现自我扬弃便遭遇西方近代文化撞击而被动转型。五四新文化运动是中国文化转型的分水岭。以 1915 年陈独秀创办《青年杂志》（1916 年改为《新青年》）为标志兴起的新文化运动，以民主和科学为旗帜，对封建主义旧思想、旧文化、旧礼教宣战。新文化运动初期是在西方资产阶级民主主义旗帜下进行的，倡导个性解放和人格独立，思想解放，民主与科学，打破了传统社会“独尊儒学”的思想专制，颠覆了延续两千余年的儒家文化话语霸权[①]，为新思想的传播扫清了道路，是中国传统文化向现代文化转型所不可缺少的前提条件，同时把人的解放与国家的振兴联系起来，启发新觉悟造就新青年。这种以思想革命解决政治问题，将文化创新与社会改良相结合的思路，是中国思想界转变的重要契机。西方各种思想和学说纷至沓来，资产阶级启蒙思想、社会改良主义、实验主义、空想社会主义、马克思主义等纷纷登场，掀起了思想解放的潮流。新文化运动将“民主与科学”确定为中国所要建构的现代新文化之核心价值，主张既要向西方学习，引进和吸收西方近代文化，又要整理和研究中国传统文化，以创造中华民族新文化的思想和主张，即“再造文明”[②]，这是中国文化自觉的起点。胡适提倡白话文学，继而提倡以科学的方法整理国故。鲁迅是新文学的导师，他创作的《狂人日记》等小说不仅奠定了中国新文学的基础，而且也是百年中国文学难以逾越的高峰。中国迎来了一个大师辈出、百舸争流的时代。当时“最要紧的是改革国民性”[③]，文言文改白话

---

① 郑大华：《五四新文化运动：“多元的文化观念”》《史学月刊》2016 年第 3 期。

② 胡适：《新思潮的意义》，《新青年》第 7 卷第 1 号，1919 年 12 月。

③《鲁迅全集》第 11 卷，人民出版社 1982 年版，第 31 页。

文，创报刊，开展思想启蒙和民众教育，使国家观念得以普及，国民意识得以唤醒，革新文化与革新政治有机地结合起来。

五四运动又推进了新文化运动进一步走向深入。“五四运动爆发于民族危难之际，是一场以先进青年知识分子为先锋、广大人民群众参加的彻底反帝反封建的伟大爱国革命运动，是一场中国人民为拯救民族危亡、捍卫民族尊严、凝聚民族力量而掀起的伟大社会革命运动，是一场传播新思想新文化新知识的伟大思想启蒙运动和新文化运动，以磅礴之力鼓动了中国人民和中华民族实现民族复兴的志向和信心。”[①] 因为巴黎和会将战后德国在华利益转至日本，中国以战胜国的身份得不到应有权益，有强权而无公理，使协约国的道德破产与西方现代性祛魅，绝望的中国精英开始质疑与批判西方的价值观，重新谋求中国的出路与自我救赎之道。陈独秀写道：“什么公理、什么永久和平、什么威尔逊总统十四条宣言，都成了一文不值的空话。”[②] 梁启超发表的《欧游心影录》，断言西方文明已经破产，中国不能再走西方的老路。在民族危机中，1919 年 5 月 4 日，北京的爱国青年学生走上街头，“外争主权，内除国贼”，表现了彻底的不妥协的反帝反封建的爱国主义精神。随后，爱国救亡运动迅速席卷全国。

五四运动中青年的热血担当，把“小我”融于国家民族的“大我”之中，投身到实际的社会活动中去谋求国家民族的复兴，使民主和科学的思想注入了爱国主义，使其具有了全新的灵魂，即民主要把人民当做治理国家的主体，科学就是深深扎根于中国社会的土壤中，脚踏实地地去寻找符合客观实际，推进中国社会变革和进步的办法。[③] 目睹了五四运动的美国哲学家、教育家杜威，为那种浩大的声势所震撼。他于 1919 年 12 月在《亚洲》杂志上发表的《中国人的国家情感》的文章中表示：“如果还有什么地方的人对中国人爱国主义的力量和普及程度抱怀疑态度，那么这种证

---

① 习近平：《在纪念五四运动 100 周年大会上的讲话》，《人民日报》2019 年 5 月 1 日。

②《每周评论》第 20 号，1919 年 5 月 4 日。

③ 参考了以下专家的观点：金冲及：《五四运动百年祭》，《求是》2019 年第 9 期；金民卿：《五四运动的宝贵精神财富及其当代传承》，《光明日报》2019 年 4 月 30 日；仲青平：《以青春之我成就青春中国——写在五四运动 100 周年之际》，《中国青年报》2019 年 4 月 23 日。

明就是深切而且令人信服的教训。”[①] 五四新文化运动铸就爱国、进步、民主、科学的五四精神。

这次思想解放的最大成果，就是马克思主义在中国的传播加速，新文化运动发展为以传播马克思主义为中心的思想运动。五四运动以后，“社会主义热”骤然升温。胡适描述过这种突变：“欧战以后，苏俄的共产党革命震动了全世界人的视听”；“一切价值的重新估定”，“马克思列宁一派的思想就成了世间最新鲜动人的思潮”。[②] 一些先进的中国知识分子认识到只有进行社会革命才能建设新社会，决定走俄国人的路，将马克思主义作为解决中国社会问题的济世药方，一些志同道合者在新的旗帜下开始集结，马克思主义在中国的影响迅速扩大，一批激进的民主主义者转变为马克思主义者。

李大钊分两期在《新青年》发表《我的马克思主义观》，系统地介绍了马克思主义关于“唯物史观”“经济论”“社会主义运动论”的基本原理。一些报刊发表了许多宣传马克思主义的文章。马克思主义、科学社会主义开始成为中国先进思想界的主流。运动后期，青年学生北上南下，进工厂，去乡村，深入工农群众，动员百姓，宣讲新知，有力促进了全民的觉悟和积极参与，准备了马克思主义政党的诞生。在东西文化论战中，以李大钊为代表的早期马克思主义理论家，开始用唯物史观解读东西文化问题，指出充满生命力的社会主义新文化，才是中国以及人类社会未来文化的最终走向。五四精神成为中国共产党精神谱系的源头。五四精神内涵本身已包括在社会主义核心价值观的内涵之中了，如爱国、民主名列其中，进步、科学已蕴含其中。

五四运动是中华民族走向复兴的历史转折点。经过运动洗礼，在中国建立以马克思主义为指导的新型政党的条件逐步成熟。两年后，中国共产党在上海成立，中国进入了中国共产党领导的新民主主义革命时期。为救亡图存，实现国家独立、人民解放、民族自强，在风雨如晦的岁月，中

① 转引自张宝贵编著：《杜威与中国》，河北人民出版社 2001 年版。
② 胡适：《建国问题引论》，《独立评论》第 77 号，1933 年 11 月上旬。

国共产党领导人民浴血奋战，无数革命先烈传承了“富贵不能淫，贫贱不能移，威武不能屈”和“苟利国家生死以，岂因祸福避趋之”的中华民族精神，以“拼将十万头颅血，须把乾坤力挽回”“我以我血荐轩辕”的激昂慷慨来拯救中华民族不畏艰险、永远奋斗、追去真理、勇于牺牲、艰苦创业、奋发图强、无私奉献、开拓创新、锐意进取、勇于担当、求真务实、革命的乐观主义和英雄主义、爱国主义和集体主义等精神，是革命精神主航道中最为耀眼的浪花。在波澜壮阔、艰苦卓绝的革命斗争中，在革命的不同阶段、不同区域，先后孕育了各具特色、又一脉传承的革命文化，以红船精神、井冈山精神、长征精神、延安精神、西柏坡精神等为代表的不同表现形态，以及《为人民服务》《纪念白求恩》《愚公移山》《论共产党员的修养》等阐述中国共产党人思想道德建设的经典文献，表现了革命战争时期中国共产党人的政治理想和价值追求，是引领中国人民“站起来”，去夺取中国革命胜利的文化支撑。这些独特的红色基因、革命精神是革命者的精神标识、中国共产党保持先进性的法宝、攻坚克难的力量源泉。

为唤起民众，掀起伟大的人民战争，为争取国家独立、民族解放而奋斗，中国共产党改革旧的文化教育，领导人民群众共同创造革命的大众文化，解除反动统治阶级施加在工农群众精神上的桎梏。毛泽东在《新民主主义论》中提出建设“人民大众反帝反封建的”“民族的科学的大众的文化”，并强调这种文化“只能由无产阶级的文化思想即共产主义思想去领导”，同时强调民族文化的主体性，指出：批判地清理和继承古代文化“是发展民族新文化提高民族自信心的必要条件”[①]，适当调整五四运动以来否定传统文化的态度，认为中国的旧文化总体上是封建主义的，但有许多进步的、民主的因素；并且主张大量吸收外国的进步文化，为我所用，系统地阐明了中国共产党人建设新文化的主张。1942 年 5 月，毛泽东在延安文艺座谈会发表讲话，进一步全面阐述了文艺与政治、文艺与生活、文艺与人民大众的关系，指出了文艺为人民大众服务的方向，要求文艺要起到提高人民大众、凝聚奋斗力量的作用。

---

① 参见《毛泽东选集》第 2 卷，人民出版社 1991 年版，第 698、707—708 页。

实践上，新民主主义文化建设贯穿于科学、教育、哲学、历史、文学艺术、新闻出版、知识分子政策、语言文字、古今中外文化关系等各领域。在根据地，文化的人民性得到彰显，人民成为文化的主人。中央苏区逐步施行完全免费的普及教育方针，努力开展干部、工农、儿童、师范等多种类型的教育，设有大量小学、夜校、识字班、半日校、星期学校、寒暑假学校、专门学校和高等学校；中央根据地发行的报刊有70多种，出版和翻印图书200多种。文艺方面，人民不仅代替帝王将相、才子佳人成为文艺作品的主人公，甚至语言风格、审美标准和文化趣味上都要求向人民学习，从内容到形式都为人民群众所喜闻乐见。劳动人民在掌握读写能力之后，也进行创作，使中国艺术由宫殿艺术、小众艺术、文人艺术走向大众。如各根据地剧社和地方话剧团体之多、演出之频繁、创作之丰富、民众反映之强烈，曾被戏剧史家称为“戏剧史上的奇观”，成为鼓舞士气、凝聚人心、推动革命前进的有力武器。文化作为无产阶级革命事业的一部分，成为团结人民、教育人民、打击敌人、消灭敌人的有力武器，成为中国革命的一条战线，人民面貌也焕然一新。“中国人民的文化，就其精神方面来说，已经超过了整个资本主义的世界。”①

在国民党统治区，中国共产党领导和影响下的左翼文化运动，一度使唯物辩证法的研究和应用风靡全国；革命文艺创作和文艺大众化的呼声引人注目。20世纪30年代，在围绕中国社会性质、中国社会史、中国农村性质的学术论战中，马克思主义的解答和分析影响巨大。新民主主义时期的文化建设从理论上、实践上和队伍上为新中国的文化建设做了准备。

新中国的文化秉承五四精神，从新民主主义革命文化起步，革命文化是中国革命事业的精神遗产和文化传承，是中国共产党人和广大人民群众优良传统和品格风范的集中体现，是推进中华民族伟大复兴的强大精神动力，积淀了社会主义先进文化的底蕴。邓小平同志指出：“在长期革命战争中，我们在正确的政治方向指导下，从分析实际情况出发，革命和拼命精神，严守纪律和自我牺牲精神，大公无私和先人后己精神，压倒一切

---

①《毛泽东选集》第4卷，人民出版社1991年版，第1516页。

敌人、压倒一切困难的精神，坚持革命乐观主义、排除万难去争取胜利的精神，取得了伟大的胜利。搞社会主义建设，实现四个现代化，同样要在党中央的正确领导下，大大发扬这些精神。”[①] 中共十八大以来，习近平一再强调“革命理想高于天”，“不忘革命初心”。中共十八大以来，习近平一再强调“革命理想高于天”，“不忘初心”。共和国是红色的，不能淡化这个颜色，“和平年代同样需要英雄情怀”指出：“天下兴亡、匹夫有责的爱国情怀，视死如归、宁死不屈的民族气节，不畏强暴、血战到底的英雄气概，百折不挠、坚忍不拔的必胜信念”，是中国人民弥足珍贵的精神财富；“艰苦奋斗、勤俭节约的思想永远不能丢”。

（四）借鉴人类优秀文明成果

中华文化开放包容。2000 多年前张骞出使西域，由此开辟的丝绸之路是最有影响力的古代国际文化交流路线，被视为文明交流的典范和象征。古丝绸之路上数量众多的文化遗存，是这段文化交流互鉴历史的见证。近代以来的西学东渐，带来了中国文化领域的深刻变化：大量新式学校和现代自然科学、社会科学诸多学科获得发展，1909 年，全国有新式学堂 58896 所，学生 1626720 人[②]；图书期刊的出版带来新的知识传播方式，发展中的电台广播、电影补充了旧式戏班讲古式的娱乐方式；开放的留学与外文教育和中外文化交流，促进中国人对国外文化的了解[③]；新知识的激增，文化在提升内涵和惠及民众方面有可观的进步。

当代中国在重视弘扬民族传统文化的同时，以开放的心态博采兼容人类一切优秀文明成果，拓展中国文化的资源。毛泽东提出：“中国应该大量吸收外国的进步文化，作为自己文化食粮的原料”，“凡属我们今天用得着的东西，都应该吸收”。[④]

在中国“以俄为师”后，苏俄文化即如洪流般涌入中国。20 世纪

---

①《邓小平文选》第 2 卷，人民出版社 1994 年版，第 368 页。

② 参见《中国近代学制史料》第 2 辑下册，华东师范大学出版社 1989 年版，第 840 页。

③ 参考了朱志敏的《中国共产党与中国文化的进步》一文，见《党史研究与教学》2007 年第 2 期。

④《毛泽东选集》第 2 卷，人民出版社 1991 年版，第 706、707 页。

50 年代，新中国提倡“全面学习苏联”，苏联文化对中国影响巨大。在“一五”计划期间，苏联把对社会主义国家科学技术援助总数的一半给予了中国。[①] 在科学领域的学习和交流，为中国现代科学技术（包括尖端技术）起步奠定了基础。教育领域引进了苏联教育模式和教学理论。苏联的社会主义现实主义文学是 20 世纪上半叶世界文学中最耀眼的艺术之一，苏联文学、美术、舞蹈、音乐，戏剧创作的理论、形式和技术手段，电影创作的蒙太奇理论和技巧输入中国，丰富了中国文化的样式和审美观念，促进了中国文化的发展。对苏联文化建设经验的借鉴，有助于中国社会主义文化体系的建立。苏联文学和电影等在中国广泛传播，也丰富了中国人民的精神文化生活。奥斯特洛夫斯基的《钢铁是怎样炼成的》译成中文后，一版一次就印行 50 万册，后来多次再版。《卓娅和舒拉的故事》《拖拉机站站长和总农艺师》的印数曾分别达到 134 万册和 124 万册。[②] 奥斯特洛夫斯基所创作的充满革命激情和乐观主义精神的作品，成为当时中国人的精神食粮之一，鼓舞了人们战胜困难的信心。

1971 年中国恢复在联合国的合法席位后，与西方的文化交流逐渐扩大。改革开放后，中国以灵活务实的态度推进全方位开放合作，向“发达国家学习先进的科学、技术、经营管理方法以及其他一切对我们有益的知识和文化”[③]。邓小平亲自推动中西文化交流与合作。1977 年至 1978 年，他多次会见海外著名华裔科学家，增大派遣留学生的数量。他 1979 年访美，签署了中美政府间科学技术合作协定和文化协定，为“把世界上最先进的科研成果作为我们的起点”[④] 创造了条件。“改革开放 40 年，中国介绍西方的文化远远超过西方介绍中国的文化。中国人对西方的了解也远远超过西方一些人对中国的了解。”[⑤] 派遣的留学生之多也是世界上少有的。在社会科学领域，新的思潮和新的研究方法相继被介绍到国

---

① 参见沈志华：《中苏关系史纲（1917—1991）》，新华出版社 2007 年版，第 168 页。
② 参见《当代中国的出版事业》（上），当代中国出版社 1993 年版，第 416 页。
③《邓小平文选》第 3 卷，人民出版社 1993 年版，第 44 页。
④《邓小平年谱（1975—1997）》（上），中央文献出版社 2004 年版，第 210 页。
⑤ 陈先达：《筑牢文化自信的理论和现实基础》，《光明日报》2019 年 4 月 15 日。

内，开阔了学术视野；积极地了解、学习、借鉴了西方优秀艺术表现形式。“面向现代化，面向世界，面向未来”成为文化建设的基本方针，并从世界的角度审视和建设中国文化。中国对外文化交流与科技合作向着多形式、多渠道、多层次的方向深入发展，促进多样化文化格局的形成，充实和丰富了中华文化。西方文化中的主体性观念与民主法治观念，有助于肃清专制主义文化的影响；竞争观念、创新观念、契约观念有助于社会主义市场经济的发展；社会均衡观念、知识经济观念、生态文明中的可持续发展观念合理因素的借鉴，利于全球化环境下的中国发展。没有学习借鉴，就没有当代中国文化的发展与繁荣。马克思主义研究专家戴维·麦克莱伦曾说：社会主义只有站在资本主义肩膀之上，才能真正超越资本主义。中国在对外国文化扬弃的基础上，才形成了中国特色的社会主义文化。中国反对“文明冲突”论，主张世界文化多样性，提倡文化交流互鉴。

三、中华人民共和国文化史的研究方法与历史分期

中华人民共和国文化史研究以马克思主义的辩证唯物主义与历史唯物主义为指导，尽可能充分掌握史实，采用权威资料和数据，以中国社会主义革命、建设和改革实践为背景，以马克思主义中国化的科学理论及基本结论为遵循，借鉴历史学、文化学等多学科的研究方法，吸收现有的文化史研究成果，史论结合，梳理和分析新中国成立以来中国共产党领导人民在不同历史条件下文化建设的探索历程和主要实践成果，力图揭示新中国在物质文明与精神文明共同进步和交互推进过程中的文化底蕴和内涵，与世界文化思潮的交流、碰撞、冲突和融合中的文化创新，勾勒出新中国文化建设的固有概貌。通过对新中国文化建设的丰富理论和实践经验教训的总结，为如何坚持和发展中国特色社会主义文化发展道路提供借鉴，为增强道路自信、理论自信、制度自信、文化自信，提供历史和思想文化资源。

中华人民共和国文化史依循新中国文化发展历程，重点关照社会主义先进文化发展、中国特色社会主义文化发展道路形成的内在理路，分为

三个大的阶段：第一个阶段是 1949 至 1976 年，文化建设的重点是奠定社会主义文化制度基础，在人民大众中普及文化，但在探索中遭遇了严重挫折。第二个阶段是 1976 至 2012 年，中国共产党总结和反思新中国成立后文化建设正反两方面经验，坚持真理、修正错误，调整文化政策，重建文化发展秩序，探寻具有中国特色的社会主义文化发展与繁荣之路，面向现代化，借鉴国外文化发展经验，改革文化体制，发展文化市场与文化产业，拓展文化经济，既满足人民群众日益增长的精神文化需求，又坚持社会主义先进文化的方向。第三阶段是 2012 年迄今，中国特色社会主义进入了新时代，文化建设必须坚定文化自信，坚持与时代同步伐、以人民为中心、以精品奉献人民、用明德引领风尚，为实现“两个一百年”奋斗目标、实现中华民族伟大复兴的中国梦汇聚全民族的智慧和力量；“放眼世界，我们面对的是百年未有之大变局”，更好发出中国声音、展现中国精神、提出中国主张，不断增强中国文化软实力。

新中国文化建设细分为七个历史时期：

从 1949 年新中国成立到 1956 年中共八大召开前，是文化建设的除旧布新阶段，确立了马克思主义指导地位，建立为人民服务、为国家建设服务的文化发展方向及相应的文化管理体制，保障广大人民的文化权利，奠定社会主义文化基础，有效地树立了新中国良好的国家形象，开创了中华文化的新篇章。

1956 年至 1966 年“文化大革命”爆发前夕，是中国社会主义文化建设全面探索时期。一方面，提出了科学文化现代化的战略目标，确立“百花齐放、百家争鸣”“古为今用、洋为中用”的文化方针，制订科学研究、高等教育、文学艺术等各种规划与工作条例，促进了文化事业的全面发展，加强思想教育，涌现了雷锋等一批先进典型，形成了良好的社会道德风尚，为建设现代化的文化科学技术打下良好的基础；另一方面，文化探索出现失误，加上复杂的国际环境，文化的指导思想逐渐偏离正确方向，文化的意识形态化现象越来越严重，文化探索出现曲折。

1966 年至 1976 年“文化大革命”十年，是社会主义文化事业遭遇严重挫折时期。“文化大革命”首先从文化领域打开突破口，文化不仅被政治化，还被林彪、“四人帮”等利用并推向极端，成为政治斗争的工具，文化领域被“全面专政”，知识分子受到摧残，文化园地荒芜。其间，在毛泽东支持下，周恩来、邓小平先后主持进行了两次文化政策调整，广大干部群众与极左文化思潮及林彪、“四人帮”反革命集团斗争，冲破束缚和限制，在逆境中创造出一些反映人民意志和愿望的文化成果。

1976 年“文化大革命”结束至 1992 年社会主义市场经济体制的改革目标确立之前，是社会主义文化建设新时期。文化领域拨乱反正，调整文化政策，尊重知识，尊重人才，解放思想，对外开放，给文化发展带来了空前的活力，文化科教体育事业得到迅速恢复与发展；西方文化的涌入与对本土文化的反思交汇，形成了空前的文化热，既推动了文化的发展繁荣，也出现了激烈的思想碰撞、交锋，甚至出现了资产阶级自由化的错误思潮。中共中央提出坚持四项基本原则，反对精神污染，反对资产阶级自由化，开展社会主义精神文明建设，文化建设进入新时期。

1992 年至 2002 年中共十六大召开前，是中国特色社会主义文化跨世纪发展时期。中国在苏东剧变、世界社会主义运动遭受巨大挫折后前行，文化经受知识经济发展、加入世界贸易组织和社会主义市场经济的洗礼，与时俱进，开展以思想道德建设为重点的社会主义精神文明建设，实施科教兴国国家战略，探索“中国特色社会主义文化”理论，建设社会主义先进文化，推动文化体制改革破题，发展文化产业，确立人才资源是第一资源的思想，加强全方位多层次对外文化交流，中国文化顺利地实现跨世纪发展。

2002 年至 2012 年中共十八大召开前，是中国特色社会主义文化发展繁荣的时期。中国顺应国际综合国力竞争和人民生活水平提高后对文化需求增长及国际社会对中国关注的新形势，空前地加强文化建设，提出提升国家文化软实力和建设社会主义文化强国的战略目标，建设社会主义核心价值体系，推进文化体制改革，加快建设文化共享的公共文化服务体系，大力发展文化产业，丰富文化产品，强调中国优秀传统文化在当代文化建设中的基础性作用，强基固本；同时，积极实施文化走出去战略，展示了一条清晰的中国特色的文化自强之路。

2012 年迄今，是坚持和发展中国特色社会主义文化时期。中国进入中国特色社会主义新时代，坚持中国特色社会主义文化发展道路，坚定文化自信，激发全民族文化创新创造活力，牢牢掌握意识形态工作领导权、管理权、话语权，加快构建中国特色哲学社会科学，培育和践行社会主义核心价值观，提高全民族思想道德水平，坚持以人民为中心的创作导向，推动文化事业全面繁荣和文化产业快速发展，为实现中华民族伟大复兴的中国梦提供思想保证、精神力量、道德滋养；增强国际话语权，讲好中国故事，传播中国声音，提升国家文化软实力和中华文化影响力。

第一章　社会主义文化的奠基（1949—1956）

中华人民共和国的成立，开辟了中国社会历史发展的新阶段，也开辟了中国文化发展的新道路。从1949年10月中华人民共和国成立到1956年9月中共八大召开，是新中国凯歌行进的七年，中国共产党领导全国人民建立起人民民主专政的国家政权，迅速恢复国民经济并开展了有计划的经济建设，在全国大部分地区基本上完成了对生产资料私有制的社会主义改造，实现了从新民主主义到社会主义的过渡。新中国初期的文化经历了同样的变化。毛泽东指出："中国的面貌，无论是政治、经济、文化，都不应该是旧的，都应该改变，但中国的特点要保存。"[①]文化建设的特征是改革旧文化，建设新文化，确立了以马克思主义为指导的、民族的、科学的、大众的社会主义文化方针，改革旧文艺、旧教育、旧观念、旧习俗，并把对文化的改造与对人的改造紧密结合，清理非马克思主义和反马克思主义的观点，从中央到最基层的城市街区和农村建立了一整套新的文化管理体制，发展新的文学、戏曲、电影、音乐、舞蹈、戏剧、美术、广播、报纸、杂志等社会文化事业，改善文化设施；建立人民的教育事业，保障广大劳动人民受教育的权利；提出"向科学进军"，构建为工业化服务的科学事业；发展对外文化交流。七年时间里，文化事业发展迅速，奠定了新中国文化发展的初步基础，爱国主义、集体主义深入人心，

①《毛泽东著作选读》下册，人民出版社1986年版，第752页。

人们的精神面貌焕然一新。

第一节　改造旧文化，建设新文化

新中国把毛泽东提出的文艺为人民服务并首先是为工农兵服务的方针，作为发展文化的基本方针，号召文艺工作者以最大的努力来创造新的人民文化，服务于实现动员民众建设一个现代民族国家的目标；建立并发展适合人民群众需要的文化管理体制和文艺机构、设施；对旧中国遗留下来的文艺事业按照民族化、大众化的方向，有步骤地、谨慎地进行改革，提出了“百花齐放，推陈出新”的戏曲改革原则，尊重、团结、改造从旧社会过来的艺人，改革不合理的制度，挖掘整理传统剧目；发展人民广播事业，建立了覆盖全国农村的有线广播事业。与此同时，文字改革、推广普通话和汉语拼音也取得长足的进展。

一、确立为人民大众的文化方针

中国人民政治协商会议第一届全体会议通过的《共同纲领》明确了新中国文化的性质和任务：“中华人民共和国的文化教育为新民主主义的，即民族的、科学的、大众的文化教育。人民政府的文化教育工作，应以提高人民文化水平，培养国家建设人才，肃清封建的、买办的、法西斯主义的思想、发展为人民服务的思想为主要任务。”[①]《共同纲领》还阐述了文化各领域的具体政策，要努力发展自然科学，以服务于工业农业和国防的建设；提倡用科学的历史观点，研究和解释历史、经济、政治、文化及国际事务；提倡文艺为人民服务，启发人民的政治觉悟，鼓励人民的劳动热情；应有计划有步骤地改革旧的教育制度、教育内容和教学方法；提倡国民体育；保护报道真实新闻的自由，发展人民的广播事业，发展人民的出版事业，并注重出版有益于人民的通俗书报。

1949 年 7 月 2 日至 19 日，中华全国文学艺术工作者代表大会（以下

---

①《建国以来重要文献选编》第 1 册，中央文献出版社 2011 年版，第 9—10 页。

简称“第一次文代会”）在北平召开，来自解放区和国统区的 753 位代表参加大会。会议主要议题是共同确定今后全国文艺工作的方针与任务。

中共中央对此次会议极为重视，在大会召开的前一天，毛泽东代中共中央起草了给大会的贺电。电文说，“在革命胜利以后，我们的任务主要地就是发展生产和发展文化教育。人民革命的胜利和人民政权的建立，给人民的文化教育和人民的文学艺术开辟了发展的道路”，希望全国一切爱国的文艺工作者，“进一步团结起来，进一步联系人民群众，广泛地发展为人民服务的文艺工作”。[①] 毛泽东还亲临会场讲话，给代表们以热情的鼓励。他说：“你们开这样的大会是很好的大会，是革命需要的大会，是全国人民所希望的大会，因为你们都是人民所需要的人，你们是人民的文学家、人民的艺术家，或者是人民的文学艺术工作者的组织者。”[②]

大会的主要精神集中反映在周恩来的《在中华全国文学艺术工作者代表大会上的政治报告》、郭沫若的《为建设新中国的人民文艺而奋斗》的总报告、茅盾[③] 的《在反动派压迫下斗争和发展的革命文艺——十年来国统区革命文艺运动报告》和周扬的《新的人民的文艺——在中华全国文艺工作者代表大会上关于解放区文艺运动的报告》中。周恩来系统地阐释了文艺作为“一条战线”与革命的关系，指出文艺工作者是精神劳动者，广义地说来也是工人阶级的一员，号召文艺工作者努力表现工农兵，努力认识中国共产党，并就文艺工作者的团结问题、为人民服务问题、普及与提高问题、改造旧文艺问题、全局观念问题和组织问题六个方面提出了看法和要求。

郭沫若在总结五四运动及之后革命文艺运动历史经验的基础上，谈了文艺运动的性质、方向和今后的任务。茅盾和周扬分别从国统区和解放区两个方面总结了文艺工作的历史经验，强调文艺工作者必须学习政治，学习马列主义毛泽东思想与当前的各种基本政策，同人民大众结合，贯彻

---

① 参见《毛泽东年谱（1893—1949）》下卷，中央文献出版社 2013 年版，第 526—527 页。

②《毛泽东年谱（1893—1949）》下卷，中央文献出版社 2013 年版，第 528 页。

③ 茅盾，原名沈德鸿，字雁冰，茅盾为其笔名。

执行首先为工农兵服务的方针，为提高作品的思想性、艺术性而奋斗，创造无愧于伟大的中国人民革命时代的作品。

第一次文代会通过的决议和宣言，把毛泽东提出的文艺为人民服务并首先是为工农兵服务的方针，作为发展新中国的人民文艺的基本方针，号召中国文学艺术工作者以最大的努力来创造“新的人民文艺”，服务于实现动员民众建设一个现代民族国家的目标。会议通过了《中华全国文学艺术界联合会章程》，并选举了负责人。

全国文代会之后，各省市也相继召开地方性文代会或文艺工作者会议，成立了地方的文艺机构，贯彻全国文代会精神，团结文艺界各方面人士共同奋斗。

这次文代会是承前启后、继往开来的一次重要大会。它总结了“五四”以来新文化运动的成绩和经验，确立了为人民服务并首先为工农兵服务的文艺方针，实现了解放区和国统区两支文艺大军胜利会师，文艺工作者建立了以在文艺为人民服务的立场上的团结，组织起一支宏大的文艺大军，为开创新中国的文艺工作奠定了基础，揭开了新中国文化崭新的一页。

二、文化管理体制的建立

新中国成立后，根据有步骤地、谨慎地对旧有文化事业进行改革的方针，对旧中国遗留下来的文艺事业按照民族化、大众化的方向进行改造；恢复并初步整顿了旧有的各种文艺事业，建立并发展了新的适合群众需要的文艺机构和设施。

为领导组织文化建设，1949 年 10 月 21 日，成立政务院，下设文化教育委员会，作为国家领导文化教育建设的机构，指导文化部、教育部、卫生部、科学院、新闻总署和出版总署的工作。郭沫若担任文化教育委员会主任，马叙伦、陈伯达、陆定一、沈雁冰为副主任。同日，中央人民政府委员会任命沈雁冰为文化部部长、马叙伦为教育部部长、李德全为卫生部部长、郭沫若为科学院院长、胡乔木为新闻总署署长、胡愈之为出版总署署长。

各大行政区也设置文教委员会，管理相应的文教、卫生、新闻出版等部。各省（包括行署）、市人民政府下合设文教厅、局，一般不单独设立文化厅、局[①]，确立，中央、各大区、省市等三级文化领导管理体制的基本框架。为了加强对文艺工作的领导，1951年2月25日，中共中央发出《关于健全各级党委宣传机构和加强党的宣传教育工作的指示》，要求在中央宣传部内设立与相应职责相应的各处，即宣传处、理论教育处、文化艺术处、学校处、报纸与广播处、书刊出版处、干部管理处；同时设立国际宣传处，以担负党的国际宣传工作。[②]这就为贯彻国家的文化政策，改造旧文化、建设新文化提供了制度保障。

同时，加强文艺队伍的组织和建设。第一次文代会选举产生了中华文学艺术界联合会，是由全国性文学艺术家协会，各省、自治区、直辖市文学艺术界联合会和全国性的专业文学艺术工作者联合会组成的人民团体。郭沫若担任中国文联主席，茅盾、周扬为副主席。全国文联下属的美术、舞蹈、曲艺、文学、音乐、戏剧、电影等专业性协会相继宣告成立，并在地方设立分会。这些自愿结合的专业性人民团体，是党和政府联系广大文艺工作者的桥梁和纽带，是繁荣文学事业、加强社会主义文化建设的重要社会力量。

为了把已有的创作力量按照各个不同的专业组织起来，使作家、艺术家们创作出更多更好的作品，1953年初，对全国文学艺术工作者联合会及文学、美术、音乐、戏剧、电影、舞蹈等协会进行了改组。各省市则建立包括各种文艺工作者的联合会。这样，就为文艺创作和群众文艺活动的健康发展提供了保证。

1954年9月，人民代表大会制度建立，国家领导体制有所变化，原政务院下设的文化教育委员会不再保留，国务院行使管理文化、教育和卫生工作的职权，在国务院下设文化部、高等教育部、教育部、体育运动委员会和中国科学院、新华通讯社直属机构，分别领导相关业务。省、市、

---

① 文化部办公厅编：《文化工作文件资料汇编（1949—1959）》（一），第399—400页。

② 中央档案馆、中共中央文献研究室编：《中共中央文件选集（1949年10月—1966年5月）》第5册，人民出版社2013年版，第200页。

县地方政府相应地设立对口机构。

新中国成立后，党和政府十分重视马克思主义意识形态和新文化建设，除了城乡基层政权建设，还投入大量的人力物力，在城乡各级政权内，以及工会、共青团、妇联、军队等系统内，建立起不同类型、不同系统，覆盖城市、农村广大地区，遍及工农兵学商各个不同社会群体的群众文化行政体系和群众文化事业体系，包括行政机构、协调机构、事业机构、业余组织、活动管理机构等。群众文化管理的行政机构是领导机关，是指中央人民政府和地方各级人民政府垂直领导的群众文化行政管理机构。新中国成立时，群众文化归属于教育部社会教育司。从 1952 年开始，群众文化由文化部艺术事业管理局和社会文化事业管理局分别进行管理。艺术事业管理局分管专业艺术和群众艺术两方面，社会文化事业管理局则负责管理文化馆、文化站、俱乐部等群众文化。文化馆、站的具体工作任务是识字教育、政治宣传、文化娱乐和普及科学知识。有些地方文化馆、站还要负责有线广播、图书、文物等工作。

工会系统的群众文化事业机构包括市工人文化宫、俱乐部，市辖区工人俱乐部，厂矿企业文化宫、俱乐部。工人文化宫、俱乐部不仅举办各种文化活动，还组织结合中心工作的科学技术知识讲座、讲演会、展览会、科学问题解答会、科技人员与先进生产者的经验交流会、技术研究会、短期训练班、学习班等等，帮助职工提高科学文化技术水平，以推动劳动生产率的提高。国家特别注意发展广大农村、工矿、边疆和少数民族地区文化艺术事业，逐步建立起全国性的文化网。从 1949 年至 1953 年，艺术表演团体从 1000 个增加到 2267 个；文化馆从 896 个增加到 2455 个，新建 4122 个文化站；电影放映单位从 646 个增加到 3883 个，仅新建的电影放映队就有 2439 个。到 1954 年，全国工人文化宫、俱乐部共有 12376 个。[①]

共青团和政府教育部门主管的群众文化事业主要包括城市青年宫、

① 需要特别说明的是，本书引用的数据除特别注明外，均出自国家统计局和其他权威部门的统计资料，为节省篇幅，不再一一列注。

少年宫，市辖区、县青年宫、少年宫和街道农村青年、少年之家（活动站）等。到 1956 年，全国县以上的青年宫、青年俱乐部已发展到 190 多所，少年宫、少年儿童活动站（室）6850 所。

部队系统的群众文化事业主要是团军人俱乐部和连队俱乐部、军人之家等。到 1954 年，普遍地建立健全了连队和团俱乐部。

三、戏曲改革

早在抗日战争时期，革命根据地就对旧戏曲尝试改革，新编历史京剧（当时称平剧）《逼上梁山》和《三打祝家庄》是成功的范例。新中国成立时，戏曲改革思想，总结了延安和解放区的经验，但同时也吸取了辛亥革命以来戏曲改良运动及国统区广大左翼戏剧工作者的戏改经验。

1948 年 11 月 13 日，《人民日报》发表《有计划有步骤地进行旧剧改革工作》社论，指出对旧剧必须进行改革，改革的步骤是首先应该审查旧剧目，分清好坏，确定审查标准，以“有利”“有害”“无害”三大类区别对待。1951 年 3 月下旬，毛泽东为中国戏曲研究院成立题词“百花齐放，推陈出新”，指出戏曲改革的原则。5 月 5 日，周恩来签署了《政务院关于戏曲改革工作的指示》，对贯彻“百花齐放、推陈出新”的方针作出了具体的部署，指出，“中国戏曲种类极丰富，应普遍地加以采用、改造和发展，鼓励各种戏曲形式的自由竞赛，促成戏曲艺术的‘百花齐放’”[①]，并明确提出改戏、改人、改制的原则，要求净化戏曲舞台，发掘整理传统剧目，剔除旧戏中的各种毒素等等，形成新中国戏曲改革的一系列方针政策。

在具体方法上，对当时全国城乡旧剧团上演的数万出旧戏，原则上不予禁演，而是分别好坏加以取舍。凡宣传反抗侵略、反抗压迫、爱祖国、爱自由、爱劳动、表扬人民正义及善良性格的戏曲都予以鼓励和推广，凡是含有反动、封建、迷信、淫荡、荒诞等有害的思想内容的加以肃清。在表演方法上，删除各种野蛮的、恐怖的、猥亵的、侮辱自己民族

①《建国以来重要文献选编》第 2 册，中央文献出版社 2011 年版，第 226 页。

的、反爱国主义的成分，对不良表演方法进行必要的和适当的修改，修改时与旧艺人共同切磋。以自愿和引导的方式提倡演新戏，不用行政命令强制执行。

党和政府十分尊重一切受群众喜爱的从旧社会过来的老艺人，把他们看作是劳动人民的一部分，帮助他们打破封闭的圈子，了解社会的变革和进步。有关部门举办讲习班或训练班，组织他们学习马列主义理论、时事政治和党的方针政策，加强艺术实践和业务修养，并有意识地从中培养骨干。农村流动的职业旧戏班社，没有集中训练的条件，就选派戏改工作干部下到各班社以轮训的方式进行教育。戏曲艺人在政治、文化及业务上都得到提高。同时，改革旧戏班社中的旧徒弟制、养女制等严重侵害人权和艺人福利的不合理制度。党和政府还组织各方面文艺工作者参加“三反”、“五反”运动和批判电影《武训传》，到工厂和农村参加各项社会改革，在群众斗争中经受锻炼。

通过改革，既团结了旧艺人，又改革了旧戏剧。广大戏曲工作者深入生活，创作出一批内容健康向上、群众喜闻乐见的作品。1952年10月至11月，文化部举办了第一届全国戏曲观摩演出大会，23个剧种演出了82个剧目。戏曲名家梅兰芳、周信芳、程砚秋、袁雪芬、常香玉、王瑶卿、盖叫天获得荣誉奖，越剧《梁山伯与祝英台》等9个戏曲获得剧本奖，京剧《雁荡山》等4个戏曲获得演出一等奖，沪剧《罗汉钱》等18个戏曲获得演出二等奖，秦腔《一家人》等6个戏曲获得演出三等奖，120名戏曲表演者分获演员一、二、三等奖，展示了戏曲改革的初步成果。

经过在全国范围内开展的传统剧目的挖掘整理工作，截至1957年4月，全国在挖掘传统剧目方面，开列出名目的有51867个，已有文字记录的14632个，经过初步整理的4223个，已上演的10520个。[①] 诸如《白蛇传》《梁祝》《天仙配》《牛郎织女》《柳毅传书》《刘海砍樵》《追鱼》等有广泛群众基础的神话传说剧，以及《琵琶记》《秦香莲》《金玉奴》《杜十娘》《珍珠塔》《锁麟囊》《碧玉簪》《打金枝》《三娘教子》《三女抢板》

①《当代中国戏曲》，当代中国出版社1994年版，第43页。

等传统人情剧。同时还编辑了《京剧丛刊》《评剧丛刊》《古本戏曲丛刊》《古典戏曲论著集成》等书籍，为后来的传统戏剧保护工作打下重要基础。

新编历史剧的创作也取得显著成绩。抗美援朝时期有关信陵君“窃符救赵”题材的历史剧，使人们从中感受到历史对现实的照应和启示。在艺术上较为成熟的有京剧《猎虎记》、豫剧《花木兰》、越剧《红楼梦》、粤剧《关汉卿》、扬剧《百岁挂帅》、黔剧《奢香夫人》、白剧《望夫云》等。这些作品吸收了历史研究的成果，具有新的历史观点，同时又保持和发扬了戏曲的诗的风格。

现代戏创作取得突破性进展。50年代初，评剧《刘巧儿》《小女婿》，沪剧《罗汉钱》，眉户剧《梁秋燕》，吕剧《李二嫂改嫁》等一批剧目因浓厚的生活气息受到观众的喜爱。

四、新闻出版广播业的建设

新中国成立初期，中共中央加强对新闻出版、报纸广播等舆论工具的掌握与领导。1949年8月，中共中央决定将华北局机关报《人民日报》改版为党中央机关报，在全国发行，以利于向全国及世界传播中国共产党和中国新政府的方针、政策和主张，报道中国人民的建设成就等。中央人民政府成立后，在延安时期创办的新华通讯社逐步统一和调整了全国各地的机构，成为统一集中的国家通讯社，实行由新华社统一发布重要新闻的制度。1949年10月19日，政务院成立新闻、出版总署，作为政府主管新闻出版事业的机构。胡乔木、胡愈之分任两署署长。

1950年3月29日至4月16日，新闻总署召开全国新闻工作会议，作出《关于改进报纸工作的决定》，要求适应全国逐步转入以生产建设为中心任务的情况，全国报纸应当用首要的篇幅来报道人民生产劳动的状况，宣传生产工作和经济财政管理工作中成功的经验和错误的教训，讨论解决这些工作中所遇到的各项困难的办法。报纸的新闻、通讯、评论、信箱、专门性的或一般性的副刊，都应当尽可能地服从于这个任务。要改革报社的组织形式和工作方法，改变现有的妨碍联系实际的编辑采访通讯联络等项工作各自为政的状态，建立编辑部门统一集中领导，按照社会生活的不同方面分组，以便各组的编辑采访人员可以获得关于各方面的专门知识，并将编辑采访的工作联合在一起。《决定》提出，报纸应当把建立和领导通讯员网和读报组的工作当作重要的政治任务。报纸的通讯员网应当以人民群众中的积极分子为主体，除工人、农民中的积极分子外，也要吸收政府机关中的积极的工作人员和进步的知识分子参加。报纸编辑部应当经常用通信和开会等方法去指导和鼓励通讯员的工作，帮助他们学习写出重要的、公正的和迅速的报道，并写出群众中的和他们自己的对于政府工作、生产建设事业和其他社会生活的意见，力求成为群众的报纸。

1950 年 3 月 25 日，出版总署发布《关于统一全国新华书店的决定》，明确了工作方针：新华书店必须迅速实现统一、集中，加强专业化、企业化，以担任国家的出版任务，发展人民的出版事业。组织机构上，决定在北京建立新华书店总管理处，领导全国各地新华书店的业务。在华北、华东、东北、西北、中南、华南、西南等各大行政区设新华书店总分店。在总分店下设分店，设在省会或交通方便的大城市。分店以下设分支店，设在省属市、县或重要集镇。统一全国新华书店的工作于 1951 年底完成。

建立全国性统一集中的出版领导机构的同时，对传统出版业进行了改革，实行出版、印刷、发行专业分工。1950 年底，组建了人民出版社，这是一个国家级的政治书籍出版社，负责编辑出版全国性的政治理论、党和国家的政策文件及政治时事读物，以及重要的哲学、社会科学书籍。此后，出版总署会同教育部组建了人民教育出版社，并按照专业分工的方向，建立了若干规模较大的国营专业出版社，以及以某一部分特定读者为对象的综合出版社。同时，对私营出版社中具备条件的，在自愿的原则下，进行公私合营。

各省、自治区、直辖市的出版机构按照中央的做法，分别组建大区及省、市的地方人民出版社。在新疆、内蒙古、延边等少数民族地区建立了少数民族出版社。

1949 年 10 月 1 日，中央广播事业管理处改组为中央广播事业局，由新闻总署领导。旧中国的广播事业发展不平衡，广大农村几乎没有收音机。1940 年 12 月在延安创建的新华广播电台和各解放区建立的十余座电台，是新中国广播电台的主要基础。1949 年 12 月 5 日成立的中央人民广播电台是由“陕北新华广播电台”发展来的，成立后还接管和改造了 35 座国民党政权的城市广播电台。这是新中国人民广播事业发展的起点。

广播事业建设之初，广播战线就提出“要学会自己走路”，即要根据广播的特点办广播，不完全依赖报纸和通讯社。这一探索取得初步成效。其核心在于，遵循广播要充分依靠人民群众的宗旨，发挥地方办广播的积极性，开门办广播，依靠社会力量办节目，反映人民群众的意见和愿望。在相当长的时间里，中央广播事业局和中央人民广播电台一直实行局台合一的体制。全国广播电台分为四级：中央台、大行政区台、省（自治区、直辖市）台和省辖市台。广播部门同时承担广播宣传和广播事业管理的双重职能和任务。

在县及县以下的农村主要发展有线广播。1950 年 4 月，中央人民政府新闻总署发布《关于建立广播收音网的决定》。中央广播事业局也发出《为实施新闻总署〈关于建立广播收音网的决定〉的通知》。各地据此先后建立广播收音站，配备收音机，设专职收音员，开展收音网工作。收音员按时抄收或记录中央人民广播电台和地方台的新闻、政令、方针、政策和中央领导人的重要讲话等，重要的消息还印发出来，为各地办黑板报提供宣传材料。新中国初期的主要任务是增建新台和加大发射功率。1955 年 9 月，中央广播事业局发出在全国有条件的省、市、自治区逐步建立农村有线广播站的指示。12 月，毛泽东在《征询对农业十七条意见》中提出：“在七年内，建立有线广播网，使每个乡和每个合作社都能收听有线广播。”同月召开的第三次全国广播工作会议提出采取民办公助，从点到面，从简陋到正规，从集体收听到单独收听的方针，以适应过渡时期社会主义建设和社会主义改造的伟大任务的需要。1956 年 1 月，中共中央颁发《全国农业发展纲要》，第 32 条规定：从 1956 年开始，按照各地的情况，分别在 7 年或者 12 年内基本上普及农村广播网。全国掀起了建设农村广播网的高潮。到 1957 年底，县级广播站增至 1698 座（1949 年仅 11 座）；广播喇叭增至 94.12 万只（1949 年仅 99 只），全国农村有线广播事业有了长足的发展。

1954 年，还建成了对台湾广播的发射台，加强广播的对外宣传。

五、文字改革

传统繁体汉字笔画多、结构复杂、异体字多，难认、难写、难记。中国地域辽阔，汉语方言众多，在相当程度上影响着人们的交往。自清末以来，许多有识之士致力于语言文字改革，改文言文为白话文，提倡汉字读音统一。新中国一成立，中央人民政府把文字改革当作一项重要的政治任务和社会改革的重要组成部分，提上议事日程。开国大典后仅 10 天，就成立了中国文字改革协会，着手研究文字改革的任务和内容，并开始简体字的研究和选定工作。1952 年 2 月 5 日，中国第一个主管文字改革工作的国家研究机构——中国文字改革研究委员会成立。1954 年 12 月，经全国人民代表大会常务委员会批准，成立了直属国务院的中国文字改革委员会。毛泽东对文字改革的任务作了明确界定，指出文字改革的主要任务就是“简化汉字，推广普通话，制定和推行汉语拼音方案”[①]。周恩来在中国人民政治协商会议全国委员会举行的报告会上所作的《当前文字改革的任务》报告中作了深入阐述。

（一）汉字的简化和整理

简体字的研究和选定工作是从 1950 年开始的。6 月，毛泽东对以吴玉章等为代表的文字改革倡导者“认为汉字可以立即用拼音文字来代替”的看法给予批评，强调“搞文字改革不要脱离实际”，应该“首先进行汉字的简化”。之后，毛泽东明确指出文字改革要循序渐进，“汉字的拼音化需要做许多准备工作；在实现拼音化以前，必须简化汉字，以利目前应用，同时积极进行各项准备”[②]。1952 年 2 月，中国文字改革研究委员会下设汉字整理组，负责研究整理简体字的任务。1954 年 10 月编拟《常用汉字简化表草案》，收 4120 个简化字。1955 年 1 月，中国文字改革委员会发表《汉字简化方案（草案）》，向全国征求意见。10 月，教育部和中国

---

① 据胡乔木说明，这三项任务“是经毛主席提出，周总理在一次政协扩大会上宣布的”。参见《胡乔木谈语言文字》（修订本），人民出版社 2015 年版，第 261 页。

② 参见吴玉章：《文字改革文集》，中国人民大学出版社 1978 年版，第 101 页。

文字改革委员会召开全国文字改革会议，讨论通过了《汉字简化方案修正草案》。会后中国文字改革委员会根据讨论的结果进行修改。

1956 年 1 月 31 日，《人民日报》发表国务院《关于公布〈汉字简化方案〉的决议》和《汉字简化方案》。《汉字简化方案》将 617 个繁体字简化为 515 个简化字，并有 54 个简化偏旁，采用社会上长期广泛流行、约定俗成的简化汉字，规范了千百年来流行在民间的俗体字、简笔字、手头字，是新中国文字改革工作的第一个重大成果。汉字的简化，对于儿童识字、成人扫盲、日常书写都提供了较大的便利，减轻了人们学习和使用汉字的负担，在一定程度上缓和了学习文化和识字难的矛盾，对普及教育起了很大的作用。1964 年 5 月，中国文字改革委员会编印了《简化字总表》。

（二）推广普通话

全国政权的统一，需要确定和推行中华民族的的共同语言——普通话。在全国推广普通话不仅对中国的政治、经济、文化、国防有重大意义，也为汉语的进一步发展和汉字的根本改革创造有利的条件。1955 年，在北京召开了全国文字改革会议和现代汉语规范问题学术会议，教育部长张奚若作《大力推广以北京语音为标准音的普通话》的报告，指出，汉民族的共同语应是“以北方话为基础方言，以北京语音为标准音”。“普通话”作为一个概念被赋予了新的涵义，获得了作为汉民族共同语言的标准语地位。1956 年 1 月 28 日，中央推广普通话工作委员会成立。随后各省、市、自治区也相继成立推广普通话工作委员会，加强推广普通话工作的组织领导。

1956 年 2 月 6 日，国务院发布《关于推广普通话的指示》。《指示》指出：汉语统一的基础已经存在了，这就是以北京语音为标准音、以北方话为基础方言、以典范的现代白话文著作为语法规范的普通话。《指示》对全国文字改革会议关于普通话的定义进行了进一步补充，这就使普通话的标准更加全面、更加科学。与此同时，教育部、文化部、中国人民解放军总政治部、共青团中央等有关部门也相继发出通知和指示，推动推广普通话工作的全面开展。教育部、广播事业局和中央人民广播电台还联合举办了普通话语音教学广播讲座。全国中小学和师范学校开始用普通话教学，不但推广了普通话，而且提高了教学质量。

（三）制订和推行《汉语拼音方案》

1949 年 10 月至 1952 年 2 月，中国文字改革协会成立后的主要工作是组织对拉丁化汉语拼音文字方案的研究，不到半年就收到了几百种汉语新文字方案。1952 年 2 月，根据毛泽东关于制定民族形式的汉语拼音文字方案的指示，中国文字改革研究委员会决定以民族形式的拼音文字为中国文字改革的方向，开始了以制定汉字笔画式拼音方案为主的研究工作。1953 年 7 月，中国文字改革研究委员会召开全体委员会议，对拼音方案组根据毛泽东的指示拟出的五种民族形式的拼音方案草案进行了讨论，但是没有确定最终的方案。1954 年 10 月，周恩来指示，拼音方案可以采用拉丁化，但是要能标出四声。12 月成立的中国文字改革委员会设立了汉语拼音方案委员会，进一步对拼音方案进行全面系统的研究和探讨，到 1955 年 10 月，拟订出四个汉字笔画式和一个拉丁字母式、一个斯拉夫字母式的拼音方案草案。这六个拼音方案草案分发给当时在北京举行的全国文字改革会议的代表征求意见。1956 年 1 月 20 日，毛泽东在中央召开的知识分子问题会议讲话中，明确放弃汉语拼音采用民族形式自创字母的主张，赞成采用简单明了的罗马字母①。这种转变为汉语拼音字母形式的选用重新定下了基调。1 月 27 日，中共中央在关于文字改革工作问题的指示中明确："汉语拼音方案采用拉丁字母比较适宜。"② 要求将文字改革委员会拟定的草案交由全国政协和地方政协讨论，并在报刊发表，征求各方面意见。

2 月 12 日，《人民日报》发表《汉语拼音方案（草案）》和《关于拟定汉语拼音方案（草案）的几点说明》，向全国人民征求意见。从 2 月到 9 月，收到了全国各方面人士及海外华侨对"草案"的书面意见 4300 多件。为了把汉语拼音方案审核、修订好，10 月，国务院批准成立汉语拼音方案审定委员会，任命郭沫若为主任。审定委员会成立后，召开了多次会议进行商讨，并邀请社会各界人士进行座谈，向社会广泛征求意见。经

① 罗马字母，即拉丁字母。

②《建国以来重要文献选编》第 8 册，中央文献出版社 2011 年版，第 78 页。

过反复讨论和磋商，于 1957 年 10 月形成《汉语拼音方案修正草案》，11 月 1 日国务院全体会议第 60 次会议通过。1958 年 2 月 11 日，第一届全国人民代表大会第五次会议批准公布了《汉语拼音方案》。

简化汉字、推行书报横排、汉语拼音方案公布后用在小学课本上代替注音字母，大大方便了文化的普及工作。

第二节　教育科技的革故鼎新

新中国成立之初，百废待兴。国家建设需要大批管理干部和各级各类专业技术人才，亟待改变文盲众多、基础教育薄弱的落后局面，大力发展教育科技，提高广大干部和工农群众的科学文化水平。为此，党和政府把改造旧教育、建设人民新教育作为教育工作的首要任务。改革的重点一是使教育事业从过去掌握在少数人手里，转变为为广大劳动人民服务；二是改变旧教育脱离实际、脱离生产的状况，教育为国家建设服务。努力发展自然科学，服务于工业、农业和国防建设；建立中国科学院等研究机构和体系，成立了全国科联和全国科普等全国性学术团体，使中国科技事业有领导、有计划地开展起来，开始制定国家中长期科技发展规划。哲学社会科学也在奠基中起步、发展。

一、教育制度和学校课程改革

为了建设适应新的经济和政治发展要求的文化教育事业，遵循《共同纲领》的规定，1949 年 12 月，教育部召开第一次全国教育工作会议，确定了逐步改革旧教育的方针、步骤，提出教育必须为国家建设服务，学校必须向工农开门，普及与提高正确结合，在相当长时期内以普及为主的方针。

根据上述方针，国家对教育的接管采取先妥善接收，在教学活动恢复之后，再逐步改革的谨慎政策。对原国民党政府所属的各类公立学校，一律实行接管，明令不许损毁校舍与设备，各学校的教职员，除极为反动的个别分子听候处理外，按照原职原薪继续工作。政府派干部到这类学校担负领导工作，建立青年团、工会等组织，实行民主管理。对中国人办的私立学校，本着公私兼顾的原则，予以保护维持、加强领导、逐步改造；对办学成绩优良者予以奖励或补助，对办学成绩不佳者予以接管或取缔。1952 年 8 月，教育部拟定了有步骤地全部接办私立中小学的计划，随后用两年时间完成了这项工作。对广大农村，则允许群众自办小学，政府帮助解决部分经费和师资。

仅仅英、美两国在中国设立的专门学校与大学就有 31 所，神学院 32 所，图书馆 29 所，文化团体 26 个，中学 324 所，小学 2364 所。[①] 对于教会学校，在其遵守《共同纲领》及政府法令的前提下，视为私人办学，政府允许其继续接受外国津贴。但是，某些外国教会却藐视这个原则，干涉学校行政，承办辅仁大学的天主教会用削减甚至停拨办学经费要挟，干涉中国教育主权。1950 年 10 月 12 日，政务院下令接收辅仁大学自办。朝鲜战争爆发后，美国政府利用包括宗教在内的各种途径反对新中国。各地教会学校师生员工游行示威，要求政府接办或转由中国人自办教会学校。政务院于 12 月 29 日公布《关于处理接受美国津贴的文化教育救济机关及宗教团体的方针的决定》，宣布对现有接受美国津贴的文化教育机关，分别情况由政府接办，或由私人团体继续经营改为中国人完全自办的事业，自办而经费确有困难者，则由政府予以适当的补助。[②] 根据这一方针，教育部拟定了具体实施方案和措施。从 1951 年开始，全国所有各级教会学校陆续由国家接办或改为私立学校，最后确定对接受外国津贴的 20 所高等学校，其中燕京大学、金陵大学等 11 所改为公办学校，沪江大学、东吴大学等 9 所改为中国人自办的私立学校，政府予以补助。此外，还接收了外资津贴的 544 所中学和 1133 所小学。至此，各级各类学校的教育主权全部收回。

接管教育事业以后，人民政府建立集中统一的教育管理体制，确立党对教育的领导，有准备、有计划、有步骤地改革旧的教育制度、教育内

---

① 参见《建国以来刘少奇文稿》第 1 册，中央文献出版社 2005 年版，第 12 页。

② 参见《建国以来重要文献选编》第 1 册，中央文献出版社 2011 年版，第 447 页。

容和教学方法，建立新型人民教师队伍，发展民族教育。

新中国成立初期，首先废除了国民党统治时期的“党义”“公民”“童子军”以及明显有悖于新社会的课程内容，开设政治经济学、新民主主义论、社会发展史等政治思想教育课程，开展政治学习和社会政治活动；取缔学校内的国民党、三青团等反动组织，建立新民主主义青年团和少年队，成立学生会和教职工组织；废除训育制度，实行教导合一；取消学校一些明显不合理的规章制度，推行民主管理，初步地建立起教育新秩序。

在改造原有教师队伍的同时，确定以正规的师范教育与大量的短期培训相结合的方针，通过发展高、中等师范学校，简易师范学校的速成师范班、短期训练班等方式大量培养人民教师。大批经过新教育思想武装的师资，不仅在数量上满足新中国成立初期建设新教育的需要，而且以崭新的面貌和良好的政治、文化素质改变着教师队伍的构成。

为彻底改变在旧中国占人口 80% 的工农群众及其子女被剥夺受教育的权利和机会的状况，贯彻高校必须向工农开门的方针，1951 年 8 月，政务院通过改革学制的决定，确定工农干部学校、各种补习学校和训练班在学校系统中应有的地位，建立各种技术学校，并把幼儿教育正式纳入教育系列，小学改行五年一贯制，中学完善初、高中教育制度，高等学校设专修科、专科、本科和研究部。大力发展小学和中学，各高等学校附设专修班和补习班，以便利工农干部、少数民族学生及华侨子女入学，各类学校互相衔接，形成从初等教育到高等教育的教育网络。此外，国家还选派留学生和实习生去苏联和东欧人民民主国家学习，以培养国家建设需要的高级领导骨干和新技术专家。所有高等学校、中等技术学校、师范学校和工农速成学校学生的学习生活费用均由国家供给，各中等学校对有困难的学生发放人民助学金并减免学费，使广大劳动人民及其子女享有受教育特别是高等教育的权利。开展职工业余教育，教育部门、工会和厂矿企业单独或联合办业余学校，以提高广大职工的文化、政治和技术水平。在广大农村，采取办冬学、识字班、学习小组和农民业余学校等形式，大力开展扫盲运动。

1953 年 11 月，教育部提出各学校要把教育改革作为中心环节，运用马克思主义的立场、观点、方法，逐步对旧的教学内容、教学组织和教学方法进行改革，以清除宣传封建的、买办的、法西斯主义的思想内容，取消烦琐、陈腐、庞杂的材料和结构为主要目标；以精简课程，确定新的课程体系，解决各地教科书供应混乱等问题为重点。同时要求教育改革要参照苏联的先进经验，又要密切结合中国实际。各级学校普遍建立起教学研究指导组（简称“教研组”），开始编订各级各类学校的新课程和适用的教科书。在院系调整过程中，各校都参考苏联经验制订教学计划、教学大纲，并编译部分主要科目的教材。对各类专门学校和各种专业的设置、教材的编审、课堂教学、实验和实习等环节也不断进行改革，克服旧中国教育特别是高等教育理论与实际严重脱节的致命弱点。由于坚持从国家建设的实际出发学习苏联经验的方针，这次改革在当时发挥了积极作用。

二、调整高等院校院系和布局

旧中国高等院校文科比重大，工科少；学校规模小，毕业生很有限；地区分布也不合理，绝大部分集中在东南沿海及北京、天津、成都、重庆、武汉等大城市；院系设置脱离实际，课程设置庞杂。为了改变这一状况，1950 年 6 月召开的全国高等教育会议讨论了改革高等教育的方针和我国高等教育建设的方向，提出院系调整方向，并着手在小范围内试点。高等院校调整的方针是：以培养工业建设人才和师资为重点，发展专门学院与专科学校，整顿和加强综合性大学，逐步创办函授学校和夜大学，从各方面为大量吸收工农分子进入高等学校创造条件，以根本改变旧中国高等院校在布局和系科设置上的无政府状态和明显的脱离实际的问题，促进高等教育的发展，使之适应新中国经济文化建设的需要。

院系调整从 1951 年下半年开始局部调整，确定以高等学校相对比较集中的华北、华东、中南三大区为重点，调整工科院校各系，或增设新系。诸如天津北洋大学与河北工学院合并，于同年 8 月成立新校——天津大学，为专门培养燃料工业、重工业、轻工业、纺织工业及水利工程方面人才的多科性工科大学。又如以光华、大夏两大学为基础，加上东亚体育专科学校、同济大学植物系、复旦大学教育系、沪江大学音乐系，合并成立华东师范大学。1951 年 11 月，教育部在北京召开全国工学院院长会议，提出全国工学院调整方案。大调整将北京大学工学院、燕京大学工科各系并入清华大学；清华大学的文、理、法三学院及燕京大学的文、理、法各系并入北京大学；清华大学为多科性工科学校，北京大学为综合性大学，燕京大学撤销；将南开大学的工学院、津沽大学的工学院合并于天津大学，津沽大学的商学院等合并于南开大学，南开大学为综合性大学，津沽大学撤销。其他的还有华东、中南、华南地区的浙江大学、之江大学、南京大学、武汉大学、南昌大学、广西大学、中山大学等工学院或工科各系或调整或撤销学校或取消校名。

为配合 1953 年即将开始执行发展国民经济的第一个五年计划对各类专门人才的需求，1952 年高等学校院系进入全面调整阶段。5 月，教育部拟就《全国高等院系调整计划（草案）》。根据政务院关于学制改革的决定，按大学、专门学院和专科学校三类分别调整充实。调整的重点是发展专门学院，首先是调整多科性工业大学，加强和增设工科专业及高等工科专门学院；进一步整顿与加强综合大学，调整农林院校以集中合并为主；适当增设高等师范学校，对政治、财经院系采取适当集中合并的办法。到 1953 年底，除农林、医药的系科专业设置尚待继续调整外，一般学校的院系调整基本完成。

1953 年 5 月，高等教育部党组就全国高等教育的基本情况和今后方针向中共中央提交报告。报告认为，培养干部应与国家建设特别是工业建设的需要相适应，首先要保证重工业、国防工业及与此密切相联系的地质、建筑等方面技术干部的供应。高等教育应兼顾目前需要与长期建设需要，高等工业学校应以本科为主，专科为辅。综合大学是高等教育的基础，必须加强领导，着重发展理科。政法、财经高等学校的社会科学、哲学、文史等科系，应适当集中，进行改造，为以后的发展准备条件。同年 9 月，中共中央批准这个报告。经过调整，原有的高等学校分别成为综合性大学、专门学院与专科学校，按照各自的性质和任务朝着既定的方向发展。一些院校新增了原子能、半导体、电子学、自动化等新技术专业，为培养掌握新兴科学技术人才奠定了基础。高等学校院系调整适应国家工业化建设和高等学校建设的需要，大多数省份都有一所综合性大学和工、农、医、师等专科学校，使中国高等学校结构和布局不合理的状况有所改变，加快了国家对急需的建设人才的培养。

经过调整，全国共有高等院校 182 所，其中综合大学 14 所，工科院校 38 所，师范院校 31 所，农林院校 29 所，医药院校 29 所，财经院校 6 所，政法院校 4 所，语文院校 8 所，艺术院校 15 所，体育院校 4 所，少数民族院校 3 所，其他 1 所。最突出的是高等工科学校基本上建成了机械、电机、土木、化工等主要专业比较齐全的体系。工学院学生在高等学校学生总数中所占的比例由 1949 年的 18%上升到 1952 年的 35.4%。一批有影响的学校就是经过调整合并新建立起来的，如北京航空学院、北京钢铁学院、北京地质学院等。调整后新设院校 31 所，从原综合大学独立出来的专门学院 23 所，停办 49 所，改为中专的 4 所。

高等院校的院系调整，基本上改变了旧中国不能完全培养学科类型比较配套的工程技术人才的落后状况，全国初步形成学科、专业设置比较齐全的高等学校体系，走上适应国家建设需要培养专业人才的轨道。但同时也削弱了财经、政法等一些社会和人文学科，给后来的经济社会发展带来了消极影响。在院系调整的基础上各系科改订教学计划，改编教学大纲和教材，改革教学内容和教学方法的工作也循序进行。

三、组建新的科研机构

旧中国的科技事业机构残缺不全，人才匮乏，经费拮据，研究工作各自为政。研究机构以及大学里的科研力量薄弱，1949 年能从事科学研究并有一定成就的自然科学家不到 700 人，全国科技人员不超过 5 万人。据中国科学院计划局调研，1950 年，高等学校与工业部门的科学研究机构共 190 个，其中工程方面 32 个，农业方面 112 个，地质调查机构 17 个，医药卫生 11 个，其他 18 个。[①]

---

① 参见《科学通报》1950 年第 1 卷第 2 期，第 120—122 页。

新中国成立后，国家制定的科技发展的新方针是努力发展自然科学，服务于工业、农业和国防建设。在陆续接收各地原有研究机构后，根据事业发展的需要和科学家的建议，于 1949 年 11 月 1 日建立了中国科学院，作为国家最高学术领导机关和重点研究中心。中国科技事业有领导、有计划地开展起来。

1952 年以前，主要是建立科学研究机构和体系，组织和团结科学家遵循新的方针进行研究工作。1950 年 8 月，召开中华全国自然科学工作者代表会议，成立中华全国自然科学专门学会联合会（简称“全国科联”）和中华全国科学技术普及协会（简称“全国科普”）两个全国性学术团体；随后在全国大部分县以上地方、许多厂矿和一些农村建立相应的机构，组织科技工作者进行科学研究、交流和开展科学知识普及工作。

1953 年大规模经济建设开始后，急需大力发展自然科学，促进生产技术不断进步，全面了解和有效利用自然资源。党和政府对科研工作加强领导，从各方面为发展科技事业创造有利条件。1954 年 3 月，中共中央在对中国科学院党组报告所作的批示中，集中阐明了对科学技术工作和科学技术人员的政策，强调科学工作对国家建设具有重要意义，要建设生产高度发达、文化高度繁荣的社会主义国家，一定要发展自然科学和社会科学。中国科学基础薄弱，科研干部的成长和科研经验的积累需要相当长的时间，必须奋发努力，急起直追，否则就会因为科学落后而阻碍国家建设事业的发展。批示指出，团结科学家是党在科学工作中的重要政策。科学家是国家和社会的宝贵财富，必须重视和尊重他们，必须争取和团结一切科学家为人民服务。要达到这个目的，首要任务在于发挥科学家的积极性，为他们的工作安排条件，还要关心他们的生活，解除他们的后顾之忧。对在科学上确有贡献的科学家应给予较高的薪金和适当的荣誉。大力培养新生的科研力量，扩大科研队伍，是发展科学事业的重要环节。批示还指出，科学院是全国科研的中心，除应以主要力量组织本院研究工作外，还必须密切联系全国科学工作者，协助各方面的科研工作。各方面科研工作应有适当分工，科学院主要研究基本科学理论和解决对国民经济具有重要意义的关键性问题；生产部门的科研机构主要解决生产中的实际技术问题；高等学校视具体条件，研究基础科学理论或实际生产中的科学问题。[①]

按照党和政府的要求，各地进一步落实科学工作和对科学家的各项政策，纠正了实际工作中的一些“左”的偏向，也纠正了某些“为科学而科学”的偏向，确立科学为人民服务的观点。力求科研与实际密切结合，按照国家建设需要选定科研重点、解决实际问题，并有计划有步骤地建立发展尚无基础而又为国家建设急需的学科研究。另外，根据近代科学技术发展的趋势，吸收国际先进经验，编译介绍国外有价值的科学著作，与苏联及东欧各国科学院建立合作关系，通过各种渠道拓展与西方国家的学术交流，以期赶上世界先进水平。

中国科学院进一步发挥帮助、指导、联系、协调全国各地区各科研部门及学科的作用，加强科学研究的计划性、集中性和系统性，把性质相同、彼此独立的科研机构合并起来，逐步充实，加强各地区各部门各学科之间的协作配合和有机联系。为了尽快培养并合理使用科研人才，国家一方面调查现有人员，实行计划分配和补充，并推动现有人员加强学习、提高水平；一方面与各大学及其他机构协作，统筹专门人才培训。还请苏联专家来华帮助工作，并从 1951 年 8 月开始选派留学生和实习生去苏联、东欧国家学习。

国家建设迫切需要各种高级专门人才，新中国大力号召在海外的中国科学家回国参加建设。在国家的感召和协助下，许多在西方国家学习、工作的科学家为了报效祖国，冲破重重阻挠，毅然回国。从 1949 年 8 月到 1955 年 11 月，由西方国家归来的高级知识分子多达 1536 人，其中从美国回来的就有 1041 人。截至 20 世纪 60 年代初，回国人才共计 2500 多人。其中包括许多著名的科学家，如李四光、华罗庚、钱学森、吴阶平、汪德昭、邓稼先、郭永怀、吴仲华等，成为重要科学领域的开拓者和重大科研项目的组织者。

此外，建立一批图书馆、出版社，创办各类学报，初步确定学术职

---

① 参见《建国以来重要文献选编》第 5 册，中央文献出版社 2011 年版，第 144—146 页。

称评定和培养研究生制度，设立自然科学奖金。随着科研工作的逐步开展，一些专业性较强的部门如医学等，又陆续成立专门科学院；在重工业基地东北和战略要地西北建立科学院分院，还加强华南、西南地区科研机构的建设与调整，建立一些科学院地方工作站。全国科研网络逐渐形成，研究体系日益完善，从而建立起全国科研工作新体制，使各方面的科技力量能在统一的科研系统中，按合理分工合作的原则，有计划地进行工作，为以后全面发展科技事业、制定长远规划奠定了基础。

经过几年准备，1955 年 6 月，中国科学院成立学部，从全国优秀科学家中遴选了 233 位学部委员，其中数理化学部 48 人，生物地学部 84 人，技术科学部 40 人，哲学社会科学部 61 人。同时制定了《中国科学院第一个五年计划纲要（草案）》，并提出制定发展全国科学事业长远规划的建议。至此，建立新的科学研究体系和管理体制的工作大体完成，科学事业的初创阶段基本结束。到 1955 年底，全国科学技术人员已达 40 余万人。从 1956 年开始，进入根据远景规划开展研究的新时期。

四、哲学社会科学奠基起步

为发展新中国的社会科学事业，重点是确立马克思主义的指导地位，形成新的科研体系架构，培养人才，创建适应国家社会发展需要的科研和教学机构。

1949 年 7 月 14 日，周恩来在中国社会科学工作者代表会发起人会议上发表《动员更多的力量从事社会科学研究》的讲话，明确提出，马列主义是社会科学的指导理论，要求调动旧中国从事社会科学工作人员的积极性，吸取其科研成果。《共同纲领》把“提倡用科学的历史观点研究和解释历史、经济、政治、文化及国际事务，奖励优秀的人文社会科学著作”以国家法律的形式确定下来。

为了加强科学研究和教学，加快人才培养，1950 年建立了新中国第一所人文社会科学大学——中国人民大学，并相应地充实各大学社会科学的教学研究力量。1955 年成立中国科学院哲学社会科学部，为系统研究和发展哲学社会科学奠定了组织基础。李达、艾思奇、杨献珍、冯定等哲学家为马克思主义哲学研究、宣传做了大量工作，《大众哲学》《历史唯物论——社会发展史》《〈实践论〉解说》《〈矛盾论〉解说》等，在普及辩证唯物主义和历史唯物主义常识方面发挥了重要作用。这一时期出版的哲学史著作主要有侯外庐主编的五卷本《中国思想通史》，任继愈的四卷本《中国哲学史》。后者曾作为教科书在中国哲学史教学和专业人才培养方面产生了广泛影响。

新中国成立前，全国没有专门的哲学研究机构。新中国的哲学工作者努力在哲学的各个领域建立与发展各分支学科，逐步形成一支哲学研究队伍。1955 年 3 月，《哲学研究》创刊。通过办刊物，团结联络哲学工作者，并从中发掘人才。在此基础上，于 9 月正式成立中国科学院哲学研究所。

历史学在中国有着悠久的传统，中国是史学和史官文化高度发达的国度。近代以来，随着马克思主义的传播，李大钊、李达、蔡和森等开启了用马克思主义唯物史观考察中国历史的肇端。郭沫若的《中国古代社会研究》则推动了当时正在展开的中国社会性质论战。通过论战，马克思主义历史学得到初步发展。新中国成立以后，中国历史学进入崭新阶段，广大历史学工作者为确立马克思主义在历史学的主导地位进行了系统性工作，取得了一系列重要成果。

在通史研究方面，范文澜主编的《中国历史简编》，从 1952 年开始在 40 年代原著基础上修订，分别于 1953 年、1957 年、1964 年由人民出版社出版一至三编，该书被学术界誉为“第一部以马克思主义为指导编写的中国历史，在当代中国史学界和学术界产生过很大影响”①。断代史研究方面也取得重要成果。如尹达的《新石器时代》、郭沫若的《奴隶制时代》、杨宽的《古史新探》、杨翼骧的《秦汉史纲要》、王仲荦的《魏晋南北朝隋初唐史》；专门史研究方面有李剑农的《先秦两汉经济史略》、韩国磐的《南朝经济初探》、陈述的《契丹社会经济史稿》等。还注意加强史料建设，整理和出版了一批具有重大学术资料价值的古籍和文献资料，为

① 范文澜：《中国通史简编》前言，河北教育出版社 2000 年版，第 1 页。

新中国历史科学的发展做了大量基础性工作。1954 年，范文澜等开始标点《资治通鉴》，于 1956 年 2 月由古籍出版社出版。

历史学界还就重大的历史问题和史学理论问题展开广泛的讨论。在众多的问题中，最引人注目的是中国古代史分期问题、中国封建土地所有制形式问题、资本主义萌芽问题、中国封建社会农民战争问题、汉民族形成问题五个在中国历史研究中带有根本性的问题，因此被人们称为“五朵金花”。对“五朵金花”的讨论虽然都没有取得一致的结论，但是史学工作者们都坚持以历史唯物论为指导分析和解释历史现象，并且能够充分发扬学术民主，以理服人，极大地促进了历史学科的繁荣和发展。此外，围绕“五朵金花”的讨论，还引发了学术界对亚细亚生产方式、中国封建社会内部分期、中国封建社会长期延续的原因、历史发展的动力、历史人物评价等史学理论问题的探讨，这些都为确定中国马克思主义史学的主导地位奠定了坚实的理论基础。

为了加强对历史学界的领导，从中央到地方相继建立了历史学的教学和科研机构，利用高等学校调整的机会，在全国各个综合大学设立或扩建历史系。1950 年 5 月，在中国科学院下设近代史研究所。1954 年，中国科学院成立历史研究所第一所和第二所。第一所主要研究对象为中国的原始社会、奴隶社会和魏晋南北朝以前封建社会的历史。第二所主要研究隋唐以后到 1840 年（清道光二十年）以前中国封建社会的历史。1960 年，两个所合并为历史研究所。1954 年创办《历史研究》杂志，同时编辑出版《史学译丛》。

政治经济学在新中国成立以后也获得大发展。各类学校普遍开设政治经济学课程，对广大干部和学生进行马克思主义政治经济学基本原理的教育。高等学校将政治经济学列为必修课，中学开设社会发展史和社会主义建设常识，党校将政治经济学列入干部培训重要内容。中央人民广播电台举办政治经济学系列讲座，在亿万人民中普及政治经济学知识。高等学校文科、综合大学和中央及省市党校开设政治经济学专业，培养从事政治经济学研究、教学的专门人才。马克思主义政治经济学成为党和国家制定政策和法规的重要理论根据之一。

1949 年中国科学院成立时，组建了社会研究所，1953 年更名为经济研究所，作为经济理论研究的专门机构。1955 年创办《经济研究》。陆续翻译出版了马克思、恩格斯、列宁、斯大林有关经济学研究著作，以及苏联《政治经济学教科书》。还翻译出版威廉·佩蒂、亚当·斯密、李嘉图等西方经济学代表人物的著作。《资本论》是马克思主义政治经济学的经典之作，经济学界十分重视对《资本论》的研究和应用，并为《资本论》的普及通俗讲解和注释做了大量工作。陈征的《〈资本论〉讲座》、孟氧的《〈资本论〉典故注释》等，都成为初学者必备的参考读物。经济学界理论联系实际，创立新民主主义社会形态学说。有影响的论著有：许涤新的《新民主主义经济论》、沈志远的《新民主主义经济概论》、王亚南的《中国经济原论》、马寅初的《新民主主义的经济》。在创立中国的广义政治经济学方面，经济史学家作出了重要贡献。许涤新、吴承明主编的《中国资本主义发展史》、汪敬虞主编的《近代中国经济史》等，为研究中国封建社会、半殖民地半封建社会的政治经济学提供了珍贵的资料和素材。

其他诸如考古学、世界史学、文学、语言学、民族研究、宗教研究、外国文学研究、国际问题研究等都在奠基中起步发展。

五、十二年科技发展远景规划的制定

《一九五六—一九六七年科学技术发展远景规划》（即“十二年科技发展远景规划”）是新中国的第一个长期科学技术发展规划，它比较全面地反映了中国社会主义建设对科学技术的要求。它的制定和实施，拉开了中国向科学进军的序幕，使中国的科学技术开始走上了在国家统一领导下的远景规划和近期计划相结合的发展道路。

从 1954 年开始，中国科学院开始着手搜集有关科学远景规划的资料。1955 年 6 月，在中科院学部成立大会上，郭沫若提出中国科学院第一个五年科学工作计划。大会建议迅速制定发展全国科学事业的长远规划，并把中国科学院的第一个五年计划和长远规划结合起来。此后，中科院组织各学部进行远景规划制订的准备工作。

根据毛泽东“全面规划，加强领导”[①]的指示，1955年夏，国务院召开北戴河会议，讨论15年远景规划的编制。会后，不同领域均开始着手制定远景规划。10月，国务院科学研究计划工作小组提出编制12年科技发展远景规划的报告。12月，200多位科技工作者齐聚北京，讨论12年内中国科学技术在国民经济中所必须承担的几十项重要任务及完成这些任务所涉及的中心问题。1956年1月31日，国务院召开制定12年科学技术长远规划动员大会。会议宣布由国家计委负责，会同有关部门制定12年科技发展远景规划，并由周恩来亲自挂帅，当时中央主管科学工作的陈毅副总理和兼国家计委主任的李富春副总理负责具体领导。会议还宣布国务院成立十人科学规划小组。2月24日，中共中央政治局会议正式批准将十人科学规划小组改组为国务院科学规划委员会，由陈毅副总理任主任，李富春、薄一波、郭沫若、李四光任副主任，张劲夫为秘书长，成员是来自中科院、高等院校和各产业部门的科技专家。

大规模的科学规划编制工作随即全面铺开，参加编制工作的主要是自然科学方面的中科院学部委员，此外中央还从全国23个单位选调了787名各个领域的知名学者，邀请16名苏联各学科的科学家协助规划的拟定和审议。苏联专家组的到来，使中国科学家及时了解当时的世界科技水平和发展趋势，有助于中国确立科技发展重点领域，对中国科技事业的发展起到了重要作用。国务院和规划委员会多次举行不同类型的会议，充分听取多方面的意见，逐步对规划的方针、原则和重点取得共识。周恩来在听取汇报时强调指出，要尽量采用世界先进技术，瞄准当时的新兴科学、新兴技术，不失时机地迎头赶上，同时又要看到新中国成立不久、国力有限的客观实际，要求重点发展，避免力量分散。以解决国民经济和国防建设对于科学技术的需求为主要目标，同时带动学科发展。“重点发展，迎头赶上”“任务带学科”就成为规划制定的方针。

12月，经过几百位专家学者近七个月的努力，《一九五六—一九六七年科学技术发展远景规划纲要（修正草案）》完成。22日，中共中央将

①《毛泽东文集》第6卷，人民出版社1999年版，第442页。

《规划纲要（修正草案）》和《关于科学规划工作向中央的报告》转发各部委、各省人民委员会征求意见。经过国家各部门反复、周密、严格地斟酌，最后形成12年科技发展远景规划全部文件，包括《一九五六—一九六七年科学技术发展远景规划纲要》以及《国家主要科学技术说明书和中心问题说明书》《基础科学学科规划说明书》《国家主要科学技术任务和中心问题名称一览表》《一九五六年紧急措施和一九五七年研究规划要点》四个附件，共计600余万字。

远景规划从13个方面确定了57项重要科技任务和616个中心问题，并确定了12个带有关键意义的重点项目，以带动中国整个科学技术的发展和迅速成长。对某些特别重要却比较薄弱的环节，还制定了1956年的加速科学发展的"四项紧急措施"[①]，重点发展原子能、喷气与火箭、计算机、半导体、电子学和自动化技术。此外，还部署了两个更重大的项目：原子能和导弹。这是发展尖端科学技术的关键性措施。12年科技发展远景规划的主要任务大多提前五年，即到1962年就完成了。

科技规划的制定和实施，推动了中国科技研究和管理体系的形成。从1956年到1962年，中国科研机构（国防系统研究机构除外），"由1956年的381个增加到1962年的1296个，各主要学科和技术领域几乎都设置了专门的研究机构。专门从事研究工作的科技人员，从1956年的6.2万多人增加到1962年的近20万人，其中大学毕业的有5.5万人，副研究员以上的高级研究人员达到2800多人"[②]。科学技术的各主要领域基本上都有了相应的研究机构和研究人员，建立起门类比较齐全、资源配置比较合理的科研机构体系和科研管理机构体系，培养了大批科研人员。

在12年科技发展远景规划的指导下，中国科技取得了巨大成就。1962年基本完成规划任务时，中国的科学技术大体达到了国际上20世纪

① 这四项紧急措施是：（一）发展计算技术、半导体技术、无线电电子学、自动化技术和远距离操纵技术；（二）开展同位素应用工作；（三）建立科学技术情报工作；（四）建立国家计量基准，开展计量科学研究。

② 薄一波：《若干重大决策与事件的回顾》（上），中共党史出版社2008年版，第362页。

40 年代的水平。最重要的是在国防尖端科技方面取得了令世界瞩目的进步。在自然条件和自然资源考察方面也取得了显著的成果，基本查清了中国边疆地区自然条件的特征和自然资源的数量、质量与分布规律，填补了这些地区综合调查研究的空白，为自然资源的开发和生产力布局提出了综合开发方案和远景设想。

第三节　马克思主义指导地位的确立

确立马克思主义在思想文化领域的指导地位，是无产阶级领导权在思想文化领域的体现。为用马克思主义思想教育干部群众，新中国成立初期积极组织翻译和出版了一大批马克思主义经典著作，毛泽东亲自主持编辑出版《毛泽东选集》。在全国范围内开展马克思主义唯物论辩证法的宣传普及工作，帮助旧社会过来的知识分子提高政治觉悟，使之逐步成长为工人阶级知识分子。全国掀起了学习毛泽东著作、中国共产党历史的热潮，并在学习中开展批评与自我批评，肃清封建买办思想，批判资产阶级思想，推动了知识分子的自我教育和自我改造。

一、马克思主义经典和毛泽东著作的出版

新中国成立初期，为满足全国人民学习马列主义理论的迫切需要，三联书店和新华书店等出版部门用旧纸型或根据旧译本零散地重印和再版了一批马列著作，同时，也翻译和从苏联引进了一些俄文版著作。1953 年，中共中央马克思恩格斯列宁斯大林著作编译局成立。马列著作翻译出版工作进入有计划、有步骤的系统阶段。1953 年 9 月至 1958 年，《斯大林全集》中文版出齐，共 13 卷，收入斯大林从 1901 年到 1934 年间的著作 500 篇，300 多万字。

中央编译局根据《马克思恩格斯全集》俄文第二版第 1 至 39 卷，并参照德文本组织翻译，1956 年 12 月人民出版社出版了第 1 卷（1974 年 12 月出齐 39 卷）。《列宁全集》是中央编译局根据俄文第四版翻译，1955 年人民出版社出版第 1 卷（1963 年出齐 39 卷）。另外，还出版了一批马

列著作单行本，如《共产党宣言》《国家与革命》以及《资本论》第一、二、三卷等。

确立、巩固、加强无产阶级的思想领导，最根本的是要用马克思主义教育亿万人民群众。1951 年元旦，中共中央作出建立对人民群众的宣传网的决定。2 月，发出健全各级宣传机构和加强宣传教育工作的指示，要求党的各级组织和每个党员，随时随地向人民群众进行宣传，向一切反动的和错误的思想与主张进行不调和的斗争，启发和提高人民群众的觉悟。同月，又发出《加强理论教育的决定（草案）》，要求全党特别是党的高级干部系统学习马克思列宁主义、毛泽东思想。

中共中央成立《毛泽东选集》出版委员会，于 1951 年 10 月、1952 年 4 月和 1953 年 4 月，相继出版《毛泽东选集》一至三卷。毛泽东亲自选定篇目，进行校阅，补充文稿，整理文字，加写和修改题解与注释。《毛泽东选集》一、二、三卷收录的 88 篇文章，包含多方面内容，主要是：关于新民主主义革命的理论；关于革命军队和军事战略策略；关于政策和策略；关于思想政治工作和文化工作；关于党的建设等，贯彻其中的是实事求是、群众路线和独立自主的立场观点和方法。它是中国共产党领导中国人民革命斗争经验的科学总结，是无产阶级革命家集体智慧的结晶，是中国人民革命的经典记录。

《毛泽东选集》的出版成为新中国成立后全国政治生活中的一件大事，广大干部、党员、青年、知识分子和各界群众自觉地掀起学习毛泽东著作的热潮，毛泽东思想得到广泛传播，对中国人民的思想产生深远影响。

二、普及马克思主义知识

《共同纲领》明确规定："人民政府的文化教育工作，应以提高人民文化水平，培养国家建设人才，肃清封建的、买办的、法西斯主义的思想，发展为人民服务的思想为主要任务。"为完成这样的历史任务，需要在广大党员和人民群众中普及马克思主义的基本知识，进行共产主义世界观和人生观教育，增强人民群众当家作主的主人翁意识。

针对当时人民群众的思想实际和文化水平，唯物史观教育主要采取学习社会发展史的方法，通过了解马克思主义关于社会发展的基本理论，借以掌握唯物主义基本观点。1950 年 6 月，毛泽东在七届三中全会讲话中建议，为了争取一切爱国的知识分子为人民服务，“要办各种训练班，办军政大学、革命大学，要使用他们，同时对他们进行教育和改造。要让他们学社会发展史、历史唯物论等几门课程”[①]。

在党中央和毛泽东的号召下，从中央到地方，从机关到厂矿、企业、学校、部队，全国各部门各行业都掀起学习热潮。当时的学习教材主要有《从猿到人》《历史唯物论——社会发展史》《政治经济学》等。通过学习，宣传和普及了以下几个重要观点：

第一，劳动创造人类世界的观点。以恩格斯关于在劳动发展中找到了了解全部社会史的钥匙的观点为指导，强调必须抓住这把钥匙，通过大力宣传生产劳动在人类起源、社会生活和历史中的决定作用，阐明劳动创造人类社会的观点。

第二，阶级和阶级斗争的观点。主要内容是阶级和阶级斗争是社会生产发展到一定阶段的产物；阶级斗争是社会历史发展的直接动力；研究阶级和掌握阶级斗争学说的中心任务在于掌握阶级分析的科学方法，从纷繁复杂的社会历史现象中找出它的发展线索，使社会历史的研究真正具有科学性。在当时历史条件下，就是要站在无产阶级的立场，站在劳动人民的立场，同帝国主义、封建势力和官僚资本主义进行坚决的斗争。

第三，关于人民群众创造历史的观点。社会历史，首先是生产发展的历史，因而也就是劳动人民的历史。伟大的人物只有通过群众的力量，按照历史本身的发展方向，才能推动领导发展，脱离群众则将一事无成。要正确认识杰出人物以及工人阶级领袖在历史上的作用，批判“英雄创造历史”的唯心主义观点。

第四，马克思主义的国家观点。国家是分工和私有制的产物，是阶级统治的工具。它随着阶级的产生而产生，也将随着阶级的消亡而消亡。

1950 年 12 月，《人民日报》相继发表毛泽东在 1937 年写的《实践论》

---

①《建国以来重要文献选编》第 1 册，中央文献出版社 2011 年版，第 224—225 页。

和《矛盾论》（史称“两论”）。1951年初，《人民日报》连续发表学习《实践论》的社论。随后，全国迅速掀起学习“两论”的高潮，成为在全国范围内普及马克思主义唯物论辩证法的开端。随着《实践论》和《矛盾论》学习的深入，马克思主义哲学日益深入人心，资产阶级旧哲学和唯心主义世界观不断受到批判和清理。在此基础上，中共中央于1955年1月发出关于在干部和知识分子中宣传唯物主义思想、批判唯心主义思想的通知，号召全体人民树立唯物主义思想，批判唯心主义思想。

实践证明，这场全国性的学习运动取得了成功。它不是从抽象的定义和概念出发，而是结合具体而又生动的事例，逐渐将学习引向深入。全国人民受到马克思主义启蒙教育，并逐步确立唯物主义世界观，同时不断清理头脑中各种非马克思主义思想，在实践中运用历史唯物主义和辩证唯物主义。

三、知识分子思想改造运动

新中国成立初期，党和政府肯定知识分子在过去的革命运动中所起的重要作用，强调在今后建设社会主义的事业中将发挥更重要的作用。中国科学文化落后，旧中国留下来的文教、科技和卫生方面的知识分子只有200万人左右，占全国人口总数的0.37%。中国知识分子的基本队伍是爱国进步、具有建设新国家的愿望的，但是，知识分子中相当一部分旧的思想影响较深，对共产党、新社会、新事物还不了解，思想感情上与劳动群众有隔膜，因此，党和国家对知识分子采取团结、教育、改造的方针。

党和政府对从旧社会过来的知识分子，采取“包下来”的方针，在生活上为他们排忧解难，给绝大多数人安排合适的工作，帮助失业者就业，欢迎在海外工作或留学的知识分子回国投身建设事业，在政治上给知识分子的代表人物应有的社会地位。

为了帮助知识分子提高政治觉悟，1950年6月23日，毛泽东在一届政协二次会议上，向各界特别是知识界人士提出以批评和自我批评的方法进行自我教育和自我改造的建议。随后，人民政府广泛组织知识分子学习马克思主义基本知识和中国共产党的方针政策，还组织他们参加抗美援朝、土地改革和镇压反革命运动，让他们在实践中接受教育。《毛泽东选集》第一卷出版后，全国掀起了学习马克思主义普遍原理同中国具体实际相结合的毛泽东思想的热潮，推动了知识分子的自我教育和自我改造。

1951 年 9 月初，北京大学校长马寅初等 12 位著名教授，发起北大教员政治学习运动。为此，他写信给周恩来，提出邀请毛泽东、刘少奇、周恩来、彭真等到北大作报告。毛泽东在信上批示："这种学习很好，可请几个同志去讲演。"[①] 中共中央十分赞赏和支持这种主动要求学习的行动，决定推广到京津所有高等院校，取得经验后推向全国。9 月 29 日，周恩来应邀在北京、天津高等学校教师学习会上作报告，联系自己在革命运动中的亲身经历，畅谈知识分子改造问题。他强调，知识分子在学习和工作中，首先要解决一个站在什么立场的问题。他说，100 多年来，中国是受帝国主义侵略的半殖民地国家，在这样的具体环境中，大多数知识分子的思想是由民族思想、爱国思想发展到争取民族解放和为人民服务的思想，这是一个好的起点。从这个立场上前进到为大多数人民的最高利益着想的人民立场，再进一步到工人阶级立场。经过这么一个发展过程，就可以逐步地解决立场问题。"只要决心改造自己，不论你是怎么样从旧社会过来的，都可以改造好。"[②] 周恩来的报告使广大教师深受启发和鼓舞，京津地区高等学校知识分子思想改造的学习运动由此全面展开。

1951 年 11 月 30 日，中共中央发出《关于在学校中进行思想改造和组织清理工作的指示》，要求立即有计划、有领导、有步骤地在大中小学教职员和高等专科学校以上的学生中开展学习运动，进行初步的思想改造。12 月 15 日，教育部发出《关于京、津高等学校教师思想改造学习运动进行情况和初步经验的通报》。这次思想改造的学习运动首先从教育界开始，逐渐扩大到整个知识界，形成一个全国范围的知识分子思想改造运动。1951 年 11 月，中共中央发出《关于在文学艺术界开展整风学习运动

---

①《建国以来毛泽东文稿》第 2 册，中央文献出版社 1988 年版，第 448 页。

②《建国以来重要文献选编》第 2 册，中央文献出版社 2011 年版，第 389 页。

的指示》。1952 年 1 月 5 日，一届政协全国委员会第 34 次会议作出《关于开展各界人士思想改造的学习运动的决定》，号召各民主党派、各人民团体以及工商界和宗教界人士参加思想改造学习运动。

在学习过程中，通过听报告、学文件、总结思想、开展批评与自我批评，知识分子尤其是受旧思想影响较深的知识分子，逐渐分清革命和反革命的界限，政治上明辨是非，树立为人民服务的思想，世界观有了初步转变。思想改造运动历时两年，至 1952 年秋基本结束。全国高等学校教职员的 91%、大学生的 80%、中小学教师的 75% 参加了学习。

知识分子思想改造运动的主流是积极的、健康的，它帮助知识分子转变思想观念，学会用科学的观点认识和解释历史、政治、经济、文化及国际事务，并为各级学校的教学改革做了思想上的准备。但在后期进行组织清理时开展的忠诚老实运动，由于没有很好地掌握思想改造和组织清理的界限，致使不少地方不同程度地发生了混淆思想问题与政治问题、斗争方法简单粗暴的偏差。这值得认真总结，吸取教训。

四、思想文化领域对唯心主义的批判

新中国成立初期，思想文化领域情况比较复杂。新的经济形态和政治制度刚建立，帝国主义、封建主义的思想影响不可能自动清除，资产阶级思想的腐蚀和侵袭也不可避免。取得统治地位的无产阶级，如果不对错误思想进行批判，就不可能在思想文化领域确立主导和领导地位。

1951 年，围绕对电影《武训传》及其评论而开始的思想文化领域的斗争，批判封建主义思想，提倡用科学的即马克思主义的观点来研究和解释历史。1950 年底，以清末山东人武训“行乞兴学”为主题的电影《武训传》公映。影片中的武训为了乞讨办学的费用，当众自污，甚至给地主豪绅磕头作揖、长跪不起。武训乞讨几十年，办了三所学校，受到封建统治者表彰。电影《武训传》上映后，报刊发表大量评论，赞扬武训“是永垂不朽而值得学习的榜样”，“武训兴学之革命的意义，是和太平军那样的革命的意义，有某种相同处”，是“富有教育意义的好电影”等等。从 1951 年 4 月开始，报刊上出现了批评《武训传》是有严重错误的电影的

文章。

报刊上关于《武训传》的讨论，引起了中共中央和毛泽东的注意。5 月 20 日，《人民日报》发表经毛泽东改写的社论《应当重视电影〈武训传〉的讨论》，严厉批评武训和对武训的赞扬。毛泽东认为，这个电影提出的问题带有根本的性质。他指出：武训“处在清朝末年中国人民反对外国侵略者和反对国内的反动封建统治者的伟大斗争的时代，根本不去触动封建经济基础及其上层建筑的一根毫毛，反而狂热地宣传封建文化”，“这种丑恶的行为，难道是我们所应当歌颂的吗？”“对于武训和电影《武训传》的歌颂竟至如此之多，说明了我国文化界的思想混乱达到了何等的程度！”“特别值得注意的，是一些号称学得了马克思主义的共产党员”，“一遇到具体的历史事件，具体的历史人物（如像武训）、具体的反历史的思想（如像电影《武训传》及其他关于武训的著作），就丧失了批判的能力，有些人则竟至向这种反动思想投降”。[①]

对电影《武训传》的讨论与批评，不仅是如何评价历史人物武训的问题，而且引申到如何看待中国近代历史和中国革命道路的问题。这涉及文艺、历史、思想问题，实际上成为知识分子思想改造运动的一个组成部分，其深层内涵，是历史唯物主义与历史唯心主义的一次较量。毛泽东提出批判电影《武训传》不是就事论事，而是要求人们用马克思主义观点分析问题，他强调应当“研究自从一八四〇年鸦片战争以来的一百多年中，中国发生了一些什么向着旧的社会经济形态及其上层建筑（政治、文化等等）作斗争的新的社会经济形态，新的阶级力量，新的人物和新的思想，而去决定什么东西是应当称赞或歌颂的，什么东西是不应当称赞或歌颂的，什么东西是应当反对的”[②]原则性问题。把武训这样的具体历史人物摆在近代中国的历史条件下重新考察，帮助人们从中分清什么是人民革命，什么是改良主义，以提高思想认识是必要的。在这次时间不长的批判中，没有因思想问题处分人，但在批判中也存在政治上上纲过高的情况。

---

①《毛泽东文集》第 6 卷，人民出版社 1999 年版，第 166、167 页。

②《毛泽东文集》第 6 卷，人民出版社 1999 年版，第 167 页。

从1953年开始，思想文化建设主要转向学习马列主义关于社会主义的理论，划清无产阶级与资产阶级、社会主义与资本主义的界限，批判和清除学术上的资产阶级唯心主义思想。近代以来，资产阶级唯心主义思想从西方传入中国，直到新中国成立后，在学术界特别是人文社会科学领域仍有很大影响。要使新中国的学术研究转入在马克思主义指导下健康发展的轨道，就要清除资产阶级唯心主义思想的影响。

五四时期，胡适发表了《红楼梦考证》。在他的影响下，1922年俞平伯写了《红楼梦辨》，形成了以胡适为代表的新红学派。他们在《红楼梦》作者和版本的考证方面有所建树，但未能认识《红楼梦》反封建精神的思想价值。此后二三十年间，新红学派的一些人仍然陷入烦琐考据之中。1952年9月，俞平伯对《红楼梦辨》加以修订，改名为《红楼梦研究》重新出版，又在刊物上发表《红楼梦简论》和一系列随笔、考证等文章。这些论著在总体上仍未跳出新红学派的窠臼。

1954年9月，青年作者李希凡和蓝翎向《文艺报》投稿并附信，对俞平伯的《红楼梦简论》提出批评，未被理睬。他们于是写信给母校山东大学，请求支持。山东大学学报《文史哲》1954年第9期上发表了他们的论文《关于〈红楼梦简论〉及其他》。这篇文章引起毛泽东的重视，在1954年第18期《文艺报》转载，并加编者按语。10月10日，《光明日报》在《文学遗产》专栏中又发表了李希凡、蓝翎的论文《评〈红楼梦研究〉》，也加编者按语。虽然这两个按语都肯定李希凡、蓝翎的文章试图以马克思主义的观点去研究古典文学，基本上是正确的，值得重视；但毛泽东觉得两家报刊的编者对李希凡、蓝翎的支持和肯定远远不够，而且也没指明俞平伯的观点实质上是胡适资产阶级唯心主义思想。因此，他于10月16日给中央政治局同志和有关同志写了关于《红楼梦》研究问题的信。信中说：李希凡、蓝翎的两篇文章“是三十多年以来向所谓《红楼梦》研究权威作家的错误观点的第一次认真的开火”，事情是两个“小人物”做起来的，而“大人物”往往不注意，并往往加以拦阻，他们同资产阶级作家在唯心论方面讲统一战线，甘心作资产阶级的俘虏。俞平伯这一类资产阶级知识分子，当然是应当对他们采取团结态度的，但应当批判他们的毒害青年的错误思想，不应当对他们投降。[1]

10月18日，中国作家协会党组开会，传达学习这封信。24日，作家协会古典文学部召开讨论会，肯定李希凡、蓝翎对《红楼梦》研究问题的批评具有重要意义，认为清除胡适资产阶级唯心主义思想在古典文学研究中的影响是一场严重斗争。27日，中宣部部长陆定一给中共中央和毛泽东写报告，提出这次讨论的目的，是要在关于《红楼梦》和古典文学研究方面与资产阶级唯心论划清界限，进而运用马克思主义的观点和方法对《红楼梦》的思想性和艺术性作出较全面的分析和评价，以引导青年正确地认识《红楼梦》；在讨论和批评中必须防止简单化的粗暴作风，允许发表不同意见，对那些缺乏正确观点的古典文学研究者，仍应采取团结的、教育的态度，使他们在这次讨论中得到益处，改进他们的研究方法；这次讨论不应该仅限于《红楼梦》一本书和俞平伯一个人，也不应该仅限于古典文学研究的范围，而应该发展到其他领域，从哲学、历史学、教育学、语言学等方面彻底地批判胡适的资产阶级唯心主义思想。毛泽东批准了这个报告。

10月31日至12月8日，中国文联主席团和中国作家协会主席团联合召开扩大会议，多次就这一问题进行讨论。与会者一致认为，必须坚决对资产阶级唯心主义思想进行斗争，正确开展学术界、文艺界的自由讨论和批评，扶植新生力量，发展马克思主义指导地位和社会主义现实主义创作方向。会议最后通过经毛泽东审阅的《关于〈文艺报〉的决议》，决定改组《文艺报》领导班子，端正编辑方针，并责成文学艺术界各协会及所属机关刊物检查、改进工作。会上，周扬、郭沫若作了重要发言，发言稿事先经毛泽东审阅和修改，实际上是对前一段讨论的总结。

1955年1月，运动转入对胡适思想的批判，主要批判胡适的主观唯心主义的实用主义哲学观点、庸俗进化论和改良主义的社会学观点、历史唯心主义观点、民族自卑和民族虚无主义观点、亲美崇美思想以及唯心论和形而上学的方法论等等，形成了学习马克思主义理论、批判资产阶级唯

---

① 参见《建国以来重要文献选编》第5册，中央文献出版社1993年版，第645—646页。

心论的热潮。为了引导学习与批判深入发展，1955 年 3 月 1 日，中共中央发出《关于宣传唯物主义思想批判资产阶级唯心主义思想的指示》，指出：学术批评和讨论应当是说理的，实事求是的，应当是建立在科学基础上的学术争论，反对采取简单粗暴的态度。解决学术争论应当采取自由讨论的方法，反对采取行政命令的方法。要善于把唯物主义的宣传工作和具体的研究工作结合起来。在批评和讨论时，应当坚持党的统一战线政策和团结、教育、改造知识分子的政策，分清思想上的敌我友三方，分清政治上的反革命分子和学术思想上犯错误的人。这一指示对保证批判和讨论沿着正确的方向发展起了重要作用。

这次学习与批判，从哲学、文学、史学、社会政治思想各个方面，对“五四”以来思想文化领域最有影响的胡适一派资产阶级学术思想进行清理和批评，在新旧社会转变时期是很有必要的，对根本动摇资产阶级唯心论地位，逐步确立马克思主义唯物主义思想的主导地位，推动学术和文化事业的进步，创造和改善马克思主义新生力量的成长环境和条件，培养和组织马克思主义理论队伍，具有重要和深远的意义。但在批判过程中对俞平伯的学术观点、研究方法及其与胡适的区别联系等缺乏具体分析，对胡适在学术文化思想领域的影响估计过高。

五、知识分子问题会议的召开

随着大规模经济建设的开展和生产资料私有制的社会主义改造即将完成，集中力量发展生产力，开始全面建设社会主义，日益成为党和国家的主要任务。当时迫切需要解决的一个大问题，是调动广大知识分子的积极性，充分发挥他们的作用，为社会主义建设服务。因此，加强和改善党对整个科学文化工作及知识分子的领导，成为党和国家领导社会主义建设的一项重要工作。1955 年初，毛泽东提醒全党要注意解决这一问题。他说：“过去几年，其他事情很多，还来不及抓这件事。这件事总是要抓的。现在到时候了，该抓了。”[①]

① 薄一波：《若干重大决策与事件的回顾》（上），中共党史出版社 2008 年版，第 352 页。

1955 年 11 月 23 日，毛泽东召集中共中央书记处会议，商定 1956 年初召开一次全面解决知识分子问题的会议，并决定成立由周恩来负责的十人小组进行筹备工作。次日，周恩来向各省、市、自治区党委，中共中央和国务院各部委负责人提出要求：先召开一次研究改善党同知识分子关系的会议，准备意见和材料，并成立研究知识分子问题的领导小组。周恩来还召开座谈会，听取知识分子意见，并对当时中国和世界科技发展情况进行系统深入的调查研究。同时，十人小组要求各地区、各部门上报调查材料，要包括高等院校、科研机构、卫生部门、文艺部门、工程技术部门、中小学校六个方面，每个方面都要有好、中、差三类典型，要对新中国成立六年来知识分子的状况和变化、贯彻执行党的知识分子政策的情况和问题，进行检查总结，提出解决知识分子问题的具体意见。十人小组还组织人员把马克思主义经典作家论述知识分子的基本观点，党和政府关于知识分子问题的政策，编成文献摘要。在这些工作的基础上，周恩来主持十人小组起草了中共中央《关于知识分子问题的指示（草案）》、关于知识分子问题的主题报告以及《关于科学家研究工作条件问题的情况和意见》《关于高级知识分子待遇问题的意见》《关于在知识分子中发展党员的报告》等专题报告或文件草案，为开好大会作了充分准备。

1956 年 1 月 14 日至 20 日，中共中央在北京召开知识分子问题会议。在京的中央委员和候补委员，中央各部门、各群众团体和各省、市、自治区负责人，重要的科学、文化、教育、卫生、军事等单位和各省、市、自治区组织、宣传、统战部门负责人共 1279 人出席会议。大会由刘少奇主持，周恩来代表中共中央作《关于知识分子问题的报告》。周恩来在报告中，科学地论述了知识分子已经是工人阶级的一部分，强调要坚决摒弃在知识分子问题上“左”的宗派主义倾向。他指出，在过去六年中，知识分子的政治面貌已发生根本的变化，知识分子已经成为国家工作人员，为社会主义服务。革命需要吸收知识分子，建设尤其需要吸收知识分子。在中国这样文化、科学落后的国家，更要善于利用旧社会遗留下来的知识分子和新中国成立以后培养起来的知识界的新生力量，使他们为社会主义建设服务。他还提出，在社会主义时代，比以前任何时代都更加需要充分地提高生产技术，更加需要充分地发展科学和利用科学知识。在既要瞄准世界先进水平又要坚持务实精神发展科学技术的战略方针指导下，“向现代科学进军”。

16 日开始，进行小组讨论和大会发言，并对会前准备的 11 个全面解决知识分子问题的报告和文件草案进行讨论、修改、补充。1 月 20 日，毛泽东在闭幕会上讲话。他号召全党努力学习科学知识，同党外知识分子团结一致，为迅速赶上世界先进科学水平而奋斗。这次会议在开始建设社会主义的历史转折时刻，提出正确解决知识分子和科学技术这两个关键问题的基本方针、政策和措施，对于经济社会发展具有重要的历史意义。

2 月 24 日，中共中央发出《关于知识分子问题的指示》，全国迅速贯彻执行。各级党政领导机关成立了相应机构，制定年度和中长期规划，并采取了一系列切实可行的措施，调集力量、增加经费、添置设备，为实现计划目标努力工作。全国知识分子也深受鼓舞，政治热情和工作积极性空前高涨，掀起了向现代科学进军的热潮，为后来科学技术和文化教育事业的发展创造了有利条件。

第四节　新文化建设初见成效

新中国成立的头 7 年，由于全面贯彻了文化为人民的方针，文化建设卓有成效：全面建设文化机构和基础文化设施，广泛开展群众性文化活动；涌现大批具有民族形式和风格，反映新时代、新人物、新精神及人民生活新风貌的作品，受到广大人民的欢迎；建立各级各类学校相衔接的新的国民教育体系，提高人民的文化科学水平，开始造就一支新型的知识分子队伍；发展少数民族地区的文化教育；广泛开展群众性体育活动，建立全国运动竞赛制度；采取多种形式的对外文化交流，有效地树立了中国良好的国家形象，增进了与世界各国人民的了解与友谊。中华文化开创了新的篇章。

一、文化事业的成就

新中国成立后前三年国民经济恢复时期，文化馆、站的具体工作任务是识字教育、政治宣传、文化娱乐和普及科学知识。有些地方文化馆还要负责有线广播、图书、文物等工作。为了更好地开展群众文化工作，1952 年，中央人民政府决定将文化馆等文化事业机构划归文化部门领导。在调查研究的基础上，根据实行“一五”计划、大规模社会主义建设的新的实际情况，文化部加强了对群众文化的管理和指导，1953 年 9 月，在艺术事业管理局设立群众文化处。12 月 18 日，发布《关于整顿和加强文化馆、站工作的指示》，要求对文化馆、站进行调整、整顿和改进。

《指示》明确规定文化馆、站的性质是政府为开展群众文化工作、活跃群众文化生活而设立的事业机构，其任务有四项：（一）向广大人民进行时事政策的宣传，教育群众为实现过渡时期的总路线、总任务而奋斗；（二）组织和辅导群众的各种文化学习，并配合扫盲工作；（三）组织和辅导群众业余艺术活动（包括各种文化娱乐）；（四）普及与群众日常生活和工农业生产有关的技术知识和卫生知识。各地文化馆积极贯彻这个指示精神，调整和培训文化馆干部，改进各项工作，积极开展群众文化宣传工作和群众文化艺术活动。据 1954 年的统计，各文化馆、站举办的幻灯放映、图片展览、各种表演和报告讲演四项活动，观众、听众人数约达 3 亿人次，文化馆、站辅导的各类群众学习组织、俱乐部、业余剧团、图书室等约达 85000 个。在此期间，文艺的普及工作取得显著成绩：成立了负责指导全国群众文艺活动的中央群众艺术馆；从中央到地方组成农村文化工作队，下乡开展文化活动；剧团和其他文艺团体也下乡为农民巡回演出，出现了像“乌兰牧骑”[①] 这样的群众文化的典范。中国作家协会成立农村读物工作委员会，出版了《农村文学读物丛书》。广大农村、工厂和部队开展了唱革命歌曲、讲革命故事的群众文艺活动。家史、村史、社史、厂史的群众性写作运动也十分活跃。新一代文艺工作者不断成长，出版了《新人新作选》，召开了全国青年业余文学创作积极分子大会。

由于全面贯彻了文艺为人民的文艺方针，具有民族形式和风格，反映时代精神、革命斗争和新人物新思想，正确表现和塑造历史事件和历史

---

① 通古斯语，红色嫩芽的意思，意指初生的红色文化工作队、红色文艺轻骑队。

人物，热情歌颂人民革命事业胜利和人民生活新风貌的作品，受到广大人民的欢迎。1949 年 5 月，长春电影制片厂拍摄了王滨导演的新中国第一部电影故事片《桥》，使工人阶级第一次以主人公姿态出现在银幕上，揭开了中国电影史崭新的一页。新中国成立初期生产了许多优秀影片，如成荫编导的《钢铁战士》、沙蒙导演的《赵一曼》、水华编导的《白毛女》、郭维导演的《董存瑞》、汤晓丹导演的《渡江侦察记》、沙蒙和林杉导演的《上甘岭》等。文艺界思想改造运动以后，广大作家投入到了革命和建设的火热斗争生活，将国家日新月异的变化和人民群众改天换地的创举，生动地反映到文学作品中，几年之间涌现出一批在当代文学史上占有重要地位的优秀作品。如丁玲的《太阳照在桑干河上》、周立波的《暴风骤雨》、杜鹏程的《保卫延安》、李准的《不能走那条路》、魏巍的《谁是最可爱的人》等。与此同时，其他形式的作品也取得了可喜的成绩。如贺敬之、丁毅的歌剧《白毛女》，王莘词曲的《歌唱祖国》、美丽其格词曲的《草原上升起不落的太阳》，舞蹈《采茶扑蝶》《荷花》等。此外，还系统整理出版了古典文学名著和近现代著名作家的文集，翻译出版了一批世界名著。

“双百”方针提出以后，极大地调动了文艺工作者积极性，文艺创作题材范围扩大，体裁风格多样。长篇小说和短篇小说、散文、特写，多幕剧和独幕剧，交响乐、大合唱和群众歌曲、民歌，油画、雕塑、国画和版画、宣传画、漫画，故事片、科学教育片、美术片以及摄影作品等都发挥了各自的功能和创造性。文学界涌现了一批在当代中国文学史上享有盛誉的名篇，短篇小说有峻青的《黎明的河边》、王愿坚的《粮食的故事》和《党费》、王汶石的《风雪之夜》、萧平的《三月雪》。中篇小说有孙犁的《铁木前传》。长篇小说有玛拉沁夫的《茫茫的草原》（上部）、徐怀中的《我们播种爱情》、秦兆阳的《在田野上，前进！》、袁静和孔厥的《新儿女英雄传》、赵树理的《三里湾》。报告文学有徐迟的《我们这时代的人》。散文特写有《志愿军一日》、柳青的《皇甫村的三年》、巴金的《秋夜》、李若冰的散文集《在勘探的道路上》、秦牧的《社稷坛抒情》。诗歌则有艾青的《在智利海峡上》、郭小川的《致大海》和《雪与山谷》、邵燕祥的《贾桂香》、流沙河的《草木篇》、蔡其矫的《川江号子》和《雾中汉水》、穆旦的抒情诗。这些作品以崭新的内容和民族形式开创了中国文艺的新时代。

二、现代国民教育体系的建立

各级各类教育事业有很大的发展。随着思想认识的提高和经济生活的改善，人民群众让子女上学读书的要求越来越强烈，中小学普通教育发展迅速。到第一个五年计划的初期，重点是发展高级中学和完全中学，适当发展初级中学，对小学教育则大力进行整顿、巩固和提高工作，以逐步提高教育质量，并于 1953 年开始在全国试办一批重点中小学。1955 年以后，为满足更多劳动人民子女入学的需求，国家采取“戴帽子”[①]和组织中小学二部制的办法来发展中小学教育。各地小学和初中、高中加快了发展速度。到 1956 年，全国有小学 52.9 万所、在校学生 6346.6 万人、专任教师 174.9 万人[②]，初中 4686 所、在校学生 483.1 万人、专任教师 15.2 万人，高中 2029 所、在校学生 78.4 万人、专任教师 3.5 万人[③]；学龄儿童入学率达到 62.6%[④]。

中等专业教育空前发展。其重点是发展中等专业技术学校，在学校管理上划归高等教育部，使其作为工程技术教育的起点，并实行中央部门和地方及行业办学的体制。同时，以培训失业工人的训练班为基础，建立了一批新型技工学校。中等专业技术学校和技工学校培养出大批工业生产第一线的技术、管理干部和熟练工人。到 1956 年，全国共有中等专业技术学校 755 所，它在内涵上已完全区别于原有的中等职业学校。其中，工业学校 304 所、农业学校 160 所、林业学校 26 所、医药学校 176 所、财经学校 53 所、体育学校 11 所、艺术学校 22 所、其他学校 3 所，在校学

---

① 指在小学内办的初中，其初中部被称为“戴帽”初中。

② 参见教育部计财司编：《中国教育成就统计资料（1949—1983）》，人民教育出版社 1984 年版，第 213 页。

③ 参见教育部计财司编：《中国教育成就统计资料（1949—1983）》，人民教育出版社 1984 年版，第 183—190 页。

④ 参见教育部计财司编：《中国教育成就统计资料（1949—1983）》，人民教育出版社 1984 年版，第 226 页。

生 53.85 万人。[①] 中等专业教育暂时满足了各业务部门对中等专业人才的需要，缺点是没有顾及大量不能升学的中小学毕业生的就业教育，影响这部分人职业培训，对社会的发展不利。

高等教育始终是第一个五年计划期间教育事业发展的重点。到 1956 年，全国共有高等学校 227 所，虽比 1949 年的 205 所增加不多，但在学校规模、层次、布局、专业设置等方面更加合理，并适应了国家经济建设需要，在校学生达到 40.3 万人，比解放前的最高年（1946 年）增加 24.8 万人；专任教师 5.8 万人。[②] 建立研究生培养制度。1951 年，教育部和中国科学院联合招收实习研究员和研究生。1956 年，全国招收研究生 2235 人，在校研究生 4841 人。[③]

农民教育以开展扫盲识字运动为主，随着农业合作化运动的推进，全国农村扫盲运动达到高潮。职工业余教育主要是举办以识字为内容的普通班和相当于初中程度的高级班、各类政治班及技术培训班。到 1957 年，全国参加业余学校学习的职工共 763.2 万人，其中扫除文盲 78.4 万人，小学毕业 50.5 万人，初中毕业 9.3 万人。

民族教育的主要任务是培养少数民族干部，并注意培养专业技术干部，有步骤地开展扫盲运动和普及小学教育。到 1956 年，全国少数民族普通小学在校生有 315.17 万人，比 1951 年增长 2.3 倍；普通中学在校生有 23.39 万人，增长 4.8 倍；全国中学少数民族教师有 7263 人[④]；高等学校少数民族在校生有 14159 人。[⑤]

归国华侨子女教育也受到国家的关注。根据政务院有关华侨教育的方针政策，对华侨学生采取适当照顾报考各级学校、辅导提高文化水平、

① 参见教育部计财司编：《中国教育成就统计资料（1949—1983）》，人民教育出版社 1984 年版，第 148—149 页。

② 参见国家统计局编：《新中国 60 年》，中国统计出版社 2009 年版，第 671—674 页。

③ 参见教育部计财司编：《中国教育成就统计资料（1949—1983）》，人民教育出版社 1984 年版，第 113 页。

④ 参见朴胜一、程方平：《民族教育史》，海南出版社 2001 年版，第 41 页。

⑤ 参见教育部计财司编：《中国教育成就统计资料（1949—1983）》，人民教育出版社 1984 年版，第 45 页。

关心生活福利等措施，使华侨教育进入了正常发展阶段。与此同时，国家专门成立了北京、广州、集美等华侨学生补习学校，作为华侨学生过渡到各级正规学校的桥梁；1956 年还创办了厦门大学海外函授部，并鼓励华侨捐资在国内办学。

三、发展少数民族文化

中国是一个统一的多民族国家，在长期的历史发展过程中，各民族共同创造了灿烂的中华文明，少数民族文化是中华文化的重要组成部分。新中国将发展少数民族文化作为“国家工作中的一项重大的任务”，中央和各级政府着手制定和执行少数民族文化政策，设立少数民族文化机构和建立文化基础设施，大力培养少数民族人才，创制和改革少数民族语言文字，繁荣发展少数民族文化。

中央人民政府成立后，组建了民族事务委员会，确立民族事务委员会为主管民族文化工作的责任机构，并在政务院文化教育委员会、教育部、文化部、统战部等部委设立管理有关民族文化工作的部门，采取定期协商的方式，协调处理民族文化事宜。各级民族地方政府也依照此方案，确立了民族文化的管理体制。这为专业、及时和高效地处理民族文化问题提供了组织和制度保证。少数民族文化建设充分考虑各民族的特点，照顾少数民族大多数群众的需要，纠正文化上的不平等现象，反对大汉族主义，也反对狭隘民族主义。由于民族地区文化设施薄弱，政务院专门发出通知，加大建设的力度，如地方财政困难，可上报中央，从中央财政直接拨付。少数民族文教建设及其他民族事务均列入第一个五年计划中。

国家非常重视民族地区新闻出版事业的建设与发展。1948 年，在东北地区创办了朝鲜文的《延边日报》。《新疆日报》于 1949 年用汉、维吾尔、哈萨克、蒙古四种文字出版。1951 年，创办了第一份藏文报纸《青海藏文报》。1951 年 7 月，内蒙古人民出版社成立；1952 年 9 月，广西人民出版社成立；1953 年 1 月，民族出版社成立。1955 年，以汉、蒙古、藏、维吾尔、朝鲜、哈萨克六种文字出版的《民族画报》创刊。国家还培养专门人才从事民族语言的翻译和民族出版物的出版工作，用多种少数民族语言出版马克思主义著作和各种图书。据统计，仅1955年，用少数民族文字出版的报纸有21种，杂志32种，书籍1011种，共734.3万册。

大力培养少数民族人才。1950年11月，政务院第60次会议批准实行《培养少数民族干部试行方案》，明确“培养普通政治干部为主，迫切需要的专业与技术干部为辅”[①]的方针，要求在北京设立中央民族学院，在有关省区设立民族学院和民族干部学校，专区、县设民族干部训练班。到1951年9月，全国共开办中央、西南、西北、中南、贵州、云南等6所民族学院，5所民族干部学校，18个民族干部训练班，到1954年，累计培养少数民族干部14万人。

在重点培训民族干部的同时，国家积极在少数民族地区建立现代教育体系，以提高少数民族群众的文化水平。1951年8月，教育部召开第一次全国民族教育会议，决定加强少数民族地区、少数民族人口的小学教育、成人教育。1951年，国家特设少数民族教育事业补助费，以解决民族教育经费不足的困难。在师资等方面，对少数民族教育也予以特殊照顾。为了鼓励与帮助少数民族青年接受文化教育，提高少数民族学生的入学率，政务院要求内地的中学和高校应设立少数民族学生的公费名额，少数民族学生投考时予以优先入学的照顾。凡有通用文字的民族，均采用本民族语言教学。1952年4月，政务院颁发《关于建立民族教育行政机构的决定》，要求在中央人民政府以及有关各级地方人民政府的教育行政部门中，设立民族教育行政机构或设专人负责民族教育事宜。据统计，1956年少数民族在校小学生达319万余人，比1951年增长了2倍；普通中学学生达23万多人，比1951年增长近5倍；高等学校学生达1.4万余人，比1951年增长5倍多。[②]

党和政府还着力大量培养少数民族文化人才，为保护和弘扬少数民族优秀文化提供人才保障。民族院校和民族自治地方，都办有专门培养少数民族文化人才的基地。在中央和民族自治地方，都有专业的少数民族文

① 中华人民共和国教育委员会民族地区教育司编：《少数民族教育工作文件选编》，内蒙古教育出版社1991年版，第25页。

② 参见《当代中国的民族工作》（下），当代中国出版社1993年版，第317页。

艺表演队伍，在北京建立中央民族歌舞团。民族自治地方每年把一些优秀的、有培养前途的表演方面的人才送到北京、上海等一些大专院校进行专业培训，著名的藏族艺术家才旦卓玛就是上海音乐学院培养出来的。

为满足少数民族群众发展民族语言文字的迫切愿望，1951 年 2 月 5 日，政务院在听取李维汉和中央民族访问团的报告后，决定在文教委员会内设立“民族语言文字研究指导委员会”，“指导和组织关于少数民族语言文字的研究，帮助尚无文字的民族创立文字，帮助文字不完备的民族逐渐充实其文字”[①]。民族语言文字研究指导委员会成立后，即组织中国科学院语言研究所、中央民族学院及各民族学院相关人员深入民族地区，对民族语言文字情况进行初步调查，于 1954 年 5 月向政务院提交了《关于帮助尚无文字的民族创立文字问题的报告》，阐述了中国少数民族语言文字的复杂情况，分析七类没有文字的少数民族语言，确立创制少数民族文字“自愿自择”和因地制宜的原则。1956 年 3 月，国务院颁布了《关于各少数民族创立和改革文字方案的批准程序和实验推行分工的通知》。在这一政策的指导下，1956 年起，中国科学院和国家民委组织共 700 余人的 7 个语言调查队，分赴全国 16 个省、市、自治区，对近 40 个民族的语言进行调查。先后为壮、布依、苗、彝、黎、纳西、傈僳、尼、佤、侗等民族制定了语言文字方案，帮助傣、景颇、拉祜族改进了文字，还帮助维吾尔和哈萨克族设计了以拉丁字母为基础的新文字。新中国民族语言文字的创制和改革工作获得了初步成功，并对少数民族语言文字在立法、行政、司法、教育等领域的使用也一一作出明确规定。《中华人民共和国法院暂行组织条例》规定，“各族人民均有使用其民族语言进行诉讼之权”，“在少数民族聚居或各民族杂居的地区，人民法院应以当地的通用语言进行诉讼。判决书、布告及其他文件，应视需要同时并用各有关民族的文字”。

新中国成立后，为逐步消除历史遗留下来的民族间的隔阂，促进民族团结，中共中央及各级政府增进少数民族与汉族的文化交流，多次组织设有文工队、摄影队、放映队的中央访问团深入广大民族地区访问，通过

① 李维汉：《统一战线问题与民族问题》，人民出版社 1982 年版，第 517 页。

上演戏剧、放映电影、举办展览、赠送礼品以及送医服务等，广泛接触各民族群众，开座谈会，进行社会调查，增进了各民族间的团结和信任。同时，邀请少数民族各界代表到内地参观和交流。从 1950 年开始，中央人民政府有计划地分批组织边疆少数民族各方面人士到京参加国庆观礼和到内地参观，人数逐年增加。国家对少数民族参观团给予了特别的礼遇和关怀，每次由毛泽东或其他党和国家领导人亲自接见。少数民族代表团、参观团、观礼团亲眼看到祖国欣欣向荣的气象，切实感受到祖国大家庭的伟大和作为这个大家庭一员的自豪，增进文化认同感。如 1950 年 10 月 1 日，接受周恩来总理的邀请，159 位少数民族代表和 222 名文工团成员参加国庆大典。在北京的一个月间，“各民族文工团联合演出十六次，单独演出七次，观众包括机关、部队人员、工人、学生和市民达十万人”[①]。

新中国珍视少数民族文化艺术。中央及各级人民政府通过制定法律法规，保护少数民族的传统文化。《中华人民共和国宪法》《中华人民共和国民族区域自治法》都有继承、保护、传承少数民族优秀文化的重要条款。文化部要求“在对少数民族文艺创作进行加工、提高的时候，不应离开原有的民族特点”[②]。1956 年召开的第一次全国少数民族文化工作会议上，党中央详细阐述了少数民族文艺工作的基本任务和要求，即“有计划地组织发掘和整理少数民族的文化艺术遗产的工作，分别轻重缓急，首先是抢救那些即将失传的民族民间文学、艺术，加以保护、记录或组织传授；加强对少数民族文字的古籍和民间的口头文学的搜集、记录和出版；积极开展对少数民族的历史文物的保护、征集和展览工作；鼓励和组织汉族的艺术工作者虚心学习各民族的音乐、舞蹈、说唱艺术，与本民族的作家艺术家合作，在尊重民族文化优秀传统和特点的原则下进行整理、加工和提高，坚决反对轻视少数民族的文化艺术的观点，和对待少数民族文化艺术的粗

①《民族政策文件汇编》第 1 编，人民出版社 1960 年版，第 26—27 页。

② 中华人民共和国文化部办公厅编：《文化工作文件资料汇编（一）（1949—1959）》，1982 年 7 月，第 38 页。

暴态度”[1]。新中国成立初期开展了大规模发掘、整理少数民族民间文学活动。少数民族文艺作品的发掘整理和优秀作品的创作也取得可喜成果。如蒙古族作家玛拉沁夫的《科尔沁草原的人们》、壮族作家韦麒麟的《百鸟衣》、彝族撒尼人叙事长诗《阿诗玛》等。

新中国成立初期少数民族文化事业的发展，不仅融解了民族隔阂，而且配合了民族地区的民主改革与社会主义改造，对社会主义建设的展开起到了积极作用。

四、“发展体育运动，增强人民体质”

新中国成立后，体育成为国家建设事业的组成部分，主要任务是通过开展群众性体育运动，提高全民族的健康水平，迅速攀登世界体育运动高峰。1952 年毛泽东为中华全国体育总会代表大会的题词：“发展体育运动，增强人民体质”，反映了新中国体育的特征。

1952 年 11 月，中央人民政府任命贺龙兼任国家体育运动委员会（简称“国家体委”）主任。贺龙上任后的第一件事就是调兵遣将，组建强有力的领导管理班子，各级政府部门先后建立体委。教育部、全国总工会、共青团中央、军队系统都建立体育工作机构。铁路等产业系统也建立了体育协会。

旧中国体育运动水平很差，要想在短期内改变落后面貌，提高全民族的体育水平，迫切需要一大批懂行的专门人才。1953 年初，在香港的乒乓球运动员傅其芳想回内地，代表祖国打球。贺龙得知这一消息，立刻指示有关部门替他还清在香港的债务，安排他回国，并规定给他高于当时一些领导干部的工资。傅其芳在国家的培养教育下，为中国乒乓球运动作出了杰出贡献。随即，一大批海外赤子纷纷归来报效祖国，其中有游泳运动员吴传玉，羽毛球运动员王文教、林丰玉、陈福寿以及方凯祥、汤仙虎、侯加昌、陈玉娘、梁小牧，乒乓球运动员容国团等。这些优秀运动员

① 中华人民共和国文化部办公厅编：《文化工作文件资料汇编（一）（1949—1959）》，1982 年 7 月，第 424 页。

为中国体育运动在一些项目上迅速居于世界领先地位作出了贡献。

为了广泛开展群众性体育活动，1954 年 7 月，贺龙率领中国体育代表团赴苏联考察。参照苏联的经验制定了《准备劳动与卫国体育制度》（简称“劳卫制”），规定了不同年龄人的锻炼标准，推动了群众性体育锻炼向科学化、标准化、制度化方向迈进。同时，它也为衡量群众体育锻炼水平设立了一个有形的尺度，对于群众体育的普及是有力的促进。这一条例几经修订，成为人民体育锻炼的一项基本制度。1954 年，政务院发出了《关于在政府机关中开展工间操和其他体育运动的通知》，正式规定每天上午和下午工作时间各抽出 10 分钟做工间操，提倡早操和多种体育活动，把体育运动与文娱活动结合起来。1954 年和 1955 年，国家有关部门又编制推行了两套少年儿童广播体操，在青少年中掀起体育锻炼热潮，有上亿人经常参加体育活动。到 1956 年，有 74 万人通过了各级“劳卫制”标准。

在群众体育活动的基础上，国家体委建立全国运动竞赛制度，举办各种竞赛活动。从 1953 年至 1956 年，举办了 6000 多次县以上运动会，其中全国性竞赛 57 次，规模最大的是 1955 年全国第一届工人体育运动大会。国家和各省、市、自治区代表队有近 2000 名优秀运动员参加，共打破全国纪录 400 多次。成绩最突出的是游泳运动员吴传玉和举重运动员陈镜开。1953 年，吴传玉在罗马尼亚布加勒斯特举行的第一届国际青年友谊运动会游泳比赛中，以 1 分 8 秒 4 的优异成绩夺得男子 100 米仰泳冠军。这是中国在国际比赛中夺得的第一枚金质奖章。陈镜开于 1956 年 6 月 7 日在上海举行的“中苏举重友谊赛”中，以 133 公斤的成绩打破 56 公斤级挺举世界纪录。这是中国运动员创造的第一个世界纪录。

新中国体育组织积极参加国际体育活动，派运动队到外国训练和请外国专家来访讲学等。1952 年 9 月，经过中国努力和世界舆论及国际奥委会中主持正义人士的支持，中国被邀请参加了第 15 届奥运会。1954 年 5 月 14 日，国际奥委会第 49 次会议正式确认中华人民共和国在国际奥委会的会员国地位。1956 年 10 月，第 16 届奥运会在澳大利亚墨尔本举行，中国奥委会做了认真准备，体育代表团已在广州整装待发。但是，国际奥委会中的少数人制造“两个中国”，第16届奥委会组委会邀请台湾体育组织也代表中国参加本届奥运会，在组委会的文件上，不断出现“北京中国”“福摩萨中国”的字样。经中国代表团抗议无效后，中国奥委会正式宣布不参加第16届奥运会，凡是承认台湾的所谓“中华民国”体育组织为其成员的国际体育组织，在它们改正错误之前，中国体育组织同它们中断一切关系。

五、对外文化交流

对外文化交流是新中国开展对外交往的重要形式，在被西方国家包围封锁的情况下，为中国同那些没有建交的国家之间的友好交往发挥着铺路搭桥的重要作用。

新中国成立伊始，中国对外文化交流工作实行集中统一领导、归口管理的体制。1949年11月1日，文化部设立对外文化联络事务局（简称“文联局”），负责文化部业务范围内的对外文化交流工作。肖三任局长，洪深任副局长。1951年3月，对外文化联络事务局改为政务院文教委员会领导。1955年1月，改称对外文化联络局，4月改为国务院直属局，委托文化部代管。驻外使馆的文化工作以及与苏联、东欧及其他国家的文化交流工作，连同一批驻外使馆的文化官员一并由外交部转由文化部管理，同时，任命了一批驻外使馆的文化参赞、文化专员。新中国除工、青、妇、和（即中国人民保卫世界和平团体）四大组织发挥对外文化交流的作用外，1954年，在周恩来总理的倡议下，为促进对外文化交流，由中国人民保卫世界和平委员会、中国文联、全国总工会、全国妇联、外交学会等十个人民团体联合发起，在北京成立中国人民对外文化协会（简称“对外文协”），会长楚图南，副会长丁西林、阳翰笙、洪深。并对社会主义国家和亚洲、非洲、拉丁美洲一些国家成立对口的友好协会，由各界知名人士任会长、副会长。

新中国成立之初，中国与苏联及其他社会主义国家的文化交流是当时对外文化交流工作中最重要的组成部分，交流的领域十分广泛。1950年2月签订的《中苏友好同盟互助条约》中有关于发展和巩固中苏文化关系的规定。第一个与中国签订文化合作协定的是波兰共和国。1951 年 4 月，中国与波兰签订的《中波文化合作协定》，规定建立两国在文化、教育、艺术、科学等各方面的直接联系与互助。同年 7 月和 12 月，中国和匈牙利、罗马尼亚签订文化合作协定。1956 年，中国与苏联在莫斯科签订科学、技术、文学、艺术、印刷、出版、广播、电影、电视、体育等方面的文化合作协定，随之中苏文化交流达到一个新高潮。50 年代，中国与所有社会主义国家先后签订了单独的政府间文化合作协定。

与亚洲新兴的民族独立国家建立和发展文化友好关系是 50 年代初新中国对外文化交流工作的另一个重点。中国与缅甸、印度、印度尼西亚、巴基斯坦、锡兰（今斯里兰卡）、尼泊尔等国家的文化交流都相当活跃，都有文化代表团、友好协会代表团的互访。万隆会议通过《关于加强亚洲国家文化合作和促进亚洲各国文化交流的决议》，为中国与亚洲各国文化交流开辟了广阔道路。日内瓦会议后，中国与亚非拉各国文化交流增加。1952 年，在智利首都圣地亚哥成立的智利—中国文化协会，是拉丁美洲建立的第一个对华友好的民间团体。1956 年，中国艺术团首访智利、乌拉圭、巴西、阿根廷南美四国。同年，中国先后与阿拉伯埃及共和国、叙利亚签订了政府间的文化合作协定。据统计，从万隆会议到 1959 年，与中国有文化艺术往来的亚、非、拉国家从 10 多个增加到 40 多个。

为打破敌对势力对中国的孤立、封锁，中国与日本、西欧国家逐渐开展文化交流。1955 年 11 月，中日签订中日民间文化协定。1956 年 3 月，以中岛健藏为理事长的日中文化交流协会宣告成立，即邀请中国艺术团和艺术家访日举办演出和展览。5 月，中国京剧团访日，取得很大反响，被誉为“促进中日邦交正常化”的开路先锋。1951 年 5 月，中国青年文工团应邀到奥地利访问，在维也纳金色大厅演出。这是中国第一个访问西欧的艺术团。此后，中国艺术家及文化工作者遍访西欧、北欧诸国。此外，中国还经常派遣艺术团组参加一些地区性或国际性的艺术节和比赛活动。如 1955 年 5 月，由歌舞和京剧联合组成的中国艺术团参加法国第二届巴黎国际戏剧节。中国参加世界青年联欢节，涉及戏曲、舞蹈、音乐、绘画等各个艺术门类，获奖 130 多项。

对外文化交流采取多种形式进行。相互派遣各种文化代表团和艺术演出团体进行友好访问和演出，是当时对外文化交流的主要形式之一。1949 年 10 月，以著名作家法捷耶夫为团长的苏联文化艺术科学工作者代表团来华访问。此后波兰、民主德国、捷克斯洛伐克、保加利亚、罗马尼亚、蒙古、越南、朝鲜等文化代表团和艺术代表团来中国访问，演出的有芭蕾舞、歌剧、民族音乐舞蹈、木偶剧、杂技艺术和马戏等不同的艺术品种、不同的艺术形式和流派。中国的京剧、歌舞、杂技艺术、木偶皮影和民间音乐以及地方戏剧和少数民族的歌舞，在国外广受群众的欢迎。

互相纪念对方的文化名人是加强两国文化交流的重要渠道。从 1949 年至 1959 年，中国曾开展 60 多次纪念世界文化名人的活动，包括苏联、美国、英国、法国、波兰、古巴、捷克斯洛伐克、希腊、丹麦、奥地利、荷兰、乌克兰、保加利亚、意大利、朝鲜、印度、阿尔巴尼亚、德国、日本等近 20 个国家，涉及作家、记者、演剧艺术家、天文学家、作曲家、诗人、社会学家、历史学家、音乐家、画家、自然科学家等职业。波兰等国家曾开展纪念中国伟大诗人屈原和文学巨匠鲁迅等活动。通过纪念彼此的文化名人，增进了相互之间的了解和友谊。

交换影片放映也是对外文化交流的重要媒介。新中国成立后非常重视影片交流。到 1956 年 11 月，中国以营业性和非营业性方式输出影片约 240 部，传播到将近 60 个国家。中国的《白毛女》《钢铁战士》《梁山伯与祝英台》《中华女儿》等影片受到外国观众的一致赞许；苏联的电影《攻克柏林》《青年近卫军》《乡村女教师》等在中国放映，也深受观众好评。中国在北京举行“苏联影片展览”“印度共和国电影周”“亚洲电影周”“埃及电影周”“墨西哥电影周”；苏联、匈牙利、罗马尼亚、捷克斯洛伐克、芬兰、朝鲜、埃及等国也举办过“中国电影周”。中国电影积极参加国际电影活动，并获得荣誉。如在 1951 年的第六届国际电影节上，中国参赛的《钢铁战士》获和平奖;《中国民族大团结》荣获报告电影奖,《新儿女英雄传》导演史东山获特别荣誉奖。日内瓦会议和万隆会议后，中国参加了西方一些国家举办的国际电影节，如戛纳、爱丁堡、威尼斯、洛加诺国际电影节，以及亚洲电影节、亚非电影节，并不断获奖。中国电影工作者和苏联电影工作者合拍纪录片《万里关山街道》《东方掀起长江浪》，与法国电影工作者合作摄制彩色儿童故事片《风筝》。通过互换影片放映，外国观众从电影中了解中国的历史和文化、变化，中国观众从外国影片中丰富了精神生活。

翻译书籍是对外文化交流的重要载体。17 世纪初期，面对西方传教士带来的历法、数学等科学知识，明代科学家徐光启提出“欲求超胜，必须会通；会通之前，先须翻译”的主张，强调翻译对了解西方文化的重要性。新中国成立初期，除有计划地翻译马恩列斯的著作外，从 1949 年 10 月到 1955 年 12 月，共计翻译出版各国书籍 12155 种，18853.8 万册。其中苏联的有 10017 种，人民民主国家有 620 种，美国的 562 种。同时，中国的不少书籍也被许多国家陆续翻译出版。以日本为例，自 1949 年 10 月到 1955 年 4 月，中国著作被译成中文的，文学方面 103 种，发行 53 万册；社会科学方面 62 种，发行了 47 万册。丁玲的《太阳照在桑干河上》被译成俄文后，于 1951 年获斯大林文学奖二等奖。同时获二等奖的还有贺敬之、丁毅的歌剧《白毛女》，周立波的小说《暴风骤雨》获三等奖。

其他涉及自然科学、哲学、史学、社会学、教育学、新闻学、图书馆学、文学、音乐、美术、电影、戏剧、体育、卫生、科技、广播、文物等领域的交流也取得进展。

文化是沟通各国各民族人民心灵的桥梁和通道。新中国积极开展多边文化交流，把具有鲜明民族特色和时代特色的中华文化推向国际舞台，有效地展示了崭新的中国和中国人的形象，增进了与世界各国人民的了解和友谊。对外文化交流为新中国在国际上站稳脚跟扮演了重要的角色。据统计，从 1949 年 10 月到 1959 年 9 月，与中国有文化友好联系的，共有 150 个国家和地区，同中国文化部门和文化团体有代表往来的达 80 多个国家和地区。中国文化部门和文化团体派遣和接待的代表，共达 2500 多起、23000 多人。其中，同亚非拉区域内 100 多个国家和地区有文化友好关系。[①]

① 参见丁西林：《十年来中外文化交流和友好往来》，《光明日报》1959 年 9 月 24 日。

第二章　社会主义文化事业的良好开端与曲折发展（1956—1966）

社会主义基本制度建立后，毛泽东指出，要把马列主义基本原理与中国实际进行第二次结合，找出进行社会主义建设的正确道路。1956 年至 1966 年，是社会主义文化建设探索的十年。这一时期，确立了文化教育事业在整个社会主义建设事业中的重要地位，坚持马克思主义在文化建设中的指导地位，提出建设现代科学文化的目标，总结文化建设正反两方面的经验，提出“百花齐放、百家争鸣”“古为今用、洋为中用”“推陈出新”的方针，推动了文化的活跃与繁荣。但文化建设的探索也出现失误，反右派斗争扩大化伤害了一批知识分子，开展文化领域“大跃进”运动、意识形态领域过火的政治批判；期间又对“左”的失误进行了一定程度纠正，落实知识分子的政策，制订科学研究、高等教育、文学艺术等各种工作条例。文化事业在艰辛探索中前行，呈现曲折性：一方面，努力建设社会主义文化，取得显著成效，为社会主义文化事业奠定了重要基础，并为后来中国特色社会主义文化发展道路的开拓积累了经验；另一方面，探索中有摇摆，尤其是后期文化建设的指导思想偏离正确方向，“左”的思想与实践逐渐居于主导地位，经验与教训同样深刻。

第一节　社会主义文化事业的良好开端

中共八大前后，中国共产党以开放的视野、自信的胸襟，积极探索适合国情、符合文化发展规律的社会主义文化发展道路，提出了科学文化现代化的目标，形成了“百花齐放、百家争鸣”“古为今用、洋为中用”等文化方针，明确思想文化建设的内容。在正确政策的引导下，广大知识分子解放思想，自由讨论，学术研究和文学创作空前活跃，中国文化事业呈现一派生机勃勃的新气象。

一、提出科学文化现代化目标

社会主义基本制度的确立，为当代中国一切发展进步奠定了政治前提和制度基础。1956 年 1 月 25 日，毛泽东在最高国务会议第 6 次会议上提出：“我国人民应该有一个远大的规划，要在几十年内，努力改变我国在经济上和科学文化上的落后状况，迅速达到世界上的先进水平。”[①]9 月，中共八大确立了全面建设社会主义路线，指出：国内主要矛盾“是人民对于经济文化迅速发展的需要同当前经济文化不能满足人民需要的状况之间的矛盾”[②]，因此，提高人民的物质生活和文化生活水平是主要任务。这说明在中国社会主义建设的起始阶段，国家所追求的是包括物质经济和精神文化两个方面的社会全面进步。

中共八大明确“文化教育事业在整个社会主义建设事业中占有重要的地位”[③]，并提出思想文化建设的内容与方针：（1）加强专门人才的培养，大力发展高等教育和中等教育事业；为实现文化革命，必须用极大的努力逐步扫除文盲，扩大小学教育，分区分期地普及小学义务教育；加强职工的文化教育、技术教育和机关工作人员的文化教育；帮助没有文字的少数民族创造文字。（2）加强科学研究的发展，坚持支持各个科学研究机关和高等学校协同作战，实现 1956 年至 1967 年科学发展规划，力求在最急需的科学和技术的部门，用 12 年左右接近世界的先进水平。（3）“百花齐放、百家争鸣”是繁荣科学和艺术的方针。科学上的真理是愈辩愈明的，艺术上的风格是必须兼容并包的。党对于学术性质和艺术性质的问题，不

---

①《毛泽东文集》第 7 卷，人民出版社 1999 年版，第 2 页。
②《建国以来重要文献选编》第 9 册，中央文献出版社 2011 年版，第 293 页。
③《建国以来重要文献选编》第 9 册，中央文献出版社 2011 年版，第 66 页。

应当依靠行政命令来实现自己的领导，而要提倡自由讨论和自由竞赛来推动科学和艺术的发展。（4）用社会主义、马克思列宁主义的思想武装知识分子和人民群众，对封建主义和资本主义思想必须继续进行批判。改造旧的思想意识比改造旧的生产关系更困难些，更需要时间。对封建主义和资本主义的思想体系进行批判的时候，对于旧时代有益于人民的文化遗产，必须谨慎地加以继承。（5）进一步扩大和加强知识分子的队伍。除了大量培养新的知识分子，还必须运用资产阶级和小资产阶级的知识分子的力量来建设社会主义，并向他们学习。肯定知识分子的基本队伍已经同工人、农民结成了亲密的联盟，继续贯彻执行团结、教育、改造知识分子的政策，改善对于知识分子的使用，使他们更有效地为祖国的伟大建设事业服务。八大为社会主义思想文化建设指明了方向。

毛泽东还把科学文化引入到现代化的内涵之中。[①]1956 年 11 月 6 日，毛泽东接见意大利社会党农业考察团时最早提出文化科学现代化问题。1957 年 2 月 27 日，他在《关于正确处理人民内部矛盾的问题》一文中，提出“将我国建设成为一个具有现代工业、现代农业和现代科学文化的社会主义国家”[②]的目标。在 3 月 12 日的全国宣传工作会议上、1959 年 12 月和 1960 年 2 月的《读苏联〈政治经济学教科书〉的谈话》及 1963 年 5 月 3 日同几内亚政府经济代表团和妇女代表团谈话时，他一再重申这一主张。科学文化现代化包括社会文化事业的发展，科学技术水平的进步，人的文化素质的提高，社会风俗习惯的改善，以及铸造社会主义和集体主义的新道德、新风尚等等。这反映了党的领导人从社会主义建设的整体格局中来思考现代化内涵、建设先进文化的设想。1963 年 1 月 29 日，周恩来在上海市科学技术工作会议上把“科学文化现代化”改为“科学技术现代化”，强调：“把我们祖国建设成为一个社会主义强国，关键在于实现科学技术的现代化。”[③]1964 年 12 月，在三届全国人大，代之而起的是工业、

① 此观点参考了陈晋的《毛泽东与先进文化论纲》一文的见解，见《党的文献》2002 年第 2 期。

②《毛泽东文集》第 7 卷，人民出版社 1999 年版，第 207 页。

③《建国以来重要文献选编》第 16 册，中央文献出版社 2011 年版，第 137 页。

农业、科学技术和国防的现代化。[①] 但是，建设社会主义先进文化的目标没有改变。

二、“百花齐放、百家争鸣”方针的提出及贯彻

20 世纪 50 年代初，中国共产党提出了“百花齐放”和“百家争鸣”两个口号。1951 年 4 月 3 日，中国戏曲研究院正式成立时，毛泽东题词：“百花齐放，推陈出新”，以此来鼓励各种戏曲形式的并存和发展。自然科学和社会科学领域有学术争鸣，诸如遗传学界关于李森科学派和摩尔根学派的分歧，历史学界则发生了郭沫若与范文澜关于古代史分期的争论。这引起毛泽东的关注。1953 年 8 月成立的中国历史问题研究委员会，决定出版《历史研究》杂志，请示办刊方针，毛泽东提出“百家争鸣”。

苏共二十大后，苏联出现“解冻文学”思潮，对文艺的行政命令、官僚主义、文学创作的模式化和“虚假”作风等问题提出批评。这些现象在中国文艺界引起共鸣。随着社会主义改造的基本完成，工作重心转向建设，为了调动知识分子的积极性和创造性，中共中央反思总结新中国成立以来文化建设的经验教训，适时调整文化政策，探索文化建设新思路。

1956 年 1 月，中宣部部长陆定一指出：“学术问题、艺术问题、技术问题，应该放手发动党内外知识分子进行讨论，放手让知识分子发表自己的意见，发挥个人的才能，采取自己的风格，应该容许不同学派的存在和新学派的树立（同纵容资产阶级思想的自由发表严格区别开来），他们之间可以互相批评，但批评时决不要戴大帽子。”[②]1956 年 2 月 1 日，中宣部在给中央的报告上说，广东中山大学党委反映，一位苏联学者访问孙中山故居时，向中国陪同人员谈了他对毛泽东《新民主主义论》中关于孙中山世界观的论点的不同看法，认为“有损我党负责同志威信”，请示是否有必要向苏方反映。2 月 19 日，毛泽东批示：“我认为这种自由谈论，不应

---

① 参见《建国以来重要文献选编》第 19 册，中央文献出版社 2011 年版，第 423—424 页。

② 转引自龚育之、刘武生：《“百花齐放、百家争鸣”的提出》，《光明日报》1986 年 5 月 21 日。

当去禁止。这是对学术思想的不同意见，什么人都可以谈论，无所谓损害威信。因此，不要向尤金（时任苏联驻华大使）谈此事。如果国内对此类学术问题和任何领导人有不同意见，也不应加以禁止。如果企图禁止，那是完全错误的。”[①] 这表明了他对学术思想百家争鸣的态度，包括对自己的理论观点也可以争鸣。

3月5日，刘少奇在中国作协第二次理事扩大会议期间找周扬、刘白羽谈话。他谈到业余作家、作家修养、减少作家的文学行政工作、文学编辑、体验生活、稿酬以及作家们的社会主义积极性等问题。3月8日，在听取文化部党组汇报时指出：“百花齐放，就允许并存，各搞各的。比如洋的土的都可以搞嘛。”[②]4月5日，《人民日报》发表《关于无产阶级专政的历史经验》，强调吸取苏联的教训，批评在中国的哲学、经济学、历史和文艺批评等研究领域，“有不少的研究工作者至今仍然带着教条主义的习气，把自己的思想束缚在一条绳子上面，缺乏独立思考的能力和创造的精神”。

4月25日，毛泽东在中共中央政治局扩大会议上作《论十大关系》的报告，号召以苏联为鉴，走自己的路。28日，他在中央政治局扩大会议上讲话，指出：艺术问题上的百花齐放，学术问题上的百家争鸣，我看应该成为我们的方针。“百家争鸣”，这是两千年以前就有的事，春秋战国时代，百家争鸣。讲学术，这种学术也可以讲，那种学术也可以讲，不要拿一种学术压倒一切。你讲的如果是真理，信的人势必就会越来越多。[③]第一次把“百花齐放”和“百家争鸣”放在一起作为科学文化发展的指导方针。5月2日，毛泽东在最高国务会议第7次会议上作总结时宣布了“双百”方针：“在艺术方面的百花齐放的方针，学术方面的百家争鸣的方针，是有必要的。”强调“在中华人民共和国宪法范围之内，各种学术思想，正确的、错误的，让他们去说，不去干涉他们……在刊物上、报纸上

① 《毛泽东年谱（1949—1976）》第2卷，中央文献出版社2013年版，第533页。
② 《刘少奇选集》下卷，人民出版社1985年版，第191页。
③ 参见《毛泽东文集》第7卷，人民出版社1999年版，第54—55页。

可以说各种意见。”“只有反革命议论不让发表，这是人民民主专政。”[①] 毛泽东确定“双百”方针是发展科学文化的方针，同时又界定了实行方针的范围：在人民内部，在宪法之内。

毛泽东提出“双百”方针后，思想文化界反响十分强烈。5 月 26 日，根据中央的指示，陆定一代表中共中央在中南海怀仁堂向 1000 多位文艺界和科学界人士对这个方针作了初步的、比较系统的阐述。他指出：“我们所主张的‘百花齐放，百家争鸣’是提倡在文学艺术工作和科学研究工作中有独立思考的自由，有辩论的自由，有创作和批评的自由，有发表自己的意见、坚持自己的意见和保留自己的意见的自由。”[②] 这在文艺界和科学界引起了轰动。会后，陆定一收到 70 多封来信，表示称赞或提建议。毛泽东批示将修改后的报告公开发表。6 月 13 日，《人民日报》发表陆定一的《百花齐放，百家争鸣》文章，向全国公布。

“双百”方针提出后，中央领导人利用各种机会宣传其精神。4 月，浙江昆曲剧团在北京演出《十五贯》。周恩来看后给予高度评价，认为《十五贯》有丰富的人民性和相当高的艺术性，称赞它“一出戏救活了一个剧种”，为进一步贯彻执行“双百”的方针树立了良好的榜样。6 月 1 日至 15 日，在北京召开的全国戏曲剧目工作会议，总结戏曲工作贯彻“双百”方针所取得的成绩和经验，探讨戏曲剧目整理、改编的标准问题。

为贯彻“双百”方针，奉《真理报》为圭臬的《人民日报》改版。胡乔木代表中共中央指导《人民日报》的改版工作。《人民日报》编委会 6 月 20 日向中央呈送的“改进报纸工作”的报告，提出要坚决克服教条主义和党八股习气，增加工作问题和思想学术问题的讨论，增加新闻和通讯。7 月 1 日，《人民日报》发表《致读者》的社论，说明改版的宗旨：“我们的报纸名字叫做《人民日报》，意思就是说它是人民的公共武器，公共财产。人民群众是它的主人，只有依靠人民群众，我们才能把报纸办好。”改版后的《人民日报》，由四版改成八版，扩大了报道范围，开展

---

①《毛泽东年谱（1949—1976）》第 2 卷，中央文献出版社 2013 年版，第 574—575 页。

② 陈晋：《毛泽东与百花齐放、百家争鸣》，《文艺理论与批评》1996 年第 5 期。

学术的自由讨论，还开辟了杂文专栏，改进了文风，气象一新。

8月10日至25日，遗传学座谈会在青岛召开。会议打破多年来独尊李森科学派而批判摩尔根学派的局面，充分贯彻了“百家争鸣”的方针。会后，摩尔根学派的科学研究逐渐开展起来。1957年4月29日，《光明日报》发表北京大学教授李汝祺题为《从遗传学谈百家争鸣》的文章。毛泽东把题目修改为《发展科学的必由之路》，代写编者按语，对“百家争鸣”作用作了简洁而深刻的阐释，在《人民日报》转载。

“双百”方针载入了中共八大的政治报告和决议。在毛泽东和中共中央的推动下，“双百”方针得到初步贯彻，文艺批评和文艺理论探讨逐渐活跃，文艺创作开始呈现出百花齐放的趋势。科学界逐渐摆脱教条主义的束缚，形成了思想解放的局面。

但“双百”方针还没有为全党所理解和接受。陈其通、陈亚丁、马寒冰、鲁勒于1957年1月7日发表《我们对目前文艺工作的几点意见》，文章说：“在过去的一年中，为工农兵服务的文艺方向和社会主义现实主义的创作方法，越来越很少有人提倡了。”“文学艺术的战斗性减弱了，时代面貌模糊了，时代的声音低沉了，社会主义建设的光辉在文学艺术方面的镜子里光彩暗淡了。”一些省市报刊相继转载了《几点意见》，有的还加按语明确肯定，并配发拥护的文章。这反映有不少人在感情或思想上和《几点意见》的观点是有共鸣的。一些党外人士也关注执政党提倡“双百”方针的诚意如何。毛泽东有针对性的着重在党内高级干部中讨论贯彻“双百”方针的问题，多次对《几点意见》提出批评，指出这四位同志是好心，忠心耿耿，为党为国，但文章的思想方法是教条主义、形而上学、片面性的。

2月27日，毛泽东在最高国务会议第11次扩大会议上发表“如何处理人民内部的矛盾”的讲话，总结“双百”方针贯彻以来的情况和问题，全面阐述“双百”方针。他指出：“‘百花齐放，百家争鸣’的方针，是促进艺术发展和科学进步的方针，是促进我国社会主义文化繁荣的方针。艺术上不同的形式和风格可以自由发展，科学上不同的学派可以自由争论。利用行政力量强制推行一种风格、一种学派，禁止另一种风格、另一种学派，我们认为会有害于艺术和科学的发展。艺术和科学中的是非问题，应当通过艺术界科学界的自由讨论去解决，通过艺术和科学的实践去解决，而不应当采取简单的方法去解决。”“正确的东西总是在同错误的东西作斗争的过程中发展起来的。真的、善的、美的东西总是在同假的、恶的、丑的东西相比较而存在，相斗争而发展的。”“马克思主义也是在斗争中发展起来的。”他明确表示不赞成陈其通等四人的观点。他还在创作上肯定王蒙的小说，认为《组织部新来的年轻人》写得不错，作品中批评我们工作中的缺点，这是好的，应该鼓励。他也批评了钟惦棐的《电影的锣鼓》，认为应该纠正电影工作中的缺点，但钟说的今不如昔，是片面的。①

这篇讲话于6月19日在《人民日报》发表时，根据新的思想动向，增写辨别香花和毒草的六条政治标准，强调其中最重要的是社会主义道路和党的领导两条，反映了毛泽东对文化规律的认识和把握。

3月6日至13日，全国宣传工作会议在北京召开，800多名党内外思想文化工作者参加会议。会议期间，毛泽东找宣传部门、文教部门和普通教育部门的人员举行座谈会。12日，毛泽东在会上发表讲话，强调“双百”方针，这是一个基本性的同时也是长期性的方针，不是一个暂时性的方针。会后，毛泽东视察天津、济南、南京、上海等地，一路宣讲“双百”方针。他表示：“采取现在的方针，文学艺术、科学技术会繁荣发达，党会经常保持活力，人民事业会欣欣向荣，中国会变成一个大强国而又使人可亲。”②“双百”方针成为社会主义文化建设的一项基本而长期的方针。

三、“古为今用、洋为中用”思想的形成

社会主义文化建设需要解决如何对待中国传统文化和外国文化的问题。在“一五”计划时期，为了在尽可能短的时间内改变中国面貌，全国掀起了一个学习苏联的高潮，“苏联的今天，就是我们的明天”，是当时中

① 参见《新文学史料》1994年第4期，第119页。

②《建国以来毛泽东文稿》第6册，中央文献出版社1992年版，第405页。

国家喻户晓的一个口号。中国在向苏联学习的热潮中，存在教条主义倾向，照搬苏联经验，“人家的短处也去学”。1956 年 4 月 25 日，毛泽东在《论十大关系》中表明了对外国文化的态度：“我们的方针是，一切民族、一切国家的长处都要学，政治、经济、科学、技术、文学、艺术的一切真正好的东西都要学。但是，必须有分析有批判地学，不能盲目地学，不能一切照抄，机械搬用。他们的短处、缺点，当然不要学。”[①] 学习的对象有社会主义国家，也包括非社会主义国家，学习的视野更开阔；学习的内容是先进经验和先进文化。这也是对新中国成立初期由于阶级斗争激烈、社会改革运动频繁，文化配合政治，从而对传统文化、资本主义文化否定过多，学习吸收不够的做法的调整。

8 月，文化部和中国音协联合举办第一届全国音乐周。会议筹备时出现关于音乐的民族形式问题的争论。7 月 14 日，发表在《人民日报》的《音乐舞蹈的民族形式》一文认为：“目前，在我们有些音乐、舞蹈创作中，存在着一种不好的现象，这就是中西混杂、不中不西，看不出民族特色。”另一位音乐批评家表示不同意见，“不中不西”，“换句话说就是‘又中又西’，这是创作新的民族音乐形式难以避免的情形”。[②] 两种意见在报刊上争论很激烈。8 月 24 日，毛泽东接见与会代表后，让音协负责人和有关人员留下，就这一问题发表长篇谈话。他指出：“中国的面貌，无论是政治、经济、文化都不应该是旧的，都应该改变，但中国的特点要保存。应该是在中国的基础上面，吸取外国的东西。”“近代文化，外国比我们高，要承认这一点。”他认为文化上对外国的东西一概排斥，或者全盘吸收，都是错误的。他明确“向古人学习是为了现在的活人，向外国人学习是为了今天的中国人”的基本原则。“学外国织帽子的方法，要织中国的帽子”，我们接受外国的长处，会使我们自己的东西有一个跃进。只有创造出中国自己的、有独特的民族风格的东西，这样才不会丧失民族信心。他还说：“要把外国的好东西都学到。比如学医，细菌学、生物化学、解

---

①《毛泽东文集》第 7 卷，人民出版社 1999 年版，第 41 页。

②《新文学史料》1994 年第 4 期，第 115 页。

剖学、病理学，这些都要学。”[①] 毛泽东科学地阐明了如何处理“古今”和“中外”的文化关系问题，明确了继承、借鉴与创新的关系，以实现民族文化的科学化与现代化。

1960 年 12 月 24 日，毛泽东在接见古巴妇女代表团和厄瓜多尔文化代表团时，进一步阐述了如何对待传统文化的问题，指出：封建时代的文化，并不全是封建主义的东西，有人民的东西，有反封建的东西，应该把封建主义的东西和非封建主义的东西区别开来。封建主义的东西也不全是坏的，要注意区别封建主义发生、发展和灭亡不同时期的东西。当封建主义还处在发生和发展的时候，很多东西还是不错的。反封建主义的文化也不是全部可以无批判地利用的。封建时代的民间作品，也多少都还带有封建统治阶级的影响。应当善于进行分析，批判地利用。正是在这个意义上，毛泽东提出对中国古典著作分门别类地整理，“用现代科学观点逐步整理出来，重新出版”[②]。

“古为今用、洋为中用”[③] 的方针解决了社会主义文化发展中的文化资源问题，表明了中国共产党对“古今中外”问题的科学态度。遗憾的是，随着“左”的思想发展，传统文化和外国文化被打上“封、资、修”的标签，遭到全面批判。

四、社会主义文化事业的繁荣局面

在一系列正确的方针政策引导下，1956 年到 1957 年春天，中国文化事业呈现繁荣发展的新局面。

文艺界，广大文艺工作者的创作热情高涨，克服创作上的公式化、概念化的毛病，创作题材范围扩大，体裁、风格多样，涌现了一批富有创新精神的作品：宗璞的《红豆》、陆文夫的《小巷深处》、邓友梅的《在悬

---

① 参见《毛泽东文集》第 7 卷，人民出版社 1999 年版，第 81—83 页。

②《毛泽东文集》第 8 卷，人民出版社 1999 年版，第 225 页。

③“古为今用、洋为中用”一词，出现在 1964 年 9 月 27 日毛泽东为中央音乐学院学生陈莲给他写的信作的批语中。见《建国以来毛泽东文稿》第 11 册，中央文献出版社 1996 年版，第 172—173 页。

崖上》以及越剧演员范瑞娟发表的文章《我的丈夫》等。诗人袁水拍写的《摇头》和《官僚架子滚开》，著名诗人、中国作协书记处书记臧克家还写了《我们需要讽刺诗》。还出现了一批有创见的思想解放的文章，如何直（秦兆阳）的《现实主义——广阔的道路》、周勃的《论社会主义时代的现实主义》、刘绍棠的《我对当前文艺问题的意见》、钱谷融的《论"文学是人学"》、巴人的《论人情》，等等。

戏曲的推陈出新取得成果。仅1956年至1957年4月，不到一年时间，全国各地共发掘了300多个剧种，记录1.4万多个剧目，整理4223个剧目，上演了1052个剧目。经过对传统剧目的整理和传统表演艺术的改革，许多在新中国成立前濒临灭亡的剧种获得了新生，建立了自己的剧团。大批传统剧目经过去芜存菁，剧本、唱腔和表演艺术都绽放新的光彩，产生了一批享誉中外的优秀剧目。

学术界独立思考、自由讨论的空气开始形成，在遗传学、经济学、社会学、史学、哲学、美学等方面都展开争鸣，一年间，学术著作出版的数量比1950年至1955年6年间的总和还多。1957年前后，涌现大批人文社会科学期刊。如北京的《中国摄影》《中国电影》《戏剧杂志》《新闻与出版》《诗刊》《文学研究》《音乐创作》等，上海的《法学》《戏剧研究》《学术月刊》《美术研究》《萌芽》等，天津的《新港》、南京的《雨花》、广州的《号角》、西安的《人文》、沈阳的《处女地》、成都的《草地》、重庆的《红岩》、哈尔滨的《北方》、郑州的《海燕》、长沙的《新苗》、杭州的《东海》，等等。在此期间出版的自然科学技术刊物，也有70种。高等学校中普遍举行科学报告会，宣读科学论文，开展自由讨论，仅复旦大学在半年内就举行这类活动300次，大多数高等院校办起了学报。

1957年1月24日，中国科学院首次颁发1956年度科学奖，鼓励科研。从各方面推荐的419件自然科学研究论著成果中，精选获奖成果34项。其中，华罗庚的"典型域上的多元复变数函数论"、吴文俊的"示性类及示嵌类的研究"、钱学森的"工程控制论"等3项获一等奖，苏步青、钱伟长、吴仲华、葛庭燧、钟补求等5人获得二等奖，黄昆、唐敖庆等26人获三等奖。

国内掀起一股翻译外国书籍的热潮。据统计，1957 年出版的译著有门德尔的《植物杂交试验》、美国巴斯教授的《胚胎学》、法国语言学家安东尼·梅勒的《语言史比较方法》、美国数学家斯特鲁克的《简明数学史》、约翰·凯恩斯的《就业、利息与货币通论》、斯宾诺莎的《伦理学》、康德的《纯粹理性批判》、黑格尔的《哲学史讲演录》以及弗洛伊德的《精神分析引论》，涉及遗传学、语言学、数学、经济学、伦理学、哲学等学科。

第二节　思想文化探索中的失误及调整

由于对社会主义文化建设缺乏经验，对复杂的形势把握不准，1957 年夏季开始的反右派斗争扩大化，严重伤害了文化建设的主体知识分子。随后，因急于求成，文化建设开展“大跃进”，违背了文化发展规律，对当时发展起来的“左”倾思潮起了推波助澜的作用。在纠“左”时，文化政策进行了调整，并制订了科学研究、教育、文学艺术等各种工作条例，调整了知识分子政策。文化建设探索的特征明显。

一、反右派斗争扩大化对文化领域的影响

1956 年初至 1957 年春，国内国际形势出现了一些新情况。国内不少人对新建立的社会主义制度还不适应，再加上党和一些政府工作部门存在主观主义、官僚主义作风，引起一些群众的不满，出现了诸如工人罢工、农民退社、学生闹事、复员军人集体请愿等社会群体性事件。国际上，波兰和匈牙利两个社会主义国家出现了严重情况，匈牙利一些势力乘机阴谋摧毁匈牙利人民的社会主义制度，共产党人和爱国者惨遭杀害。这引起了中共中央和毛泽东的注意，首先想到在共产党自己身上找原因。1957 年 4 月 27 日，中共中央发出《关于整风运动的指示》，“开门整风”，即发动人民群众和党外人士来帮助党克服官僚主义、宗派主义、主观主义，拆除隔在党和非党之间的墙与沟，其中包含在机关、文教系统改善与知识分子的关系。5、6 月间，召开各民主党派、高等学校等领域的座谈会。毛泽东认为：“党外人士对我们的批评，不管如何尖锐，包括北京大学傅鹰化学

教授在内，基本上是诚恳的，正确的。这类批评占百分之九十以上，对于我党整风，改正缺点错误，大有利益。”[①]但是，缺乏必要约束的大鸣、大放、大辩论、大字报，人为地加剧了全国性的政治紧张空气和不稳定状态，虽大部分言论切中时弊，但也出现了煽动性言论，违背整风方针与目标的错误倾向，超出了中共中央的预料。极少数右派借机向共产党发起进攻，如把共产党在国家政治生活中的地位攻击为“党天下”，要求“轮流坐庄”，说“无产阶级专政是三大主义的根”等。一些具有专业知识的知识分子提出了“无产阶级小知识分子同小资产阶级的大知识分子是个矛盾”“外行不能领导内行”“改变高等学校的党委负责制”，还有人主张对老干部实行“赎买”，给点钱叫他们退休等。这说明一些受西方民主政治思想影响较深的人士，以自己在文化专业知识方面的优势为资本，向共产党对于文化、科学事业的领导提出了挑战。[②]5月19日，北京大学贴出第一张大字报。从北大开始的“五一九”运动造成了混乱，一些学校的党组织不能正常行使职权。这超出了“在中华人民共和国宪法范围之内”批评的底线。

1957年夏季，中共中央决定对右派的进攻进行反击，开展全民整风，由于对形势估计得过于严重，得出了“意识形态方面的斗争，还是尖锐的，长时期的”[③]的命题，整风严重偏离了初衷。6月8日，《人民日报》发表了《这是为什么？》的社论。6月29日，经毛泽东审阅修改的《关于争取、团结中间分子的指示》中提到，右派和极右派的人数，以北京34个高等学校及几十个机关中，需要在各种范围点名批判的，大约有400人左右，全国大约有4000人左右。[④]中央强调要实事求是，“不要主观主义地勉强去找右派”[⑤]，并连续发布文件指导：7月11日，中共中央批转统战部《关于划分左、中、右的标准的建议》；9月8日，中共中央下发《关

①《建国以来重要文献选编》第10册，中央文献出版社2011年版，第241页。
② 参见朱地：《1957年的中国》，华文出版社2005年版，第248—249页。
③《毛泽东年谱（1949—1976）》第3卷，中央文献出版社2013年版，第165页。
④ 参见《建国以来毛泽东文稿》第6册，中央文献出版社1992年版，第528页。
⑤《建国以来毛泽东文稿》第6册，中央文献出版社1992年版，第556页。

于自然科学方面反右派斗争的指示》；10月15日，中共中央发出《划分右派分子的标准》；12月12日，中共中央制定下发《关于在国家薪给人员、民主党派、高等学校学生中的右派分子处理原则》，规定学校中的副教授以上人员的处理，必须经过省、市、自治区党委批准。但由于对整个阶级斗争的形势作了过分严重的估计，而且群众运动一经广泛发动便往往很难加以控制，反右派斗争出现了严重扩大化。

文化教育领域是反右扩大化的重灾区。被划定为右派分子的55万人中，知识分子占57%左右。据高等教育部对全国205所高校统计，被划定为右派分子的师生和行政干部共17769人，占学校师生和行政干部总数的3.6%。[①] 北京大学教职员学生不到8000人，右派分子共715人，占10.1%。[②] 清华大学共有571人被错划为"右派分子"，其中教职员222人，学生349人[③]，占学生的5%。文艺界丁玲、冯雪峰等，社会学界陈达、吴文藻、费孝通等，法学界的钱端升、张映南等，历史学界的雷海宗、向达等，被错划为右派分子。

反右派运动运用"大鸣、大放、大辩论、大字报"等"大民主"的方式，期间开展"拔白旗""插红旗""兴无灭资"，批判知识分子的所谓"白专道路"，严重混淆了思想认识、世界观、学术问题与政治问题的界限，动辄将学术、艺术问题上升为世界观与政治问题，冠以"资产阶级的""唯心主义"，甚至是"反动的""反党反社会主义"的大帽子。错误的、过火的学术批判，说理少，扣帽子，使人不敢讲话，不仅破坏了"百家争鸣"的方针，而且在一定程度上导致了轻视知识、轻视知识分子的错误观念出现。如"知识分子是最无知识的""书读得越多越蠢"等错误观念一时盛行，加深了党内一些干部对知识分子的宗派主义倾向，在实际工作中造成了不良的后果，也影响文化的丰富多彩。对知识分子的估计也离开了正确的方向，改变了以往的认识，把"资产阶级，特别是它的知识分

---

① 参见方晓东、李玉非等：《中华人民共和国教育史纲》，海南出版社2002年版，第121页。

② 参见陈雪薇：《中共执政重大事件20讲》，九州出版社2011年版，第139页。

③ 参见《清华大学九十年》，清华大学出版社2001年版，第212页。

子”看作同无产阶级较量的主要力量。1958年5月，中共八大二次会议把知识分子的大多数划入剥削阶级的范围，对知识分子的阶级属性作出了错误的判断，严重伤害了一大批爱国的、有才能的知识分子。

二、文化领域的“大跃进”

在社会主义阵营的赶超浪潮中，为迅速改变贫穷落后的面貌，中国开展了“大跃进”运动。在“钢铁粮食齐飞，欲与天公比高”的豪情中，文化领域也不甘落后，成为当时“全面跃进”的一部分。

1958年2月，文化部召开八大城市艺术表演团体负责人及十二省市文化局代表工作会议，研究上山下乡、深入工农问题。与会的41个演出团体的代表联名提出倡议书，向全国各兄弟剧团倡议展开竞赛，文艺战线的“大跃进”开始。3月，文化部、中国剧协、中国音协、中国作协、北京市文联，纷纷鼓动文艺工作者订出“高指标”的创作计划，争取三五年内实现社会主义文艺大丰收。首都美术工作者提出1958年要创作20351件新作品的高指标。各地跟进，形成了全国文艺界竞相“大跃进”的形势。5月8日，《人民日报》发表题为《多快好省地发展社会主义文化艺术事业》的社论，宣称“随着生产大跃进，出现了文化艺术方面的大跃进”，提出“必须反对少慢差费、右倾保守、冷冷清清、前怕狼后怕虎的文化建设路线”。

1958年8月和10月，文化部先后在安徽、郑州召开省文化局长会议和全国文化行政会议，部署文化工作的“大跃进”。会议提出群众文化活动要做到：人人能读书，人人能会写会算，人人看电影，人人唱歌，人人能画画，人人能舞蹈，人人能表演，人人能创作。郑州会议还提出文艺创作要“行行放卫星，处处放卫星，层层放卫星”，各级都要成立“艺术卫星指挥部”。由于放文艺卫星的任务的提出，层层布置，层层加码，使得许多地方提出了更加不切实际的甚至是荒唐的口号和要求，如什么“两年就要超过鲁迅”，“一个夜晚写六十个剧本”，“每个县都要出一个郭沫若”。这种脱离实际的空想，对当时发展起来的“左”倾思潮无疑起了推波助澜的作用。

在“大跃进”中，全国范围内掀起新民歌运动。新民歌最初是在1957年冬季大规模兴修水利中产生的。组织起来向自然进军的实践，激发了劳动人民的诗情，涌现出不少优美动人的诗歌。1958年3月，毛泽东在成都会议上，要求各地要大力收集民歌，开展采风运动。周扬根据毛泽东讲话精神，作题为《新民歌开拓了诗歌的新道路》的发言。在“大跃进”的背景下，民歌创作成为一种“运动”。一些地方大搞赛诗会，摆赛诗擂台，妨碍了生产，也违反了群众业余、自愿的原则。截至9月，全国正式出版的民歌专集有800多种。1959年出版郭沫若、周扬主编的《红旗歌谣》，反映了新民歌运动的基本面貌，其中有一些优秀的新民歌，但绝大部分作品是空喊口号，主观、浮夸，富有真情实感、浑然天成的作品少。新民歌向形式主义发展后，也就丧失了生机。

戏曲“大跃进”也不甘落后。6月13日至7月14日，文化部召开戏曲表现现代生活座谈会，讨论如何创造社会主义民族新戏曲等问题，会后向中央提交《关于大力发展社会主义新戏曲》的报告。许多剧团因此群策群力编演现代戏。中国评剧院七昼夜编排演《苦菜花》《把一切献给党》《红旗谱》《六十年的变迁》等剧目。上海人民沪剧团在两个月内编出32个现代戏。南京市七个戏曲剧团用半年时间新创作现代戏1073个。1957年，北京、上海等七大城市现代剧目的演出只占1%，1958年则达到17.5%。在编演现代戏过程中，出现京剧《白毛女》、昆剧《红霞》、豫剧《朝阳沟》和《刘胡兰》、评剧《三里湾》、闽剧《海上渔歌》、湖南花鼓戏《张四快》等质量较高的剧目，但大多数存在单纯追求速度和数量、不讲究艺术质量的倾向。

电影领域，早在2月15日，中国电影联谊会举行主席团委员会扩大会议，讨论通过《为繁荣电影创作致全国电影工作者的一封信》，号召“电影事业也要来个大跃进”。2月、3月、5月，文化部、电影局连续召开电影生产全面“跃进”会议，不断出台提高数量、降低成本、缩短摄制时间的新“跃进”指标。5月25日至31日，文化部召开的全国电影事业“跃进”工作会议，提出“省有制片厂，县有电影院，乡有放映队”的“全面跃进”“遍地开花”的规划和全党全民办电影的口号，目标是要在10年左右时间内电影事业赶上或超过美国。1958 年完成了故事片 103 部、美术片 27 部、新闻纪录片 1017 部、科教片 178 部、翻译外国故事片 75 部。除《党的女儿》《黄宝妹》等少数质量较高外，均存在严重的粗制滥造现象。

科技界的“大跃进”始于 1958 年春。2 月中旬，中国科学院召开研究所所长会议，部署“跃进”计划。5 月 15 日，中国科学院向中共八大二次会议报告全院的“跃进”计划。6 月 3 日至 5 日，北京地区各单位举行“跃进”大会，会后掀起“苦战二十天，向党代会献礼”的热潮。6 月，中国科学院党组根据中共八大二次会议号召，提出自然科学研究工作十年赶上美国，要求十年内要做到三件事：（1）掌握新技术，重点项目是卫星上天和原子能和平利用。（2）促进国民经济的科学化，能够依靠自己的力量独立解决中国工业、农业、交通和卫生事业中重大复杂的科学技术问题。（3）培养和建立一支有四五十万人的又红又专的科学干部队伍。1959 年 4 月，中共中央成都会议作出《关于在各省、市、自治区建立中国科学院分院的决定》，各省、市、自治区纷纷建立起地方分院。截至 1960 年底，除西藏外，有 26 个省、市、自治区建立分院。据不完全统计，全国共有 224 个院属研究所（包括与地方双重领导的研究所），分院和地方科学研究机构的工作人员已达 35318 人。科学界不注意科学发展规律，热衷于铺新摊子，上新项目，一些单位无视科研规律，大搞“五一”“七一”“八一”“十一”献礼，严重扰乱了科学工作程序，也浪费了人力、财力和物力。科技界还为工农业“跃进”起了推波助澜的作用。如对于亩产万斤粮，没有以科学的态度来明辨真相，反而去论证其可能性。

科技“大跃进”的另一大特点是技术革命与群众运动结合，提出了“全国大办科学事业，全民学习科学技术”的口号，提倡专家和群众相结合、土洋结合、两条腿走路的方针。各级科研机构开始广泛吸收“土专家”、老农、老工人和技术革新者等做研究员，把工农业生产中的各种实际问题作为研究对象；专业科研院所研究员要到生产中去“补课”，到基层送技术上门，普及科学知识。用群众运动的方式搞技术革新和技术革命，在科技应用领域包括农业、地质探矿、气象预报、地震测量及科技知识普及等方面取得了一定效果，但科学活动需要循序渐进，大多数项目是表面轰轰烈烈，实际上收效甚微。

教育“大跃进”启动的标志，是 1958 年 3 月 24 日至 4 月 8 日教育部召开的第四次全国教育行政会议，主旨是“反掉保守思想，促进教育事业大跃进”。4 月 15 日至 24 日，中共中央召开全国教育工作会议，讨论教育方针，批判教育部门的教条主义、右倾保守思想和教育脱离生产劳动、脱离实际，忽视政治、忽视党的领导的错误。在“全民大办教育”的口号下，教育事业管理权力下放，全国各级各类学校猛增。据统计，从 1957 年到 1958 年底，高等学校由 229 所增加为 791 所，中等专业学校（含中师）由 1320 所增加为 3113 所，普通中学由 11096 所发展到 289931 所，农、职业中学从零发展到 2 万多所，普通小学由 54.73 万所增加为 77.68 万所，幼儿园由 1.64 万所增加为 69.53 万多所，成人中等学校在校学生数由 330 万多人增加为 564 万多人，成人小学在校人数由 626 万多人增加为 2600 万多人。而教育经费 1957 年为 19.52 亿元，1958 只增加 3100 万元，占国家财政总支出的比重由 6.4% 降到 4.84%。超越经济文化发展承载能力的盲目冒进，因为教学条件和资源跟不上，影响了教育质量。

文化“大跃进”的发动和开展，反映了中国领导人和人民群众急于改变中国文化的落后面貌，以崭新形象屹立于世界民族之林的夙愿，但发展目标超越了实际可能，并用大搞群众运动的办法，多快好省地发展文化科技事业，实现超常的跃进，违反了规律，反而给文化科学事业造成了极大危害。

三、文化政策的调整

1958 年底，毛泽东首先觉察到“大跃进”和人民公社化运动中出现的严重问题，着手纠正“左”的错误。在思想文化工作中，也采取相应的措施。毛泽东提出，破除迷信，不要把科学真理也破了。1958 年 12 月 22 日，毛泽东在反映某大学物理教研组党支部对待教师宁“左”勿右的材料上批示，要求全国一切大专学校、科学研究机关的党委、总支、支委阅读并讨论，以“端正方向，争取一切可能争取的教授、讲师、助教、研究人员为无产阶级的教育事业和科学文化事业服务”[①]。12 月 28 日晚，周恩来召集中宣部、文化部的负责人开会，批评了在大学教授中“拔白旗”、过分夸大文艺的政治作用是错误的，讨论切实纠正思想文化工作中“左”的错误问题。30 日，文化部召开全国电话会议，贯彻周恩来的指示精神。1959 年 1 月下旬，中宣部召开宣传工作座谈会，检查 1958 年群众文化、学术思想、文艺创作工作等领域出现的浮夸风和“左”的错误。5 月 3 日，周恩来在紫光阁召开座谈会，同出席全国人大和全国政协的部分文艺界的代表和委员，以及北京的一部分文艺界人士座谈，在《关于文化艺术工作两条腿走路的方针》的讲话中指出，在政治上，既要学习马列主义、毛泽东思想，又要和实际相结合，留有余地；在业务学习上，既要有革命的浪漫主义，又要有革命的现实主义；在对作品的要求方面，既要有思想性，又要有艺术性；在劳动锻炼上，既要重视劳动锻炼，又要保护文化工作者的身体健康等，总是强调某一个方面，就变成了一条腿，而一条腿走路，难免就要跌跤。

经过努力，从 1958 年底到 1959 年上半年以来，意识形态领域“左”的倾向得到一定程度的纠正，思想、文化战线的紧张局面有所缓和。时逢迎接新中国成立十周年国庆，在向国庆 10 周年献礼的活动中，一批优秀中长篇小说、电影和戏剧问世。学术界的百家争鸣的空气有所恢复。如郭沫若的文章《替曹操翻案》的发表和新编历史剧《蔡文姬》的演出，围绕关于曹操和历史人物评价问题，在报刊上开展了讨论。但是，1959 年 8 月，庐山会议后期开展“反右倾”运动，思想文化领域也从纠“左”转到反右。1959 年 12 月 18 日至 1960 年 1 月 4 日中宣部召开的全国文化工作会议，重新肯定了“大跃进”中文艺工作者“左”的错误，指责对“大跃进”持不同意见的人是具有资产阶级观点的人、修正主义者或右倾机会主义者。会议提出批判现代修正主义思潮是文艺领域一个主要的任务，点名批评了巴人对人性的看法、李何林的“写真实”、郭小川的《望星空》、

①《毛泽东书信选集》，中央文献出版社 2003 年版，第 510 页。

海默的《洞箫横吹》，还有《布谷鸟又叫了》《西望长安》《英雄虎胆》等，把文艺理论上的不同观点扣上政治帽子，批判重新成为主旋律。1958 年春已受到批判的马寅初的新人口论，在 1958 年下半年批判升级，大字报铺天盖地。1960 年初，马寅初被迫辞去北京大学校长职务。心理学、社会学、伦理学、遗传学、优生学等现代科学均被作为资产阶级伪科学予以批判。这次“反右倾”主要在党内，但知识分子受冲击的也不少。

真正的转机在 1961 年 1 月 14 日至 18 日中共中央召开的八届九中全会。全会批准“调整、巩固、充实、提高”的八字方针，思想文化工作的调整随之展开。2 月 7 日，中共中央批转中央文教小组《关于一九六一年和今后一个时期文化教育工作安排的报告》，针对文化教育事业存在的问题，强调要贯彻“八字方针”，对控制学校人数、提高高等教育质量、开展哲学社会科学和自然科学研究、文化艺术工作、医药卫生、勤俭办文化教育等提出指导性意见。[①]

（一）文艺政策的调整

1961 年 1 月，中宣部组成两个调查小组，对执行“双百”方针和知识分子政策，掌握艺术规律以及领导作风等问题进行调查研究，为即将召开的文艺工作座谈会作准备。1961 年上半年，中宣部支持起草《关于当前文学艺术工作的意见（草案）》，起初共十条。

6 月 1 日至 28 日，中宣部在北京新侨饭店召开全国文艺工作座谈会，中心议题是贯彻“八字方针”，总结文艺工作中存在的问题，研究文艺政策的调整。19 日，周恩来在文艺工作座谈会和文化部召开的电影故事片创作会议的联席会[②]上发表讲话。他特别强调在社会主义文艺事业中发扬民主的极端重要性，认为要造成民主风气，首先要改变干部的作风；改变干部的作风，首先要改变领导干部的作风。他批评了套框子、抓辫子、挖根子、戴帽子、打棍子“五子登科”的错误做法。他在讲话中还就物质生

---

① 参见《建国以来重要文献选编》第 14 册，中央文献出版社 2011 年版，第 147—157 页。

② 故事片创作会议于 6 月 8 日至 7 月 2 日在新侨饭店举行，这次会议与全国文艺工作座谈会合称“新侨会议”。

产与精神生产问题、阶级斗争与统一战线问题、为谁服务的问题、文艺规律问题、遗产与创造问题等涉及文艺工作的根本问题，一一作了阐述。会议原则通过了《关于当前文学艺术工作若干问题的意见（草案）》（简称“文艺十条”）。

1962 年 4 月 30 日，中共中央批转了文化部党组和中国文联党组报送的经过修改的《关于当前文学艺术工作若干问题的意见（草案）》（简称“文艺八条”）。“文艺八条”是对新中国成立以来文艺工作经验，特别是对纠正“大跃进”以来“左”的错误经验的总结，主要内容就进一步贯彻执行“百花齐放、百家争鸣”的方针，如何提高创作质量；批判地继承民族文化遗产和吸收外国文化；正确地开展文艺批评；保证创作时间，注意劳逸结合；培养优秀人才，奖励优秀创作；加强团结，继续改造；改进领导方法和领导作风，提出指导意见。

1961 年 11 月至 1962 年 11 月，文化部还先后发布了《关于加强电影艺术片创作和生产领导的意见（草案）》（简称“电影三十二条”）、《关于剧院（团）工作条例》（简称“剧院十条”）、《对直属艺术表演团体行政管理办法的试行办法》等，指导文艺各领域工作的调整。

（二）科技政策的调整

1961 年 6 月 20 日，主持国家科委党组、中国科学院的聂荣臻，将在典型调查和总结经验教训的基础上制定的《关于自然科学研究机构当前工作的十四条意见（草案）》（以下简称“科学十四条”）报送中央，并提交了《关于当前自然科学工作中若干政策问题的请示报告》。

聂荣臻在《关于当前自然科学工作中若干政策问题的请示报告》中，指出对知识分子政治上的进步及其在社会主义建设中的作用估计不足，研究工作存在浮夸风，党组织对行政工作和业务工作包得太多、发扬民主不够，并就自然科学工作者的红与专问题，“百花齐放、百家争鸣”的问题，理论联系实际的问题，培养、使用科学人才中的“平均主义”问题，关于科学工作的保密问题，保证科学研究工作时间问题，研究机构内党的领导方法问题七个方面提出了意见。《报告》认为，对自然科学工作者提出又红又专的要求是对的，但是不能对红与专的问题做片面的甚至错误的理解，一看人家钻研业务，在科学工作上有抱负，少贴几张大字报，学习会上少发了几句言，就认为是“走白专道路”。今后要明确，党对党外自然科学工作者红的要求，就是拥护党的领导，拥护社会主义，用自己的专门知识为社会主义服务。报告建议，以后不要把“白专”作为批判用语。报告还指出，在自然科学学术问题上，要鼓励不同学派、不同学术见解自由探讨、自由辩论、自由竞赛，不戴帽子、不拿棍子，不任意贴上阶级的标签，不用多数压服少数、批判大会、贴大字报等方式来处理学术问题。“科学十四条”提出研究机构的根本任务是出成果，出人才，为社会主义服务；必须保持科学研究工作的相对稳定，保证科研人员至少有 5/6 的时间用于业务工作。

7 月 19 日，中共中央批准了“科学十四条”和聂荣臻的报告，并作了重要批示。批示指出：做好知识分子工作很关紧要。党历来重视知识分子工作，取得了巨大成绩和丰富的经验。但是近几年来，有不少同志在对待知识、对待知识分子问题上，有一些片面的认识，简单粗暴的现象有所滋长，必须引起严重注意，以端正方向，正确地执行党的政策。在反右派斗争以后，各单位对一些知识分子进行的批判，更应加以清理。凡是批判得对的，当然必须肯定。凡是批判错了，或者有一部分错了的都要甄别事实，分清是非，纠正错误，由党的负责干部采取适当方式向他们讲清楚，戴了帽子的要摘掉，以利于解除思想疙瘩，发扬民主，增强团结。一定要使知识分子敢于讲真话，畅所欲言，言者无罪，闻者足戒。在学术工作中，一定要百花齐放，百家争鸣，不戴帽子，不拿棍子，不抓辫子。批示要求，党的各级领导干部，必须坚持实事求是的精神，是就是是，非就是非，成就就肯定，错误就改正。要造成一种生动活泼的政治局面，使知识分子敢于讲话，充分调动他们的积极性。这个批语和“科学十四条”，对指导科学技术工作的发展，纠正知识分子工作和思想文化工作的“左”的错误倾向，起了极其重要的作用。

（三）教育政策的调整

早在 1959 年 1 月，中共中央书记处召开会议，要求在调整的前提下巩固和提高教学质量。5 月 17 日，中共中央印发关于教育工作的十个文件，要求贯彻执行“两条腿走路”的方针，善于普及教育，提高质量。随后展开的“反右倾”斗争，使教育调整难以贯彻。1961 年初，教育事业的调整最先从高等学校工作开始。

1 月 21 日，中共中央批转教育部党组《关于整顿清理一九六〇年高等学校新生及核实新生人数的报告》，要求对政治和文化条件不合格的学生，进行认真清理。1 月、7 月和 12 月，教育部先后召开全国重点高等学校工作会议、两次全国高等学校和中等学校调整工作会议，研究讨论缩短战线、压缩规模、合理布局和通过调整工作集中力量提高教学质量及相关政策问题。

1962 年 4 月 21 日至 5 月中旬，教育部召开全国教育工作会议。会议提出进一步调整教育事业的意见：大幅度裁并高等学校，特别是专科学校；大量裁并 1958 年以后新设立的条件很差的中等专业学校，以及少数布局不够合理和设置重复的中等专业学校；全日制中小学要适当压缩规模，要注意调整学校布局，便利学生就近上学；要切实达到提高教育质量的目的，逐级提高各级学校的师资质量；改变国家对教育事业包办过多的状况。5 月 25 日，中共中央批发教育部党组《关于进一步调整教育事业和精简学校教职工的报告》。1963 年底，全国普通高等学校由 1960 年的 1289 所调整为 407 所，在校学生由 96.2 万人减少到 75 万人；中等专业学校由 1960 年的 6225 所调整为 1355 所，在校学生由 221.6 万人减少到 45.2 万人；普通中学由 1958 年 2.8 万多所调整为 1.9 万多所，在校学生由 1960 年的 167.5 万人减少到 123.5 万人；精减教职工 43 万多人。

在中央书记处和邓小平的主持下，教育部党组和中宣部草拟了《教育部直属高等学校暂行工作条例（草案）》（简称“高教六十条”）。1961 年 9 月 15 日，经过中央工作会议讨论，通过了条例（草案），发布实施。中共中央的批示要求：高等学校必须以教学为主，努力提高教学质量；正确执行党的知识分子政策，团结一切可以团结的知识分子，为社会主义高等教育服务；正确执行“百花齐放、百家争鸣”的方针，提高学术水平；实行党委领导下的以校长为首的校务委员会负责制；做好总务工作，保证教学和生活的物质条件；改进党的领导方法和领导作风，加强思想政治工作。批示还重申关于教育的基本原则。这为推动高等教育工作迈上健康发展的轨道奠定了基石。

在制定“高教六十条”的同时，教育部还根据中共中央的指示，起草了中小学教育工作条例，形成了《全日制中学暂行工作条例（草案）》（简称“中学五十条”）和《全日制小学暂行工作条例（草案）》（简称“小学四十条”），于 1963 年 3 月 23 日经中共中央批准试行。中共中央指出：中小学教学是国民教育的基础，提高中小学的教育质量，是一项具有战略意义的任务。中小学教育事业要认真贯彻执行“两条腿走路”的方针，主要是国家办学与集体或者个人办学并举，普通教育与职业教育、技术教育并举。[①]

除上述条例外，教育部还制定了《教育部直属高等学校自然科学研究工作暂行简则》《高等学校培养研究生暂行工作条例》《研究生专业目录》和《研究生培养方案的原则规定》等，并修订《高等学校通用专业目录》，增设了国家建设需要的若干新专业，如原子能科学技术、火箭技术和无线电电子学等方面的专业。

北京市委大学工作部对清华大学、北京大学、北京师范大学等高等院校的教师队伍、教学质量进行广泛调查，提出改进工作的意见，要求对学生几年来因参加生产劳动过多而耽误的课程有计划地进行补课；要求在教学中充分发挥教师的主导作用。针对各类学校特别是高等院校缺乏教材问题，加强教材建设。新中国成立初期，多数高校教材是翻译的国外教材。1958 年，许多大专院校组织师生突击自编了一批文科教材，但在体系、内容上存在不少问题，一般质量不高。1961 年 1 月 25 日，邓小平在中央书记处会议上说：高等教育没有自己的教本不行，总要搞出来，首先搞讲义。[②]1961 年 2 月，中共中央书记处发出《关于自编高等学校教材的指示》，采取“选”“编”“借”的办法来解决高等学校教材问题。4 月 11 日至 25 日，中宣部会同教育部和文化部，在北京召开高等学校文科和艺

① 参见何东昌主编：《中华人民共和国重要教育文献（1949—1975）》，海南出版社 1998 年版，第 1149—1159 页。

② 参见《邓小平年谱（1904—1974）》（下），中央文献出版社 2009 年版，第 1616 页。

术院校教材编选计划会议。会议制定了文科七种专业和艺术院校七类专业的教学方案（草案），并相应地制定出 224 门课程的教材编选计划，包括 297 种教材。如此大规模地编选高校文科教材，在新中国历史上是第一次。1965 年，共编出 70 多种 140 多本教科书和参考教材，初步满足了教学急需。教育部着手组织力量编写中小学教材。1961 年，一套十年制新教材编成出版。1961 年，开始编写十二年制中小学教材，编写时注意加强语文、数学、外语几门主要学科，适当地提高了难度和反映了科学技术新成就，并注意切合教学实际。由于一些地区反映内容深、分量重、教学困难，中小学教材又进行了修订。为满足多种多样的教学需要，教育部允许各地编写一定数量反映地方特点的补充教材和乡土教材。

四、为知识分子“脱帽加冕”

科学、教育、文艺等工作条例的制定和试行，逐步纠正了知识分子政策中“左”的倾向，改善了与知识分子的关系。1961 年起，又分批摘掉了一部分右派分子的帽子，安置好他们的工作与生活。为减轻国民经济困难对著名科学家、艺术家、教授生活上的影响，中央书记处专门决定由国务院秘书长齐燕铭负责，成立办公机构，开列名单，制定办法，由国家拨出专款，专门解决在京科学家、艺术家、著名教授的副食补助供应问题。但是知识分子的阶级属性这个根本问题亟待解决。“工业七十条”说企业中的技术人员和职工是“工人阶级的一部分”，但没有明确是整个知识分子队伍。1961 年 9 月，中共广东省委邀请高级知识分子代表举行座谈会，第一书记陶铸代表省委向几年来错批错斗的知识分子认错道歉，并建议今后一般不用“资产阶级知识分子”的帽子。

1962 年 2 月 16 日至 3 月 8 日，国家科委在广州召开全国科学技术会议；3 月 3 日至 26 日，文化部和中国戏剧家协会在广州召开全国话剧、歌剧、儿童剧创作座谈会，这两个会议合称“广州会议”，贯彻“七千人大会”精神，为从总体上调整知识分子政策提供了契机。

在两个会议上，科学家、作家和艺术家对近年来党的知识分子政策和工作问题反映了不少意见，尤其是对知识分子还戴着“资产阶级”的帽子表示了强烈不同的意见。周恩来在北京了解到会议反映的情况，于2月下旬专程与中央政治局委员、国务院副总理陈毅赴会，同代表见面，进一步听取汇报。3月初，周恩来为两个会议的代表作题为《论知识分子问题》的长篇讲话。他指出："不论是在解放前还是在解放后，我们历来都把知识分子放在革命联盟内，算在人民的队伍中。""12年来，我国大多数知识分子已有了根本的转变和极大的进步。""大家工作努力，生活上克服困难，甚至遇到心情不怎么舒畅的事情还能克制自己。你们热爱祖国，使我们很受感动。这是中国知识分子的骄傲。"[①] 这个讲话重新肯定了他在1956年提出的知识分子的绝大部分已经是工人阶级的一部分的结论，以及当时提出的对知识分子的正确政策。这篇讲话同1951年的《关于知识分子的改造问题》、1956年的《关于知识分子问题的报告》，是新中国成立后中国共产党关于知识分子政策问题的重要文献。

3月5日和6日，陈毅先后在科学会议和创作座谈会上讲话。他宣布给广大知识分子"脱帽加冕"，即脱掉"资产阶级知识分子"之帽，加上"劳动人民知识分子"之冕。他说："你们是人民的科学家、社会主义的科学家、无产阶级的科学家，是革命的知识分子，应该取消资产阶级知识分子的帽子。今天，我给你们行'脱帽礼'！"说着，向全场知识分子深深一鞠躬。陈毅还指出："工人、农民、知识分子，是我们国家劳动人民中间的三个组成部分，他们是主人翁。"[②] 到会的人深受感动和鼓舞。

3月28日，周恩来在二届全国人大三次会议的政府工作报告中强调：知识分子中的绝大多数，都是积极地为社会主义服务，接受中国共产党的领导，并且愿意继续进行自我改造的。毫无疑问，他们是属于劳动人民的知识分子。如果还把他们看作是资产阶级知识分子，显然是不对的。周恩来、陈毅的讲话，在知识分子中产生强烈的反响。

文化政策的调整，各种规章制度的制定和贯彻，为文化发展提供了一个较为宽松的环境，带来了文化的复苏。毛泽东感叹："总算有了自己

---

①《周恩来选集》下卷，人民出版社1984年版，第358、361、362页。

② 参见《陈毅传》，当代中国出版社1991年版，第531页。

的东西。”有些知识分子提出：“希望把这些条例刻在石碑上。”[①]说明了他们的担心。上述条例改进了执政党对科研、教育、文艺工作的领导体制，防止党委对文化工作事无巨细包办代替和独断专行，但“左”的思想没有彻底被清理。周恩来和陈毅在广州会议上关于知识分子问题的讲话，中共中央内部有少数人表示不同意甚至明确反对。柯庆施在上海不让传达陈毅的讲话，理由是防止知识分子“翘尾巴”。在周恩来要求毛泽东对这个问题表态时，毛泽东没有说话，说明他对此也有所保留。这是后来文化教育和知识分子政策上再次出现反复的一个重要原因。

1962年底，中共中央科学小组和中共国家科委党组对《一九五六—一九六七年科学技术发展远景规划纲要》的执行情况进行全面的检查。结果表明，在“十二年科学规划”的54项任务中有46项已经基本上达到原规划1967年的目标；在主要学科和技术领域内，几乎都有了专门的研究机构；专门从事研究工作的科学技术人员，从1.8万人增加到6.8万人，其中大学毕业程度的5.5万人。中共中央决定，在原有“十二年科学规划”的基础上，参照世界科学技术进展的情况，制定1963年至1972年科学技术发展规划。“脱帽”后的知识分子克服生活困难，以极大热情投身于社会主义建设事业，上万名科学技术专家直接参加规划的制定。1962年12月2日，中共中央正式批准《一九六三——九七二年科学技术发展规划》。《规划》共确定了由各部门负责组织实施的重点项目374个、国家重点项目32项。这个规划的总要求是，动员和组织全国科技力量，自力更生地解决中国社会主义建设中的关键科学技术问题，迅速壮大又红又专的科技队伍，在重要和急需的科学技术方面，接近和赶上世界先进水平。

1963年2月开始，国务院组织编制《一九六三——九七二年农业科学技术发展规划》，4月底完成。《规划》内容包括19个方面，对合理利用资源，农业，畜牧业，林业，水产业，热带作物，农业机械化、电子化、水利化、化学化，农业技术经济研究，重大问题的综合研究与研究中心的建立等问题，作出详细规划。

---

① 胡绳主编：《中国共产党的七十年》，中共党史出版社1991年版，第496页。

第三节　培育良好的社会道德风尚

在社会主义建设时期，中国共产党以马克思主义为指导，结合社会主义建设的实践，引导人民树立科学的世界观、人生观，正确处理国家、集体、个人之间的利益，培育了良好的社会道德风尚，为建设社会主义奠定了思想基础。中国共产党加强和改进思想政治工作，探索具有建设时期特点的思想政治工作制度，并通过“树立标兵”“典型引路”等方法，激发亿万中华儿女投身社会主义建设的积极性、创造性。

一、加强和改进思想政治工作

思想政治工作是中国共产党领导革命和建设工作的优良传统，是提高群众思想觉悟、凝聚共识的有效方式。1957 年 2 月，毛泽东发表关于如何正确处理人民内部矛盾的讲话，把加强思想政治工作作为正确处理人民内部矛盾的一个重要方法。7 月，他提出要建立“又有集中又有民主，又有纪律又有自由，又有统一意志、又有个人心情舒畅、生动活泼”[①]的政治局面。1958 年 1 月 31 日，毛泽东在南宁会议上综合概括了《工作方法六十条（草案）》，从马克思主义哲学观出发，提出了一系列思想方法问题，指出：红与专、政治与业务的关系，是两个对立物的统一。“思想工作和政治工作是完成经济工作和技术工作的保证”，“思想和政治又是统帅，是灵魂”。[②]这为新形势下的思想政治工作提供了科学的行动指南。为战胜困难，在 1961 年开始制定的关于农业、工业、商业、手工业、林业、科研、教育、文艺等一系列工作条例中，都根据各领域的特点，规定了相应的思想政治工作的内容、方法、途径等。

学生是社会主义建设的后备军。国家在各级各类学校改进和加强思想政治工作。中共中央、国务院在 1958 年 9 月 19 日发布的《关于教育工作的指示》中提出，学校党委要配备党员去做政治思想工作，党委书记和

①《建国以来重要文献选编》第 10 册，中央文献出版社 2011 年版，第 429 页。
②《建国以来重要文献选编》第 11 册，中央文献出版社 2011 年版，第 40—41 页。

委员要力求担任政治课教学、研究工作。学校的思想政治工作都由党组织来领导，要培育德才兼备的社会主义建设者，高等学校的思想政治工作受到特别的重视。1961 年 9 月 16 日，中共中央下发“高教六十条”，专设第八章谈“思想政治工作”，对高校思想政治工作的任务、目标、方法等内容作出规定。1962 年 1 月 4 日，中共中央还转发《共青团在学校中的思想政治工作纲要（试行草案）》，指出共青团是团结教育青年的核心，是党联系青年群众的纽带。1964 年 3 月 18 日至 4 月 11 日，高等教育部召开会议，指出高校的思想政治工作，必须同教学、科研等业务工作紧密结合。根据会议精神，高等教育部向中共中央报送《关于加强高等学校政治工作和建立政治工作机构试点问题的报告》，对高校的思想政治工作作出系统规定，在直属高校设立政治部，充实政治工作队伍。

思想政治课是思想教育的一个重要载体。1959 年 7 月 26 日，教育部印发《中等学校政治课教学大纲（实行草案）》，规定初中设政治常识课，内容包括共产主义道德、社会发展简史、社会主义革命和建设、思想方法等课程；中等专业学校、师范学校和高中，开设政治常识、经济常识和辩证唯物主义常识等课程。高校开设社会主义、政治经济学、哲学、中共党史四门公共必修课，理、工、农、医类学校开设三门。1964 年 10 月 11 日，中共中央批转中宣部等单位报送的《关于改进高等学校、中等学校政治理论课教学的意见》，提出政治理论课的课程与教材设置必须“少而精”，教学上要启发式，废止注入式，理论联系实际，培养师生独立思考的能力与习惯。

此外，学校还通过学习英雄模范的思想品德和先进事迹，学习毛泽东著作、各科教学知识、时事政策，贯彻学生守则、开展课外活动、参加生产劳动等日常的多种渠道来开展工作。

思想政治工作是中国人民解放军的传家宝。1956 年以后，解放军通过学习毛泽东著作，开展“两忆三查”[①]“五好战士、四好连队”[②]活动，进

---

①“两忆三查”为忆阶级苦、忆民族苦，查立场、查斗志、查工作。

②“五好战士”为政治思想好、军事技术好、三八作风好、完成任务好、锻炼身体好；“四好连队”为政治思想好、三八作风好、军事训练好、生活管理好。

行备战教育等方式，加强思想政治工作。1960 年 9 月 14 日至 10 月 22 日，中央军委在北京召开扩大会议，研究军队政治思想工作，通过《关于加强军队政治思想工作的决议》，对军队中的政治思想工作作出详细规定。《决议》指出，毛泽东思想是人民军队建设和军队政治思想工作的指针，要认真进行思想教育，坚决反对各种不良倾向，坚持党对军队领导。《决议》阐述要正确处理武器和人、各种工作和政治工作、政治工作中事务性工作和思想工作、思想工作中书本思想和活的思想“四个关系”，思想政治工作必须扎根于连队；要求把毛泽东思想真正学到手，发扬政治、经济、军事三大民主，大兴“三八作风”，即“坚持坚定正确的政治方向，艰苦朴素的工作作风，灵活机动的战略战术”，“团结、紧张、严肃、活泼”。12 月 21 日，中共中央批转该决议。1961 年 10 月 18 日至 11 月 4 日，总政治部召开全军政治工作会议，讨论通过连队政治工作四个条例[①]。11 月 7 日，这四个条例经中共中央批准，在全军颁布施行。解放军涌现出以雷锋、南京路上好八连为代表的一大批先进人物和先进单位。

结合党和国家的中心工作，探索新形势下的思想工作，把国家、集体、个人的利益紧密结合起来，推进思想政治工作的制度化，改进工作方法，产生了很好的效果。邓小平曾说：“五十年代，广大党员和人民讲理想，讲纪律，讲为人民服务，爱党，爱国家，爱社会主义，这样的社会风气和道德面貌不是很好吗？三年困难时期，党和人民不是团结奋斗，渡过了难关吗？”[②]

二、领导人的读书活动与干部轮训

加强理论和政策的学习，是提高人们思想水平、认识能力和工作作风的基本方法。1961 年至 1963 年，干部学习运动的特点，是学习怎样建设社会主义和加强党的建设的问题。1963 年至 1965 年，其突出特点，是

① 这四个条例是：《中国人民解放军连队政治指导员工作条例》《中国共产党连队支部工作条例》《中国共产主义青年团连队支部工作条例》和《中国人民解放军连队革命军人委员会工作条例》。

②《邓小平文选》第 3 卷，人民出版社 1993 年版，第 318 页。

把学习马列主义、毛泽东著作，反对修正主义作为紧迫任务。

“大跃进”带来的困难，促使中共中央领导人思考如何建设社会主义的问题。1958年11月，毛泽东在郑州会议期间，提出读书建议，要求中央、省区、地市、县级四级干部学习斯大林《苏联社会主义经济问题》和《马恩列斯论共产主义社会》两本书。毛泽东建议中央和全党干部展开一次读书活动，并身体力行，于1959年12月10日到1960年2月9日阅读苏联《政治经济学教科书》。

遵照毛泽东的建议，刘少奇、周恩来、邓小平等领导人也有目的地开展读书活动。中央领导层在读书活动中，对涉及社会主义政治、经济等一系列重大问题进行思考。毛泽东发表许多谈话，涉及哲学、政治经济学、科学社会主义、中国革命和建设中的一些基本问题，围绕“什么是社会主义，怎样过渡到共产主义”这个中心问题，在经济基础和上层建筑的关系、马克思主义认识论、中国社会发展阶段、价值规律、商品生产和商品交换、社会主义价值观、理论创新的时代任务等问题上，提出许多有价值的见解。如关于社会主义社会发展阶段问题，毛泽东指出：社会主义“可能分为两个阶段，第一个阶段是不发达的社会主义，第二个阶段是比较发达的社会主义。后一阶段可能比前一阶段需要更长的时间”[①]。周恩来也认为：从资本主义到共产主义的整个时期，是一个比较长的过渡时期。“我们现在是第一阶段，其中又可分许多小阶段。”[②]1960年6月，毛泽东写出《十年总结》一文，概括了社会主义经济建设的基本问题，强调对社会主义革命和建设还有很大的盲目性，需要经过调查和研究，找出其中固有的规律。这是中国共产党探索总结社会主义建设规律的重要成果，对中国社会主义建设具有借鉴意义。

1961年6月12日，毛泽东在中央工作会议上，针对“中国社会主义如何搞还不甚懂”的问题，再次强调“现在的问题是一个教育干部的问题”。1961年9月15日，中共中央下发《关于轮训干部的决定》，把学习

①《毛泽东文集》第8卷，人民出版社1999年版，第116页。
②《周恩来年谱（1949—1976）》中卷，中央文献出版社1997年版，第288页。

活动扩展到全体干部，组织他们学习理论、政策。训练的内容，是社会主义建设和党的建设两个方面，学习的材料主要是毛泽东指导编辑的《社会主义建设的几个问题》[①]《党的生活的几个问题》和《农村人民公社工作条例（修正草案）》等内容。1961 年 9 月到 1962 年 10 月，全党参加轮训的干部共 11.4 万余人。其中县委级以上干部 9.7 万余人，约占计划轮训总数的 57%；军队系统团长、团政委以上干部 1.7 万人，约占计划轮训总数的 60%；30%左右的地、县委第一书记参加过轮训；60%以上中央国家机关正、副部长级干部参加过轮训。这次轮训对健全党内民主生活，健全党的民主集中制，对"三面红旗"的认识，对分析错误的性质和原因，对克服主观主义、分散主义，改进工作作风等方面发挥了积极作用。

1962 年 10 月，八届九中全会重提阶级和阶级斗争问题，随后中苏论战也逐渐展开。为了达到反修防修、防止资本主义复辟的目的，毛泽东和中共中央提倡学习马列主义、毛泽东思想，反对现代修正主义。1963 年开始的干部教育，以上述内容为主。1964 年 8 月 18 日，中共中央作出《关于县以上干部学习毛主席哲学著作的决定》。

全党干部的理论学习，对提高理论和政策水平有帮助，但片面强调加强学习为有针对性地解决问题，容易陷入实用主义；而当中共中央把反修、防修、防止资本主义复辟作为紧迫任务，学习的内容侧重领会"阶级斗争"理论，助长了党员干部的"左"倾思想，尤其是 1964 年 11 月 30 日，林彪在全军组织工作会议期间提出"一定要突出政治"。此后，由他提倡

①《社会主义建设的几个问题》，主要摘录了马克思、恩格斯、列宁、斯大林、毛泽东、刘少奇和中共中央文件中关于社会主义建设的有关论述。目录内容包括：一、什么是社会主义：（一）社会主义是共产主义的低级阶段；（二）不断革命论和革命发展阶段论相结合；（三）建设社会主义需要一个很长的历史时期。二、社会主义经济建设的几个问题：（一）生产关系要适合生产力的发展；（二）农业是国民经济发展的基础；（三）不能剥夺农民，巩固工农联盟；（四）有计划按比例规律和计划工作；（五）生产资料生产的增长最终还是要依赖于消费品的增长，依赖于个人消费；（六）商品生产和价值规律；（七）坚持按劳分配，反对平均主义。三、加强学习，克服主观主义：（一）实事求是，调查研究；（二）革命热情和科学精神；（三）尊重客观规律，发挥主观能动性；（四）右的和"左"的错误都是脱离实际；（五）成绩和错误都有两重性；（六）重要的问题在善于学习。见《中国共产党宣传工作文献选编（1957—1992）》，学习出版社 1996 年版，第 282 页。

的学习毛主席著作应“背警句”“学语录”“立竿见影”等，不仅把学习简单化、庸俗化，有形式主义和实用主义的倾向，而且助长了个人崇拜。

三、学习雷锋和焦裕禄等先进人物

20 世纪 60 年代，在党领导人民战胜严重经济困难的过程中，社会各界涌现出许多英雄模范人物，雷锋和焦裕禄是其中的杰出代表。他们全心全意为人民服务的奉献精神，鞠躬尽瘁、死而后已的高贵品质，教育了整整一代人。

雷锋是沈阳军区某部运输连班长，他在平凡的工作岗位上，以“甘当螺丝钉”的精神，全心全意为人民服务。他只有小学文化，却刻苦学习科学文化知识，认真研读马克思主义理论；他无论是当公务员、推土机手还是解放军战士，都刻苦钻研技术，干一行爱一行专一行；他生活俭朴，把省吃俭用积存起来的钱，捐寄给受灾群众和需要帮助的战友；他长期义务担任校外辅导员，为中小学生买书、送文具，讲自己的成长经历等，激励青少年成长；他乐于助人，关心同志，无论在部队，还是到外地，只要遇到别人有困难，都尽全力帮助。他在日记中这样写道：“人的生命是有限的，可是，为人民服务是无限的，我要把有限的生命，投入到无限的‘为人民服务’之中去。”1962 年 8 月 15 日，雷锋不幸因公殉职，年仅 22 岁。雷锋牺牲后，国防部和人民解放军总政治部给予他崇高的荣誉，号召全军开展宣传和学习雷锋模范事迹的活动。毛泽东于 1963 年 3 月 5 日发出“向雷锋同志学习”的号召，把学习雷锋活动向全国推广。由此，全国各条战线、各个行业掀起了一个学习雷锋的热潮。像雷锋那样做人，像雷锋那样工作、学习和生活，在全国蔚然成风，极大地激发了广大群众建设社会主义的积极性，推动了全社会良好道德风尚的形成。雷锋不只是当时的楷模，而且一直受到尊敬。

焦裕禄是河南省兰考县县委书记。兰考是黄河故道上著名的灾区县，长期遭受风沙、内涝和盐碱“三害”的袭扰，经济发展水平非常低下。在三年困难时期，兰考人民生产、生活更面临极大困境。1962 年，全县粮食产量下降到历史最低水平。正是在灾情最严重的时候，焦裕禄赴任兰考县委书记。他带领县委深入实地调查，多方了解治沙的办法。在一年多的时间里，他跋涉5000余华里，把全县86个风口、261个大沙丘、17条大沙龙全部作了编号，绘制成地图，最终形成了以种植速生泡桐林来治理风沙的方案。

焦裕禄心中装着兰考的老百姓，唯独没有他自己。他积劳成疾，在晚期肝癌的病痛折磨下，仍带领群众坚持在治沙的第一线。在生命的最后一刻，他恳求同志们："我死后只有一个要求，要求组织上把我运回兰考，埋在沙堆上，活着我没有治好沙丘，死了也要看着你们把沙丘治好！"1964年5月14日，焦裕禄不幸病逝，终年42岁。焦裕禄逝世后，新华社采写并于1966年2月7日播发了长篇通讯《县委书记的榜样——焦裕禄》，《人民日报》等全国各报纸全文刊发，在全国引起强烈反响。焦裕禄的榜样，鼓舞人们以极大的热情战胜困难，为社会主义建设奉献更大更多的力量，成为社会主义建设时期的一座精神丰碑。

这是一个英雄辈出的年代。当时，还涌现出许许多多的先进人物和模范集体：王进喜、王杰、南京路上好八连、赵梦桃、草原英雄小姐妹等，这些模范人物和集体都在各自平凡的生活和工作中创造出了不平凡的业绩。他们以自己的理想、信念和价值观，给中国社会以深刻影响，也塑造了整个时代的社会风尚。

四、全国学习解放军、工业学大庆、农业学大寨

中国人民解放军、工业领域的大庆、农业领域的大寨是60年代最具时代精神的典型。

中国人民解放军是一支英雄队伍，在社会主义建设时期也发挥了楷模作用。1958年9月，济南军区司令员杨得志上将响应中共中央和毛泽东关于各级领导人员参加体力劳动的指示，率先示范，下连队当兵。"将军当兵"的事迹，在军内外引起强烈反响。深入基层的干部不仅同战士坚持"五同"（同吃、同住、同劳动、同操作、同娱乐），而且帮助连队解决实际问题，深受基层官兵的欢迎。1964年5月，中央军委在转发杨得志关于蹲点改造后进连队的专题报告时指示："高级干部下去蹲点，确实大

有好处。既可以帮助下面解决问题，推动工作，又可以充实自己，提高自己；既可以有效地克服官僚主义，改进自己的领导作风，又可以起示范作用，带动广大干部改进工作作风。”批示发出后，全军迅速出现了深入基层、狠抓基层的连队建设新气象。

1962 年，鉴于国际形势的复杂化，中央军委发出了“备战整军，增加全训师，大搞训练”的指示。据此，全军积极开展渡海登陆、抗登陆以及高原战、山地战、近战夜战、武装泅渡等训练。南京军区某部副连长郭兴福在大练兵活动中创造出把练思想、练作风和练战术、练技术有机结合的练兵方法，被称为“郭兴福教学法”。1964 年 1 月，总参谋部向全军推广郭兴福练兵法。全军兴起群众性练兵活动，并开展全军范围的大比武活动，大幅度提升军事训练水平。

人民解放军官兵不仅平定西藏上层反动集团发动的武装叛乱和进行中印边境自卫反击作战，成功粉碎台湾国民党当局策划的大规模窜犯大陆东南沿海的阴谋，而且，在 60 年代前期国家遭遇经济困难时，自觉为国家分忧解难，与人民群众一起共渡难关，兴办起农场，种粮种菜养猪，做到了蔬菜基本自给，肉食自给达到 50%—70%。人民解放军支援地方建设，仅 1960 年，就抽调 3 万余人参加大庆油田会战。抢险救灾、保护人民生命财产安全，他们始终在最前线。1963 年底，毛泽东赞成工业部门提出的学解放军作风，设政治部、政治处和政治指导员，实行“四个第一”[①] 和“三八作风”。

工人阶级是国家走向繁荣的主导力量。大庆是中国工业战线的一面旗帜。新中国成立之初，石油短缺。1959 年 9 月，中国地质工作者在东北松辽盆地发现工业性油流。石油大会战中，以王进喜为代表的大庆油田工人，发扬“为国分忧，为民族争气”的爱国主义精神，为结束“洋油”时代而顽强拼搏。没有运输工具，他组织全队职工把钻机化整为零，用“人拉肩扛”的方法搬运和安装钻机，奋战三天三夜把井架树立在荒原上。打第一口井时，为解决供水不足，王进喜带领工人破冰取水，“盆端桶提”

① “四个第一”即人的因素第一，政治工作第一，思想工作第一，活的思想第一。

运水保开钻。打第二口井时突然发生井喷，当时没有压井用的重晶石粉，王进喜决定用水泥代替；没有搅拌机，他不顾腿伤，带头跳进泥浆池里用身体搅拌。经过奋战，终于制服井喷，被人们誉为“铁人”。因为有王进喜那样的大庆人的努力，经过三年多的奋战，1963 年底建成现代化的石油企业，结束了中国贫油的历史。

大庆油田在工作中形成了一套基本的经验，坚持高度的革命精神与严格的科学态度相结合，创造出工人和基层单位的“五好”标准[①]、干部“三定一顶”[②]。大庆还对干部“约法三章”：坚持发扬党的艰苦奋斗的优良传统，保持艰苦朴素的生活作风，永不特殊化；坚决克服官僚主义，不能做官当老爷；坚持“三老、四严”[③]的作风，谦虚谨慎，兢兢业业，永不骄傲，永不说假话。1964 年 2 月开展的工业学大庆运动，使这些标准和制度被推广开来，形成了工业战线上声势浩大的群众比学赶帮热潮，又涌现许多大庆式的典型，从而极大地促进了生产。

农业战线，大寨是自力更生、艰苦创业典型。大寨位于山西省晋中太行山麓海拔 1000 多米的山区。这里自然条件恶劣，土地贫瘠，全村耕地被沟壑切割成无数小块。大寨人在党支部的领导下，从 1953 年开始，用五年时间，垒大坝，将坡地垒成水平梯田，把深沟变成了良田。1962 年，在全国大灾和严重困难的年景下，大寨粮食亩产竟达到 774 斤，高出同县平均产量 530 斤。这是大寨农民创造的奇迹。在浩大的治沟工程中，大寨人没向国家要一分钱，完全凭借自己的双手，苦干、实干，终于实现了丰收的夙愿。

党和政府极为重视大寨人艰苦奋斗的事迹。毛泽东在听取山西省委的介绍时，赞赏和肯定了大寨人的自力更生艰苦奋斗精神。农业部长廖鲁言带队到大寨蹲点调查，总结大寨精神。1964 年 12 月，周恩来在三届

---

① 大庆工人的“五好”标准为政治思想好、劳动生产好、作风好、技术学习好、团结互助好。基层单位的“五好”标准是政治思想好、完成任务好、集体作风好、技术训练好、生活管理好。

②“三老”，指当老实人，说老实话，做老实事。“四严”，指严格的要求，严密的组织，严肃的态度，严明的纪律。

③“三定一顶”制度为干部参加劳动“定岗位、定时间、定职责，顶替定员”。

全国人大一次会议的政府工作报告中，发出了“工业学大庆，农业学大寨，全国学人民解放军”的号召，并把大寨精神概括为：“政治挂帅、思想领先的原则，自力更生、艰苦奋斗的精神，爱国家爱集体的共产主义风格。”[①] 从此，农业学大寨运动在全国开展起来。

大寨人艰苦奋斗的精神和爱国家、爱集体的高尚风格，改造了旧观念，推动了新农村社会主义风尚的形成。在这一时期，中国农村涌现出许多艰苦奋斗、改变落后面貌的生产队、生产大队和人民公社。1965 年 11 月，在“全国大寨式农业典型展览”上，共有 52 个社队被树立为“大寨式农业典型”。

20 世纪 60 年代，河南林县（今林州）人民在党的领导下绝壁穿石、挖渠千里，修建了“人工天河”——红旗渠，铸就了红旗渠精神。林县位于河南省安阳市西部、太行山东麓。全县 500 多个村庄中，有 300 多个缺乏水源，十年九旱，水贵如油，灌溉农田、人畜用水都短缺。1959 年林县遭遇大旱，县委经过调研，决定在太行山腰开凿一条水渠，从山西省平顺县候壁断起，引漳河水到林县，并把渠道命名为“红旗渠”。红旗渠于 1960 年 2 月动工，30 万人民轮流上阵，风餐露宿，日夜奋战，干部吃苦在前，劳动标准始终高于群众，口粮标准始终低于群众，苦战 10 年，一锤一钎削平山头 1250 座，凿通隧道 211 个，架设渡槽 152 个，修建了 3 条干渠、10 条分干渠，51 条支渠，合计总长 1525.6 公里，154 个电力排灌站，构成纵横交错的水利灌溉网，彻底改变林县世代缺水的面貌，用热血和汗水铸就了精神丰碑，创造了“愚公移山”的人间奇迹，孕育了“自力更生、艰苦创业、团结协作、无私奉献”的红旗渠精神。林县的红旗渠精神事迹也在全国产生广泛影响。

鞍山钢铁公司还创造“鞍钢宪法”。“鞍钢宪法”指的是工人参加管理，干部参加劳动，改革不合理的规章制度，实行工人群众、技术人员、领导干部三结合的“两参一改三结合”制度，体现的是全心全意依靠工人阶级管理企业和建设社会主义的思想，反映了中国工人阶级的主人翁

---

①《建国以来重要文献选编》第 19 册，中央文献出版社 2011 年版，第 412 页。

精神和非凡创造力。努力增加生产、不断进行技术革新和以厂为家，成为那一时代工人阶级的风尚。1961 年制定的“工业七十条”，确认这个管理制度。欧洲和美国不少企业管理学家认为，“鞍钢宪法”的精神实质是“后福特主义”（Post-Fordism），即对福特式的僵化的、以垂直命令为核心的企业内分工理论的挑战。美国麻省理工学院管理学教授罗伯特·托马斯（Robert Thomas）明确指出，“毛主义”是“全面质量”和“团队合作”理论的精髓，即充分发扬“经济民主”——两参一改三结合——恰是增进企业效率的关键之一。①

“好儿女志在四方。为建设社会主义，”青年人响应党的号召，“到农村去，到边疆去，到祖国最需要的地方去”，发出自己的光和热。知识青年上山下乡，建设社会主义的新农村；无数年青科技工作者和青年工人奔赴祖国荒僻的大西北，为三线建设默默奉献青春；无数大学毕业生在条件艰苦的实验室、荒漠、矿山、水利工地奋斗，成为国家现代化建设的拓荒者。

在社会主义建设时期，为改变落后面貌，中国人民把个人同祖国的建设、国家的命运紧紧联系在一起，自力更生、奋发图强、艰苦奋斗、甘于奉献成为社会风尚。这是一个高擎理想、意气风发的年代。

第四节　意识形态领域的过火批判

1962 年出现的中苏关系恶化、中印边境冲突、美蒋滋扰大陆东南沿海与空域等，带来国际环境的某种紧张状况，使中共中央和毛泽东对阶级斗争估计得过于严重，关注共产党的“修正主义”问题，重提“阶级斗争”。1963 年到 1965 年间，在意识形态领域，对一些文艺作品、学术观点、文艺界学术界的一些代表人物进行了错误的、过火的批判，在文化问题上出现了愈来愈严重的“左”的偏差。

---

① Robert Thomas，*What Machines can't Do*，University of California Press，994，p209.

一、对文艺界、文艺作品的错误批判

小说《刘志丹》事件，是一件“株连近万人的大冤案”。1958 年，李建彤应工人出版社之邀，开始撰写小说《刘志丹》，到 1962 年五易其稿，并分送部分陕北老干部征求意见。习仲勋、贾拓夫、刘景范等对小说提了修改意见。康生根本没有看过小说，却武断地认定“这不是一个单纯的文艺的写作问题，看来是带有政治倾向性的”，企图把这部小说打成政治案件。在 1962 年 8、9 月间召开的八届十中全会预备会议期间，在所谓“翻案风”问题上批判彭德怀时，康生等人提出小说《刘志丹》有严重政治问题，声称这本小说是为高岗翻案。24 日，中共八届十中全会召开，毛泽东在会上讲话时，康生递了一张条子：“利用小说进行反党活动，是一大发明。”毛泽东念了，并说：“这是搞上层建筑。凡是要推翻一个政权，总要先造成舆论，总要先搞意识形态方面的工作。”① 全会决定成立审查习、贾、刘反党集团的专案组，由康生负责。1963 年 5 月审查小组的审查报告（草案）说，小说《刘志丹》“为高岗翻案”，“是习仲勋反党集团的纲领”。这种先定性、后求证的做法，影响很坏。审查过程中，牵扯了一大批原西北根据地的同志。1974 年 12 月 21 日，毛泽东亲自批示：此案审查已久，免于追究。1979 年 8 月 4 日，予以全面平反。

1961 年文艺政策放开后，传统剧目上演得多起来，其中也有一些未加整理、格调低下、新中国成立后禁演的剧目。在报刊上对文学、艺术界代表人物的批判，从公开点名批判孟超的《李慧娘》和廖沫沙的《有鬼无害论》开始。1961 年，《剧本》杂志第 7、8 期刊载剧作家孟超改编的昆曲《李慧娘》，并于当年夏天上演。廖沫沙在《北京晚报》发表《有鬼无害论》的剧评，意思说，该剧写了鬼，但是个好鬼，无害。康生也赞赏昆曲《李慧娘》，并曾宴请剧本作者和主要演员。1962 年秋，江青指责《李慧娘》是与社会主义不相容的“鬼戏”。康生摇身一变，把《李慧娘》作为坏戏的典型，号召大家批判。1963 年 3 月 16 日，中共文化部党组向中

①《毛泽东年谱（1949—1976）》第 5 卷，中央文献出版社 2013 年版，第 153 页。

宣部和中共中央写了《关于停演“鬼戏”的请示报告》。29日，中共中央批转报告。5月6日，上海《文汇报》发表由江青组织的署名文章，批判《李慧娘》和廖沫沙的评论文章《有鬼无害论》。

接着，出现了“大写十三年”的争论。1963年春节，上海市主要领导人在上海文艺界新春团拜会上，提出所谓“大写十三年”的口号。武断地把反映新中国成立之前的作品，都列为非社会主义的文学，宣称凡是不写建国后13年阶级斗争的作品一律不准出版和出售。这种论调的矛头，直接指向广州会议、“文艺八条”以及文艺政策的调整。在上海市主要领导人的支持下，在同月召开的中央工作会议上，华东组代表发言称，电影、戏剧中现代的、革命的题材太少了，而帝王将相、才子佳人、妖魔鬼怪的题材太多了，外国的、香港的也不少，已经有些“喧宾夺主”“泛滥成灾”的味道，应该采取解决的措施。这无异于以题材决定文艺创作。

同年4月，中宣部召开的文艺工作会议，就所谓“写十三年”问题展开激烈争论。周扬、林默涵、邵荃麟等人指出这个口号的片面性，批驳了只有写社会主义时期的生活才是社会主义文艺的错误论调。张春桥鼓吹“写十三年十大好处”。4月19日，周恩来在文艺工作会议和中国文联三届全会二次扩大会议上发表讲话，明确表示“不要只局限在写十三年，还要把近百年斗争、世界革命斗争都在自己的作品里刻划出来”[①]。

二、毛泽东的“两个批示”与文艺界整风

中共八届十中全会后，毛泽东对文艺界，首先对戏剧提出了批评。1962年12月21日，他在同华东地区省市委书记谈话时指出：“对修正主义有办法没有？要有一些人专门研究。宣传部门应多读点书，也包括看戏，有些坏戏也要去看。有害的戏少，好戏也少，两头小、中间大。帝王将相、才子佳人多起来了，有点西风压倒东风，东风要占优势。”[②]1963年

---

①《周恩来文化文选》，中央文献出版社1998年版，第276页。

②《毛泽东年谱（1949—1976）》第5卷，中央文献出版社2013年版，第177页。

9 月 27 日，毛泽东在中央工作会议上讲话时指出：我们现在搞农村“四清”，城市“五反”，实际上是为在国内反对修正主义打下基础。这中间，要包括意识形态方面，除了文学之外，还有艺术，比如歌舞、戏剧、电影等等，都应该抓一下。他强调，推陈出新，是要把封建主义、资本主义的东西推出去，出社会主义的东西，就是要提倡新的形式。旧形式要搞新内容，形式也得有些改变。[①]11 月，毛泽东对《戏剧报》和文化部接连提出批评，说：一个时期，《戏剧报》尽宣传牛鬼蛇神。文化方面特别是戏剧大量是封建落后的东西，社会主义的东西很少，在舞台上无非是帝王将相、才子佳人。文化部是管文化的，应当注意这方面的问题。如不改变，就改名“帝王将相部”“才子佳人部”，或者“外国死人部”。[②]

1963 年 12 月 12 日，毛泽东看到了中宣部文艺处 12 月 9 日编印的《文艺情况汇报》第 116 号，其中登载了《柯庆施同志抓曲艺工作》的文章，介绍柯庆施抓评弹的长篇新书目建设和故事员在市郊配合社会主义教育运动讲革命故事的做法。他把材料批给彭真、刘仁。批示说：“各种艺术形式——戏剧、曲艺、音乐、美术、舞蹈、电影、诗和文学等等，问题不少，人数很多，社会主义改造在许多部门中，至今收效甚微。许多部门至今还是‘死人’统治着。不能低估电影、新诗、民歌、美术、小说的成绩，但其中的问题也不少。至于戏剧等部门，问题就更大了。社会经济基础已经改变了，为这个基础服务的上层建筑之一的艺术部门，至今还是大问题。这需要从调查研究着手，认真地抓起来。”毛泽东还指出：“许多共产党人热心提倡封建主义和资本主义的艺术，却不热心提倡社会主义的艺术，岂非咄咄怪事。”[③]这个批示被称为文艺工作的第一个批示。

毛泽东的批示，依据的是柯庆施提供的材料。柯庆施得知毛泽东的批示后，在 12 月 25 日华东区话剧观摩演出大会开幕式上，指责戏剧工作“十五年来成绩寥寥，不知干了些什么事。他们热衷于资产阶级、封建阶

---

① 参见《毛泽东年谱（1949—1976）》第 5 卷，中央文献出版社 2013 年版，第 263—264 页。

② 参见《毛泽东年谱（1949—1976）》第 5 卷，中央文献出版社 2013 年版，第 285 页。

③《毛泽东年谱（1949—1976）》第 5 卷，中央文献出版社 2013 年版，第 288 页。

级的戏剧，热衷于提倡洋的东西，古的东西，大演‘死人’、鬼戏，……所有这些，深刻地反映了我们戏剧界、文艺界存在着两条道路、两种方向的斗争。”[①] 调门比毛泽东高。

1964 年 1 月 3 日，中共中央召开文艺座谈会，传达毛泽东的批示，研究文化战线的革命问题。正当中共中央准备着手整顿戏剧界时，2 月 3 日，中国戏剧家协会举办新春晚会，有人批评晚会上有些节目表演得庸俗低级，趣味恶劣。中宣部责成剧协党组作出检查。3 月下旬，中宣部连续召开三次会议，决定在文联和各协会全体干部中进行整风和检查工作，解决这些问题。

5 月 8 日，中宣部文艺处起草《关于全国文联和所属各协会整风情况的报告（草稿）》，除重申一些诸如坚持文艺基本方向等原则外，着重提出“各文艺团体的根本问题是没有贯彻执行党的文艺路线和队伍严重不纯、领导核心不健全”。这个草稿没有经过中宣部部务会议讨论，就被江青直接送给毛泽东。6 月 27 日，毛泽东在这个报告草稿上批示：“这些协会和他们所掌握的刊物的大多数（据说有少数几个好的），十五年来，基本上（不是一切人）不执行党的政策，做官当老爷，不去接近工农兵，不去反映社会主义的革命和建设。最近几年，竟然跌到了修正主义的边缘。如不认真改造，势必在将来的某一天，要变成像匈牙利裴多菲俱乐部那样的团体。”[②] 这是第二个批示。

当时文艺界确实存在这样那样的缺点，戏剧方面，旧戏中有一些也

---

① 薄一波：《若干重大决策与事件的回顾》（下），中共党史出版社 2008 年版，第 864 页。

②《建国以来重要文献选编》第 19 册，中央文献出版社 2011 年版，第 6—14 页。裴多菲俱乐部原是一个以匈牙利诗人裴多菲名字命名的沙龙，成立于 1954 年底，由劳动青年联盟领导。原本目的是想在现行制度允许的范围内，为党内年轻的知识分子提供一个讨论问题的讲坛。在 1956 年的苏共二十大赫鲁晓夫作秘密报告后，裴多菲俱乐部活跃起来。劳动青年联盟中央甚至作出决议，要求扩大裴多菲俱乐部的活动和在外地也建立这样的俱乐部。此后，裴多菲俱乐部先后举办了一系列大型研讨会，讨论经济、哲学、历史、新闻等专题。参加这些研讨会的有全国知名的经济学家、作家、历史学家、教育工作者、科学家、哲学家等学者和社会名流，也有年轻的知识分子甚至还有人民军军官。人们认为它对 1956 年匈牙利事件的发生起了舆论动员的作用。

确实存在封建迷信的色彩，但问题没有批示中指责的那样严重，估计不符合实际。如从北京市属剧院、剧团创作、改编、移植、整理剧目的情况来看，1949 年至 1963 年 9 月，共有剧目 343 个，其中现代戏 141 个，新编历史剧 45 个，传统剧 157 个[①]，就说明戏剧改革是有成绩的。

第二个文艺工作批示后，引起更大的震动，文艺界开始了第二次整风，实际上成为文艺界的社教运动。整风持续到 1965 年初，对文化部副部长齐燕铭、夏衍、徐光霄、徐平羽、陈荒煤，以及作协党组书记邵荃麟、全国文联副主席阳翰笙、全国剧协主席田汉等一批文艺界代表人物，进行了错误的过火的批判。到 1965 年，对文化部的党委进行了彻底的改组，各协会的领导班子也换了人。

1965 年 10 月 3 日，文化部党委就当前文化工作若干问题向中央呈送汇报提纲。汇报提纲分析了自毛泽东“两次批示”以来文化革命形势，肯定文化队伍的“绝大多数人是好的，或者基本上是好的和比较好的”。汇报提纲提出，文化工作必须高举毛泽东思想的伟大红旗，贯彻文化为社会主义服务、为工农兵服务的方向，以阶级斗争、两条道路的斗争为纲，立足备战，面向农村，密切配合三大革命运动，大抓毛主席著作的学习，大抓文化艺术队伍与工农兵相结合，大抓农村文化工作，争取在五年内，建设一支革命化的、思想、生活、基本功都过得硬的、全心全意为工农兵服务、为社会主义革命和建设服务的无产阶级的文化队伍。1966 年 1 月 23 日，中共中央批转该汇报提纲，强调“当前文化战线上的形势很好”[②]。遗憾的是，由于指导思想上“左”的错误以及贯彻毛泽东思想的偏差，文化工作越来越左。

根据康生指示，中宣部 1964 年 8 月 14 日向中央书记处提交关于对公开放映并组织批判影片《北国江南》《早春二月》的请示报告。此后，有更多的电影、戏剧作品被定为毒草加以批判，如《谢瑶环》《舞台姐妹》

---

①《1949 年至 1963 年 9 月市属剧院剧团、创作、改编、移植、整理剧目的情况》，《北京档案史料》2012 年第 2 期。

② 中央档案馆、中共中央文献研究室编：《中共中央文件选集（1949 年 10 月—1966 年 5 月）》第 50 册，人民出版社 2013 年版，第 110—124 页。

《红日》《不夜城》《兵临城下》《革命家庭》《林家铺子》《聂耳》《怒潮》《逆风千里》等。被批判的小说更多，有 65 部，被批判的作家有 55 位。

三、哲学社会科学领域的过火批判

过火的批判很快扩展到哲学、经济学、历史学等各个学术领域。学术批判始于国际反修斗争。1963 年 10 月到 11 月，中国科学院哲学社会科学部委员会召开第四次扩大会，专门贯彻在哲学社会科学领域反对现代修正主义问题。会后，先后在哲学和社会科学领域成立了反修小组。

康生首先在哲学界批判了杨献珍的“合二而一”论。“一分为二”是毛泽东对列宁关于对立统一规律的通俗概括。1963 年 2 月，杨献珍在中央高级党校讲《唯物主义引言》时，提出“合二而一”的概念，认为“事物既是‘一分为二’的，也是‘合二而一’的”。1964 年 4 月，他在给中央高级党校新疆班学员讲课时，又提出“对立统一规律也可用‘合二而一’来表述”。1964 年 5 月 29 日，《光明日报》的“哲学”专刊发表党校教员写的《“一分为二”与“合二而一”——学习毛主席唯物辩证法思想的体会》。[①] 康生如获至宝，批示他领导的反修哲学写作小组写了《“合二而一”不是辩证法》，说“一分为二”与“合二而一”是对立的，“合二而一”必然调和矛盾。文章发表在 6 月 5 日的《光明日报》。康生托江青把两篇文章送给毛泽东。

6 月 8 日，在中央政治局扩大会议上，康生问道《光明日报》关于“合二而一”的两篇文章，不知主席看了没有。毛泽东说：“看了。一分为二是辩证法，合二而一恐怕是修正主义，讲阶级调和嘛！”[②] 这个判定把学术争论与政治立场联系起来。康生有了尚方宝剑，展开了对“合二而一”和杨献珍的批判。从 6 月至 9 月，他先后九次召开会议部署批判，并组织文章在《人民日报》《光明日报》和《红旗》杂志上，点名批判杨献珍，说关于“一分为二”和“合二而一”的论战，“是一场坚持唯物辩证法同

① 参见穆欣：《“合二而一”批判的真相与教训》，《中共党史研究》1992 年第 1 期。
②《毛泽东年谱（1949—1976）》第 5 卷，中央文献出版社 2013 年版，第 359 页。

反对唯物辩证法的斗争，是两种世界观即无产阶级世界观同资产阶级世界观的斗争”。“哲学战线上这场谁战胜谁的新论战，是意识形态领域的一场严重的阶级斗争。”[①] 在康生等人的指挥下，政治批判的分量越来越加重，上纲的调门也越来越高。1965 年 5 月 20 日，《人民日报》发表题为《不容许用矛盾调和论和阶级调和论来偷换革命辩证法》的署名文章。9 月 24 日，中共中央批转高级党校校委会的报告，给杨献珍戴上“反党”“反毛泽东思想”等帽子，撤销他的副校长和校委会委员职务。许多支持或者赞同杨献珍“合二而一”观点的人遭受批判和迫害。1979 年 8 月 27 日，中共中央党校委员会为杨献珍平反。

冯定是北京大学教授、哲学家，他的《平凡的真理》《共产主义人生观》，是通俗哲学读本，在青年人中影响很大。康生把两本书作为修正主义毒草批判，主要是书中有两句话：“不能夸大个人的作用”，“不应该将领袖神化”。这就成了攻击“伟大领袖”的罪证。

康生还组织批判孙冶方的社会主义经济思想。20 世纪 50 年代末到 60 年代初，孙冶方总结“大跃进”的教训，分析经济管理体制的弊端和经济政策上的失误，撰写《论价值》《关于等价交换原则和价格政策》《流通概论》《关于经济研究工作如何为农业服务》等论文，提倡价值规律、商品生产、商品交换等规律的作用。1963 年，孙冶方撰写涉及财政经济管理体制问题、积累率问题、投资效果问题、利润问题的几个报告。这些是对改革传统体制的宝贵探索，但是被陈伯达硬说成“利润挂帅”。康生把孙冶方的观点作为“修正主义”思想汇报给毛泽东。1964 年 8 月间，陈伯达召开座谈会，批判孙冶方“宣扬资产阶级的观点”。孙冶方被康生、陈伯达等人作为“中国最大的修正主义者”批判。[②]“文化大革命”中，孙冶方被关进监狱，仍在狱中研究他的政治经济学，1975 年 4 月才获释。

在历史学界，主要是批判翦伯赞等的“历史主义”和“让步政策论”等。1961 年 12 月 22 日，翦伯赞就《中国史纲要》编写的指导原则，在

---

①《哲学战线上的新论战——关于杨献珍同志的“合二而一”论的讨论报道》，《红旗》1964 年第 16 期。

② 参见《无产阶级文化大革命万岁》，《人民日报》1966 年 6 月 11 日。

《光明日报》发表《对处理若干历史问题的初步意见》，提出在经历较大的农民战争之后，封建统治阶级为了恢复封建秩序，有时会对农民作出让步。1962 年 10 月，他在《江海学刊》1962 年第 6 期发表《目前史学研究中存在的几个问题》，提出既要重视阶级观点，又要注意历史主义、论从史出的意见。

1963 年 6 月，关锋在北京展览馆以“在历史研究中运用阶级观点和历史主义的问题”为题发表讲演，开始批判翦伯赞的“历史主义”。1965 年 9 月 22 日，《光明日报》发表署名文章《应该怎样估价“让步政策”》，指责“让步政策论”是“根本歪曲了毛主席关于中国农民战争历史作用的理论”。1965 年 12 月和 1966 年 3 月，戚本禹先后在《红旗》发表《为革命而研究历史》《翦伯赞同志的历史观点应当批判》的文章，说翦伯赞的观点是“资产阶级、封建阶级的历史观点”，翦伯赞的文章是“反马克思主义的史学纲领”。4 月 23 日，《人民日报》的《翦伯赞同志的反马克思主义历史观点》一文，摘录翦伯赞的若干观点，并加“编者按”，将批判翦伯赞与批判吴晗联系起来，称二人“都是反马克思主义史学的主将”。

史学领域的政治批判，从批判翦伯赞和吴晗，到批判《历史研究》及历史研究所副所长侯外庐；从批判翦伯赞的《中国史纲要》、冯友兰的《中国哲学史新编》、周予同的《中国历史文选》，到批判周扬的所谓“两面派”，大批判已遍及学术的每一个领域。

这些批判完全把学术问题变成政治问题，捕风捉影，无限上纲，把正常的学术研究、讨论都当作是两个阶级、两条道路、两条路线的大论战来对待，给这些富有创见的学者错误地戴上“修正主义分子”“反党分子”“反动学术权威”的帽子，有的作为重大的反党事件、反革命事件严加处理，阻碍了文艺事业和学术工作的发展，伤害了许多党内外知识分子。康生、江青等人在其中推波助澜，起了恶劣的作用。文化领域的“革命”“革文化的命”，此时已经开始了，只是当时这些错误还没有达到支配全局的程度，文化批判主要是在报刊上和有关文化团体、机关内进行，一些正确的政策还在发挥作用。

主持宣传文化工作的领导人试图控制局面。1965 年 2 月 23 日，周扬召集各协会和主要报刊负责人会议，提出写批判文章不要“乱扣帽子”，防止片面性和绝对化，不要搞教条主义，对人要有历史的观点，要一分为二，政治与学术分开。3 月 2 日，邓小平主持召开中共中央书记处会议，针对出现的围攻、批判某些文艺作品和文艺界代表人物的现象说：“现在有人不敢写文章了，新华社每天只收到两篇稿子。戏台上只演兵，只演打仗的。这个不让演，那个不让演。那些‘革命派’是想靠批判别人出名，踩着别人的肩膀自己上台。要赶快刹车。”[①]但是，此时刹不住车了。

第五节　全面建设社会主义时期的文化成就

全面建设社会主义时期的十年，是探索社会主义文化建设的十年。虽然文化建设在有了良好开端后伴随着政治运动呈现一波三折的特点，但是，从总体上来说，还是取得了很大成就，积累了丰富的经验，为社会主义文化事业奠定了基础。

一、教育改革的探索和教育事业的发展

新中国成立后，教育事业有很大发展，但远远不能适应社会主义事业发展的要求和广大工农群众普遍受教育的迫切需求：一是由于国家经济条件的限制，全日制学校难于迅速发展，不能尽快普及教育；二是教育结构与经济结构脱节，不能升学的大批中小学毕业生，缺乏一定的生产知识和技能，很难安排工作，同国民经济的发展不相适应；三是许多出身工人、农民家庭的学生往往由于家庭经济困难或怕耽误农时而中途辍学，等等。为此，需要探索适合国情的社会主义教育。

1957 年 2 月，毛泽东在《关于正确处理人民内部矛盾的问题》中提出，我们的教育方针，应该使受教育者在德育、智育、体育几方面都得到发展，成为有社会主义觉悟的、有文化的劳动者。这是对于国家建设人才培养目标素养结构的基本规定。教育部鼓励中小学毕业生参加生产劳动，

---

①《邓小平年谱（1904—1974）》（下），中央文献出版社 2009 年版，第 1849 页。

各级各类学校开展勤工俭学活动。在深入调研的基础上，刘少奇尝试改革教育制度。11 月 8 日，他建议试办半工半读学校。1958 年 5 月 27 日，天津市国棉一厂创办了第一所厂办半工半读学校。5 月 30 日，刘少奇在中共中央政治局扩大会议正式提出“两种教育制度、两种劳动制度”的主张，认为中国应该有全日制和半工半读两种教育制度，得到中共中央和毛泽东的赞同与支持。这一创见在全国教育工作会议上传达。

9 月 19 日，中共中央、国务院发布的《关于教育工作的指示》，总结了新中国成立九年来教育工作的成绩和缺点，明确教育为无产阶级的政治服务，教育与生产劳动结合的方针；提出了“三结合”“六并举”和“两条腿走路”的办学方针。“三结合”指教育工作必须采取统一性与多样性相结合、普及与提高相结合、全面规划与地方分权相结合的原则；“六并举”，即是在统一的教育目标下，办学的形式应该是多样性的，国家办学与厂矿、企业、农业合作社办学并举，普通教育与职业（技术）教育并举，成人教育与儿童教育并举，全日制学校与半工半读、业余学校并举，学校教育与自学（包括函授学校、广播学校）并举，免费的教育与不免费的教育并举。“两条腿走路”是要求全日制学校与半工半读、业余学校中，一部分担负提高的任务，一部分则侧重普及教育，各方面顾及。这个方针对中国社会主义教育发展发挥了指导作用，但也具有鲜明的时代烙印。如《指示》要求全国应在三年到五年的时间内，基本上完成扫除文盲，普及小学教育，以十五年左右的时间来普及高等教育。教育发展指标脱离实际，过急过快。由于受 1958 年教育革命和“大跃进”的影响，半工（农）半读教育出现了不顾客观条件，急躁冒进，一哄而起的偏差。在三年困难时期，各种类型的半工（农）半读学校大多停办。

高校的教育改革，实行教学、科研、生产劳动三结合，结合建设实际搞毕业设计，取得了一定的成果。如清华大学关于密云水库和北京历史博物馆工程的设计，南京工学院关于北京火车站的工程设计等。1959 年创建中国科技大学，设立原子物理和原子核工程、高分子化学、高分子物理等新兴学科。1960 年 7 月，教育部和国防科学技术委员会在青岛市联合召开会议，研究国防高技术专业的设置和布局问题，促进高等学校为国防现代化服务。受“左”的思想影响，教育改革也出现偏差。

经过三年的调整，到 1964 年，教育事业也步入改革与发展的正常轨道。2 月 13 日，毛泽东在春节座谈会上谈到教学改革问题，提出学制可以缩短；课程可以砍掉一半；不赞成考试搞突然袭击，而应要公开题目，学生研究；旧教学制度摧残人才，马列主义的书要读，但要消化，否则会成为教条主义者、修正主义者。此后，毛泽东多次就减轻各级各类学校学生负担、保证学生健康，培养德智体全面发展的学生发表意见。

为了贯彻中共中央和毛泽东的指示，1964 年上半年，教育部多次召开座谈会，研究中小学精简课程、改进教学方法和考试方法、减轻学生负担等问题。3 月 18 日至 4 月 11 日召开的高等教育部直属高等学校领导干部（扩大）会议，就学制、课程、教学方法、考试制度等方面的改革作出部署。4 月下旬，教育部召开全日制中小学教学改革座谈会。5 月 4 日，中共中央、国务院批转教育部临时党组《关于克服中小学学生负担过重现象和提高教学质量的报告》，提出中小学学制改革措施。9 月 29 日，高等教育部发布《关于积极进行教学改革的意见》。

毛泽东提出改革教育制度以后，刘少奇在总结经验教训的基础上，5 月在中央工作会议上再次提出实行半工半读教育制度的问题。他指出，半农半读、半工半读的学校，既是一种劳动制度，又是一种教育制度，也是一种学校制度，并建议试办四小时劳动、四小时学习的半工（农）半读的各级各类学校，五年试验，十年推广。1965 年 3 月，教育部召开半农半读教育会议，总结经验，制定规划。《人民日报》于 1965 年 4 月至 10 月开设了 15 期专栏，讨论怎样办好半工半读、半农半读的新型学校。为发展半工半读的高等教育，1965 年 10 月至 1966 年 1 月中旬，教育部、高等教育部先后召开全国城市半工半读和高等教育半工（农）半读会议，刘少奇等中央领导人对实行半工（农）半读的方法、长远目标和当时任务以及具体办法等作出指示。会议交流经验，要求克服试办时出现的忽视系统理论知识学习、参加劳动过多的现象，提高教学质量。

在刘少奇等中央领导人倡导下，到 1965 年，初步形成从小学到大学的半工（农）半读教育体系。“两种教育制度”适应了中国发展教育的要求，是尽快扫除文盲、普及教育、工农知识化的有效途径；是贯彻社会主义教育方针、改革教育制度的有益尝试，促进教育和生产劳动相结合，显示出它的优越性。同时，半工（农）半读教育制度也被赋予了“反修防修”“防止资本主义复辟”的意义。

与此同时，国家还在广大工农群众和干部及其他成年社会成员中开展业余教育，包括农民业余教育、城市职工业余教育和业余高等教育等。1960 年 1 月，成立业余教育委员会，作为国务院指导全国业余教育的工作机关。农民业余教育发展很快，在“文革”前，中国农村通过业余学校学习达到小学毕业程度的青年农民有 571.8 万人，达到初中毕业程度的 40.5 万人。农村青壮年中的文盲、半文盲在 1964 年降至 48.4%。[①] 城市职工业余教育主要由政府机关、群众团体、企事业单位办学，提高职工文化程度，为他们学习理论方针政策和掌握先进的技术创造条件，培养出一批工程技术人员和管理干部。业余高等教育主要由高等学校举办函授教育和夜大学等形式。1965 年底，全国函授院校（部）171 所，函授生近 19 万人；全国业余高等学校 964 所，在校学生 41 万人。[②] 他们中的许多人成了单位的业务骨干。

经过调整和改革，中国教育结构趋向合理，学校数量也得到发展，教育质量有了显著提高。1965 年底，全日制高等学校达 434 所，在校学生达 67.4 万人；有 117 所全日制高等学校试办半工半读专业班，在校学生达 4.4 万人；独立设置及工厂、农场、人民公社试办的半工（农）半读高等学校达 109 所，在校学生达 2.9 万人。中等学校达 8 万多所，在校学生达 1430.87 万人，其中，中等专业学校 1265 所，在校学生 54.7 万人；半工半读学校 6.1 万多所，在校学生 443.3 万人；普通中学 1.8 万多所，在校学生 933.8 万人。小学发展到 168 万多所，在校学生突破了 1.1 亿人。各类学校为国家建设输送了一大批生力军，仅高校毕业生累计 139.2 万

① 参见方晓东、李玉非等：《中华人民共和国教育史纲》，海南出版社 2002 年版，第 190 页。

② 参见方晓东、李玉非等：《中华人民共和国教育史纲》，海南出版社 2002 年版，第 189、191—192 页。

人，中等专业学校毕业生累计 211.1 万人，分别为新中国前七年的 4.7 倍和 2.4 倍。

全面建设时期，中国探索适合国情的教育发展道路，整章建制，初步形成了比较完整的教育体系，以极大的努力满足广大人民群众受教育的权利，初步改变了文化教育落后、文盲充斥的状况，培养了一代有社会主义觉悟、有文化的劳动者，为满足国家建设对于各方面专门人才的需要和提高全民族的科学文化素质，作出了重要贡献。这个时期培养的人才至今仍是社会主义现代化建设的骨干力量。同时，探索时的失误，也造成了教育发展的大起大落，教育质量受到一定程度的影响。

二、科学技术事业的快速进步

毛泽东提出，要把党的工作的着重点放到技术革命上去，以建设现代化国家。开始全面建设社会主义的十年，是中国科学技术事业艰苦创业、奠定基础的重要时期。

首先，创建了一批科学研究机构，培养了一支比较庞大的科学技术研究队伍。1965 年底，全国自然科学技术人员达 245.8 万人，其中有研究生学历的 1.6 万人，大学学历的 113 万人。全国专门科学研究机构由 1955 年底的 800 个左右，发展到 1714 个，专门从事科研的人员达到 12 万人。不仅科学技术队伍日益壮大，而且已经有一批第一流的科学家和工程师，开展广泛的科研工作，有不少科技成果已经达到或接近世界先进水平。

1955 年 12 月，中国科学院成立的以竺可桢为主任的综合考察委员会，根据国家十二年科学远景规划制定的任务，先后组织 15 个综合考察队、组，基本上查清了中国边疆地区自然条件的特征和自然资源的数量、质量与一些分布规律，积累了大量的第一手资料，填补了空白，并绘制了中国第一个国家大地图集和各种专门地图集，为经济建设提供了重要基本资料和科学根据。如 1∶100 万新疆土壤图、地貌图、植被图均为第一次绘制。中国科学院还组织完成了海洋生物考察、野生植物资源调查和第一次全国土壤普查，植物调查共发现各类野生有用植物 2411 种，并编写出版了《中国经济植物志》，共完成了 43 亿亩（其中耕地 13 亿亩）土地的普查，并编制了土壤图。

在农业种植方面，中国不仅育成了世界上第一个水稻矮秆良种及一批矮化良种并进行了大面积的推广，大幅度提高了水稻单产，而且，选育了可以推广的稻、麦、棉、玉米等 8 种作物 169 种优良新品种，一般增产 10% 至 15%。在灌溉、栽培、肥料、病虫害防治等综合技术方面也有长足进步，提高了中国粮食作物的复种指数。在养殖业方面，畜类改良、渔业资源及鱼类洄游规律、林木速生丰产、橡胶种植等取得了研究成果。

工业方面，早在 50 年代后期，中国突破了世界上研究一百多年未解决的高炉冶炼钡钛磁铁技术。中国依靠自己的技术力量设计建成了年产 150 万吨的钢铁联合企业、100 万吨的炼油厂、5 万吨的合成氨工厂、装机容量 65 万千瓦的水力发电厂，同时能自行建设电气化铁道等。1957 年中国主要工业产品只有 1.5 万种，到 1963 年底主要产品品种已经增加到 3.8 万多种，其中包括一些高级、精密、大型的产品。如定位误差 6 微米的坐标镗床、12500 吨自由锻造水压机、10 万千瓦汽轮发电机组、1150 毫米初轧机、若干种精密轴承、质谱仪等。大庆油田的开发，结束了中国用“洋油”的时代，石油产品能够基本自给，而且从无到有地建立了石油化学工业和稀有金属工业的科学研究工作，获得了不少研究成果。

在基础科学研究方面，世界感受到中国追赶的脚步。1961 年研制成功了第一台红宝石激光器，使中国成为研究激光较早的国家之一。1958 年 12 月，中国开始人工合成胰岛素研究工作，于 1965 年 9 月 17 日研制成功，其结构、生物活力、物理化学性质、结晶形状都和天然的牛胰岛素一样。这是世界上第一个人工合成的蛋白质。王淦昌领导的实验组发现一种新基本粒子“反西格马负超子”，这也是第一次观察到带电的反超子。地质科学工作者提出“内陆潮湿坳陷”，是陆相生油的基本地质条件的新认识。冯康等创立有限元法，是求解偏微分方程的一整套现代化系统化的数值方法。吴仲华在他创立的叶轮机械三元流动理论的基础上，提出粘性模型和新方程组，非正交曲线坐标和非正交速度分量的新方程组及其求解方法，成为叶轮机械研究和设计计算的理论基础。

国防科学技术取得突破性的进步。1955 年 1 月，中共中央决定发展原子能事业。原子核物理、原子核工程及同位素的应用，列入1956年制定的十二年科学远景规划中。1958年，中国科学院成立以钱三强任所长的原子能研究所。1964年10月16日，中国成功地爆炸了第一颗原子弹。同年6月，第一枚运载火箭发射成功。1957年10月4日，苏联发射人造地球卫星成功，标志“空间时代”的到来。10月15日，中国科学院成立人造卫星光学观测组和射电观测组，紫金山天文台承担了人造卫星的轨道计算和预报工作，并组建了中国第一批人造卫星观测台站网，为研制和发射中国的人造卫星做准备。

与国防高技术相联系，中国计算机技术也开始起步。1956年8月25日，成立由华罗庚任主任委员的计算技术研究所筹备委员会。按照“先集中、后分散”的组建原则，由中国科学院集中全国的技术力量开始研制工作。1958年8月，中国第一台小型通用计算机“八一型计算机”诞生。1959年9月，中国第一台大型通用计算机在新成立的计算机所诞生，命名为104计算机，在中国第一颗原子弹的理论设计及核爆炸问题中起了重要作用。1964年4月，中国自行设计和研制的第一台大型通用计算机119计算机制成，执行了中国第一颗氢弹研制和首次大油田实际资料动态预报的计算任务。1965年6月，中国第一台大型晶体管计算机109乙机通过国家鉴定。这一切，都为中国科学技术现代化建设打下了良好的基础。

三、文艺创作成果丰硕

在“百花齐放、百家争鸣”方针的指引下，出现了一大批包括小说、散文、诗歌、话剧、电影、大型音乐舞蹈史诗、大型雕塑等在内的优秀文艺作品。如十年间共生产艺术片80部。1959年9月25日至10月24日，文化部举办“庆祝建国十周年国产新片展览月”，展出35部优秀影片。其中故事片17部，新闻纪录片和科教片各7部，美术片4部；除3部短片外，其他全部是彩色片。1962年，《大众电影》杂志举办的第一届“百花奖”评奖结果揭晓。《红色娘子军》获得最佳电影故事片奖，《两种命运的决战》获最佳长纪录片奖，《亚洲风暴》获最佳短纪录片奖，《没有“外祖父”的癞蛤蟆》获最佳科教片奖，《小蝌蚪找妈妈》获最佳美术片奖，《杨门女将》获最佳戏曲片奖。

中国革命和建设波澜壮阔的历史，为中国的文学艺术创造提供了不竭源泉，反映中国革命历史和现实生活题材的创作最为丰盛。《青春之歌》《红岩》《保卫延安》《欧阳海之歌》《六十年的变迁》《创业史》《敌后武工队》《铁道游击队》等，都是脍炙人口的小说。报告文学《为了六十一个阶级兄弟》《红旗插上了珠穆朗玛峰》等，在人民群众中产生了巨大反响。

优秀电影和舞台剧中，关于历史题材的有《林家铺子》《林则徐》《战火中的青春》《回民支队》《万水千山》《革命家庭》《红旗谱》《暴风骤雨》《燎原》《怒潮》《革命自有后来人》《51 号兵站》《红色娘子军》《野火春风斗古城》《林海雪原》《小兵张嘎》《烈火中永生》《白求恩大夫》等，展示出中国人民为争取民族独立和人民解放所经历的极不平凡的历史。反映现实题材的有《风暴》、《我们村里的年轻人》（上），以及《五朵金花》《今天我休息》《李双双》《枯木逢春》《北大荒人》《冰山上的来客》《霓虹灯下的哨兵》《英雄儿女》《雷锋》《年青的一代》等影片，讴歌艰苦奋斗、克己奉公以及革命英雄主义和无私奉献精神。这些作品无论在反映和揭示生活的广度和深度，塑造鲜明、生动、丰满的艺术形象，还是在民族形式和民族风格的美学追求方面，都比以往有了重要进步。

戏剧也“百花齐放、推陈出新”。文化部积极推动对传统戏剧包括京剧和地方戏的改革，组织观摩演出，使这份丰富而宝贵的文化遗产为社会主义服务，为人民服务，取得有目共睹的成绩。如 1964 年 6 月 5 日至 7 月 31 日，文化部在北京举办全国京剧现代戏观摩演出大会，有 19 个省、市、自治区的 29 个剧团、2000 多人参加，共演出 35 个剧目。代表作有《红灯记》《芦荡火种》《奇袭白虎团》《智取威虎山》《黛诺》《六号门》《节振国》《草原英雄小姐妹》《红嫂》等一批反映新时代工农兵形象的剧目。这是改革传统戏曲使之适合表现现代生活的尝试。在“推陈出新”中，戏曲工作者创作出一大批新编历史剧和用传统形式表现新时代的人物形象的新戏曲。如京剧《海瑞上疏》《海瑞罢官》《穆桂英挂帅》《赵氏孤儿》《碧波仙子》《白毛女》《杨门女将》《谢瑶环》《九江口》，越剧《则天皇帝》《红楼梦》《文成公主》《追鱼》，粤剧《李文茂起义》《关汉卿》，沪剧

《星星之火》《鸡毛飞上天》，豫剧《冬去春来》《破洪州》《卷席筒》《花打朝》，川剧《夫妻桥》《和亲记》《燕燕》《绣襦记》，湖南花鼓戏《生死牌》《打铜锣》《补锅》，黔剧《秦娘美》《奢香夫人》，吕剧《姊妹易嫁》，评剧《金沙江畔》，彩调《刘三姐》，昆剧《墙头马上》，汉剧《借牛》，锡剧《天国怒火》，绍剧《于谦》，淮剧《女审》，京剧、赣剧《还魂记》，莆仙戏《团圆之后》《春草闯堂》，吉剧《包公赔情》，秦腔《三滴血》，柳子戏《孙安动本》，老调《潘杨讼》，高甲戏《连升三级》，河南曲剧《游乡》等优秀剧目，其中许多佼佼者成为久演不衰的保留剧目。

除曲艺外，中国传统绘画、音乐、舞蹈、木偶、电影、杂技的整理和革新，以及对民间文学的搜集整理，也都取得了丰硕的成果。为庆祝新中国成立 15 周年，周恩来亲自指挥创作了大型音乐舞蹈史诗《东方红》。《东方红》除序曲《葵花向太阳》外，分为《东方的曙光》《星火燎原》《万水千山》《抗日的烽火》《埋葬蒋家王朝》《中国人民站起来》《祖国在前进》《世界在前进》共计八场，汇集了各个革命历史时期的经典歌舞，重现了最具特征的历史场面，歌颂了以毛泽东为代表的中国共产党人领导人民革命的伟大征程。它以恢宏的气势、精湛的编排、优美的舞蹈、脍炙人口的歌曲，成为革命精神和艺术表现形式完美结合的经典之作，有强大的艺术感染力，很受欢迎。

代表性的话剧有《霓虹灯下的哨兵》《雷锋》，歌剧有《洪湖赤卫队》《江姐》，芭蕾舞剧有《红色娘子军》。代表性的歌曲有《我们走在大路上》《全世界无产者联合起来》《接过雷锋的枪》《社员都是向阳花》《唱支山歌给党听》《谁不说俺家乡好》《马儿啊，你慢些走》《我们是共产主义接班人》等，在人民群众中广为传唱。为纪念中央红军长征到达陕北 30 周年，由北京军区战友文工团 1965 年创作演出的《长征组歌》，也获得了极大的成功，长演不衰。

这一时期的文学艺术创作上体现了革命化、民族化和群众化的导向，塑造了许多思想性和艺术性相结合的艺术形象，反映人民的时代精神风貌，具有强大的艺术感染力，在人民群众中产生了巨大反响，起到了以文化引领社会风尚的作用。经过十余年的努力，中国逐步形成了一支庞大的社会主义文艺创作和文艺理论队伍，不仅有老一辈的文艺工作者，而且一大批新中国成立后的新一代文艺工作者成长起来；不仅有专业的作家、艺术家和演员，还有人数众多的业余文艺爱好者，共同推动社会主义文学艺术事业发展。

四、新闻出版事业成就显著

社会主义全面建设时期的新闻工作，充分发挥了思想舆论的引导作用。鼓舞士气，讴歌艰苦奋斗的精神，宣传雷锋、焦裕禄，报道工业学大庆、农业学大寨、南京路上好八连、草原英雄小姐妹等。为了报刊的生动活泼，并回答人们思考的问题，思想理论战线上一些学识渊博的大家，纷纷在报刊上撰写杂文，介绍文史知识，进行思想评论。最著名的是，北京市委书记邓拓以“马南邨”为笔名，在《北京晚报》开辟《燕山夜话》专栏，从 1961 年 3 月至 1962 年 9 月，共发表 150 余篇文章。邓拓还与吴晗（北京市副市长）、廖沫沙（北京市委统战部长）三人以“吴南星”为笔名，在北京市委的《前线》半月刊上开辟《三家村札记》，从 1961 年 10 月至 1964 年 7 月，发表 50 多篇杂文。夏衍等人在《人民日报》上开辟《长短录》。这些文章知识性强，文笔生动，针砭时弊，深受广大读者的好评。

中国的电视事业从无到有建立起来。1957 年 8 月，北京电视台（中央电视台的前身）开始筹备，1958 年 5 月 1 日开始试播，四个月后正式播出。到 1966 年，全国共有电视台 13 座。广播电台 87 座，全国 96% 的县通了有线广播。新华社在国外的机构有较大发展。1966 年初，国外分社发展到 51 个，驻外人员 200 多人，其中记者 80 多人。总社分别用英、法、俄、西班牙、阿拉伯五种外文对亚洲、非洲、拉丁美洲和欧洲国家播发新闻，还用多种文字向 60 多个国家和地区提供特稿。

出版方面，马克思主义经典著作是重点出版内容。1958 年 6 月，出齐了《斯大林全集》俄文本 13 卷。《列宁全集》在 1955 年底出版第一卷，到 1963 年出齐了 39 卷；1960 年，出版新编的《列宁选集》4 卷本。《马克思恩格斯全集》出版 19 卷。1963 年至 1964 年间，为配合干部教育和理论学习，出版有马克思、恩格斯、列宁、斯大林著作干部选读本 30 种；出版马列著作的专题文选和言论摘编等约 160 种。1960 年 9 月，《毛泽东选集》第 4 卷出版。毛泽东著作的单篇本出版有 70 种。为适合不同文化层次干部群众的需要，1964 年 7 月 10 日，《毛泽东著作选读》甲、乙两种版本出版。1964 年至 1965 年间，还出版有《毛泽东选集》4 卷的盲文版和蒙古、藏、维吾尔、哈萨克、朝鲜文 5 种民族文字的版本。

为纪念孙中山诞生 90 周年，1956 年 11 月，人民出版社出版《孙中山选集》。为纪念鲁迅逝世 20 周年，到 1958 年，出齐了《鲁迅全集》注释本 10 卷，另外还出版了《鲁迅译文集》10 卷。1957 年以后，人民文学出版社陆续分卷出版了《沫若文集》《茅盾文集》《巴金文集》《叶圣陶文集》等一批佳作。《星火燎原》等一批革命回忆录出版，对青年一代的革命传统教育起了积极作用。

古籍出版也取得显著成就。根据毛泽东的建议，1958 年 2 月，在国务院科学规划委员会下建立古籍整理和出版规划小组，负责全国古籍的整理和出版工作，并制定了古籍整理出版的长期规划，成立由叶圣陶、齐燕铭、陈垣、陈寅恪等 19 人组成的规划小组，中华书局为办事机构。1959 年开始整理出版《二十四史》标点本，至 1965 年，《史记》《汉书》《后汉书》《三国志》的新点校本先后出版。还出版了一批古代文学、历史、哲学方面的典籍和资料书。如《全汉三国晋南北朝诗》《全唐诗》《全宋词》《全元散曲》《全上古三代秦汉三国六朝文》（清代严可均编）等。还影印了《太平御览》《永乐大典》等古籍。

受经济、政治的影响，这一时期的图书、杂志和报纸的发展也出现波动。如 1956 年共出版图书 28773 种、17.8 亿册，到 1958 年猛增到 45495 种、23.9 亿册，1961 年狂跌到 13529 种、10.2 亿册，1965 年为 20143 种、21.7 亿册。杂志 1956 年 484 种、3.5 亿册，1958 年为 822 种、5.3 亿册，1961 年为 410 种、2.3 亿册，1965 年上升到 790 种、4.4 亿册。报纸 1956 年为 347 种、26.1 亿份，1958 年为 491 种、39.1 亿份，1961 年为 260 种、30.8 亿份，1965 年达到 343 种、47.4 亿份。

五、文物保护工作取得进展

中国是世界著名的文明古国之一，保存在地上地下的文化遗存极为丰富。但自 1840 年以来，中华大地战乱不断和帝国主义者的巧取豪夺，中国大量的珍贵文物被破坏和源源不断地流失国外。虽然清光绪年间、北洋政府和国民政府时期，分别颁布过保存古物的办法、政令，1928 年南京国民政府设立了中央古物保管委员会，1930 年公布了中国历史上第一部文物保护法律《古物保存法》，但当时并未建立起行之有效的文物行政体系和法律制度，加上长期内忧外患，国家层面保护文物的努力基本停留于政令一纸空文的局面。新中国一成立，中央人民政府政务院就建立机构、颁布法令，对外禁止盗运，对内严禁破坏，改变了中国文物被掠夺、被破坏的历史。

为有效保护文物，中央明确文物保护管理工作是“经常的文化建设工作之一”，从中央到地方都设置了文物保护管理机构。1949 年 11 月，文化部设置文物事业管理局，郑振铎任文物局长，一批优秀的专家学者担负文物局的行政管理工作；在各省（市、自治区）大都设置由省政府副主席兼任主任的文物保护管理委员会。全国各地设有文物考古研究所、博物馆、纪念馆、古建筑保护研究所等文物事业单位，负责本地区的文化遗产调查、发掘、研究、保护以及文物藏品的收藏、保管、研究和展示工作，开始了我国历史上从未有过的由国家负责进行的大规模文物保护管理工作。

1950 年 2 月，文物局在北京召开文物管理工作会议，讨论禁止珍贵文物出口、保护革命历史文物、保护古文物遗址、古墓葬的保存与发掘的问题。1950 年，中央人民政府政务院先后颁布了《禁止珍贵文物图书出口暂行办法》《征集革命文物令》《古迹、珍贵文物、图书及稀有生物保护办法》《古文化遗址及古墓葬之调查发掘暂行办法》《关于保护古文物建筑的指示》等一系列文物保护法规政令，初步建立起文物保护的秩序。

1953 年，随着我国国民经济第一个五年计划开始实施，156 项重要工程和各项基本建设工程的展开，妥善地处理好地上地下的文物保护与各项基本建设的关系提上日程。1953 年 10 月，政务院发布《关于在基本建设工程中保护历史及革命文物的指示》，明确“重点保护、重点发掘，既对文物保护有利，又对基本建设有利”的指导方针。1956 年在农业合作化高潮中，国务院颁发《关于在农业生产建设中保护文物的通知》，要求文物保护工作不能仅仅依靠政府，而要“加强领导和宣传，使保护文物成为广泛的群众性工作”，并提出建立群众性文物保护小组和 1956 年起各省市自治区开展文物普查的要求。文物保护小组、文物通讯员积极参与文物保护。广大群众的参与，对文物保护起了很好的作用。

1954 年、1955 年先后在北京故宫举办了两个文物展览。1954 年 5 月至 11 月，举办的“全国基本建设工程中出土文物展览”，是从全国出土的 15 万多件文物中选择 3760 件展出的，观众达 17 万人。[①]

鉴于旧中国遗留下来的考古专业者屈指可数，为培养人才，中央决定由文化部、中国科学院、北京大学联合举办为期三个月的短期考古人员训练班，内容着重于田野考古发掘技术。从 1952 年开始连续举办了四届，共培训了 341 人。这支力量对以配合基本建设进行考古发掘为中心的全面文物保护管理起了重要作用。有人把这四届短期训练班喻为文物战线上的“黄埔四期”。

1956 年 2 月，21 个省市的考古、文物和历史工作者在北京召开了全国第一次学术性的考古工作会议。截至 1957 年初，已有 18 个省一级人民委员会批准并公布了文物保护单位共 3500 多处。[②]“基本上保护了古代重要的寺庙、宫殿、城墙、桥梁、石阙、砖塔、木塔等。像长城，山西五台寺的唐代建筑南禅寺和佛光寺，河北赵州的大石桥，河北正定的隆兴寺，曲阜的孔庙、孔林，北京的故宫，苏州的好些园林，南京和其他地方的太平天国遗址等等，不仅予以坚决的保护，妥善的保管，而且加以必要的修

① 参见夏鼐：《一九五四年我国考古工作》，《考古通讯》1955 年第 6 期。

② 参见《各地公布文物保护单位 文物普查工作在开展中》，《文物参考资料》1957 年第 2 期。

缮。”[①] 办有《文物》《考古》《考古学报》三大刊物。中国文物保护工作取得了实质性进展。

1958 年 3 月，文化部在京召开全国文物、博物馆工作会议，文物局制定《一九五八年工作计划》和《文物博物馆事业五年发展纲要》，文物工作出现盲目冒进。截至 1958 年 9 月底，全国新建博物馆 865 座，加上原有 72 座各种类型的博物馆，共达 937 座，比 1957 年增加 12 倍，仅次于美国和苏联，居世界第三位。[②]

经过“大跃进”的超常发展后，文物保护工作也转入调整阶段。1960 年 11 月 17 日，国务院全体会议第 105 次会议通过《文物保护管理暂行条例》，于次年 3 月 4 日公布。《暂行条例》对国家保护的文物范围、保护管理文物的机构作出规定；要求对文物保护单位建立档案，各级人民政府在制定生产和城市建设规划时应将文物保护单位纳入规划；一切重要文物，除经国务院批准外，一律禁止出口；进行考古发掘时，须报经文化部会同中国科学院审核批准后始得进行。[③] 这是新中国第一部文物保护的综合性法律规范，对考古发掘、博物馆建设、文化保护单位、文物的修缮等进行规范管理。

1961 年 3 月 4 日，国务院公布第一批全国重点文物保护单位名单，共 180 处。其中，革命遗址及革命纪念建筑物 33 处，石窟寺 14 处，古建筑及历史纪念建筑物 72 处，石刻及其他 11 处，古遗址 26 处，古墓葬 19 处。1963 年开始，已经岌岌可危的敦煌莫高窟得到全面维修加固。

1962 年 4 月至 1964 年 9 月，文化部先后发布《文物保护单位保护管理暂行办法》《革命纪念建筑、历史纪念建筑、古建筑、石窟寺修缮暂行管理办法》《关于不属于配合建设工程的考古发掘问题》《古遗址、古墓葬调查、发掘暂行管理办法》，对文物保护管理作出明确具体规定。1962 年

---

① 郑振铎：《党和政府是怎样保护文物的？——在第一届全国人民代表大会第四次会议上的发言》，《人民日报》1957 年 7 月 22 日，第 8 版。

② 参见《我国博物馆发展盖过英国》，《文史参考资料》1958 年第 11 期。

③ 参见国家文物局编：《中国文化遗产事业法规文件汇编（1949—2009）》（上），文物出版社 2009 年版，第 30—32 页。

8月22日，文物局提出《关于博物馆和文物工作的几点意见（草稿）》。核心是实行“五定”，即定馆的性质、方针、任务和发展方向，拟定五年规划（1963年至1967年），拟定组织机构和各部门职责关系，确定干部的工作岗位和专业方向，拟定经常的工作制度和学习制度，建立正常秩序，逐渐形成完整的陈列体系；做好藏品的保管工作；确定文物保管工作的首要任务；实现第一批全国重点文物保护单位有保护范围，有标志说明，有科学记录档案，有专人管理，并加强对流散文物的收集和管理工作等。[①]

关于文物出口方面，1960年4月，文化部邀请北京、天津、上海、广州等地有关部门，召开文物出口鉴定工作座谈会。7月12日，文化部与对外贸易部联合发布《关于文物出口鉴定标准的几点意见》，提出出口文物鉴定标准的十条原则。规定以1949年为主要标准线，凡在1949年我国人民革命胜利以前制作、生产或出版的具有一定历史、科学和文化艺术价值的文物、图书，革命文物原则上一律禁止出口；凡是有泄露国家机密，或歪曲、丑化中国人民，或政治上有不良影响的文物、图书一律禁止出口。对于有计划组织出口的一般文物，根据文物的类别，分别以1795年（即清代乾隆六十年）和1911年（即清代宣统三年辛亥）为限，以前的一律禁止出口。[②]这对防止文物外流产生积极效用。

为抢救文物，政府非常重视流失海外的文物收集，在国家经济十分困难的情况下，《中秋帖》《伯远帖》《潇湘图》《五牛图》《踏歌图》等极其珍贵的书画，是经周恩来批准从海外用重金购回的。

六、体育事业的突破

国家体委于1958年2月底3月初召开全国体育工作会议，讨论和制订了体育运动十年发展规划，明确体育运动的任务是增强人民体质，方针

① 参见国家文物局编：《中国文化遗产事业法规文件汇编（1949—2009）》（上），文物出版社2009年版，第46—47页。

② 参见国家文物局编：《中国文化遗产事业法规文件汇编（1949—2009）》（上），文物出版社2009年版，第17—25页。

是大力开展群众性的体育运动，在广泛开展运动的基础上，提高技术水平，不断创造新纪录。9月19日，发展规划经中共中央批准实行。

1959年9月13日至27日，国家体委组织举办了第一届全国运动会。共有7名运动员打破游泳、跳伞、射击、航空模型4项世界纪录；有664人、844人次打破游泳、田径、射击等106个单项的全国纪录。1959年2月10日至19日，在哈尔滨举行1959年全国冬季运动会。这是新中国成立以后全国性冰上运动比赛中规模最大的一次。1965年9月11日至28日，第二届全国运动会举行。毛泽东等党和政府领导人出席开幕式。共有24名举重、射箭、射击、跳伞运动员10次打破9项世界纪录，330名运动员469次打破130项全国纪录。

国家体委积极推进体育工作制度化建设。1959年10月25日，发布《劳动卫国体育制度条例》。1963年3月31日，发出《关于试行〈运动队伍工作条例〉（草案）的通知》，对运动训练工作的方针、基本原则、“双百方针”、训练与比赛的关系、群众路线工作方法、优秀运动员训练和青少年训练“两条腿走路”的方针等作出规定。1964年8月，颁布实行《运动队思想政治工作条例（试行草案）》。

十年来，中国竞技体育取得突破性的进展。1959年4月5日，在多特蒙德举行的第25届世界乒乓球锦标赛上，容国团获得男子单打冠军。这是中国体育史上获得的第一个世界冠军。1961年，中国乒乓球队在北京举行的第26届世乒赛上夺得男子团体和男女单打（庄则栋和邱钟惠）三项世界冠军。1965年，中国乒乓球队在第28届世乒赛上，获得5项冠军和四项亚军。从此，中国乒乓球独霸世界乒坛，长盛不衰。1960年5月25日，中国登山队登上世界最高峰——珠穆朗玛峰，创造了人类历史上从珠穆朗玛峰北路攀登顶峰的壮举。国家体委授予其“勇攀高峰运动队”的称号。

体育科学研究也开始起步。1958年、1959年先后成立北京体育科学研究所（现名国家体育总局体育科学研究所）和北京运动医学研究所。上海、黑龙江、广东、成都等省市均成立体育研究机构。1964年，举办了第一届全国体育科学报告会。1958年9月1日，出版了中国第一张全国性的体育类报纸《体育报》。体育设施也有很大改善。1959 年 9 月，中国最大的新型综合性运动场——北京工人体育场建成。截至 1966 年，中国共有体育馆 43 座，体育场 47 座，游泳池 700 多个，有固定看台的灯光球场 400 多个，射击场 130 多个。

这十年中，共有 4200 多万人达到劳卫制和青少年体育锻炼标准，147 万多人经过少儿业余体校的培训，1000 多万人成为等级运动员，5000 多次打破全国纪录，在游泳、田径、举重、速度滑冰、登山等项目上 142 次打破和超过世界纪录，获得乒乓球和速度滑冰共 13 个世界冠军。

第三章　社会主义文化建设遭遇严重挫折（1966—1976）

“文化大革命”首先从文化领域打开突破口。在十年内乱中，文化领域成为重灾区。在“无产阶级专政下继续革命的理论”指导下，极左思潮泛滥，“文革”前的文学艺术、学术、教育、新闻出版工作遭到全面否定，文化战线的负责人、广大知识分子遭受冲击甚至迫害，有卓越贡献的著名文化人蒙受不白之冤。这一时期，文化反映时代主题和实践要求的功能被片面化、极端化，文化不仅政治化，更被林彪、江青两个集团所阴谋利用，成为政治斗争的工具。随着“文化大革命”的深入，毛泽东对林彪、江青两个集团的乘机作乱和极左思潮的危害有了一定认识，开始制止和纠正某些具体错误，解放了一批干部和知识分子。周恩来、邓小平等领导人忍辱负重，在力所能及的范围内抵制极左思潮，维护大局；文化工作者中的绝大多数没有屈服，冲破束缚和限制，潜心工作。因此，“文化大革命”时期的文化并非完全一片空白，在逆境中，仍然创造出一些反映人民群众意志和愿望的文化成果，国防尖端科技取得重大突破，教育工作努力摆脱混乱，文学艺术曾有过短暂复苏，并以天安门诗歌迎来了金秋十月粉碎“四人帮”的伟大胜利。

第一节　“文化大革命”文艺界首当其冲

在意识形态领域批判不断升级的背景下，文艺界的“流动哨兵”江青为显示其权威，利用毛泽东对文艺界的不满，选择《海瑞罢官》作为突破口，在林彪、康生的支持下，在文艺界掀起大批判浪潮，炮制《部队文艺工作座谈会纪要》，全面否定新中国成立后十七年的社会主义文艺。在“文化大革命”中，文艺领域最先受冲击。

一、批《海瑞罢官》：“文化大革命”的导火索

1965年11月10日，上海《文汇报》发表姚文元的《评新编历史剧〈海瑞罢官〉》，诬陷《海瑞罢官》，并最终发展成为“文化大革命”的导火索。

《海瑞罢官》是明史专家、北京市副市长吴晗写的历史剧，是为响应毛泽东提倡学习明朝清官海瑞敢于讲真话的精神而写的。1959年4月5日，毛泽东在中共八届七中全会上，在批评党内不敢讲实话、真话的不良作风时，讲了明朝忠臣海瑞的故事，提倡海瑞刚直不阿的精神。6月16日，吴晗应中共中央宣传部副部长胡乔木之约，在《人民日报》上发表了《海瑞骂皇帝》一文。9月21日，又发表了《论海瑞》。由于此时正值中共八届八中全会闭幕，毛泽东在全会上提出要区分左派海瑞与右派海瑞的问题，所以，吴晗在此文的结尾部分加写了反映庐山会议精神的对右倾机会主义批判的内容。其后，吴晗应北京京剧团团长马连良之约，于1960年写成新编历史京剧《海瑞》。剧本颂扬海瑞刚直不阿、不畏强暴、直言敢谏的精神，末尾，海瑞不满庸官，挂印弃官而去。该剧于1961年初改名为《海瑞罢官》上演。从《海瑞罢官》的创作过程可见，该剧与庐山会议反彭德怀的斗争并无联系。

1962年，中共八届十中全会批“翻案风”，有人牵强附会将此与《海瑞罢官》联系。时任全国电影指导委员会委员的江青，企图在文化界搞一场政治批判。她向毛泽东提出《海瑞罢官》有问题，要批判。毛泽东没有同意。1964年，康生又向毛泽东提出《海瑞罢官》同彭德怀罢官有关，影响了毛泽东的看法。江青便抓住这个剧本大做文章。她先找到中宣部、文化部四位正副部长，说：“在舞台上、银幕上表现出来的东西，大量是资产阶级、封建主义的东西。”[①] 要他们组织写批判《海瑞罢官》的文

① 江青：《为人民立新功》，人民出版社1970年版，第10页。

章，没有得到响应。之后又在北京找人写批判文章，但找的几个人都不愿意承担。1965 年初，江青在上海得到上海市委主要负责人的支持，找到分管文化宣传工作的市委书记处书记张春桥，组织姚文元撰写批判文章。整个写作过程是背着中央政治局大多数人和有关部门秘密进行的。文章写好后，经毛泽东看过，江青拿回上海发表。

文章毫无根据地认定《海瑞罢官》影射现实，把其中“退田”“平冤狱”等情节与中共八届十中全会批判的“单干风”“翻案风”等联系起来，认为“是当时资产阶级反对无产阶级专政和社会主义革命的斗争焦点”，断定《海瑞罢官》“是一株毒草”，剧作者为庐山会议被罢官的彭德怀翻案，为帝国主义者和地富反坏右“翻案”。显然，批判文章不是对剧本与作者作一般性的文化批判，而是把批判从文化领域引向政治领域。此前的思想文化领域批判，虽然具有浓厚的政治色彩，但基本限于文化领域，而对《海瑞罢官》的批判上升为政治性的批判。这篇文章，是“文化大革命”的引火索。

姚文元的文章在学术界引起普遍反感，《文汇报》收到许多表示不同意见的来信。一些著名学者斥责这是莫须有的罪名，纷纷为吴晗抱不平。

中共北京市委第一书记、中央书记处分管文化方面工作的彭真在外地，不知道此文是毛泽东批准发表的，认为公开发表姚文元的文章违反了点名批判要经过中央批准的规定，没有指示全国报刊转载。在半个多月里，除中共中央华东局领导的六省一市七家报纸予以转载外，各报都未转载。毛泽东对此很不满，要求上海印成小册子向全国发行。11 月下旬，彭真返京。听取汇报后，他认为吴晗的性质不属于敌我矛盾，界限要掌握好。11 月 29 日，《北京日报》转载了姚文元的文章。彭真亲自口授了编者按，强调“有不同意见应该展开讨论”，“实事求是地分清是非”，还引用了毛泽东关于“百花齐放、百家争鸣”的一段话。30 日，《人民日报》也转载了姚文元的文章。12 月 12 日，《北京日报》、《前线》杂志发表《从〈海瑞罢官〉谈到“道德继承论”》；29 日，《人民日报》发表《〈海瑞罢官〉代表一种什么社会思潮》，力求把讨论限定在学术范畴。

因此，毛泽东更认为彭真在抵制这场批判，北京市委就是“针插不进、水泼不进”。1965 年 12 月 21 日，毛泽东在杭州和陈伯达等人谈话时说：姚文元的文章点了名，震动很大，但是没有打中要害。要害问题是“罢官”。嘉靖皇帝罢了海瑞的官，1959 年我们罢了彭德怀的官。彭德怀也是“海瑞”。这样，《海瑞罢官》问题升级到为彭德怀等翻案的严重政治问题。毛泽东的谈话传开后，批判的调门升高。1966 年 1 月，中宣部收到《红旗》杂志编委关锋、历史组组长戚本禹各写的批《海瑞罢官》的“要害”的文章，上纲很高。批判范围也迅速扩大，不仅涉及所有以海瑞为题材的戏剧和文艺作品，而且扩展到史学界、哲学界等思想文化领域，报刊上发表了很多批判吴晗及其他一些教授、专家、学者的文章，连中国科学院院长郭沫若和历史学家范文澜都有人要求发表文章批判。

二、“二月提纲”的拟定和被批判

为了对离开学术批判轨道的政治批判加以约束，把学术问题与政治问题加以区别，1966 年 2 月 3 日，彭真主持召开中央文化革命五人小组[①]会议。除周扬因住院缺席外，陆定一、康生、吴冷西出席，参加会议的还有中宣部、《红旗》杂志、北京市委等有关方面负责人许立群、胡绳、姚溱、王力、范若愚、刘仁、郑天翔等人。会议认为，要制定出若干指导方针，把讨论置于中央的领导下，实行“双百”方针。会后，拟定《文化革命五人小组关于当前学术讨论的汇报提纲》（简称“二月提纲”）。5 日，刘少奇主持中央常委会议听取汇报，同意提纲的意见，要求尽快向毛泽东当面汇报。8 日，彭真、陆定一、康生以及许立群专程到武汉向毛泽东汇报。毛泽东没有表示反对。2 月 12 日，中共中央将“二月提纲”下发全党，指导当时开展的学术批判。

“二月提纲”共分六点：关于当前批判运动的性质，划定为“学术批判”；关于方针，指出要坚持毛泽东 1957 年 3 月所讲的“放”的方针，也就是让各种不同意见都充分地放出来，“要坚持实事求是，在真理面前人人平等的原则，要以理服人”；关于在报刊上点名批判，指出要慎重，要

① 五人小组成立于 1964 年 7 月，成员为彭真、陆定一、康生、周扬、吴冷西。

经中央批准；关于队伍，强调要“团结一切革命的知识分子，孤立极少数顽固不化、坚持不改的人”。针对关锋、戚本禹、姚文元的无端上纲上线、政治攻击的手法，“二月提纲”警告说：“不要像学阀一样武断和以势压人。”

但毛泽东对“二月提纲”不满意。3 月 28 日至 30 日，毛泽东与康生、江青、张春桥等人在上海进行多次谈话，严厉指责“二月提纲”混淆阶级界线、不分是非，是错误的。并说：中宣部是阎王殿，要打倒阎王，解放小鬼！中宣部和北京市委如果再包庇坏人，中宣部要解散，北京市委要解散，“五人小组”要解散。①

4 月 9 日至 12 日，中共中央书记处在北京开会，康生在会上传达毛泽东 3 月底在上海的三次谈话，并系统地批评了彭真在这次学术批判中的严重错误。会议批评了彭真，并决定起草一个撤销、批判“二月提纲”的党内通知。5 月 4 日至 26 日，中央政治局扩大会议决定撤销以彭真为组长的文化革命五人小组及其办事机构，重新设立中央文化革命小组②（又称中央文革小组），隶属于中央政治局常委之下。5 月 16 日，会议通过《中国共产党中央委员会通知》（即“五一六通知”），对“二月提纲”进行了全面批判。《通知》说它站在资产阶级的立场上，用资产阶级世界观来看待当前学术批判的形势和性质，根本颠倒了敌我关系，力图把这个运动拉向右转；违背了一切阶级斗争都是政治斗争这一个马克思主义的基本观点，把文化领域的政治斗争，纳入资产阶级经常宣扬的所谓“纯学术”讨论；所谓的“放”，根本歪曲了毛泽东的放的方针，抹煞放的阶级内容，是资产阶级自由化；“在真理面前人人平等”的口号，是“根本否认真理的阶级性”，是“吹捧和抬高资产阶级的所谓‘学术权威’，仇视和压制我们在学术界的一批代表无产阶级的、战斗的新生力量”；是同文化战线上进行大破资产阶级意识形态的革命斗争背道而驰的。“二月提纲”被指责

---

① 参见逄先知、金冲及主编：《毛泽东传（1949—1976）》（下），中央文献出版社 2003 年版，第 1406 页。

② 28 日，中央文化革命小组成立，组长陈伯达，顾问康生，副组长江青、张春桥等，组员有王力、关锋、戚本禹、姚文元等。成员前后有变化，最后的、也是习惯上认定的是江青、康生、陈伯达、张春桥、姚文元五人。

为“反对把社会主义革命进行到底，反对以毛泽东同志为首的党中央的文化革命路线，打击无产阶级左派，包庇资产阶级右派，为资产阶级复辟作舆论准备”，“是资产阶级思想在党内的反映，是彻头彻尾的修正主义”。

“二月提纲”被批判，表明革文化的命的趋势已无法扭转，“文化大革命”的目标是“党里、政府里、军队里和文化界的资产阶级代表人物”，已不仅仅是文化界的，斗争从意识形态领域扩大到政治领域和高级领导人。

三、《部队文艺工作座谈会纪要》及其影响

《红旗》杂志 1967 年第 9 期发表的题为《两个根本对立的文件》社论，说 1966 年 2 月是不平常的 2 月，是无产阶级与资产阶级激烈斗争的 2 月，“党内出现了两个根本对立的文件，一是彭真的‘二月提纲’，一是《林彪同志委托江青同志召开的部队文艺工作座谈会纪要》”。就在彭真领导拟定“二月提纲”的同时，江青在中央军委副主席、国防部部长林彪的支持下，于 2 月 2 日至 20 日在上海主持召开部队文艺工作者座谈会。参加会议的有总政治部副主任刘志坚、文化部部长谢镗忠和副部长陈亚丁、宣传部部长李曼村，名曰座谈，实际听江青一个人讲。主要内容为：一、诬蔑文艺方面“有一条与毛主席思想对立的反党反社会主义的黑线专了我们的政”。二、攻击诬陷周恩来和文艺界的领导人。她说周恩来所讲的中西音乐要先分后合“是错误的，不符合毛主席思想的，应该作检讨”。还诬蔑北京市委、军队和中央宣传文化部门不支持文艺改革。三、否定新中国成立以来的大批文艺作品。四、全面否定 30 年代的左翼文艺。①

座谈会以后，经江青和陈伯达、张春桥修改、定稿，写成一个会议纪要。毛泽东三次审阅修改，在许多地方删去了过分歌颂自己的词句，但保留了“文艺黑线专政”论的内容，并将这个纪要定名为《林彪同志委托江青同志召开的部队文艺工作座谈会纪要》（后简称《部队文艺工作座谈

① 刘志坚：《风雨征程》，国防大学出版社 1996 年版，第 212—215 页。

会纪要》)[①]。3 月 22 日，林彪给中央军委常委写信，称《纪要》“是一个很好的文件，用毛泽东思想回答了社会主义时期文化革命的许多重大问题，不仅有极大的现实意义，而且有深远的历史意义”。

4 月 10 日，中共中央将《纪要》下发全党。《纪要》认定“文艺界被一条与毛主席思想相对立的反党反社会主义的黑线专了我们的政”，“这条黑线是资产阶级的文艺思想、现代修正主义的文艺思想和所谓 30 年代文艺的结合”。“文艺黑线专政”论诬蔑新中国成立以来文艺界被一条与毛主席思想相对立的反党反社会主义的黑线专了政，给十七年文艺扣上五顶帽子：一是理论“黑”。代表性论点就是：“写真实”论、“现实主义——广阔的道路”论、“现实主义深化”论、“反‘题材决定论’”、“中间人物”论、“时代精神汇合论”、“离经叛道”论、“反‘火药味’”论，谓之“黑八论”。把为“最广大的人民群众服务”的提法诬为“全民文艺论”。二是领导“黑”。把党在宣传部门和文艺战线上的大批领导干部，诬陷为不执行党的文艺方针的“反党反社会主义分子”、“走资派”、“黑头目”、叛徒、特务等。三是队伍“黑”。诬蔑广大文艺工作者都是资产阶级教育培养起来的“黑线人物”“黑尖子”“黑苗子”。四是作品“黑”。认为十七年的文艺创作在这些“黑”理论的指导下，真正歌颂工农兵的英雄人物，为工农兵服务的好的或者基本好的作品不多，却有一批反党反社会主义的毒草。五是历史“黑”。《纪要》不仅否定了新中国成立后十七年的社会主义文艺，而且歪曲和否定“五四”以来的新文学特别是 30 年代的左翼文艺运动，说新中国成立后的“文艺黑线”和 30 年代文艺有密切联系，“要破除对所谓 30 年代文艺的迷信”，诬蔑 30 年代的许多文艺工作者是“资产阶级民主主义者”，“没有过好社会主义这一关”。在这个论断下，全面否定了新中国前十七年的文化，认为那时的文艺作品、电影等，不是有严重错误就是大毒草。《纪要》号召：“坚决进行一场文化战线上的社会主义大革命，彻底搞掉这条黑线。”中共中央批语说：“纪要对文艺战线上阶级斗争形势分析和提出的原则、方针、政策，不仅适合于军队，也适合于地

① 参见《建国以来毛泽东文稿》第 12 册，中央文献出版社 1998 年版，第 23—28 页。

方，适合于整个文艺战线。”[①]《纪要》的主要内容，由4月18日的《解放军报》以《高举毛泽东思想伟大红旗，积极参加社会主义文化大革命》为题的社论形式，向全国公布，并提出了“文化大革命”的口号。

4月16日，《北京日报》以三个版面的篇幅来批判邓拓、吴晗、廖沫沙的《三家村札记》与邓拓的《燕山夜话》。5月8日，《解放军报》和《光明日报》分别发表署名高炬（江青的写作班子）、何明（中央文革小组成员关锋）的文章，把矛头指向北京市委，诬陷三人把《前线》《北京日报》作为反党工具，“猖狂地向党向社会主义进攻”。

5月10日，上海《文汇报》《解放军报》同时刊出姚文元的长文《评“三家村”——〈燕山夜话〉〈三家村札记〉的反动本质》。文章穿凿附会，指责“在《燕山夜话》和《三家村札记》中，贯穿着一条同《海瑞骂皇帝》《海瑞罢官》一脉相承的反党、反人民、反社会主义的黑线，诬蔑和攻击以毛泽东同志为首的党中央，攻击党的总路线，极力支持被‘罢’了‘官’的右倾机会主义分子的翻案进攻，支持封建势力和资本主义的猖狂进攻”。要上揪“指使”“支持”“吹捧”者，挖出“最深的根子”，下扫“三家村”在新闻、教育、文艺、学术界的“赞赏者和追随者”。新华社当天转发这篇文章，第二天全国报纸转载。

以批《海瑞罢官》为发端，迅速发展到对“二月提纲”的批判、对《三家村札记》以及《前线》《北京日报》等的批判，很快在全国引起连锁反应，不仅各地报纸发表许多批判文章，而且开始揪本地区的所谓“三家村”“四家店”的运动。邓拓于1966年5月18日含冤而死。吴晗夫妇在残酷的打击迫害下，于1969年10月11日离开人间。廖沫沙则长期被监禁关押，受尽摧残。

大批判的烈火令文化界普遍感到惶恐不安。全国人大常委会副委员长、中国科学院院长郭沫若于1966年1月请辞中国科学院院长。4月14日，他在全国人大常委会第三十次会议上表示：“拿今天的标准来讲，我以前所写的东西，严格地说，应该全部把它烧掉，没有一点价值。”范文

① 席宣、金春明：《“文化大革命”简史》，中共党史出版社1996年版，第79页。

澜也被迫公开检讨。

第二节　社会主义文化事业的严重挫折

“文化大革命”时期，在“无产阶级专政下继续革命的理论”指导下，思想领域中大搞“斗私批修”，导致了思想混乱；“文艺革命”带来了文艺百花凋零，“教育革命”使教育遭受重创，影射史学成为野心家玩弄政治阴谋的工具，以文化创造与传播为职志的知识分子受到严重打击。

一、“无产阶级专政下继续革命的理论”的系统化

作为发动“文化大革命”标志的“五一六通知”，提出了“文化革命”的目标和任务。它认为“牛鬼蛇神”“多年来塞满了我们的报纸、广播、刊物、书籍、教科书、讲演、文艺作品、电影、戏剧、曲艺、美术、音乐、舞蹈等等”，号召“高举无产阶级文化大革命的大旗”，“彻底批判学术界、教育界、新闻界、文艺界、出版界的资产阶级反动思想，夺取在这些文化领域中的领导权”。[①]

5 月中旬，康生派人到北京大学“点火”。5 月 25 日，北京大学哲学系党总支书记聂元梓等七人贴出“全国第一张马列主义的大字报”——《宋硕、陆平、彭珮云在文化革命中究竟干些什么？》，首先向北京大学党委和北京市委发难。毛泽东指示新华社全文广播这张大字报。6 月 1 日，《人民日报》发表陈伯达授意并审定的社论《横扫一切牛鬼蛇神》，要求“横扫盘踞在思想文化阵地上的大量牛鬼蛇神”，“把所谓资产阶级的‘专家’、‘学者’、‘权威’、‘祖师爷’打得落花流水，使他们威风扫地”，并号召破除“四旧”（旧思想、旧文化、旧风俗、旧习惯）。8 月 18 日，在毛泽东接见红卫兵的群众大会上，林彪号召“要打倒走资本主义道路的当权派，要打倒一切资产阶级保皇派，要反对形形色色的压制革命的行为，要打倒一切牛鬼蛇神”，“大破一切剥削阶级的旧思想、旧文化、旧风

①《中国共产党中央委员会通知》，《人民日报》1967 年 5 月 17 日。

俗、旧习惯”。8月中下旬，北京的红卫兵率先冲出学校，走上街头，破除“四旧”。他们张贴标语、大字报，散发传单，集会演讲，凡认为是“四旧”的，一律破除。很多地名、路名、店名和校名被改掉。如把长安街改为东方红大街，全聚德改为北京烤鸭店，协和医院改称反帝医院，苏联大使馆门前的街道改为反修路。抄家、打人、砸文物、烧“坏书”，有的还干预群众的衣着、发型，在街上强行剪发、剪窄脚裤管。据北京市统计，在1966年8月不到一个月的时间内，全市查抄了大量金银和金银制品，图书235万册，由有关部门收购、收存的文物、字画、硬木家具等实物330.51万多件。仅西城区福绥境一个街道，就有1061家被抄，查抄的图书字画等焚烧了八天八夜，文物损毁不计其数[①]。

极左实践在发展，“左”倾理论也在逐步系统化。1967年3月30日，戚本禹的经毛泽东审改的《爱国主义还是卖国主义？——评反动影片〈清宫秘史〉》一文，在《红旗》杂志发表，《人民日报》于4月1日转载。戚文对新中国成立以来党在政治、经济、文化、教育等领域的工作全面否定，认定新中国成立后十七年执行了一条“修正主义教育路线”，培养了“脱离无产阶级政治、脱离工农群众、脱离生产实践的‘三脱离’的精神贵族”；认定十七年来反革命修正主义分子和资产阶级学术“权威”相勾结，“篡夺了文化界的领导权”，“在文化领域中，向无产阶级实行反革命的资产阶级专政”，等等。1967年11月6日，《人民日报》、《解放军报》、《红旗》杂志编辑部发表《沿着十月社会主义革命开辟的道路前进——纪念伟大的十月社会主义革命五十周年》。文章指出：“无产阶级文化大革命是触及人们灵魂的大革命，是要解决人们的世界观问题。要在政治上、思想上、理论上批判修正主义，用无产阶级的思想去战胜资产阶级利己主义和一切非无产阶级思想，改革教育，改革文艺，改革一切不适应于社会主义经济基础的上层建筑，挖掉修正主义的根子。”

1969年4月1日至24日召开的中共九大，阐述了“无产阶级专政下继续革命的理论”，并成为“文化大革命”的指导思想。九大政治报告对

---

① 参见《当代中国的北京》（上），当代中国出版社1993年版，第168页。

新中国成立以来特别是八大以来党的历史作了歪曲的总结，把党在八大以来探索适合中国情况的建设社会主义道路（包括纠“左”过程）中提出的许多正确的和比较正确的思想、政策和积极成果，作为“修正主义”加以批判。其要点是：（一）必须用马克思列宁主义的对立统一规律来观察社会主义社会；（二）在社会主义历史阶段中，还存在着阶级、阶级矛盾和阶级斗争，存在着社会主义同资本主义两条道路的斗争，存在着资本主义复辟的危险性；（三）无产阶级必须在上层建筑其中包括各个文化领域中对资产阶级实行全面的专政；（四）社会上两个阶级、两条道路的斗争，必然会反映到党内来，党内一小撮走资本主义道路的当权派，就是资产阶级在党内的代表人物；（五）无产阶级专政下继续进行革命，最重要的，是要开展无产阶级文化大革命；（六）无产阶级文化大革命在思想领域中的根本纲领是“斗私、批修”，用无产阶级思想去战胜资产阶级及其他非无产阶级思想，改革教育、改革文艺，改革一切不适应社会主义经济基础的上层建筑，挖掉修正主义的根子。①

在无产阶级夺取政权之后，还要进行一个阶级推翻另一个阶级的“大革命”，是荒谬的。它违背了马列主义、毛泽东思想的基本原理和实事求是这个精髓，脱离中国的实际，在理论上和实践上都是错误的，导致了“左”倾思潮的全面泛滥。这一理论是“文革”期间极左的文化理论、文化政策和文化实践的出发点。

二、文艺百花凋零

“文化革命”从文艺开始，文艺也是“革命”的主要目标。《部队文艺工作座谈会纪要》诬蔑新中国成立以来文艺界被一条与毛泽东思想相对立的反党反社会主义的黑线专了政，文艺战线上的领导干部、文艺队伍、文艺思想、文艺作品、党领导的文艺发展历史均被全面否定。“文化大革命”开始后，从中央到地方主管宣传、文艺工作的领导干部一律被罢官、

① 参见《中国共产党第九次全国代表大会文件汇编》，人民出版社 1969 年版，第 4、17 页。

批斗，众多作家、艺术家被关进牛棚、监狱，剥夺他们的创作权利，严重摧残了他们的身心健康。老舍、田汉、赵树理等著名作家被摧残致死。

“文革”初期，全国文艺界、教育界、学术界、科技界、新闻出版界所属各协会和各地分会被强行解散或勒令停止活动，全国文联、作协及其分会，统统被打成“裴多菲俱乐部”，各种文艺团体、文化设施一律停止活动。

所谓“反党反社会主义”的文艺作品更在扫荡之列。1967年10月，人民文学出版社《文艺战鼓》编辑部编了一本“大批判”资料。该书仅就人民文学出版社和作家出版社出版的中长篇和短篇小说集，列出了六大罪状，涉及60多部小说，分门别类加以批判。（一）反党、反毛主席，为反革命修正主义头目树碑立传的：《刘志丹》《保卫延安》《青春之歌》《小城春秋》等6部。（二）歌颂错误路线，攻击毛主席的革命路线的：《红旗谱》《播火记》《我的一家》等5部。（三）歪曲阶级斗争、宣扬阶级调和论、人性论、和平主义的：《三家巷》《苦斗》《太阳照在桑干河上》《苦菜花》《火种》等17部。（四）歪曲和攻击社会主义革命和社会主义建设的：《上海的早晨》《风雷》等14部。（五）丑化工农兵形象，歌颂叛徒，美化阶级敌人的：《红日》《暴风骤雨》《桥隆飙》等13部。（六）大写“中间人物”，反对塑造工农兵英雄形象的：《三里湾》《李双双小传》《山乡巨变》等10部。[①]“文革”前17年上海电影制片厂拍摄的电影，包括《李双双》《聂耳》《红日》《阿诗玛》等240余部作品被“四人帮”定为“毒草”。

取而代之的是奉为“无产阶级文艺的典范”的八个“样板戏”。江青为展示她所领导的“文艺革命”的丰硕成果，以中央文革小组的名义向各地调集文艺队伍，于1967年5月1日在北京举行革命现代戏会演，上海的《智取威虎山》《海港》，芭蕾舞剧《白毛女》和山东的现代京剧《奇袭白虎团》，会同北京的《红灯记》《沙家浜》，芭蕾舞剧《红色娘子军》、交响乐《沙家浜》8个剧目参加会演，历时37天，演出218场，观众将近33万人。这作为“文艺革命”的标志，被两报一刊宣扬为“给无产阶

① 参见戴志贤：《山雨欲来风满楼》，河南人民出版社1990年版，第117—120页。

级文艺的发展开拓了一个新纪元”，江青也借此登上“文艺革命旗手”的位置。

其实，这是一些大多在“文革”前就已上演并获得观众好评的剧目。如《红灯记》是由1958年哈尔滨剧院编演的《自有后来人》改编的，《沙家浜》是由1964年全国现代京剧会演时获奖的沪剧《芦荡火种》改编的，《红色娘子军》早已拍成电影，广为传播。50年代开始，戏剧界响应毛泽东“推陈出新”的号召，改造中国古老传统的剧种，表现现代生活。京剧艺术家们进行大胆探索，一般选取一些反映中国革命历史主题、有较强故事性的题材，在传统的中国京剧元素中加入芭蕾舞和交响乐等艺术样式，符合现代人的口味，唱腔优美，在1964年的汇报演出时，得到毛泽东等人的肯定。江青参与了这场京剧改革，但她将自己打造成改革京剧的主要人物，侵吞凝聚了很多专业文艺工作者心血的成果，并根据极左政治的发展，不断修改已有的剧目内容、增加新剧目，定为所有戏剧的样板，称之为“样板戏”。1974年，又陆续推出《杜鹃山》《平原作战》《沂蒙颂》《磐石湾》等，样板戏的数目增加到18个，其中京剧11个，但反响一般，远不及8个样板戏经典。

由于样板戏基本上改编自观众熟悉的各种地方剧种、小说、话剧、电影等，加上是民众熟悉的革命历史题材，改良了唱腔和融合了其他艺术形式演绎而成，在样板戏的舞台上，充满了浪漫神话般的瑰丽，气吞山河的壮美，确实给人耳目一新之感。但是，样板戏完全政治化、神化工农兵英雄人物，兼具浓郁的阶级斗争色彩，又带有不可克服的艺术缺陷。①

“文革”中，样板戏以舞台表演、拍摄成电影播放、电台广播和报章杂志等国家控制的传播渠道，在全民中推行，家喻户晓。从1969年起，除演出样板戏的单位外，文化部的文艺团体全部下放到“五七干校”；各地从事演出传统剧目的剧团，或被解散，或被指定只准演出或移植样板戏。工矿企业、机关团体、大中小学以至街道居民布置学唱样板戏，而

① 参见李慈健等：《当代中国文艺思想史》，河南大学出版社1999年版，第233—234页。

且，演出时不能改动戏中的一个道具、一句唱词，一招一式都不允许走样，否则就是“破坏革命样板戏”。样板戏是机关、厂矿、学校组织的毛泽东思想文艺宣传队的保留剧目。从1966年底到1970年，除改编样板戏外，全国没有上映一部新的电影故事片，没有恢复出版一种文艺专刊。这导致了样板戏独霸舞台，呈现出“八亿人民八个戏”的文化景观。文艺舞台百花凋零。

江青等除推行文化专制主义，还形成了极左的文艺观。最典型的是文艺“为无产阶级政治斗争服务”，“成为无产阶级政治斗争，无产阶级专政的强大工具”，[①] 并提出了“根本任务论”和“三突出”的文艺创作原则。1964年，江青在《谈京剧革命》一文中提出：“要在我们的戏曲舞台上塑造出当代的革命英雄来。这是首要的任务。”“塑造正面英雄人物是一切文学艺术的根本命题。”[②]《部队文艺工作座谈会纪要》规定：“要努力塑造工农兵英雄人物，这是社会主义文艺的根本任务。”并从写“与走资派斗争”的“英雄”的“根本任务”出发，提出“题材决定论”“主题先行论”“三突出”原则，“反真人真事”论、“反形象思维”论，以及“多层次、多侧面、多浪头、多回合、多波澜”创作手法，等等。

“三突出原则”在“文革”中影响最大。文化部部长于会泳于1968年5月23日在《文汇报》上发表《让文艺舞台永远成为宣传毛泽东思想的阵地》一文，根据江青的旨意最先提出“三突出”创作原则，后经姚文元改定为：“在所有人物中突出正面人物，在正面人物中突出英雄人物，在英雄人物中突出主要英雄人物。”[③]“四人帮”把“三突出原则”说成是“保证社会主义文艺永远立于不败之地的文艺宪法”，有谁违背这个根本原则，谁就要受到讨伐。文艺除革命现代京剧外，1970年开始创作的其他文艺作品也深受“政治挂帅、主题先行”“三突出”原则的影响。恩格斯认为，文学作品中的每一个人，都是典型，都不容忽视。“三突出”创作原则，

①《为捍卫无产阶级而斗争》，《红旗》1967年第8期。

② 江青：《谈京剧革命》，《解放军文艺》1967年第7期。

③《努力塑造无产阶级英雄人物的光辉形象——对塑造杨子荣等英雄形象的一些体会》，《红旗》1968年第11期。

完全违背了文学创作的规律，导致文艺创作的公式化、人物的概念化、艺术形式的单一化，丧失了文艺本来的丰富性与相对独立性。

文艺为政治斗争服务，江青一伙炮制了一批为“四人帮”阴谋政治服务的作品，一般被称为“阴谋文艺”。1973 年，“四人帮”在上海创办《朝霞》(丛刊)，抛出样板小说《金钟长鸣》，为张春桥、姚文元、王洪文树碑立传。诗报告《西沙之战》和小说《西沙儿女》则从创作到发表均得到江青的授意，是轰动一时的吹捧江青的代表性作品。《小靳庄诗歌选》则是打着民间创作旗号为“四人帮”效力的闹剧。1976 年春，根据江青的旨意，于会泳亲自抓创作，炮制了反动影片《反击》和话剧《盛大的节日》，并封为“与走资派斗争的作品”的样板。还有电影《春苗》《决裂》《欢腾的小凉河》等，都是适应“四人帮”的政治需要而出笼的作品。文艺沦为政治的奴婢。

三、教育遭受重创

1966 年 5 月 7 日，毛泽东在审阅中国人民解放军总后勤部《关于进一步搞好部队农副业生产的报告》之后，给林彪写了一封信，要求学生“以学为主，兼学别样，即不但学文，也要学工、学农、学军，也要批判资产阶级。学制要缩短，教育要革命，资产阶级知识分子统治我们学校的现象，再也不能继续下去了”①。这就是著名的“五七指示”中的一段重要内容，是“文革”期间“教育革命”的主要依据。8 月 8 日，中共中央八届十一中全会通过的《中共中央关于无产阶级文化大革命的决定》(简称“十六条”)中进一步提出：改革旧的教育制度，改革旧的教育方针和方法，是这场无产阶级“文化大革命”的一个极其重要的任务。在各类学校中，必须贯彻毛泽东同志提出的教育必须为无产阶级政治服务、教育必须与生产劳动相结合的方针。既然教育战线是“资产阶级知识分子”专了无产阶级的政，学校成了培养资产阶级知识分子的场所，成为破坏无产阶级专政、复辟资本主义的工具，就必须彻底否定和重建。

---

①《毛主席论教育革命》，人民出版社 1967 年版，第 26—27 页。

5月25日，聂元梓等人贴出全国第一张大字报后，各地效法，各级各类学校普遍停课，起来“造修正主义的反”，开批判会，把斗争的矛头指向校党组织和学校领导，批判专家、学者等“学术权威”。5月29日，清华大学附属中学一些中学生成立以“红卫兵”命名的组织，提出“造反有理”。从1966年6月4日，中共中央在刘少奇、邓小平主持下向北京的高校与中学派出工作组，到7月28日工作组被撤销后，教育领域经历了“停课闹革命”到“复课闹革命”和开展“斗、批、改”，学生充当“文化大革命”的先锋，大多数学校陷入无政府主义的混乱状态，教育事业受到严重的摧残与破坏。

“文化大革命”中的“教育革命”涉及学制、办学体制、课程设置、教材编写、教学方式、招生制度和师资队伍等各方面。首先是缩短了学制，小学五年、初高中各两年、大学三年；以毛泽东思想统率课程和教材改革，加大政治类课时，文化或专业课突出政治；精简课程与教材内容。1969年被推广的吉林梨树县《农村中小学教育大纲（草案）》规定：小学设五门课：政治语文课、算术课、革命文艺课、军事体育课、劳动课；中学设五门课：毛泽东思想教育课、农业基础课（包括数学、物理、化学、经济地理）、革命文艺课（包括语文）、军事体育课、劳动课。这种精简，大大削减了文化基础知识，造成了许多知识断层和空白。自1966年开始，大专院校已停止招生，中专也一度停办。复旦大学工人、解放军宣传队把前17年的高等学校称为“旧大学”，提出要“彻底批判旧综合大学那一套学制、体制、课程、教材、教学方针和方法”，以培养“普通劳动者”。

1968年7月，毛泽东倡导开办如上海机床厂从工人中培养技术人员的方式。同年9月，各地纷纷举办类似上海机床厂的附属于厂矿企业的工人大学，从工人中招收学员，学生入学不必考试。采取脱产或半脱产形式，主要学习“无产阶级专政下继续革命的理论”和同生产有关的技能。同时，对全国已有的434所大学进行了部分调整，中国人民大学等综合性大学被停办，一些理工农科院校下放到地方工矿或农村。1971年，又对剩下的417所大学进一步调整，共合并43所，撤销45所，改为中专17

所，改为工厂 3 所。在教学方法和教材方面，大量采用“三机一泵”等应用教材，以参加生产劳动为主，还出现了“工农兵上讲台”“开门办学”等“新生事物”。

对教育事业带来更严重损害的是“两个估计”。1971 年 4 月 15 日至 7 月 31 日，国务院在北京召开全国教育工作会议。会议由张春桥、迟群一伙控制，会后炮制出一个《全国教育工作会议纪要》（以下简称《纪要》）。《纪要》对“文化大革命”前 17 年的教育作出“两个估计”：17 年中“毛主席的无产阶级教育路线基本上没有得到贯彻执行，教育制度、教学方针和方法几乎全是旧的一套”，教育战线“资产阶级专了无产阶级的政”；原有的教师队伍和解放后培养出来的高等学校学生的大多数“世界观基本上是资产阶级的”。这两个“估计”全盘否定了“文革”前 17 年的教育工作。《纪要》规定大学学制暂定 2 至 3 年，进修班为 1 年左右；大专院校招生的主要对象是具有 2 至 3 年以上实践经验的优秀的工农兵，具有初中以上文化程度；选拔工农兵学员坚持“自愿报名，群众推荐，领导批准，学校复审”的程序。工农兵学员的任务是“上大学、管大学、用毛泽东思想改造大学”。认为大学的培养目标是“培养工人”“培养农民”，《纪要》规定“学员毕业后一般返回原单位、原地工作”。8 月 13 日，经毛泽东审阅，中共中央批转《纪要》。

“两个估计”极大地挫伤了教育战线广大知识分子的积极性，也成为加在教育战线知识分子身上的枷锁。“教育革命”中追求受教育程度的均等，重普及，轻提高，缩短学制，降低各级各类学校尤其是大学的知识程度，批“白专”道路，废除考试，由群众推荐上大学，这违背了教育工作的规律。这种招生制度，也为“走后门”上大学提供了方便，严重影响了党群关系、干群关系。许多工农兵学员入学时文化程度过低，专业课程大幅度减少，基础理论教育被忽视；工农进驻学校、掌握教育权，组建“三结合”教师队伍，学生与老师一起编教材，教师处于被改造的地位，热心传授和学习文化知识被说成“白专”道路，教育与生产劳动相结合变成了简单的劳动加教育，正常的教学秩序完全被打乱，造成轻视知识、鄙薄学校教育、鄙薄知识分子的不良社会风气。

四、新闻出版事业之殇

在对《海瑞罢官》、“三家村”的批判中，人民日报社、北京日报社等首都新闻单位由于表现消极，为毛泽东所不满，首当其冲被改组、夺权。“文化大革命”开始后，新中国成立17年来的新闻出版工作同样被认为是“反党反社会主义的黑线专政”，因此，一大批新闻工作者受到冲击，很多正直的新闻工作者受到诬陷、揪斗；在夺权斗争中，不少新闻工作者被赶出新闻机关。老一辈新闻工作者孟秋江、金仲华、范长江、章汉夫、潘梓年等先后被迫害致死。出版界上自出版局局长、出版社社长、总编辑，下到新华书店经理，几乎都被打成“走资本主义道路的当权派”或“忠实执行反革命修正主义路线的黑线人物”，受到批判、斗争。

“文化大革命”中，“新闻为政治服务”的观点成为统治新闻界的主流观点，新闻真实性原则被大肆践踏，新闻机构与新闻工作者都被剥夺了独立思考的权力，新闻事业成为发动和开展“文化大革命”的舆论工具，报纸主要登载文件、政治表态之类的文章，完全失去自己的个性和特色。林彪、江青两个反革命集团成立各式各样的大批判组、写作班子，影射文章泛滥报刊，成为他们煽动极左思潮、鼓吹个人崇拜、阴谋篡党夺权的舆论工具。尤其在“文革”后期，“四人帮”加快篡党夺权的步伐，利用党报控制舆论也越来越不择手段，党报彻底沦为他们手中的棋子。

“文革”初期的全面内乱，导致报刊数量锐减。中央级报纸1965年有20种，至1967年有16种停刊。全国的期刊由1965年的790种降至1966年底的191种，到1969年，只剩下《红旗》《新华月报》《人民画报》《北京周报》等20种，成为近百年来中国期刊发展史上全国期刊出版种类最低点。

许多出版社在“文化大革命”开始后被合并或撤销。“文化大革命”前，全国有出版社87家，到1970年底，全国出版社仅有53家，除政治需要外的所有公开出版物均全面停止出版。新中国成立后出版的大部分图书，被批判为“封、资、修”的“毒草”，书店停止出售，图书馆禁止借阅，有些书店甚至被焚毁。据国务院出版口调查，截至1970年底，负责中央一级出版社进货业务的新华书店北京发行所仓库中，封存的图书有7870种，8030余万册。[①]

中国的新闻教育与新闻学研究也遭到严重破坏。据统计，从1966年5月到1976年10月，出版的新闻学著作只有43种，基本上都是新闻单位内部编印的小册子，公开出版发行的著作寥寥无几。

由于个人崇拜，从1966年3月至1976年8月，全国29个省、市、自治区1820家印刷厂承担毛泽东著作的印刷工作，10年间共印刷《毛主席诗词》4亿册[②]。仅1967年一年内就出版《毛主席语录》3.5亿册，《毛泽东著作选读》4750多万册，《毛主席诗词》就达5700多万册。此时已出版汉文版、少数民族文版和外文版《毛泽东选集》（一至四卷）8640多万部，相当于"文革"前十五年出版数量总和的7倍半。[③]

五、影射史学的恶性发展

"文化大革命"中，为"四人帮"的政治阴谋服务的影射史学盛行。1965年冬开始的批判《海瑞罢官》开创影射史学的先例。1973年，对于"四人帮"来说，以周恩来为代表的老干部是他们攫取和垄断权力的最大障碍，于是借"批林批孔"运动进行评法批儒，使影射史学达到了高峰。他们借古喻今，用古代的儒法斗争，明目张胆地影射攻击周恩来。在江青、姚文元等直接控制下的各种写作班子，以梁效、罗思鼎等化名发表大量的批孔和评法批儒的文章，如《柳下跖痛骂孔老二》《孔丘其人》《从〈乡党〉篇看孔老二》《汉代的一场儒法大论战——读〈盐铁论〉》《有作为的女政治家武则天》等。这些文章一方面假借"批孔"，大批"周公"和"宰相"，射影攻击周恩来；另一方面又以评价赞颂法家为幌子，吹捧江青一伙，为他们篡夺党和国家的最高领导权制造舆论。

"四人帮"的影射史学严重地歪曲历史的本来面貌。为了影射现实，他们不仅肆意歪曲和编造历史，还大搞历史虚无主义，全盘否定孔子思

① 方厚枢：《新中国中央级出版社60年变迁纪实》，《编辑之友》2009年第10期。
② 参见李晓航：《毛泽东诗词在"文革"中的传播和普及》，《党史博览》2013年第6期。
③《〈毛泽东选集〉今年出版八千万部》，《人民日报》1967年12月26日。

想。在他们的鼓动下，全国各地区、各部门纷纷成立工农兵“理论小组”，文章充斥报刊，在思想理论界造成严重的混乱。

1975 年的评《水浒》运动，是另一个影射史学的典型事件。1975 年初，周恩来病重后，邓小平主持工作并着手全面整顿。毛泽东对“四人帮”多次提出批评，但他们并没有改弦易辙，相反，更处心积虑，窥测方向，图谋反守为攻。8 月 14 日，毛泽东就北京大学中文系教员芦荻关于《水浒传》“只反贪官，不反皇帝”的问题，发表了一番评论。他说：“《水浒》这部书，好就好在投降。做反面教材，使人民都知道投降派。《水浒》只反贪官，不反皇帝。屏晁盖于一百零八人之外。宋江投降，搞修正主义，把晁的聚义厅改为忠义堂，让人招安了。宋江同高俅的斗争，是地主阶级内部这一派反对那一派的斗争。宋江投降了，就去打方腊。这支农民起义队伍的领袖不好，投降。李逵、吴用、阮小二、阮小五、阮小七是好的，不愿意投降。”①

毛泽东对《水浒》这部小说所作的评论，是读书时谈个人体会的泛论而非实指。他把《水浒》的意义侧重于“投降”，虽然透露出他对国家与民族前途的忧虑，但并无借此搞大批判的意思。受到毛泽东严厉批评而沉寂了三个来月的“四人帮”发现了“借题发挥”的好机会，乘机兴风作浪。分管出版工作的姚文元得到毛泽东对《水浒》的评论后，不到三个小时，就给毛泽东写信说：关于《水浒》的评论“这个问题很重要”，“不但对于古典文学研究，对于整个文艺评论和文艺工作，而且对于中国共产党人、中国无产阶级、贫下中农和一切革命群众在现在和将来、在本世纪和下世纪坚持马克思主义、反对修正主义，把毛主席的革命路线坚持下去都有重大的、深刻的意义。应该充分发挥这部‘反面教材’的作用”。②经毛泽东批准，中共中央转发毛泽东关于《水浒》的谈话。江青立刻活跃起来。她先是对一些同自己关系密切的人大谈所谓评《水浒》的“现实意义”，

---

①《毛泽东年谱（1949—1976）》第 6 卷，中央文献出版社 2013 年版，第 603 页。
②《中国共产党执政四十年》，中共党史资料出版社 1989 年版，第 394 页。

声称“《水浒》的要害是架空晁盖，现在党内有人架空毛主席”[①]。9月初，又在各种公开场合散布这类言论，弄得人心惶惶。9月中旬，国务院在山西省昔阳县召开全国农业学大寨会议。江青在会上大谈同会议主题毫不相干的评《水浒》。她危言耸听地说：“评《水浒》不单纯是文艺评论和历史评论，它是对当代有意义的大事。《水浒》的要害是排斥晁盖，架空晁盖，搞投降。宋江收罗了一帮子土豪劣绅、贪官污吏，占据了各重要岗位。批《水浒》就是要大家都知道我们党内就是有投降派。”[②]在“四人帮”操纵的舆论工具煽动下，毛泽东的谈话和姚文元的信在《人民日报》《红旗》《光明日报》发表，北京大批判组和上海市委写作组组织评论文章，掀起了一场评《水浒》运动，利用这个机会影射、攻击周恩来、邓小平等老干部，指责他们是“投降派”，搞修正主义，架空毛泽东。

邓小平在9月24日陪同毛泽东会见外宾后，把江青在大寨的讲话向毛泽东作了汇报。毛泽东同意评论《水浒》，但不满意江青利用《水浒》另搞一套，严厉批评了江青，指示“稿子不要发，录音不要放，讲话不要印”[③]。“四人帮”利用评《水浒》鼓噪一时，但未能得逞。

影射史学的极端粗暴与恶劣，反映了“文革”中文化沦为政治工具的恶果。

六、知识分子遭受冲击和迫害

1966年8月8日中共中央通过的《关于无产阶级文化大革命的决定》中，关于科学家、技术人员和一般工作人员的政策是：“只要他们是爱国的，是积极工作的，是不反党反社会主义的，是不里通外国的，在这次运动中，都应该继续采取团结、批评、团结的方针。对于有贡献的科学家和科学技术人员，应该加以保护。对他们的世界观和作风，可以帮助他们逐

---

① 1975年8月，江青同于会泳、刘庆棠等的谈话。据刘庆棠揭发材料，1977年3月5日。

② 逄先知、金冲及主编：《毛泽东传（1949—1976）》（下），中央文献出版社2003年版，第1751页。

③ 逄先知、金冲及主编：《毛泽东传（1949—1976）》（下），中央文献出版社2003年版，第1751页。

步改造。”这条规定说明，知识分子政策的表述在发动“文化大革命”运动时并没有变化，但同时又提出“无产阶级必须在上层建筑其中包括各文化领域对资产阶级实行全面专政”，用无产阶级思想去战胜资产阶级及其他非无产阶级思想，改革旧教育，改革旧文艺，改革一切不适应社会主义经济基础的上层建筑，挖掉修正主义的根子。明确提出要批判学术界、教育界、文艺界、新闻界、出版界的“资产阶级反动思想”和“文化领域的资产阶级代表人物”，但对此类思想及代表人物又没有明确界定，这种随意性必然破坏原有政策。“文革”中，某种程度上，整个知识分子群体被忽视，有的“靠边站”，有的被下放。

在“无产阶级全面专政”下，知识分子成为最早受难的群体。很多有革命资历、有文化功底、担任着文化领域领导职务的，最先被作为“走资本主义道路的当权派”打倒，尤其是一些在新中国成立前对革命作出过贡献的左翼文艺工作者或领导干部，还被诬陷为“叛徒”“特务”“国民党反动派”；各领域有名望、有建树的，被扣上“反动学术权威”的帽子；被冠以“资产阶级知识分子”“修正主义”的更多。不仅他们的思想、理论及作品一概被否定、被批判，而且斯文扫地，尊严被践踏，受到精神和肉体的折磨。“文革”初期，一些知识分子因不堪凌辱而自杀。

“文革”中，知识分子的境遇随着“文化大革命”大局的起伏有一些变化。1967 年 2 月 17 日和 3 月 7 日，中共中央先后发布的《关于文艺团体无产阶级文化大革命的规定》《关于大专院校当前无产阶级文化大革命的规定（草案）》提出，斗争的重点是打击党内一小撮走资本主义道路的当权派，批判反动学阀、反动“权威”，对一般的干部与知识分子，都应当采取团结教育的方针，吸收他们参加“文化大革命”，并且安排他们的工作。1967 年秋复课“闹革命”的学生和“革命职工”在校内进行派性斗争特别是武斗，知识分子再次受摧残。直到 1968 年夏，“工宣队”“军宣队”开进学校，武斗才被制止。

1968 年 9 月，毛泽东提出对知识分子实行“再教育”“给出路”的六字方针。在为 9 月 5 日《红旗》杂志发表调查报告《从上海机械学院两条路线的斗争看理工科大学的教育革命》所写的编者按中，他提出：“对过去大量的高等及中等学校毕业生早已从事工作及现正从事工作的知识分子，进行再教育，使他们与工农结合起来。其中必有结合得好的并有所发明创造的，应予以报导，以资鼓励。”对“所谓顽固不化的走资派及资产阶级技术权威，民愤很大需要打倒的，只是极少数。就是对于这些人，也要给出路，不给出路的政策，不是无产阶级的政策。”[①] 几天后，毛泽东在对调查报告《从江镇公社“赤脚医生”的成长看医学教育革命的方向》的批语和修改中，再一次表述了这一思想。

1969 年 1 月 28 日，毛泽东批示、中央转发的《清华大学关于〈贯彻执行对知识分子“再教育”、“给出路”政策〉的报告》[②]，对六字方针作了全面阐述。主要内容是：（一）对知识分子的大多数要坚决相信是愿意革命的，但必须对他们进行再教育。（二）对“可以教育好的子女”要多做教育工作，不要把他们推到敌人一边去。（三）对犯了走资派错误的人，在他们有了觉悟的时候，要及时解放。（四）对资产阶级学术权威，经过充分批判，要给予出路。（五）对反革命分子要分别情况，区别对待，给以立功自赎的机会，给生活上的出路。[③] 总体上，对已有的知识分子采取教育和改造的方针，要求他们走与工农相结合的道路；对已经走上这条道路的知识分子，就进行表扬和鼓励。而对于坚持错误、顽固不化的少数知识分子，所谓“一小撮”，也要给予出路，争取他们转化。9 月 12 日，《人民日报》、《红旗》杂志评论员，以《关于知识分子再教育问题》为题作进一步的阐述，指出，“再教育”主要是政治思想上的要求，目的在于世界观得到彻底改造。同工农兵结合，为工农兵服务，则是再教育的根本途径。

1969 年后，整个知识分子群体开始大规模下放五七干校或者下放农村、农场、工厂劳动改造。在五七干校等处体力劳动锻炼之后，大多数知识分子陆续被分配工作，获得解放。但“资产阶级知识分子”的帽子没有被摘掉，对他们仍然采取“边改造边使用”的政策，他们仍然是“再教育”、被改造和受轻视的对象。

---

①《建国以来毛泽东文稿》第 12 册，中央文献出版社 1998 年版，第 550—551 页。

② 首都工人、解放军驻清华大学毛泽东思想宣传队 1969 年 1 月 20 日写的报告。

③ 参见《建国以来毛泽东文稿》第 13 册，中央文献出版社 1998 年版，第 3 页。

第三节 社会主义文化事业的艰难发展

极左思潮盛行全国时，党内的健康力量对其进行了一定程度的抵制与斗争。“九一三”事件后，毛泽东从林彪事件中吸取了一些教训，对极左思潮进行了一些纠正。在毛泽东的支持下，周恩来领导批林彪极左思潮，落实党的各项政策。1975 年，邓小平主持全面整顿，抓住时机进行政策调整，先后带来了文化事业的两次短暂转机，为以后改革开放时期的成功探索准备了条件。但是，毛泽东在承认与纠正“文化大革命”中某些错误的同时，仍然继续坚持“文革”错误的指导思想，因此，纠“左”的努力不可能进行到底。广大干部群众克服极端困难努力工作，文化事业艰难地发展。

一、周恩来领导纠正“左”倾文化政策

周恩来对文化、科技、教育等领域极左思潮泛滥忧心如焚，尽其所能地保护了一批学有专长的知识分子。为推动正常工作秩序的恢复，1970 年，他同文化教育部门一些负责人谈话，提出“要有点辩证法”，出版社要出书，字典还要出，“芭蕾舞还要发展”。接见北京大学、北京外国语学院师生代表时，叮嘱“学外语要天天练”，批评“有的中学英语课本只有政治词汇，没有生活语汇，实在不适用，应当修改”。外语教学有个基本功问题。“基本功包括三个方面：政治思想、语言本身和各种文化知识。”1971 年 4 月，他要求：“要出一批书，要广开言路。读马克思、列宁的书和毛主席的书是主要的，但也要读历史、地理，读哲学。有些青年连世界地理位置、重大历史事件都搞不清楚，知识面越来越狭窄，这不行。”①

1971 年的林彪事件对中国震撼巨大，使越来越多的干部、群众对“文革”产生怀疑，也引发了毛泽东对这场运动的思考与反省，并着手纠正一些错误，调整某些政策。在毛泽东支持下，周恩来主持中央日常工

① 参见《周恩来选集》下卷，人民出版社 1984 年版，第 467—471 页。

作，抓住机会调整政策，大力纠“左”，文化教育工作出现新气象。

1972年，在周恩来指示下，中央报刊发表了一系列文章、专论，阐明中央的文化政策措施。3月21日，《光明日报》发表《加强党的领导，认真上好社会主义文化课》的文章。4月，《红旗》杂志发表社论《正确理解和处理政治与业务的关系》，提出对业务工作中的客观规律认识越多，钻研技术越深入，对人民的贡献就越大，就更有利于社会主义革命和建设事业。不坚持为革命而钻研业务、学习文化、学习技术，是不符合毛主席革命路线的。政治和业务是对立物的统一，要促进这种统一，就必须反对不问政治和脱离业务两种倾向。周恩来积极落实干部、知识分子政策。4月，《人民日报》发表《惩前毖后，治病救人》的社论，针对落实干部政策中存在的问题，阐明毛泽东历来倡导的“打击面要小，教育面要宽”，“允许改正错误”，以及“对于人的处理问题取慎重态度”等政策。这在一定程度上澄清了人们的混乱思想，推动了文化教育事业的发展。

根据周恩来的建议，5月10日至6月20日，国务院科教组召开综合大学和外国语院校教育革命座谈会。会议提出要抓紧落实干部政策，全面落实知识分子政策，发挥教师的业务专长，鼓励教师刻苦钻研科学技术，要加强基础理论教学，理工科基础课要单独设课，系统学习，保证教学时间；文科学员在实践基础上着重向理论方面学习，外语院校要加强基本功训练。会议还讨论了综合大学文、理两科的培养目标。这是对“教育革命”中“左”的错误和极左思潮的批评和纠正。5月28日，国务院科教组转发了《北京市革命委员会科教组关于高等院校试办补习班的报告》，针对北京市11所高等院校招收的工农兵学员只有初中、小学文化程度的状况，要求根据择类专业的不同要求，有重点地补习必需的文化基础知识。他指示要恢复大学的系统学习和研究，提出“对学习社会科学理论或自然科学理论有发展前途的青年，中学毕业后，不需要专门劳动两年，可以直接上大学”①。

为了促进自然科学的发展，周恩来推动加强基础理论的学习和研究。

①《周恩来选集》下卷，人民出版社1984年版，第473—474页。

7 月 2 日，他会见美籍华人物理学家杨振宁，赞同他提出的目前在中国应加强基础理论的学习和研究的建议。在 14 日会见美籍华人学者参观团和美籍华人学者访问团全体成员时，他再次表达了这个意见，并指示北京大学副校长周培源认真清理教学和科研中的极左思潮，提高理科基础理论水平。7 月 23 日，周恩来批转周培源关于加强基础理论学习和研究的三点意见给有关部门的负责人，指示要认真实施。

依据周恩来的提议，8 月 10 日，召开了“文革”以来第一次讨论科技工作的全国科技工作会议。科学家们希望在科研问题上提倡不同意见的争论，加强科学研究，努力赶上世界先进水平。

9 月 11 日，他在给张文裕、朱光亚等 18 位科学工作者的回信中，对来信中提到发展高能物理研究的建议表示高兴，强调“科学院必须把基础科学和理论研究抓起来，同时又要把理论研究与科学实验结合起来”。批评“现在强调实践，对理论提倡不够，学校里的基本理论课也少了”。[①] 周培源根据周恩来的多次指示精神，写出《对综合大学理科教育革命的一些看法》一文，在《人民日报》拒绝刊登后发表在 10 月 6 日的《光明日报》，对科技领域产生很大影响。

在周恩来等人的指导下，经过广大教育工作者的努力，1972 年前后学校的混乱局面有所改变，教学秩序逐步恢复。高校新入学的工农兵学员开始学习文化课，学校恢复了基础课或基础理论教学，采取了一些考核措施，招生工作中开始注意对学生的文化考核，学校中无组织、无纪律的情况有所好转，教学质量有所回升。

出版事业逐步恢复。1971 年，国务院召开出版工作座谈会，推动了各地的出版工作，一些小说、诗集、歌曲集和各种辞典陆续出版。儿童报刊的恢复情况是其中的缩影。1972 年发行的儿童期刊报纸达 21 份，出版儿童文学专著 55 本；1973 年再增 2 份儿童期刊，共出版儿童文学专著 88 本；1974 年新增 1 份儿童期刊，共出版儿童文学专著 107 本；1975 年出

① 参见《周恩来书信选集》，中央文献出版社 1988 年版，第 617 页。

版儿童文学专著 184 本；1976 年出版儿童文学专著 120 本。[①]

为满足广大群众对精神文化生活的需求，中共中央专门发电报，要求各省、市、自治区组织力量审查清理封存的各类图书，对群众开放了一批没有被列为“毒草”的图书。经毛泽东同意，整理出版《二十四史》的校点工作也开始进行。相对于“文革”初期对出版工作的全盘否定、封存焚毁一切古典和近代文化书籍来说，这是一个良好的开端。1972 年 4 月，北京市新华书店开始发行《红楼梦》《水浒传》《三国演义》《西游记》等古典文学名著。各门市部都出现了排长队购书的景象。

周恩来对文艺界百花凋零的局面十分痛心。1972 年，周恩来在观看部队文艺演出时指出，“极左思潮不肃清，破坏艺术质量的提高”[②]，现在只提革命激情，不敢提革命抒情，是一种偏向。根据广大群众的呼声，周恩来于 1973 年提出要努力搞好故事片生产。他指出：七年来，故事片生产这方面的工作是薄弱的。这是我们的大缺陷，希望三年之内，能把这个空白填上。在周恩来的关怀下，部分文艺工作者恢复了工作，文艺创作有所复苏。1973 年开始恢复故事片的生产。体育方面，1972 年 10 月，南京举行了“文革”以来第一次全国田径运动会。

批极左思潮在 1972 年下半年达到高潮。10 月 1 日，《人民日报》、《红旗》杂志与《解放军报》联合发表国庆社论，明确提出加快社会主义建设步伐，继续落实毛泽东的干部政策、知识分子政策、经济政策等各项无产阶级政策，提倡又红又专，为革命学习业务、学文化、学技术等思想。实际上批判了“政治可以冲击其它”的错误观点。14 日，《人民日报》一个整版发表三篇批极左思潮和无政府主义的文章，揭露“打倒一切”“砸烂一切”“群众运动天然合理”等谬论，告诫人们警惕极左思潮重新出现。在对待知识分子问题上，毛泽东对一些知识分子的境遇表示关切。1973 年初，被当作“白专典型”的中国科学院数学研究所助理研究员陈景润病重。毛泽东得到情况，即指示给陈景润进行检查和治疗。这对落实知识分

---

① 数据来源于杜晓沫 2009 年博士论文《当代儿童文学的文化大革命十年：1966—1976 文革儿童文学史研究》摘要。

②《周恩来选集》下卷，人民出版社 1984 年版，第 471—472 页。

子政策有很大推动作用。

然而，周恩来领导的纠“左”，引起了“四人帮”的恐慌。在全国科技工作会议上，张春桥唱反调，提出“会议的大方向有问题”，是“右倾回潮”。在张春桥、姚文元指使下，《文汇报》连续发表文章攻击周培源。更重要的是，毛泽东在承认与纠正“文化大革命”中某些错误时，并没有认识到“文革”全局性的错误，担心纠“左”会全面否定“文革”，因而改变了批林的正确方向，这使江青集团有机可乘。“四人帮”一伙借“批林批孔”大反所谓的“右倾翻案风”，把“批林批孔”发展为“评法批儒”，把矛头指向周恩来，使纠“左”难以为继。在文化教育领域大反“右倾回潮”的过程中，江青一伙于1973年7月制造了张铁生事件①、马振扶公社中学事件②、“黄帅日记”③等一系列轰动全国的事件。全国批“修正主义教育路线复辟回潮”，使教育领域刚出现的一线生机又被扼杀。

文艺领域，1974年1月，国务院举办华北地区文艺调演期间，“四人帮”及其亲信于会泳制造了晋剧《三上桃峰》事件。他们无中生有，把《三上桃峰》中的“桃峰”与刘少奇夫人王光美在“四清”蹲点的桃园大队联

---

① 1973年，辽宁的下乡知识青年张铁生被推荐参加大学考试，物理化学仅得6分。他在试卷背后写了一封辩护信，称自己作为生产队长没有为学习而耽误集体的工作，抱怨“几小时的书面考试，可能将把我的入学资格取消”，希望各级领导能加以考虑。7月19日，《辽宁日报》头版头条以《一份发人深省的答卷》为题，刊登张铁生的一封信，被江青等人称作“反对资产阶级教育路线回潮”的“反潮流英雄”。张铁生不仅进了大学，而且成为辽宁省铁岭农学院的领导成员，后来当上了四届全国人大常委会委员。

② 1973年7月10日下午，河南省南阳地区唐河县马振扶公社中学初二（1）班学生张玉勤在英语考试中交了白卷，并在试卷背面写道：“我是中国人，何必要学外文，不学ABCD，也能当接班人，接好革命班，埋葬帝修反。”张玉勤受到老师与学校的批评后投河自杀。事发后，公社、县有关部门和学校做了妥善处理。1974年1月，江青派人到马振扶公社中学调查此事，之后中共中央专门下发了文件，要求各地在“批林整风”运动中，深入批判和反击所谓修正主义教育路线的“复辟”“回潮”。许多学校因此砍掉外语课，外语教师被迫改行。

③ 1973年海淀区中关村第一小学五年级的学生黄帅在日记中记录了师生之间的冲突，从孩子的角度表达了自己的一些不满。《北京日报》把这封信登在内部刊物上，被迟群和谢静宜看到，无限上纲，并于12月12日在《北京日报》以《一个小学生的来信和日记摘抄》为题，刊登黄帅反对“师道尊严”的日记和来信，并加长篇编者按语，掀起批判“师道尊严”“智育第一”的浪潮。

系起来，认定该剧是吹捧桃园经验，为刘少奇“鸣冤叫屈”，否定“文化大革命”，由此发起一场反“文艺黑线回潮”运动。江青一伙还对湘剧《园丁之歌》进行批判，把斗争矛头对准广大教师。即使毛泽东看了《园丁之歌》后认为是好戏，江青一伙还继续抓住不放。8 月 4 日，《人民日报》发表根据江青、张春桥、姚文元的授意写成并经他们审定的《为哪条教育路线唱赞歌——评湘剧〈园丁之歌〉》的文章，说《园丁之歌》是对“文化大革命的反攻倒算”。

由于“四人帮”的严重干扰和破坏，周恩来的纠“左”努力受挫，刚刚有了转机的文化事业又重新跌入了低谷。

二、邓小平主持文化政策的调整

1975 年 1 月 13 日至 17 日，四届全国人大一次会议召开，政府工作报告重申十年前三届全国人大一次会议提出的实现“四个现代化”的宏伟目标。在毛泽东的支持下，1973 年 2 月复出的邓小平，代病重的周恩来主持中央日常工作，对各个领域进行全面整顿，思想理论、教育、文艺、科学技术等方面的调整也渐次展开。

邓小平首先强调要完整地掌握和理解毛泽东思想，“一定要全面地学习、宣传和实行”[①]，掌握毛泽东思想的精神实质，不能把毛泽东思想庸俗化、片面化，反对割裂毛泽东思想。为了打破“四人帮”对宣传理论阵地的严密控制，邓小平重新开辟阵地。1975 年 7 月 5 日，在他建议下，国务院成立政治研究室，在思想理论方面有力地配合整顿。政研室收集文化、科学、教育、出版领域的情况，为调整撰写重要文件与文章。8 月，国务院决定，中国科学院哲学社会科学部直接受国务院指导，仍由郭沫若任主任，派林修德、刘仰峤、宋一平组成临时领导小组，恢复正常业务工作[②]，工宣队和军宣队全部撤出。这一系列的变动，打破了自“文化大革命”以来宣传理论领域“四人帮”一统天下的局面。为了阐明和宣传整顿

---

①《邓小平文选》第 2 卷，人民出版社 1994 年版，第 37 页。
② 见《国务院关于哲学社会科学部若干事项的通知》（1975 年 8 月 30 日）。

的指导思想和基本内容，国务院政治研究室从 8 月起起草《论全党全国各项工作的总纲》，澄清了“文化大革命”以来被混淆的一些思想理论是非。

“文化大革命”一开始，继中宣部被当作“阎王殿”“砸烂”之后，国务院所属的文化部、教育部也被取消，只设立科教组、文化组。邓小平在整顿中恢复两个部，使文化教育管理体制趋于正常化。科学院工作的整顿是全面整顿中的一个重要方面。6、7 月间，针对“批林批孔”运动再度造成的中国科学院系统的混乱局面，国务院提出关于中国科学院整顿的报告。邓小平要求抓紧对科学院进行整顿，尽快把科研工作搞上去，不要拖国民经济的后腿。7 月中旬，中共中央派胡耀邦、李昌、王光伟到中科院主持工作。胡耀邦等 7 月 23 日到中科院后，立即从组织和思想两方面入手进行整顿。一方面，落实政策，消除派性，恢复所、室两级组织，加强后勤工作，解决科技人员生活困难；另一方面，提出实现四个现代化是“伟大的新长征”，强调科学院就是搞科学研究，鼓励科技人员钻研业务。在调查研究的基础上，胡耀邦等形成了对科技工作长远规划的初步设想，并起草了《关于科技工作的几个问题》（汇报提纲）。在邓小平指导下，经国务院政研室胡乔木等参与修改，形成《科学院工作汇报提纲》，明确肯定新中国成立以来科技战线上成绩是主要的，绝大多数科技人员是好的和比较好的，是做了大量工作的；提出“科学技术也是生产力。科研要走在前面，推动生产向前发展”。《汇报提纲》还提出中科院今后 10 年科学研究的三项基本任务：积极承担国民经济和国防建设中的若干综合性的重大科研任务，开辟一批新兴的科学技术领域，大力发展基础科学研究。并辩证地分析了政治与业务、群众路线与专业队伍、理论与实际、对知识分子的教育与使用、哲学与自然科学五个关系，提出了加强学习、落实政策、批判派性、调整班子、整顿机构等从思想上、政治上、组织上进行整顿的内容和方法。9 月 26 日，邓小平听取汇报后，赞同《汇报提纲》的观点和加强科研工作的各项措施，认为“这个文件很重要，不单管科学，而且可以适用于文化教育各部门”①。并指出：“如果我们的科学研究工作不走在

①《邓小平的二十四次谈话》，人民出版社 2004 年版，第 61 页。

前面，就要拖整个国家建设的后腿。”“科学技术叫生产力，科技人员就是劳动者！”[①]

在整顿工业、科技领域时，邓小平多次谈到教育问题。他认为科研队伍大大削弱了，壮大科研队伍，增加科技人员，要靠教育，没有现代科学文化知识，就攀不了什么高峰。他尖锐地指出：“我们有个危机，可能发生在教育部门，把整个现代化水平拖住了。”[②]他强调，现在相当多的学校学生不读书，这也不符合毛泽东思想。要搞好教育工作，办好大学，工厂的大学是一种形式，但不是唯一的，不能代替大学。要选数理化好的高中生入科技大学；要落实知识分子政策，解决教师的地位问题，调动教师的积极性，把教育办好。9 月，邓小平在全国农业学大寨会上明确提出教育也要整顿。

为贯彻邓小平整顿教育的精神，新上任的教育部长周荣鑫多次召开党内外干部、教师座谈会和汇报会，听取意见，并主办《教育革命通讯》，连续发表一系列文章和评论，引导教育战线分清是非，统一认识，为整顿教育做舆论准备。接着，周荣鑫主持起草了《教育工作汇报提纲》，要求贯彻周恩来、邓小平关于整顿教育的思想，提出在教育改革中要正确处理好“政治与业务”“‘以学为主’和‘兼学别样’”“理论与实际”“普及和提高”的关系，划清“师道尊严”与正确教育和管理学生的界线，强调要“落实知识分子政策，加强教师队伍建设”和“坚持两条腿走路，充分发挥两个积极性”。但《汇报提纲》还未上报，一场以“反击右倾翻案风”为特征的“教育革命大辩论”掀起，周荣鑫遭到“四人帮”一伙的追查、批斗，最后牺牲了生命。

文艺政策调整是毛泽东提出的。5 月 3 日，毛泽东在中央政治局会议上的讲话中提出，教育界、科学界、文艺界、新闻界、医务界，知识分子成堆的地方，其中也有好的、有点马列的。[③]7 月初，毛泽东同邓小平谈话时，对江青把持的文艺工作表示强烈不满。他对邓小平说：“样板戏太少，

---

①《邓小平文选》第 2 卷，人民出版社 1994 年版，第 34 页。

②《邓小平文选》第 2 卷，人民出版社 1994 年版，第 32、34 页。

③ 参见《毛泽东年谱（1949—1976）》第 6 卷，中央文献出版社 2013 年版，第 583 页。

而且稍微有点差错就挨批。百花齐放都没有了。别人不能提意见，不好。怕写文章，怕写戏。没有小说，没有诗歌。”①7 月 14 日，毛泽东向江青当面提出“党的文艺政策应该调整一下”②，并对调整提出具体要求：(一)扩大文艺节目。要改变缺少诗歌、小说、散文，缺少文艺评论的状况，要使电影、戏剧的节目扩大起来。(二)对作家要帮助。要分清敌我，绝大多数知识分子是属于人民内部矛盾。要把他们解放出来，团结、帮助他们。(三)指出文艺问题是思想问题。“文化大革命”中，一直把文艺问题看作政治问题，把文艺批评变成为政治批判，混淆了两类不同性质的矛盾，使大部分作家受到打击、迫害。

这反映了毛泽东文艺思想的正确回归，也为文艺工作的整顿创造了条件。

邓小平抓住时机，立即落实，重申党的文艺政策，提出要搞百花齐放，不要一花独放；同时，组织人员对文化艺术情况进行调查，进行政策调整。在毛泽东的支持下，当时被“四人帮”诬为“毒草”而禁映的电影《创业》和《海霞》被获准公映，打击了“四人帮”的嚣张气焰，活跃了文化领域的空气。

彩色故事片《创业》是长春电影制片厂广大文艺工作者，在周恩来 1973 年关于电影问题谈话的精神鼓舞下拍摄的一部影片，反映的是中国石油工人艰苦创业的精神。1975 年春节电影放映后，受到广大观众的称赞。然而，江青却大发雷霆，质问“这是给什么人树碑立传？”并武断地说《创业》在政治上、艺术上都有严重错误，指使给《创业》罗织十大罪状，强令影片停止放映。

7 月 25 日，毛泽东对《创业》作者张天民反映受到压制的信写下批语：“此片无大错，建议通过发行。不要求全责备。而且罪名有十条之多，太过分了，不利调整党的文艺政策。”并说：“江青这个人不懂事，尽办些蠢事。”③

---

①《毛泽东年谱（1949—1976）》第 6 卷，中央文献出版社 2013 年版，第 595 页。
②《毛泽东年谱（1949—1976）》第 6 卷，中央文献出版社 2013 年版，第 597—598 页。
③《毛泽东年谱（1949—1976）》第 6 卷，中央文献出版社 2013 年版，第 601 页。

毛泽东对文艺的态度引起了一连串反应。电影《海霞》编剧谢铁骊、导演兼摄影钱江 7 月 25 日给毛泽东写信，申诉《海霞》放映以来受到的种种压制，要求让影片《海霞》通过发行；萧劲光写信揭发上海报刊发表文章攻击军委扩大会议的事；冼星海夫人写信要求举办冼星海逝世 30 周年、聂耳逝世 40 周年音乐会；姚雪垠向毛泽东请求支持他完成长篇小说《李自成》；周海婴反映鲁迅书信和著作出版等亟待解决的问题……毛泽东都一一作出批示，给予解决。

在毛泽东的批示鼓舞下，7 月下旬至 8 月，在文艺界形成了一种揭发、批判"四人帮"及其在文化部的亲信的态势，文艺界开始复苏。经过中共中央批准，一批电影解禁，湘剧《园丁之歌》、话剧《万水千山》等重新出现在舞台，并推出了一批新剧目。1975 年全国共摄制故事片 27 部。很多被停刊的报纸杂志开始复刊。1976 年，全国刊物达 542 种。

三、科技领域在逆境中有所突破

同其他事业一样，"文革"期间，科学研究工作遭到严重干扰和损害。如在"文革"开始阶段，中国科学院所属各研究所的研究工作几乎全部被运动冲击。科学院经费大大下降，1967 年的经费只占 1965 年的 16%。1970 年以后经费略有增加，但 1976 年的经费还比 1965 年的经费减少 1/3 以上。机构被肢解，研究所数量大大削减，几个学部和新技术局也被"砸烂"而停止了工作。1965 年，科学院有 106 个研究所，24714 名科技人员，基本形成学科比较齐全的自然科学综合研究中心。"文革"期间，科学院的机构遭到两次大的变动，大部分研究所调归其他单位，到 1973 年，直属研究所只剩下 13 个，另有 43 个双重领导的研究所。科学家和领导干部横遭批判与迫害。全院被迫害致死的 229 名，占全院职工总数的 0.38%。[①] 但国防科技研究因其特殊性得到一定的保障。20 世纪 60 年代中期，美苏两个超级大国对中国形成南北夹击之势，推行其核威慑政策，中国的独立与安全遭到严重威胁，决定了国防尖端科技事业的特殊地位。1967 年 3

① 参见《中国科学院》（上），当代中国出版社 1994 年版，第 142—155 页。

月，指定粟裕担任国防工业军管小组组长，对国防工办和国防工业各部实行军管。周恩来、叶剑英、邓小平、聂荣臻等人努力排除“文化大革命”的干扰，采取各种措施，推动国防尖端科技事业继续发展；国防科技战线的广大科技人员、职工、解放军指战员共同努力，抵制林彪、“四人帮”的干扰和破坏，发扬艰苦奋斗的光荣传统，国防尖端科技事业大体完成预定的目标，并取得了突破性的进展。

1967 年 6 月 17 日，首次全当量氢弹空爆试验成功。1970 年 4 月 24 日，第一颗人造卫星“东方红一号”升空，中国成为继苏联、美国、法国、日本之后，第五个完全依靠自己的力量成功发射卫星的国家，标志着中国航天技术和航天工业的历史性突破。1971 年 3 月 3 日，“长征一号”火箭再次成功地发射了第二颗人造卫星——“实践一号”。这一颗科学实验卫星为空间物理探测卫星，用于试验太阳能电池供电系统、温控、电子元器件等在宇宙空间长期工作的性能，测量空间环境的各种物理参数。“实践一号”在宇宙空间运行八年多，为设计长寿命卫星提供了宝贵经验。4 月，第一艘鱼雷核潜艇研制成功。

“文化大革命”前期，国防尖端科技取得突破，但在 1971 年之后的三年多时间里，火箭、卫星研制没有声息。1974 年开展的“批林批孔”运动，把国防科技研究和生产的部署全部打乱。邓小平主持工作后，立即将整顿国防科技事业，狠抓导弹、核武器研制任务提上日程。整顿的第一步是加强国防科技工业的领导力量。1975 年 1 月，四届全国人大一次会议任命刘西尧为二机部部长、李成芳为五机部部长、边疆为六机部部长、汪洋为七机部部长。3 月 8 日，中央军委任命张爱萍为国防科委主任。3 月 20 日，邓小平在中央军委常委会上要求国防科研和武器装备生产由国防科委统一起来。张爱萍上任以后，立即率领一个工作组到七机部下属的“老大难”单位蹲点，重点对领导干部进行整顿，批判的锋芒直指资产阶级派性，并同钱学森等专家讨论、规划“三步走”方案①，上报中央专委、

①“三步走”方案是 1977 年研制出射程为 8000 公里的洲际导弹“东风五号”，1978 年研制出潜地导弹，1980 年研制出通信卫星。

中央军委和中共中央并得到批准。在整顿好各级领导班子后，国防科研系统还根据邓小平的要求，建立健全科技管理体系，严格执行规章制度，搞好科研、生产。

3月31日，中央军委第8次常委会讨论国家计委、国防科委提出的《发展中国卫星通信问题的报告》，提出把以研制、发射第一颗同步地球卫星为目标，包括通信卫星、运载火箭、测控系统、发射场、地面站五大系统的卫星通信工程列入国家计划。《报告》随即得到中共中央和毛泽东的批准。这项工程被命名为"331工程"。在工程项目推动下，我国自行研制成功地面站、第三代电子计算机，发展了激光红外技术，先后自行研制成功小同轴300路载波机、中同轴1800路载波机通信干线。

经过整顿，七机部战略导弹、运载火箭和卫星的研制取得很大进展，1975年11月26日，接连成功发射三颗人造卫星，被誉为"三星高照"。其中一颗是返回式遥感卫星。这种卫星美国经历了12次失败才获得成功[①]。中国成为继美、苏之后第三个掌握卫星回收技术和航天遥感技术的国家。二机部核武器研制试验方面也打破了多年的沉寂。10月下旬，新疆南山马兰训练基地的第17次核试验爆炸成功。这是一次地下核试验，是第二次地下平洞试验。与此同时，竖井地下核试验方案开始设计。中国的国防尖端科技事业以世界瞩目的步伐前进。

生物技术方面也有突破。杂交水稻育种专家袁隆平，从1964年开始从事水稻雄性不育试验，1972年，中国农业科学院和湖南省农业科学院进行科研协作，选育成了中国第一个应用于生产的不育系"二九南一号"。1973年，中国籼型杂交水稻实现配套。1975年冬，国务院决定在长江流域加速推广杂交水稻。杂交水稻大面积亩产达1000斤左右，高产田达1500斤至1600斤，比一般水稻良种增产20%左右，为中国粮食生产作出了重大贡献，在国际上居于领先地位。

屠呦呦从青蒿中成功提取了用于治疗疟疾的青蒿素。1966年5月23日，国家科委和总后勤部在北京部署抗疟药三年研究规划的全国协作会

---

① 参见《当代中国的航天事业》，中国社会科学出版社1986年版，第310页。

议，为保密，简称为“523”任务。1969 年，中医研究院中药研究所接受任务，屠呦呦担任组长，负责从中医古籍的截疟记载找到灵感和启发。在全国“523”项目单位和中医科学院团队的通力协作下，经过反复试验，屠呦呦于 1972 年用沸点只有 53℃的乙醚，从青蒿中成功提取了青蒿素，对疟原虫的抑制率达到 100%。青蒿素的发现，后来被称为 20 世纪后半叶最伟大的发现，因为青蒿素挽救了全球特别是发展中国家的数百万人的生命。中国青蒿素的出现，突破西方学者对“抗疟疾药化学结构不含氮（原子）就无效”的传统医学观念，为中医药走向世界作出突出贡献。

其他科技领域也取得一些重大成果。陈景润于 1966 年发表的《大偶数表示一个数及一个不超过 2 个个数的乘积之和》（通称“1+2”），成为哥德巴赫猜想研究上的一个里程碑，被称为“陈氏定理”，轰动了国际数学界。高能物理学界提出“层子模型”的新理论。医学工作者创造成功针灸麻醉，对医学发展作出了贡献。科学家华罗庚在周恩来关心支持下，推广“统筹法”和“优选法”。中国成功地利用 X 光衍射法完成了分辨率为 2.5 埃的猪胰岛素晶体结构的测定，这是中国继首先在世界上人工合成蛋白质——结晶牛胰岛素后，在蛋白质研究工作中取得的又一尖端科研成果。

四、文物保护的努力与考古发掘的重大发现

“文化大革命”开始后不久，在陈伯达等鼓动下，红卫兵破“四旧”。全国红卫兵纷纷走向社会，横扫“四旧”，首当其冲的就是历史文物，许多文物古迹遭到破坏，如北京香山碧云寺、卧佛寺和颐和园、昌平汉城遗址，河南洛阳龙门石窟，湖南南岳大庙和屈原祠，山东曲阜孔府，海南海瑞墓，浙江岳飞墓，山东武训墓等。在“破四旧”的狂潮中，红卫兵查抄、烧毁了大量文物字画。据统计，北京市 1958 年第一次文物普查中保存下来的 6843 处文物古迹中，有 4922 处被毁坏，其中大多数毁于 1966 年 8 月和 9 月间。[①] 曲阜孔府、孔庙等被破坏的各种文物达 6618 件。在路线斗

① 参见陈东林、杜蒲主编：《共和国史记》第 3 卷，吉林人民出版社 1994 年版，第 125 页。

争中，一些近现代文物遭到破坏，如湖南刘少奇旧居、延安“四八”烈士陵园等。破“四旧”给文物古迹造成了难以估量的损失。

当“文物”成为破“四旧”的主要冲击对象时，周恩来在极端困难的情况下采取了紧急措施，派遣一个团的解放军进驻故宫，使这一举世闻名的重要古建筑和其中收藏的大量珍贵文物免受冲击。之后，还下达了一系列保护文物的指示，并亲自做红卫兵的工作。广大文物工作者和群众对文物的保护发挥了重要作用。如 1966 年 8 月，上海红卫兵冲进龙华镇扬言火烧龙华塔，当地工人和学生联名贴出大字报，提出保护名胜古迹，抵制所谓的“革命行动”。上海嘉定县博物馆工作人员将文物掩藏，使文物得以完整保存。鲁迅博物馆的珍藏手稿，因工作人员的保护进入国家档案馆保存。有的博物馆派人轮流日夜值班，抵挡红卫兵的多次冲击，保护馆舍和文物库房。当杭州的红卫兵冲击灵隐寺时，浙江省委组织浙江大学学生前往守卫，直到周恩来发来“灵隐寺暂加封存”的指示，使之幸免于难。

1967 年初开始，中共中央、国务院连续发出保护文物、图书、档案的通知和规定，纠正大量破坏文物的行为，制止对文物的破坏。2 月，北京市成立由 10 个单位组成的古书文物清理小组，清理红卫兵查抄的文物、图书、字画，并到造纸厂、回收站、金属冶炼厂等进行图书、文物的拣选，挽回了一些损失。解放军北京卫戍区还对北京定陵博物馆、北京图书馆、鲁迅博物馆等重要文物单位进行军事管制。虽然文物破坏的现象有所遏制，但全国大多数文物保护单位被关闭，工作人员下放，文物保护工作不能正常开展。

为政治需要，各地博物馆举办各种时政性展览。如中国革命博物馆举办了“大庆展览”“大寨展览”“批林批孔展览”，北京故宫举办泥塑“收租院展览”，中国人民革命军事博物馆等举办“首都红卫兵革命造反战果展览会”等。1969 年，中国历史博物馆举办了经过修改的“中国通史陈列”。

在周恩来的支持和考古工作者的努力下，考古工作恢复后，考古发掘有不少重大发现。其中重要的有：1968 年 8 月，在河北省满城发掘出西汉中山靖王刘胜[①]墓及王后窦绾墓，出土金缕玉衣、“长信灯”等4200多件珍贵文物。这是中国首次发现成套的金缕玉衣，不仅对研究汉代诸侯王贵族的丧葬制度有着重要价值，而且为研究汉代的冶炼、铸造、制玉、漆器、纺织等手工业和工艺美术发展情况提供了重要资料。

1972年，陕西姜寨遗址和河南大河村仰韶文化遗址的发掘，对史前社会研究具有重要意义。同年，山东临沂银雀山出土大量竹简，其中包括《孙子兵法》《孙膑兵法》等。1973年，浙江发掘河姆渡遗址，出土了世界上最早的稻谷种子以及大量动物遗骸、骨器、角器、牙制品、木器、漆器等。

1972年，湖南长沙马王堆墓出土一具保存完好的女尸和大量成组、成套的器物、丝织品以及内容珍秘的帛书、竹木简，成为举世瞩目的重大考古发现。它反映汉初的物质文明和社会风貌，对研究汉代历史具有重大意义。马王堆女尸的出土也为研究古代病理学及中国医学发展史提供了重要的资料。

1974年发掘出秦始皇陵兵马俑。这些和真人、真马大小相似的陶俑、陶马，有车兵、骑兵和步兵等不同的兵种，排列整齐有序。陶俑的形象各不相同，精妙雄奇，被誉为世界第八大奇迹、20世纪考古史上的伟大发现之一。

在周恩来的努力下，1971年7月，故宫博物院重新对外开放。与此同时，国务院图博口筹办的“文化大革命期间全国出土文物展览”在故宫开幕。长沙马王堆汉墓出土后，1973年，国务院拨专款修建马王堆文物陈列馆，并向国内外开放。此后，各地博物馆工作陆续恢复。

五、对外文化交流的特殊使命

“文化大革命”发动后，由于极左思潮泛滥，特别是1967年8月夺权后的造反派，制造了火烧英国驻华代办处的恶性事件，在国际上造成了恶劣影响，中国对外交流与合作基本中断。毛泽东、周恩来认识到问题的严

① 刘胜系汉武帝之兄长，蜀汉皇帝刘备第十三世先祖，为第一代中山国国王。

重性，以极大的努力来改变外交极不正常的状态。毛泽东多次发出指示，要求对外宣传中不要强加于人，批评“世界革命中心——北京”的提法表现出“以我为核心”的错误思想。外交工作较早摆脱“文化大革命”的干扰与破坏。1969 年尼克松就任总统后，美国对中国态度有所变化，中国根据这一新的国际形势，适时调整外交战略。为开启中国与西方国家交流的大门，文化担负起特殊的使命。

“乒乓外交”传为佳话。1971 年 3 月末至 4 月初，第 31 届世界乒乓球锦标赛在日本举行。比赛期间，一位美国乒乓球队员科恩错上了中国乒乓球队员乘坐的巴士。正当他感到为难时，世界乒乓球冠军庄则栋走上前与他握手、交谈。下车前，庄则栋还送给他一块杭州织锦留作纪念。这件事被敏锐的记者捕捉到，以“中美接近”为标题刊登在第二天的日本各大媒体，立即引起了轰动。几天后，美国乒乓球队的领队登门拜访中国队，希望在世乒赛后访问中国。消息传回国内，毛泽东经过考虑，决定邀请美国乒乓球队访华，为中美正在酝酿的两国关系提供突破的契机。消息一经传出，立即引起轰动。美国总统尼克松感到十分惊喜。4 月 10 日，美国乒乓球队来到北京，与中国队进行友谊比赛，参观长城、故宫、天安门。周恩来接见了这个 20 多年来第一支访问中国的美国代表团，他风趣地说是乒乓球“打开了两国人民友好交往的大门”。乘此东风，1972 年 2 月 21 日，尼克松来到中国访问，中美关系走向正常化。这被称为“小球推动了世界大球的转动！”

“文物外交”在中西方关系没有完全解冻情况下，因政治色彩淡成为与“乒乓外交”齐名的成功的文化外交模式。随着中国考古工作取得重大进展，在周恩来的指示下，1971 年冬，国务院图博口筹备由全国 11 个省、市文博单位参加的“中华人民共和国出土文物展览”，展示中国灿烂的古代文化。展览在欧洲、美洲、亚洲 10 多个国家展出后轰动世界。这期间还将长沙马王堆汉墓出土文物拍成电影，在世界放映。尼克松、田中角荣、希思、蓬皮杜等来华时参观中国各地文物古迹成为外事活动的重要内容。

随着中国在联合国恢复合法席位，中国与世界尤其是西方国家的文化交流有所进展。1972 年，中国代表团出席联合国教科文组织第 16 届大会。中国正式参加教科文组织的活动，标志着中国多边文化交流与合作的开始。从 1972 年开始，中国恢复向国外派遣留学生。根据中共中央批准的《关于中法贸易和文化交流若干项目的原则请示》的规定，国务院科教组于 9 月 15 日决定向法国派遣 20 名留学生，主要是学习法语。派遣对象为青年翻译、干部或教师。同年，还向英国派遣 16 名留学生。1973 年中国开始恢复接收外国留学生。1973 年至 1976 年底，中国共接收来自越南、日本等 65 个国家和地区的留学生 1667 人。中国恢复与外国互派教育代表团组和学者更早。1970 年伊拉克教师协会主席拉维博士率代表团访问中国。同年，日本教职员友好访华团和日本学生友好参观团来中国访问。到 1976 年止，中国共派出 16 个教育代表团出访英国、法国等 14 个国家，接待了来自法国、瑞士等 37 个国家 73 个教育代表团组的来华访问，共 372 人次。中国与发达资本主义国家交流的力度逐渐加大。1975 年至 1976 年，中国聘请英国、澳大利亚、法国、德意志联邦共和国专家 17 人，为中国外语学院的教师开设短期语言进修班。中国也向加拿大等国派遣 6 名教师，进行短期讲学。

1972 年至 1973 年，国家派出 38 个艺术团体，出访了世界 33 个国家和地区。1973 年 1 月至 4 月，中国武汉杂技团赴尼泊尔、缅甸、斯里兰卡、巴基斯坦、阿富汗五国访问演出。3 月 25 日至 9 月 20 日，中国上海杂技团赴阿尔巴尼亚、罗马尼亚、法国、意大利、土耳其、英国等国访问演出，增进了友谊。

六、“文革”时期的文化“新景观”

“文化大革命”时期，许多与以往不同的特殊文化现象不能忽略，权且称之为“新景观”。

传单、“红卫兵小报”。当时信息的传播除了官方媒体这个主渠道外，被群众（主要是“革命师生”）大量运用的有“革命传单”。中央有关文件，领导人的讲话、谈话，清华、北大的大字报，除了手抄（称为“传抄”）之外，大量通过油印的传单发出去。由于当时用纸量激增，为醒目而又节省费用，传单大多用红红绿绿的有光纸印刷。一时间，大街闹市，不时有各种传单飘洒。毛泽东曾用诗描绘了这种情景：“一阵风雷惊世界，满街红绿走旌旗。”[①]

随着各种红卫兵组织的建立、革命造反活动的展开，传单被各种“红卫兵小报”代替。“红卫兵小报”为“文革”的展开大造舆论，进而成为各个造反派的喉舌、进行派性斗争的工具。如“文革”初期的一份“首都红代会中国人民大学三红文学兵团”为首署名编印的小报，以《六十部小说毒在哪里》为标题，列举“文革”前出版的60部小说，指称它们为“毒草”。这份小报成为部分红卫兵勒令书店停售有关书籍的重要依据。“红卫兵小报”大部分从油印发展为铅印，印数每次几千份、上万份以至几十万份不等。据调查，仅北京地区的“文革小报”就有近1000种，计约8770期。[②] 由于新闻界被“夺权”以后，党、政、军文化机关出版的许多报刊纷纷停刊，“红卫兵小报”记录了“文革”中的许多情况，也涉及中国共产党历史和中华人民共和国史上的一些重要人物和事件，至今仍为国内外历史研究者所关注。

在“文革”初期，由于林彪的鼓动，大搞早请示、晚汇报，读毛主席语录，跳忠字舞，唱语录歌，做语录操等种种表忠心的“仪式”，一时风靡北京、遍及全国，成为群众生活中的大事。“红海洋”也是“文革”初期一种独特的文化景观。全国上下，从城市到农村，到处墙上刷上红色大标语（内容为“战无不胜的毛泽东思想万岁”“伟大的无产阶级文化大革命胜利万岁”等），显眼的地方悬挂巨幅毛泽东画像和写着林彪“四个伟大”的红色招贴画，广场上群众集会、大街上队伍行进时到处红旗招展，人们臂膀上戴着红袖章，手中挥舞着红色《毛主席语录》本，整个中国似乎成了一片“红海洋”。全民学习毛泽东著作，从七八岁的小孩到六七十岁的老人，人人有《毛主席语录》，户户读《毛泽东选集》，男女老少都参加活学活用毛泽东著作的全民运动，形式主义盛行，这实际变成了政治工具。每个地方、每个单位还组织一些年轻人组成“毛泽东思想文艺宣传队”，唱语录歌，跳忠字舞，演样板戏选段或选场以及忆（旧社会之）苦

---

①《毛泽东年谱（1949—1976）》第5卷，中央文献出版社2013年版，第596页。

② 参见方汉奇主编：《中国新闻事业通史》第3卷，中国人民大学出版社1999年版，第227页。

思（新社会之）甜，表演表扬好人好事的快板书、三句半等。一般都不注意艺术水平，只注重“战斗性”和“革命性”，强调“文艺为无产阶级政治服务”，也会为配合某项政治运动、政治任务而临时编排一些节目，内容和形式比较单调。

“文革”时期，毛泽东诗词借助于毛泽东本人的人格魅力、政治影响力和人们对领袖的崇拜，通过出版、广播、音乐、表演、书法、邮票等各种形式，广为传播。全国掀起了群众性学习、宣传、歌唱和运用毛泽东诗词的热潮。毛泽东诗词的书籍数量巨大，中央报刊、地方报刊和红卫兵、造反派组织的小报，频频在显著位置刊登毛泽东诗词，“毛泽东诗词歌曲”也很热。在“文革”前，一些音乐工作者深为诗词中的宏伟气魄、深邃意境和博大情怀所鼓舞，激发了创作热情，采用各种表现手法，将毛泽东诗词谱成歌曲。1966年5月举行的第七届“上海之春”音乐会，在文化广场为上万听众专场演唱了毛泽东诗词歌曲。在“文革”时期，不仅所有已经发表的毛泽东诗词全部被谱曲（有的是一词多曲），而且不少毛主席语录也谱成歌曲传唱。学习毛泽东诗词，编辑刊印毛泽东诗词教材、讲义，蔚然成风。在中小学，毛泽东诗词成为学生学习历史和古典诗词知识的教材。毛泽东诗词不断出现在文章和文学作品中，无论是社论、通讯、批判文章，还是诗歌、散文，根据题材、内容、观点的不同，引用毛泽东诗词成为当时的一种时尚。

上述群众文化很普及，但大部分是畸形的，大多数在1971年“九一三”事件后被废弃，毛泽东思想文艺宣传队则在粉碎“四人帮”后自行消亡，反映的是“文革”中政治狂热、革命崇拜与个人崇拜的特有文化现象，形式大于内容。

1972年第一次调整后，公开发表和出版了不少文艺作品，如前面提到的电影、戏剧作品《创业》《海霞》，晋剧《三上桃峰》，湘剧《园丁之歌》，话剧《万水千山》等；长篇小说《艳阳天》《金光大道》《虹南作战史》《牛田洋》《沸腾的群山》《海岛女民兵》《闪闪的红星》《征途》《飞雪迎春》《分界线》《大刀记》《万年青》《万山红遍》等；诗歌有《枣林村记》《红花满山》《放歌长城岭》《螺号》《放歌记》《我爱高原》《理想之歌》《歌飞大凉山》《忆向阳》等。其中一些作品有深刻的“文革”政治烙印，用阶级斗争扩大化的思想观念去观察表现生活，塑造的是“高、大、全”式的英雄人物。

“文革”时期文学创作中诗歌最流行。其中，又以“工农兵诗歌”最盛行。这是一支群众性的业余创作队伍创作的，作者数量很大，报刊上每天发表工农兵诗歌。这些诗歌反映工农兵的现实生活和情怀，但许多有标语口号化的倾向，空洞而喧嚣。

除了上述主流的文艺作品，在恶劣的文化环境中，有一群写作者，他们的作品以手抄本、油印本、少量打印本以及大字报的形式出现，由于大多数作品的创作理念、特征、审美旨趣与当时主流迥异，其写作与阅读均以隐秘的方式进行，因此被称为“地下文学”，以诗歌和小说最多。他们中的一部分是在“文化大革命”中被剥夺了发表作品权利的中老年作家，身处逆境，仍秘密地进行创作，抒写出对时代、人生、生命的独特体验和思考。如丰子恺白天受批斗，凌晨还偷偷起来写作，写出的几十篇散文，后来结集成《缘缘堂续笔》。老诗人曾卓写的《在悬崖边的树》、牛汉写的《半棵树》等，思考在重压之下的生命、死亡与背叛的哲理。《在悬崖边的树》表达了知识分子的执着和信念，诗人坚信，这暂时“埋在坝下”的诗篇，待到“熔岩一旦喷出”的“明春准会生根发芽”。一批年轻的文学爱好者，特别是上山下乡的知识青年，自发地创作了许多广为流传的诗歌、小说等作品。知青郭路生写于1968年的长篇抒情诗《相信未来》，在知青中广为传颂、鼓舞了无数知青。诗中写道：“我之所以坚定地相信未来，是我相信未来人们的眼睛，她有拨开历史风尘的睫毛，她有看透岁月篇章的瞳孔。”诗中呼唤：“朋友，坚定地相信未来吧，相信不屈不挠的努力，相信战胜死亡的年轻，相信未来，热爱生命。”有影响的手抄本小说有靳凡的《公开的情书》、赵振开的《波动》和张扬的《第二次握手》。《第二次握手》在全国广泛流传，被“四人帮”定罪，作者入狱。“文革”中的这批青年诗人后来成为新时期朦胧诗和新诗潮的主体，“文革”后的“知青文学”，与“文革”时期的地下知青文学创作有着密切的血缘关系。文艺的发展以自己的方式开辟了道路。

1976年清明前后群众发起的天安门诗歌运动，成为公开反抗“四人帮”封建文化专制的先声，树立了其在文学史上的丰碑。1月8日，周恩来总理逝世，全国人民无限悲痛，而“四人帮”却明目张胆地攻击周总理，下禁令不准人民进行悼念活动，并强制“批邓，反击右倾翻案风”。“四人帮”的倒行逆施，激起人民的极大义愤，遭到全国人民的口诛笔伐。3月30日，南京街头、大学校园首先出现了反对“四人帮”、保卫周总理的大幅标语。在北京，许多群众自发地到天安门广场纪念碑前献花圈、花篮。群众表达意志和情绪的主要手段是诗词，他们或张贴，或朗诵。全国许多城市都爆发了以悼念周恩来为主题，以诗歌为武器，以声讨“四人帮”为目标的群众运动。一位工人的诗写出了当时群众的情绪：“欲悲闻鬼叫，我哭豺狼笑，洒泪祭雄杰，扬眉剑出鞘。”

这引起了“四人帮”一伙的仇恨和恐惧，他们以中央的名义发出电话通知，要求人们不要去天安门广场。这一举动却让更多的群众涌向天安门广场，4月4日清明节达200万人次。天安门前，纪念碑下，成了诗词的海洋：“一夜春风来，万朵白花开。欲知人民心，且看英雄碑。”千万首诗歌表达了对周总理的怀念、对邓小平的爱戴，讨伐“四人帮”。诵者声泪俱下，听者热泪盈眶，读者奔走相告，抄者废寝忘食。这被定性为反革命政治事件，诗词是“反动诗词”，作者和诵者、抄者都被追查与迫害。诗歌创作的主体有诗人，更多的是广大群众。诗歌数量很大，仅抄录、搜集、收藏、整理和编辑出版的诗集有10种之多。

天安门诗歌无论在思想内涵还是艺术表现形式上，都有其特殊性，表达的是政治诉求，以诗言志，爱憎分明，情真意切，短小朴实，具有强烈的战斗性和感染力，成为同“四人帮”斗争的武器。这一广泛的群众性运动为粉碎“四人帮”准备了群众基础。周扬评论说：“历史是无情的，也是富于戏剧性的，‘四人帮’篡党夺权首先从文艺战线开刀，人民则用文艺的重锤敲响了他们覆灭的丧钟。”[①] 天安门诗歌表现了文化的力量，在新中国文化史上具有特殊的意义。

---

① 周扬：《继往开来，繁荣社会主义新时期的文艺——在中国文学艺术工作者第四次代表大会上的报告》。

第四章　开创社会主义文化建设新时期（1976—1992）

1976年10月6日，中共中央粉碎“四人帮”，“文化大革命”结束。这一时期国家政治和社会生活发生重大转变，文化领域思想活跃。“文革”后期，一些有识之士就开始对“文革”极“左”思潮进行反思。粉碎“四人帮”后，文化领域很快进入对“文革”的反思，“伤痕文学”出现，教育科技领域开始拨乱反正，开展真理标准大讨论，为1978年12月中共十一届三中全会的召开，作了思想理论上的准备。而真理标准大讨论带来的思想大解放和中共十一届三中全会确立党和国家工作重心向现代化建设的转移，为文化领域的全面拨乱反正和文化建设的开拓创新奠定了基础。通过总结历史经验教训，中共中央不再提“文艺从属于政治”的口号[①]，摈弃“以阶级斗争为纲”的文化范式，确立了“为人民服务、为社会主义服务”的“二为”方向，恢复“双百”方针，同时在思想文化建设中旗帜鲜明地提出坚持四项基本原则，反对精神污染、反对资产阶级自由化，形成了关于社会主义精神文明建设的完整思想体系和理论框架，科教文化各项事业得到迅速的恢复和发展。国家根据新的发展战略，确立了教育、科技、文化事业在社会主义现代化建设中的战略地位，并于20世纪80年代中后期开始探索与现代化建设相适应的教育科学文化体制。改革开放、解放思想、实事求是，全国充满了爱国强国、改革振兴的浓厚氛围，人们满

① 参见《邓小平文选》第2卷，人民出版社1994年版，第255页。

怀报效祖国的使命感和责任感。文化观念的初步转变和文化政策的调整，促进了文化形态的多样化发展，文化迎来了新中国成立以来空前繁荣的新时期。

第一节　文化领域全面拨乱反正

由于“文革”十年“四人帮”长期把持文教工作的领导权，文化领域受极左思想的影响极为严重，文化领域的拨乱反正从否定教育的“两个估计”与“文艺黑线专政”论开始，恢复和发扬中国共产党长期形成的一系列指导文化发展的正确方针政策，平反冤假错案，为大批文化工作者恢复名誉，并根据时代发展的要求提出文化发展的“二为”方向和教育发展的“三个面向”要求，尊重知识，尊重人才气氛的形成，为文化的健康发展提供了保证，新时期的文化因此实现历史的嬗变。

一、文艺领域的反思与“二为”方向的提出

粉碎“四人帮”后，作为“文革”重灾区的文艺领域较早开始进行反思。推翻“文艺黑线专政”论，砸碎这个精神枷锁，实现文艺的新生。

1977年开始，文艺界对“四人帮”宣扬的“三突出论”等文艺理论进行批判与清算。10月，《人民文学》编辑部召开短篇小说创作问题座谈会，与会者表达了要突破当时文艺界沉闷状况的愿望，拉开了批判“文艺黑线专政”论的序幕。11月21日，《人民日报》编辑部邀请文艺界知名人士举行座谈会，茅盾、刘白羽、张光年、贺敬之、谢冰心、吕骥、蔡若虹、李季、冯牧、李春光等文艺界知名人士参加。会上控诉和批判“四人帮”炮制的“文艺黑线专政”论的罪行，肯定了“文革”前17年的文艺路线。与会者指出，所谓“文艺黑线专政”论，就是“四人帮”强加在文艺工作者和广大人民身上的精神枷锁、政治镣铐。11月25日，《人民日报》以《坚决推倒、彻底批判“文艺黑线专政”论》为题报道了这次座谈会的情况。12月，文艺界批判“文艺黑线专政”论的势头更为强劲，《人民日报》相继发表座谈会部分同志发言，如贺敬之的《必须彻底批判“文

艺黑线专政”论》、巴金的《除恶务尽　不留后患　揭批“四人帮”炮制“文艺黑线专政”论的罪行》等。12 月 28 日至 31 日，《人民文学》编辑部也邀请了在京的部分文艺界知名人士召开座谈会。这次召开的座谈会规模很大，参加座谈会的文艺界知名人士达 100 多人。中共中央宣传部部长张平化，副部长朱穆之，文化部部长黄镇，副部长刘复之、周巍峙、贺敬之、林默涵及中国人民解放军总政治部文化部部长刘白羽等都参加了座谈会。黄镇在会上提出，今后一个时期文艺界的中心任务就是深入批判“文艺黑线专政”论。文化部组织对从中华人民共和国成立到 1966 年的包括电影在内的全国文艺作品进行整理，并根据粉碎“四人帮”后人们对十七年里作品的欢迎态度，指出，“所有这些都无可辩驳地说明了，十七年的文艺工作，成绩是主流”[①]。

1978 年 4 月，文化部召开揭批“四人帮”大会，为受迫害的文艺工作者平反。5 月 27 日，中国文联召开三届三次扩大会议，会上批判了“文艺黑线专政”论，宣布中国文联和中国作家协会、中国戏剧家协会、中国音乐家协会、中国电影工作者协会和中国舞蹈工作者协会等恢复工作。6 月，被停刊的《文艺报》复刊。经过一年多的清理、批判，把文艺领域被“四人帮”颠倒了的思想是非、理论是非颠倒过来。1979 年 5 月 3 日，中共中央批转总政治部《关于建议撤销 1966 年 2 月部队文艺工作座谈会纪要的请示》的通知，决定撤销《部队文艺工作座谈会纪要》，对受《纪要》影响被错误批判、处理的人员和文艺作品，要实事求是地予以平反。[②]“文艺黑线专政”论被彻底否定，一大批过去受到错误批判的文艺工作者及作品恢复了名誉。文艺界的领导和一些知名人士，如周扬、夏衍、田汉、阳翰笙、傅雷、丰子恺、邵荃麟、赵树理等出来工作或得到平反昭雪；一些有影响的艺术家，如周信芳、郑君里、严凤英、潘天寿、盖叫天等的冤假错案也平反昭雪。1979 年 1 月，中共中央为“中宣部阎王殿”冤案平反。2 月 26 日，中宣部批准为“旧文化部”“帝王将相部”“外国死人部”大错案平反的决定。凡是受到大错案的牵连，受到打击、诬陷的同

① 《一场捍卫毛主席革命路线的伟大斗争——批判“四人帮”的“文艺黑线专政”论》，《人民日报》1978 年 1 月 11 日。

② 参见《三中全会以来重要文献选编》（上），中央文献出版社 2011 年版，第 130 页。

志一律彻底平反，一切污蔑不实之词统统推倒。

在对“文艺黑线专政”论批判的同时，对“文革”反思的“伤痕文学”也登上中国文坛。1977年第11期《人民文学》发表了刘心武的短篇小说《班主任》。小说讲述的是一个中学教师挽救受“文革”毒害的中学生的故事，作品无情鞭挞了“文革”中盛行的极左思潮给广大青少年心灵上造成的伤害，发人深省，震人心弦。伤痕文学这一特定概念的命名，是由作家卢新华于1978年8月在《文汇报》发表的短篇小说《伤痕》而来的。小说通过上山下乡知青王晓华的遭遇，揭露了极左思潮和“血统论”给社会造成的伤害。与之类似的作品还有丛维熙的《大墙下的红玉兰》、冯骥才的《铺花的歧路》、周克芹的《许茂和他的女儿们》等。伤痕文学这一类作品均从生活出发，呼唤人的尊严和价值，揭露“文化大革命”对人们造成的“灵魂扭曲”和“精神伤害”，促进了文艺界的思想解放。但是，也有一部分“伤痕文学”，走上了借此否定共产党领导、否定社会主义制度的道路。

随着拨乱反正的进行，许多思想禁锢被打破，人们对“文革”的认识不断深入，“反思文学”应运而生。较之于伤痕文学，反思文学从展示和揭露“文革”的创伤进一步发展到去探寻造成这些苦难的历史动因，其视野也由“文革”延伸到1957年以来甚至更早的时段，对那段历史进行思考。代表作有茹志鹃的《百合花》、张一弓的《犯人李铜钟的故事》、张洁的《从森林里来的孩子》和梁晓声的《这是一片神奇的土地》等。在新时期文学发展的同时，一批“文革”中的禁书也重新与读者见面。

诗歌、话剧、戏剧等艺术形式也逐渐活跃起来。在周恩来逝世三周年之际，人民文学出版社出版了根据童怀周编辑的《天安门诗文选》选编的、收入600多篇诗词的《天安门诗抄》，发行量达200多万册。贺敬之的《中国的十月》、李瑛的《一月的哀思》和柯岩的《周总理，您在哪里》等诗歌一时广为流传。一批禁演的剧目，如《洪湖赤卫队》《豹子湾的战斗》《南海长城》《八一风暴》《朝阳沟》等重新上演。新创作的话剧《枫叶红了的时候》《于无声处》《左邻右舍》《丹心谱》《曙光》等剧目深受欢迎。其中，宗福先创作的反映天安门事件的话剧《于无声处》，1978年11月16日公演，引起巨大的轰动。全国有1000多个文艺团体演出了这部话剧，几千万人争相阅读这个剧本，产生了巨大的影响。

中共十一届三中全会召开后，以邓小平为核心的党的第二代中央领导集体，在总结党领导文化工作的经验教训、分析新时期中国文化事业面临的新情况新问题的基础上，对文艺政策作出重大调整。1978年6月13日，《人民日报》发表题为《认真调整党的文艺政策》的文章，在对“毛主席革命文艺路线”的阐释上，只强调“文艺为工农兵服务”而舍弃了“文艺为政治服务”的提法。这是一个引人注目的重大变化。1979年10月30日，中国文学艺术工作者第四次代表大会在北京召开，3000多名文艺工作者代表参加会议。邓小平致祝词，他肯定了“文革”前十七年和“文革”结束后文艺工作取得的成绩，指出：“要继续坚持毛泽东同志提出的文艺为最广大的人民群众、首先为工农兵服务的方向，坚持百花齐放、推陈出新、洋为中用、古为今用的方针，在艺术创作上提倡不同形式和风格的自由发展，在艺术理论上提倡不同观点和学派的自由讨论。”[①] 并集中阐释文艺与政治、文艺与人民、文艺与生活的关系等问题。他要求文艺工作者要努力学习马列主义、毛泽东思想，要深入生活、分析生活、深入群众，“人民是文艺工作者的母亲”，要“自觉地在人民的生活中汲取题材、主题、情节、语言、诗情和画意，用人民创造历史的奋发精神来哺育自己，这就是我们社会主义文艺事业兴旺发达的根本道路”，“作品的思想成就和艺术成就，应当由人民来评定”。讲话继承了党的人民文艺观，又对文艺与人民的关系作了符合时代精神的新阐释。创作题材上，“英雄人物的业绩和普通人们的劳动、斗争和悲欢离合，现代人的生活和古代人的生活，都应当在文艺中得到反映”。表现手法要日益丰富多彩，敢于创新。要满足人民精神生活多方面的需要，只要能够使人们从中得到教育和启发，得到娱乐和美的享受，“都应当在我们的文艺园地里占有自己的位置”。不再只重视文化的意识形态属性，也认可了文化的娱乐和审美的功能，丰富了文化内涵。

关于文艺与政治的关系，祝词没有提之前一直强调的“文艺为政治服务”。邓小平认为文艺与政治的关系关键在于党对文艺的领导方式：“党

①《邓小平文选》第2卷，人民出版社1994年版，第210页。

对文艺工作的领导，不是发号施令，不是要求文学艺术从属于临时的、具体的、直接的政治任务，而是根据文学艺术的特征和发展规律，帮助文艺工作者获得条件来不断繁荣文学艺术事业，提高文学艺术水平，创作出无愧于我们伟大人民、伟大时代的优秀的文学艺术作品和表演艺术成果。”因此，“衙门作风必须抛弃”“行政命令必须废止”，要营造保证文艺工作者能“充分发挥自己的聪明才智”的良好氛围。他强调“文艺这种复杂的精神劳动，非常需要文艺家发挥个人的创造精神。写什么和怎样写，只能由文艺家在艺术实践中去探索和逐步求得解决。在这方面，不要横加干涉。”① 尊重文艺和文艺家的主体作用，为文艺松绑，改善文艺发展的环境，对繁荣新时期的文艺具有重要意义，也为“二为”方向的提出奠定了思想基础。

祝词总结了文艺发展的经验教训，解决了文艺、文化发展中的重大问题，在此基础上形成的一系列新的文艺政策，成为20世纪80年代文艺调整的指导方针，第四次文代会被称为文艺发展的一个极为重要的里程碑。11月3日至11日，美协、作协、剧协、音协、影协、曲协、舞协等分别召开代表大会，这些机构和组织又重新活跃起来。

1980年1月16日，在中共中央召集的干部会议上，邓小平明确表示：“不继续提文艺从属于政治这样的口号，因为这个口号容易成为对文艺横加干涉的理论根据，长期的实践证明它对文艺的发展利少害多。”同时也指出：“文艺是不可能脱离政治的。任何进步的、革命的文艺工作者都不能不考虑作品的社会影响，不能不考虑人民的利益、国家的利益、党的利益。”② 在革命年代，“工农兵”占人口的90%以上，是人民的主体；在新时期，“工农兵”已远远不能涵盖文艺的服务对象，社会主义现代化是最大的政治。根据邓小平等的意见，7月26日，《人民日报》发表社论《文艺为人民服务、为社会主义服务》，明确以“文艺为人民服务、为社会主义服务”取代“文艺为工农兵服务、为无产阶级政治服务”。社论认为，

① 参见《邓小平文选》第2卷，人民出版社1994年版，第209—213页。

②《邓小平文选》第2卷，人民出版社1994年版，第255—256页。

这个新的口号概括了文艺工作的总任务和根本目的，它包括了为政治服务，但比起孤立地提为政治服务更全面、更科学。“二为”方向成为新时期国家文化方针政策的重要组成部分。

文化领域的拨乱反正，就是把过去提出的正确的方针原则恢复起来，把反对错了的改正过来，并根据时代的变化，适时实现新时期社会主义文化政策的重大调整，既为文化建设提出质的规定性，又为文化建设实践的健康发展指明了方向。沐浴在新时期的春风里，社会主义文化事业呈现出勃勃生机。很短的时期内，就诞生了《剪辑错了的故事》《天云山传奇》《冬天里的春天》等深刻思考社会历史的文学作品和以《乔厂长上任记》《赤橙黄绿青蓝紫》等为代表的反映初期改革的作品；电影有《小花》《生活的颤音》《春雨潇潇》《泪痕》《苦难的心》《巴山夜雨》《芙蓉镇》等优秀影片；还涌现出歌曲《祝酒歌》《我们的生活充满阳光》和油画《父亲》等一大批优秀的艺术作品。

二、教育事业的整顿和恢复高考

“文革”期间，教育遭到严重冲击，极“左”思潮在学校蔓延，整个国家的教育秩序被彻底打乱。教育领域的拨乱反正从推翻“两个估计”和恢复高考开始。

1977 年 5 月 24 日，邓小平同去看望他的中央领导谈到教育的重要性和恢复考试问题：“我们要实现现代化，关键是科学技术要能上去。发展科学技术，不抓教育不行。”“要经过严格考试，把最优秀的人集中在重点中学和大学。”① 邓小平复职后自告奋勇分管教育和科技。7 月 29 日，他同教育部负责人谈话：有几个问题要提出来考虑，第一，是否废除高中毕业生一定要劳动两年才能上大学的做法；第二，要坚持考试制度，重点学校一定要坚持不合格的要留级。他认为，“教育与科研两者关系很密切，要狠抓，要从教育抓起。”②

---

①《邓小平文选》第 2 卷，人民出版社 1994 年版，第 40 页。

②《邓小平年谱（1975—1997）》（上），中央文献出版社 2004 年版，第 167 页。

8 月 4 日至 8 日，邓小平主持召开科学和教育工作座谈会。关于教育，大家最关心“两个估计”的是非问题，主张改革高等学校现行招生制度，立即恢复文化考试。他明确指出：“对全国教育战线十七年的工作怎样估计？我看，主导方面是红线。”对于知识分子问题，他认为“知识分子绝大多数是自觉自愿地为社会主义服务的”。他提出要尊重教师，“就今天的现状来说，要特别注意调动教育工作者的积极性，要强调尊重教师”。对于高校招生问题，他提出：“今年就要下决心恢复从高中毕业生中直接招考学生，不要再搞群众推荐。”[①] 招生的条件，政审主要看本人的政治表现。在邓小平直接关心下，恢复高考提上了议事日程。

8 月 13 日，教育部根据邓小平的指示，召开第二次全国高等学校招生工作会议。经过长达 44 天的激烈争论，出台了《关于 1977 年高等学校招生工作的意见》和《关于高等学校招收研究生的意见》。10 月 12 日，国务院批准这一意见，宣布恢复高考招生制度和招收研究生制度，当年立即恢复高考招生，采取自愿报名、统一考试、择优录取的办法，恢复高考。关闭十年之久的高考大门重新打开。

11 月 28 日至 12 月 25 日，全国约有 570 多万年龄介于 13 岁到 37 岁的知识青年走进考场，参加当年的高等学校招生考试，其中，27.3 万人被录取。1978 年，610 万人报考，录取 40.2 万人。77 级学生于 1978 年春天入学，78 级学生秋天入学，两次招生仅隔半年。另据不完全统计，1978 年共有 6.35 万人报考研究生，录取 1.07 万人，还有 26 所重点高校在港澳台地区招收研究生。[②] 高考制度的恢复，使广大知识青年获得了平等竞争上大学的机会。不仅改变了数十万知识青年的命运，把压抑十几年的学习热情释放出来，而且从根本上改变了整个社会对知识、对知识分子的态度，社会上和青年中重新出现了学习科学文化知识的热潮，国家现代化建设所需要的大批专业人才又开始得到有计划的培养，为国家各项事业的发展奠定了坚实的人才基础。1980 年 2 月，五届全国人大常委会第 13 次会

①《邓小平文选》第 2 卷，人民出版社 1994 年版，第 48—58 页。

② 参见《中华人民共和国教育大事记（1949—1982）》，教育科学出版社 1984 年版，第 499—548 页。

议通过《中华人民共和国学位条例》，1981 年 1 月 1 日实施，标志着中国学位制度正式建立。

推翻“两个估计”是教育领域拨乱反正的前提。1977 年 11 月 18 日，教育部以大批判组名义发表题为《教育战线的一场大论战——批判“四人帮”炮制的“两个估计”》的文章，公开批判“两个估计”。

高考制度恢复和批判“两个估计”后，在恢复学校正常秩序方面做了下列工作：11 月，从学校撤出工人宣传队，收回被占校舍和重新调整被关、停、迁、并的学校；重建教育工会组织和少年先锋队组织等。1978 年 1 月 18 日，经国务院批准，教育部发布《全日制十年制中小学教学计划试行草案》，进一步规范中小学教学制度。学校教育秩序逐步恢复。

1978 年 4 月 22 日至 5 月 16 日，全国教育工作会议召开。会议就如何提高教育质量、提高科学文化的教学水平、加强学校秩序和纪律、教育事业如何同国民经济发展的要求相适应、提高教师政治地位和社会地位达成共识。根据邓小平提出的为鼓励人民教师从事教育事业、对优秀的教师定为“特级教师”等要求，4 月 28 日，教育部批准北京景山学校三名小学教师为中国首批“特级教师”。这一导向性举措极大地调动了广大教师的积极性，各学校普遍恢复了教师职称评定工作。

为早出人才、快出人才，2 月，国务院批准了教育部《关于恢复和办好全国重点高等学校的报告》，恢复全国重点高等学校 88 所。12 月，又批准恢复和增设普通高等学校 169 所。为与世界直接交流对话，1977 年至 1978 年，邓小平先后会见了丁肇中、杨振宁、陈省身、吴健雄、袁家骝、邓昌黎、李政道等海外著名科学家，邀请他们回国访问、讲学、考察，并请他们为中国培养人才提供帮助和便利。1978 年，教育部恢复向国外派遣留学生的做法，并根据邓小平“要成千上万地派”[①]留学生的意见，加大选派留学生数量。1978 年和 1979 年中国派遣出国留学人员分别为 860 人和 1777 人。[②]

①《邓小平年谱（1975—1997）》（上），中央文献出版社 2004 年版，第 331 页。

② 参见国家统计局国民经济综合统计司编：《新中国六十年统计资料汇编》，中国统计出版社 2010 年版，第 75 页。

1979 年 3 月 19 日，中共中央撤销了“两个估计”的文件，并要求由此造成的冤假错案，尚未平反昭雪的，要抓紧解决。在历次政治运动中被错误打击、迫害的干部和师生员工予以平反昭雪和落实政策，有效地医治了内乱的创伤，调动起广大教育工作者的积极性。

教育界拨乱反正完成后，确立了新时期教育发展战略。1980 年 12 月 3 日，中共中央、国务院发出《关于普及小学教育若干问题的决定》，提出全国应在 20 世纪 80 年代基本实现普及小学教育的历史任务，有条件的地区还可以进而普及初中教育，推动基础教育的发展和普及。1981 年 2 月 22 日，《中共中央、国务院关于加强职工教育工作的决定》发布，提出有计划地实行全员培训，建立正规的职工教育制度。1982 年 9 月，中共十二大把发展教育列为社会主义现代化建设的战略重点，要求加强城乡各级各类教育，培养各种专门人才，提高全民族的科学文化水平。

三、向科学技术现代化进军

“文革”结束后，中国科技落后问题凸显出来。“同发达国家相比，我们的科学技术和教育整整落后了二十年。”科技人员也少，“只有二十多万，还包括老弱病残，真正顶用的不很多。”[①] 科技领域的拨乱反正刻不容缓。1977 年 5 月 12 日，邓小平约见中国科学院两位负责同志谈话，针对科教战线的落后状况和存在的问题，提出科技领域拨乱反正的指导方针。他指出：“整个国家赶超世界先进水平，科学研究是先行官。”[②] 抓科研要注意选接班人，关键是人。加强党的领导，选好科研人员，选好后勤人员，很重要，还要搞规划。要抓重点，要抓重点学校、重点科研院所、重点人才、重点项目。要有一个明确的指导思想，要从问题堆里找长远的、根本解决问题的东西。实事求是是毛主席讲的，是马克思主义的态度。懂得这一条就有希望。一个时期，忽视科技人员的发明。科学研究是不是劳动？科研人员搞点体力劳动是需要的，但他本身是脑力

---

①《邓小平文选》第 2 卷，人民出版社 1994 年版，第 40 页。

②《邓小平年谱（1975—1997）》（上），中央文献出版社 2004 年版，第 159 页。

劳动者。

为动员全国科技界向科学技术现代化进军，5 月 30 日，中共中央政治局听取中国科学院关于恢复和开展科学技术工作的汇报时，华国锋提议召开一次全国科学大会，对“文革”前十七年的科学工作和知识分子工作有个正确的估计，统一思想、统一认识；对人民有贡献的专家和群众，要给予表扬奖励。8 月 12 日至 18 日，中共十一大召开，政治报告中明确提出“向科学技术现代化进军”的号召。

与此同时，国家加强建设哲学社会科学。5 月 7 日，经中共中央批准，在中国科学院哲学社会科学部基础上，成立中国社会科学院，胡乔木任院长。中国社会科学院成立后，即着手调整健全内部机构，恢复、创办学术刊物，建立学术委员会，恢复评定学术职称工作，扩大对外学术交流，逐渐恢复社会学、政治学等社会科学学科。1983 年，国家设立社会科学基金。

8 月 4 日至 8 日，邓小平邀请科教工作者座谈。他在讲话中强调，国家要赶上世界先进水平，要从科学和教育着手。科学当然包括社会科学。9 月 18 日，中共中央发出关于召开全国科学大会的通知。同一天，根据邓小平的提议，恢复国家科学技术委员会，方毅为主任，统一规划，统一调度，统一安排，统一指导协作。

6 月开始筹备全国科学大会。筹备工作期间，根据中央的通知，全国上下兴起向科学技术现代化进军的热潮。各地分别制定科学技术发展规划；整顿和充实科研单位的领导班子，建立和健全党委领导下的所长分工负责制，取消院、所两级的革命委员会；重新建立学术委员会；建立各类人员的考核制度；落实党的知识分子政策，恢复技术职称，提拔了一批研究员、教授、工程师；对学非所用、安排不当的科技人员逐步予以调整；为保证“六分之五”的业务时间积极创造条件。1977 年 8 月，中国科学院数学所的杨乐、张广厚二人由研究实习员破格晋升为副研究员；同年 9 月，中国科学院率先宣布恢复技术职称，批准数学所助理研究员陈景润破格晋升为研究员。此后，由院学术委员会筹备组开展对科技人员的技术职称评定工作，到全国科学大会召开前，在京部分研究所又晋升研究员、副

研究员、副总工程师 255 人，其中越级晋升的有 24 人。[①]1977 年 12 月 12 日，中国科学院收回北京力学所等 8 个单位。

1978 年 3 月 18 日至 31 日，全国科学大会召开。这次盛会有 5586 名代表参加。华国锋主持会议。在大会开幕式上，邓小平作重要讲话，宣布：中央召开这次会议的目的，就是动员全党全国重视科学技术，加速中国科学技术的发展。他阐述了科学技术是生产力这一马克思主义的基本观点；强调指出四个现代化，关键是科学技术的现代化，要努力培养一支浩浩荡荡的工人阶级的又红又专的科学技术大军，要有一大批世界第一流的科学家、工程技术专家，要向外国学习；明确在科研部门实现党委领导下的所长负责制。他指出，党委的领导主要是政治上的领导，为科技人员创造必要的工作条件，并表示自己“愿意当大家的后勤部长”。[②]华国锋发表了题为《提高整个中华民族的科学文化水平》的重要讲话。方毅作发展科学技术的规划和措施的报告。这次大会还表彰了 826 个先进集体和 1192 名先进个人，奖励了 7657 项优秀成果。

大会讨论并制定了《一九七八—一九八五年全国科学技术发展规划纲要》（简称“八年规划纲要”），对自然资源、农业、工业、国防、环境保护等 27 个领域和基础科学、技术科学两大门类的科学技术研究工作进行规划，做了全面安排，从中确定 108 个项目作为全国科学技术研究的重点。“八年规划纲要”要求把农业、能源、材料、电子计算机、激光、空间、高能物理、遗传工程 8 个影响全局的综合性科学技术领域、重大新技术领域和带头学科，放在突出的地位，集中力量，作出显著成绩，以推动整个科学技术和整个国民经济高速度发展。后来，原规划中确定的 108 项重点项目被调整为 38 项，成为“六五”科技攻关计划。尽管如此，规划纲要确定了一个时期科技战线的工作任务，推动了中国科技事业的发展。1978 年全国科学大会对中国的科技与经济、改革与发展都产生了深远的影响，是中国改革开放的先声，是当代科技史上的一个重要

---

① 参见樊洪业：《中国科学院编年史（1949—1999）》，上海科技出版社 1999 年版，第 241—243 页。

② 参见《邓小平文选》第 2 卷，人民出版社 1994 年版，第 86—100 页。

的里程碑。中国科学院院长郭沫若在3月31日闭幕式上发表题为《科学的春天》的讲话，指出："从我一生的经历，我悟出了一条千真万确的真理：只有社会主义才能解放科学，也只有在科学的基础上才能建设社会主义。科学需要社会主义，社会主义更需要科学。"[①]道出了广大科技工作者的心声。

随着全国科学大会的召开和拨乱反正的推进，解除了旧的思想束缚，破除了精神枷锁，提出了一系列科技发展战略，并进行了广泛动员，中国科技事业的春天真正来临。科技管理机构全面恢复，大批科技人员的冤假错案平反。仅1979年、1980年两年，科技战线就有近8万人得到平反。1978年8月，第一次全国科技外事工作会议召开，对外科技交流合作逐渐展开。1979年12月，国务院发布《自然科学奖励条例》。此后，政府和有关部门相继制定包括科技组织、人员管理、物资供应、档案工作和成果奖励等方面的科技法规几十项。科技政策制度日臻完善，广大科技工作者的积极性空前高涨，中国科技事业蒸蒸日上。

四、尊重知识，尊重人才

"文革"时期，存在严重的轻视知识和歧视知识分子现象。"文革"结束后，国家的发展亟须对知识分子进行重新定位和政策调整。粉碎"四人帮"后，党和政府对关于知识分子的理论与政策进行调整，核心是拨乱反正和落实政策。

首先是突破"两个估计"束缚，提出"尊重知识，尊重人才"的思想。1977年5月24日，邓小平指出："靠空讲不能实现现代化，必须有知识，有人才。""一定要在党内造成一种空气：尊重知识，尊重人才。"[②]这是新时期知识分子政策的基本立足点。要"尊重知识，尊重人才"，首先需要解除知识分子的历史包袱。8月8日，邓小平在全国科学和教育工作座谈会上指出："应当肯定，十七年中，绝大多数知识分子，不管是科学工作

①《科学的春天》，《人民日报》1978年4月1日。

②《邓小平文选》第2卷，人民出版社1994年版，第40—41页。

者还是教育工作者，在毛泽东思想的光辉照耀下，在党的正确领导下，辛勤劳动，努力工作，取得了很大成绩。”[①] 邓小平不仅肯定了新中国十七年教育工作的成绩和广大知识分子的贡献，而且恢复和强调“知识分子是工人阶级一部分”。新中国成立后，党和国家对知识分子的阶级界定几经反复，甚至将他们打入资产阶级的另册，知识分子受到歧视和不公正待遇，必须批判和清理在这一问题上的错误认识。1978 年 3 月，邓小平在全国科学大会开幕式上重申“知识分子是工人阶级一部分”，他明确指出：“他们与体力劳动者的区别，只是社会分工的不同。从事体力劳动的，从事脑力劳动的，都是社会主义社会的劳动者。”[②] 知识分子的政治地位和社会地位得到认可。

这一观点在落实知识分子政策时进一步被强化。1978 年 11 月 3 日，中共中央组织部《关于落实党的知识分子政策的几点意见》指出：“我国现有的知识分子队伍，百分之九十以上是解放后党培养教育出来的，百分之七十以上出身于劳动人民家庭。即使是从旧社会过来的知识分子，经过党的长期教育和业务实践，经过二十多年的考验和锻炼，在世界观的改造上也有了很大进步。在现有的知识分子中，好的和比较好的是绝大多数，已经成为工人阶级的一部分，坏人只是极少数。二十多年来，我国广大知识分子，热爱党，热爱祖国，热爱社会主义，满腔热忱地从事科学文化教育事业，就是在遭受林彪、‘四人帮’严重迫害，工作极端困难的条件下，许多人仍然坚守岗位，表现出很高的政治觉悟。他们不愧是工人阶级自己的又红又专的知识分子队伍。”[③]

随着“两个估计”的突破和“知识分子是工人阶级一部分”论断的提出，知识分子也由被“团结、教育、改造”的对象变为社会主义建设事业的依靠力量。1978 年 10 月 31 日，胡耀邦在中共中央组织部召开的落实党的知识分子政策座谈会上提出：现在我们的知识分子队伍人数已有两千多万，整个知识分子队伍都发生了很大的变化，新中国培养出来的知识

①《邓小平文选》第 2 卷，人民出版社 1994 年版，第 49 页。
②《邓小平文选》第 2 卷，人民出版社 1994 年版，第 89 页。
③《知识分子问题文献选编》，人民出版社 1983 年版，第 53 页。

分子已经占知识分子队伍中的绝大多数，从旧社会过来的知识分子中的绝大多数几十年来跟着党走，为社会主义事业而努力工作，因此，在新中国成立前后提出的以旧社会过来的知识分子为主要对象的团结、教育、改造这个方针，现在已经不适用了。当然，“我国的工人、农民和知识分子都有在特定的历史条件下所形成的优点和弱点”[①]，每一个人都需要在改造客观世界的同时改造自己的主观世界，从这个意义上讲，所有的社会群体都需要进行思想改造，新中国成立近三十年了，提对知识分子的团结、教育、改造，很容易造成对知识分子的歧视。1981 年党的十一届六中全会通过的中国共产党中央委员会《关于建国以来党的若干历史问题的决议》强调：“要坚决扫除长期间存在而在‘文化大革命’期间登峰造极的那种轻视教育科学文化和歧视知识分子的完全错误的观念，努力提高教育科学文化在现代化建设中的地位和作用，明确肯定知识分子同工人、农民一样是社会主义事业的依靠力量，没有文化和知识分子是不可能建设社会主义的。”[②] 由于长期的“左”的思想影响，知识分子问题拨乱反正也遇到了阻力，但党和国家领导人对这个问题态度坚决。1982 年 11 月 25 日，聂荣臻在同《红旗》杂志负责人的谈话中指出：“为了党和国家的利益，为了四个现代化，为了全面落实党的知识分子政策，我们必须进行斗争。”[③]12 月 4 日，五届全国人大五次会议通过的《中华人民共和国宪法》明确规定：“社会主义的建设事业必须依靠工人、农民和知识分子，团结一切可以团结的力量。”对知识分子在现代化建设中的重要地位和作用作出法律规定。

在知识分子问题上的另一个重要问题是对“又红又专”要有正确的理解、合理的要求。“文革”中“四人帮”把孜孜不倦、刻苦钻研、为祖国的科学技术事业作出贡献的同志诬蔑为“白专”典型。这种是非关系的颠倒，一度对人们的思想造成很大的混乱。邓小平明确指出，“白”是一个政治概念。只有政治上反动，反党反社会主义的，才能说是“白”。不能把努力钻研业务和“白”扯到一起。在科学技术人员中，也有一部分人

---

①《知识分子问题文献选编》，人民出版社 1983 年版，第 53 页。

②《三中全会以来重要文献选编》（下），中央文献出版社 2011 年版，第 170 页。

③ 聂荣臻：《努力开创我国科技工作的新局面》，《红旗》1982 年第 24 期。

的资产阶级世界观没有得到根本改造，或者受到资产阶级思想的影响比较深，要团结教育，应关心和热情帮助他们进步，不能用“白”去鉴定。“世界观的重要表现是为谁服务。”“一个人，如果爱我们社会主义祖国，自觉自愿地为社会主义服务，为工农兵服务，应该说这表示他初步确立了无产阶级世界观，按政治标准来说，就不能说他是白，而应该说是红了。我们的科学事业是社会主义事业的一个重要方面。致力于社会主义的科学事业，作出贡献，这固然是专的表现，在一定意义上也可以说是红的表现。”[①] 这就明确了“红”与“专”的标准以及“红”与“专”的关系问题。

中共中央在理论上正本清源的同时，抓紧落实政策。1978 年 10、11 月间，中组部先后两次召开落实知识分子政策的座谈会，会后，中共中央以中组部名义发布《关于落实知识分子政策的几点意见》。《意见》要求：一是对知识分子队伍应当有一个正确的估计；二是继续做好复查和平反昭雪冤、假、错案工作；三是充分信任，放手使用，做到有职有权有责；四是调整用非所学，做到人尽其才，才尽其用；五是努力改善工作条件和生活条件；六是加强领导，改进作风。[②] 在这一文件推动下，落实知识分子政策的步伐大大加快，平反冤假错案、清退“文革”时期的查抄物资、退还“文革”中被挤占的房产、解决知识分子入党难问题、恢复专业技术职称、保证专业科研时间、改善工作和生活条件等相关政策措施渐次出台。1981 年中共中央成立知识分子工作联系小组，中组部和各地党委组织部门成立知识分子工作办公室，专门负责落实知识分子政策和解决历史遗留问题。1982 年 1 月 30 日，中共中央发出《关于检查一次知识分子工作的通知》，要求各级党委检查知识分子工作，认真落实中央关于知识分子的政策和归侨政策，进一步消除党内和社会上对他们的偏见。要真正做到：政治上一视同仁，工作上放手使用，生活上关心照顾。并要求把政治觉悟高、业务能力强、工作干劲大、群众关系好的知识分子（包括非党知识分子），提拔到适当的领导岗位上来。[③] 以邓小平为核心的第二代中央领导集体提出干部

① 《邓小平文选》第 2 卷，人民出版社 1994 年版，第 92 页。
② 参见《知识分子问题文献选编》，人民出版社 1983 年版，第 51—62 页。
③ 参见《知识分子问题文献选编》，人民出版社 1983 年版，第 57 页。

“四化”，把知识化、专业化作为干部培养和任用的两个重要标准。

据统计，1979 年至 1989 年，全国有 275 万知识分子加入中国共产党，在各类专业技术人员中党员已近三分之一，100 多万专业技术干部担任各级党政领导职务。[①] 到 1989 年底全国有 1948 万人评聘各类专业技术职称，占专业技术人员总数的 84%。国家努力增加对科技教育等方面的投入，1978 年至 1988 年，用于文教、科研、卫生事业的费用增加了 3.3 倍。[②] 到 1987 年党的十三大前后，拨乱反正意义上的知识分子政策落实工作基本结束，党的知识分子政策发生全面的转变，尊重知识、尊重人才的观念和社会风气开始逐步形成。

第二节　社会主义精神文明建设的提出与实施

在中共十一届三中全会确立解放思想、实事求是的思想路线，实现把全党工作重心转移到社会主义现代化建设上来后，中共中央及时提出建设社会主义精神文明的战略任务，明确社会主义精神文明是社会主义的重要特征，着手从整体上规划新时期的文化发展战略，既解放思想，又加强思想文化引领，并随着社会主义现代化建设事业的向前推进，不断丰富和发展社会主义精神文明建设的理论与实践。精神文明建设通过“五讲四美三热爱”和“文明礼貌月”等群众性活动开展起来。

一、社会主义精神文明建设的提出

以经济建设为中心和实行改革开放的实践，极大地推动了全社会的思想解放和社会主义文化事业的发展繁荣。但是，一方面，实行改革开放，在引进国外资金、技术和管理经验的同时，西方各种思想观念也大量涌入，其中不乏一些腐朽没落的思想意识、价值观念和生活方式，一些人盲目崇拜西方资本主义国家，羡慕西方资本主义的生活方式，有些人在同

---

① 参见《进一步做好知识分子工作——中组部副部长刘泽彭谈贯彻江泽民总书记在五四报告会上的讲话》，《人民日报》1990 年 5 月 14 日。

② 参见《我国知识分子地位日高》，《人民日报》1991 年 6 月 30 日。

外国人交往中甚至不顾自己的国格和人格。与此同时，由于持续十年“文化大革命”的影响，社会道德风尚受到了严重损害，不少人特别是青少年人生观、价值观扭曲，而且还出现了一些否定党的领导、否定社会主义制度的错误思潮。这些问题的存在，给社会主义文化建设带来了严峻挑战。另一方面，朝气蓬勃的社会主义现代化建设和广大人民群众对精神文化生活越来越高的新期待也向社会主义文化建设提出了新的更高的要求。社会主义文化必须培育与改革开放和社会主义现代化建设事业相适应的思想道德观念和文化知识水平，为之提供思想保证、精神动力和智力支持，以推动社会主义现代化事业的健康发展。因此，中共中央适时提出了建设社会主义精神文明的任务。

1979 年 3 月 30 日，邓小平在理论工作务虚会上讲话时，在深刻论述实现四个现代化，必须坚持社会主义道路、坚持无产阶级专政、坚持共产党的领导、坚持马列主义毛泽东思想这四项基本原则时，还强调保持崇高的革命理想、提高人民的道德水平、转变社会风气和端正党风的极端重要性。这个讲话实际上已经提到社会主义精神文明建设的一些根本性问题。

9 月，中共十一届四中全会讨论通过的《在庆祝中华人民共和国成立 30 周年大会上的讲话》中正式提出“建设高度的社会主义精神文明”的任务。《讲话》指出，“我们要在建设高度物质文明的同时，提高全民族的教育科学文化水平和健康水平，树立崇高的革命理想和革命道德风尚，发展高尚的丰富多彩的文化生活，建设高度的社会主义精神文明。这些都是我们社会主义现代化的重要目标，也是实现四个现代化的必要条件。”[①]10 月 30 日，邓小平在第四次文代会上的祝词重申了社会主义精神文明建设这一任务。此后，中央领导人不断完善社会主义精神文明建设理论的构架。

1980 年 3 月 23 日，胡耀邦在中国科协第二次全国代表大会上的讲话中强调：“我们的根本目的，是在建设高度的社会主义物质文明的同时，

①《改革开放三十年重要文献选编》（上），中央文献出版社 2008 年版，第 71 页。

建设高度的社会主义的精神文明。”[①] 他对社会主义精神文明与物质文明的关系、社会主义精神文明建设的任务进行了论述：两种文明是互相联系、互相促进的。物质财富、物质文明为精神财富、精神文明奠定基础，而精神财富、精神文明反过来又促进物质财富、物质文明向前发展。在我们实现四个现代化的征途上，要努力攀登精神文明的这三个高峰：思想理论高峰、科学技术高峰、文学艺术高峰。

12 月 20 日召开的中央工作会议，把精神文明建设列为重要议题进行研究和讨论。邓小平在讲话中概括了精神文明的主要内容："我们要建设的社会主义国家，不但要有高度的物质文明，而且要有高度的精神文明。所谓精神文明，不但是指教育、科学、文化（这是完全必要的），而且是指共产主义的思想、理想、信念、道德、纪律、革命的立场和原则，人与人的同志式关系，等等。”[②]1981 年 6 月，中共十一届六中全会审议通过的中国共产党中央委员会《关于建国以来党的若干历史问题的决议》，把社会主义必须有高度的精神文明作为社会主义现代化建设道路的十个要点之一，将社会主义精神文明建设提高到了一个新的层次。

1982 年 7 月，邓小平在军委座谈会上的讲话指出："搞社会主义精神文明，主要是使我们的各族人民都成为有理想、讲道德、有文化、守纪律的人民。当然还有‘五讲四美’。”[③] 这使社会主义精神文明建设的内涵更加丰富具体。同年 9 月召开的中共十二大，全面阐述了社会主义精神文明建设的内涵。胡耀邦在报告中指出："社会主义精神文明是社会主义的重要特征，是社会主义制度优越性的重要表现。”[④] 并将社会主义精神文明建设分为文化建设和思想建设两个方面，指出这两方面是互相渗透和互相促进的。关于社会主义文化建设，“指的是教育、科学、文学艺术、新闻出版、广播电视、卫生体育、图书馆、博物馆等各项文化事业的发展和人民群众知识水平的提高，它既是建设物质文明的重要条件，也是提高人民群

①《三中全会以来重要文献选编》（上），中央文献出版社 2011 年版，第 411—412 页。
②《邓小平文选》第 2 卷，人民出版社 1994 年版，第 367 页。
③《邓小平文选》第 2 卷，人民出版社 1994 年版，第 408 页。
④《改革开放三十年重要文献选编》（上），中央文献出版社 2008 年版，第 274 页。

众思想觉悟和道德水平的重要条件。”“文化建设也应当包括健康、愉快、生动活泼、丰富多彩的群众性娱乐活动，使人民在紧张劳动后的休息中，得到有高尚趣味的精神上的享受。”①关于社会主义思想建设，报告指出：“思想建设决定着我们的精神文明的社会主义性质。它的主要内容，是工人阶级的、马克思主义的世界观和科学理论，是共产主义的理想、信念和道德，是同社会主义公有制相适应的主人翁思想和集体主义思想，是同社会主义政治制度相适应的权利义务观念和组织纪律观念，是为人民服务的献身精神和共产主义的劳动态度，是社会主义的爱国主义和国际主义，等等。概括起来说，最重要的就是革命的理想、道德和纪律。”②这一论述阐明了社会主义思想建设的丰富内容。

中共十二大全面论述了社会主义精神文明建设理论的一系列重要问题，认为“社会主义精神文明是社会主义的重要特征”，把它作为“建设社会主义的一个战略方针”，和物质文明一样，都是社会主义的奋斗目标，“将关系到社会主义的兴衰和成败”③，反映了对社会主义精神文明建设重要性的深刻认识，突出了精神文明建设在整个社会主义事业整体布局中的战略地位和作用，并系统阐述社会主义精神文明的内涵，明确地把社会主义精神文明建设的内容概括为文化建设和思想建设两个方面，这是重要的理论创新，对社会主义精神文明建设实践具有重要的指导意义。

二、加强对思想文化领域的引导

粉碎“四人帮”以后，在思想理论战线进行了拨乱反正、正本清源的工作，对所谓“天才论”“一切从本本出发论”“批判唯生产力论”“按劳分配产生资产阶级论”“全面专政论”“党内有一个资产阶级论”“社会主义时期只能反右不能反‘左’论”“儒法斗争论”“黑线专政论”“三突出论”“反对科学是生产力论”，等等，进行了深入的批判，尤其是思想理论界真理标准问题大讨论的展开，恢复了中国共产党长期坚持的实事求是

①《改革开放三十年重要文献选编》（上），中央文献出版社 2008 年版，第 275 页。
②《改革开放三十年重要文献选编》（上），中央文献出版社 2008 年版，第 276 页。
③《改革开放三十年重要文献选编》（上），中央文献出版社 2008 年版，第 273 页。

的思想路线，澄清了思想是非、理论是非、路线是非。改革开放初期，中共中央一方面鼓励思想解放，以清除长期以来“左”的思想束缚，另一方面又防止矫枉过正，尤其防止思想在探索时脱缰，注意思想理论引导。

当时，思想理论界和社会上出现了一些不同的声音：一是有人对十一届三中全会路线有怀疑抵触情绪；二是极少数人曲解“解放思想”，夸大共产党的错误，并发展到否定党的领导、否定社会主义制度、否定毛泽东和毛泽东思想。据不完全统计，到1979年3月，在北京、上海、天津、贵州、武汉和广州等地出现的自发组织有80多个，刊物20多个。[①]

1979年1月，中共中央召开理论工作务虚会，总结理论宣传战线的经验教训，讨论思想理论上的重大原则问题，同时研究全党工作重心转移之后理论宣传工作的根本任务。会上，讨论了关于社会主义时期阶级斗争的一些提法问题，如何认识“无产阶级专政下继续革命的理论”，关于社会主义民主、社会主义经济建设的理论和实践等重大理论和实际问题，有解放思想的作用，但社会上一些错误思潮也在党内有所反映，尤其是在对毛泽东和毛泽东思想的评价上分歧较大。3月30日，邓小平在会上旗帜鲜明地提出坚持四项基本原则，并指出，如果动摇了这四项基本原则中的任何一项，那就动摇了整个社会主义事业、整个现代化建设事业。

但有人将四项基本原则称为“四根棍子”，说“三中全会是放，四项基本原则是收”，攻击中共政策“多变”。中共中央关注思想发展动态。1980年1月，邓小平在中央召集的干部会议上就当时的形势和任务提出：“必须坚决肃清由‘四人帮’带到党内来的无政府主义思潮以及在党内新出现的形形色色的资产阶级自由主义思潮”[②]，将这股思潮称为“资产阶级自由主义”思潮。12月，他在中央工作会议上将其进一步明确为“资产阶级自由化”，并要求“批判和反对崇拜资本主义、主张资产阶级自由化的倾向，批判和反对资产阶级损人利己、唯利是图、‘一切向钱看’的腐

---

① 参见当代中国研究所：《中华人民共和国史稿》第4卷，人民出版社、当代中国出版社2012年版，第60页。

②《邓小平文选》第2卷，人民出版社1994年版，第272页。

朽思想，批判和反对无政府主义、极端个人主义”[①]。

7月17日，邓小平同中宣部负责人谈话，一针见血地指出：“资产阶级自由化的核心就是反对党的领导。”[②]根据中央书记处建议，8月初，中宣部召开思想战线座谈会，胡耀邦、胡乔木等到会发表讲话，要求旗帜鲜明地反对资产阶级自由化，理直气壮地宣传坚持四项基本原则，改变思想战线领导的涣散软弱状态。同时指出，思想斗争同其他的斗争不同，要按毛泽东在《关于正确处理人民内部矛盾的问题》中所说的：“不能采取粗暴的强制的方法，只能用细致的讲理的方法。”思想问题，“只有采取讨论的方法，批评的方法，说理的方法”[③]才能真正解决问题。1982年9月，中共十二大通过的《党章》正式把“四项基本原则”列入其中，加强对党员的约束。

1981年1月，中共中央发布《关于当前报刊新闻广播宣传方针的决定》，针对有的新闻报道和理论、政策宣传存在片面性，少数报道失实；在领导工作中，对一些思想原则问题，缺乏认真讨论，没有坚持展开批评和自我批评等现象，指出：报刊、新闻、广播、电视是党的舆论机关，是党进行思想政治工作的重要武器，报刊、新闻、广播、电视工作者必须坚持党性，增强党性。对于各种怀疑、曲解党的路线、方针、政策的言论，要通过耐心细致的解释、阐述进行教育；对于公开抵制和反对党的路线、方针、政策的言论和行动，要分情况，在适当场合、用适当方式坚决进行严肃的、说理的斗争；要注意用恰当的方式揭露政治谣言和煽动封建迷信等蛊惑人心的言论。报刊、新闻、广播、电视要坚定不移地贯彻执行“双百”方针，但不能把“双百”方针理解为取消四项基本原则，取消党的领导，取消批评和自我批评。要加强文艺评论工作，对鼓吹错误思潮的作品要进行实事求是的批评。揭露和批判阴暗面，目的是为了纠正，要有正确的立场和观点，使人们增强信心和力量，防止消极影响。批评要注意方法和时机，要注意内外有别，坚持与人为善、治病救人。点名批评要慎重。

---

①《邓小平文选》第2卷，人民出版社1994年版，第368—369页。

②《邓小平文选》第2卷，人民出版社1994年版，第391页。

③《三中全会以来重要文献选编》（下），中央文献出版社2011年版，第209页。

20 世纪 80 年代初，思想文化界抓住一些典型事例以正面教育为主，解决思想认识问题。

一是关于人生观问题的大讨论。1980 年 5 月，《中国青年》杂志以《人生的意义究竟是什么》为题开设专栏，发表读者潘晓的《人生的路呵，怎么越走越窄？》来信。来信陈述个人在工作和生活中屡屡遭受挫折的情况，结论是人都是自私的，不可能有什么忘我高尚的人，任何人，不管是生存还是创造，都是主观为自己、客观为别人。《中国青年》这个专栏的讨论延续到 1981 年春天，总共收到读者来信 6 万多件。这场讨论，围绕什么是正确的人生观，怎样看待我们的现实社会，怎样正确认识人的价值，怎样处理"公"与"私"的关系，怎样创造美好的人生等问题，进行热烈坦诚的讨论交流，对广大青年进行了一次生动活泼的思想教育，得出了"革命的人生观必须建立在科学地认识社会和能动地改造社会的基础上"，"我们的社会还有弊病，但同时存在着同弊病作斗争的力量，这种力量已经占了上风；我们的社会还有黑暗，但光明毕竟占主导地位，光明面正在扩大"，人生的真谛，"自我的实现，应该在振兴祖国的神圣事业里"的结论。这个结论得到了大多数青年的认同，而这也正是发起这场讨论的目的。

二是对电影《苦恋》的批评。《苦恋》是由著名作家白桦和电影导演彭宁联合创作的，剧本发表在《十月》杂志 1979 年第 3 期上，拍成电影后改名为《太阳和人》。它的主要情节是讲一个出身贫寒的画家，解放前受国民党政府的迫害，但总能得到好心人帮助，后来到了国外，功成名就，生活优裕。解放后，他义无反顾地回到新生的祖国。回国后，在历次政治运动中，他受尽折磨，最后郁郁而死。《苦恋》这部作品"无论作者的动机如何，看过以后，只能使人得出这样的印象：共产党不好，社会主义制度不好……这样的作品和那些所谓'民主派'的言论，实际上起了近似的作用"①。1981 年 4 月，《解放军报》相继发表了几篇文章，批评《苦恋》的思想倾向。《解放军报》文章发表后，《红旗》杂志及《北京日报》《文学报》《湖北日报》等报刊也发表了批评文章，在社会上产生了很大反

---

①《邓小平文选》第 2 卷，人民出版社 1994 年版，第 391 页。

响。7 月 17 日，邓小平与中宣部负责人就此谈了自己的意见："关于《苦恋》,《解放军报》进行了批评，是应该的。首先要肯定应该批评。缺点是，评论文章说理不够完满，有些方法和提法考虑得不够周到。《文艺报》要组织几篇评论《苦恋》和其他有关问题的质量高的文章。"[①] 他指出对错误的东西要批评，但批评要讲究方式方法。根据邓小平的意见，《文艺报》发表文章对《苦恋》进行了批评，但没有一棍子打死。这年，白桦的诗歌《春潮在望》荣获全国中青年诗人新诗奖。这反映了错误的要批评，优秀的要奖励，不以言废人，也不因人废言，中国共产党对文化工作的领导越来越成熟。

三是关于人道主义和异化问题的讨论。20 世纪 70 年代末开始，哲学和文艺理论界开始探讨人道主义和异化问题，至 1983 年达到高峰，不少讨论会、报告会、座谈会就此问题进行讨论，国内报刊发表的相关文章达 700 多篇。关于人道主义，一种观点认为马克思主义就是人道主义，是彻底的最高意义上的人道主义；另一种观点认为马克思主义包含人道主义，既肯定有马克思主义的人道主义，但又不赞成把马克思主义归结为人道主义；还有一种观点认为马克思主义同人道主义是两种根本对立的思想体系，否认有马克思主义的人道主义。关于异化问题，一种观点是肯定社会主义时期仍存在广泛的异化现象；另一种观点认为社会主义社会存在部分异化现象的残余，但它不是社会主义制度本身造成的，不宜用异化概念来解释社会主义时期的各种消极现象；还有一种观点是否认社会主义社会存在异化现象。对于这场讨论特别是其中关于社会主义是否存在异化问题的争论，引起了中共中央的高度关注。1983 年 3 月，中央宣传部顾问、中国文联主席周扬先是在中央党校作报告，16 日在《人民日报》发表题为《关于马克思主义的几个理论问题的探讨》的文章。文中阐述了马克思主义与人道主义的关系、阐述了异化问题，认为社会主义时期在思想领域、政治领域、经济领域都有异化，社会主义社会仍需要不断克服异化，这引起了理论界和社会上不小的震动。

---

①《邓小平文选》第 2 卷，人民出版社 1994 年版，第 391 页。

8月底，邓小平在听取关于思想领域一些情况的汇报时对那种离开具体的历史条件和特定的社会关系，抽象谈论人道主义和所谓“异化”问题高度重视。他说：有的人说“文化大革命”是异化，其实这是个特殊情况，不是社会主义一定要有“文化大革命”。怎么能把社会主义社会出现的一些不良现象都说成异化呢？如果社会主义自身不断产生敌对的东西，这还叫社会主义？9月初，邓小平再次表示：异化要否定社会主义。马克思主义异化要走到反马克思主义或者非马克思主义？现在说社会主义异化，实际上是对社会主义没有信心，认为没有希望。他还谈到人道主义作为一个理论问题和道德问题，当然是可以和需要研究讨论的。但是人道主义有各式各样，我们应当进行马克思主义的分析。社会主义是最人道的，共产主义是最人道的，保护绝大多数人。我们的人民生活水平和文化水平还不高，这也不能靠谈论人的价值和人道主义来解决，主要地只能靠积极建设物质文明和精神文明来解决。离开了这些具体情况和具体任务而谈人，这就不是谈现实的人而是谈抽象的人，就不是马克思主义的态度，就会把青年引入歧途。他指出，异化的污染，可能更深远。他提出要写有分量的文章，驳这个东西。要求马克思主义者出来说话。①1984年1月，胡乔木在中共中央党校发表《关于人道主义和异化问题》的讲话。讲话遵循马克思主义基本原理，阐明马克思主义在人道主义和异化问题上的立场观点。讲话指出，人道主义“有两方面的含义：一个是作为世界观和历史观；一个是作为伦理原则和道德规范”“已经发表的宣传人道主义的文章，大都没有区别人道主义的这两种含义”。②我们“反对歪曲革命历史和革命现实而宣传超历史、超社会的人性论。”同时，不能把马克思用以表述资本主义对抗性社会关系时使用过的“异化”概念，搬来分析社会主义的社会关系，这必然导致严重歪曲我们社会主义现实，这种解释不仅解决不了问题，而且“对社会主义制度本身会带来破坏性的影响”。③

---

① 参见《邓小平年谱（1975—1997）》（下），中央文献出版社2004年版，第928—930、938页。

②《胡乔木文集》第2卷，人民出版社2012年版，第607页。

③ 参见《胡乔木文集》第2卷，人民出版社2012年版，第645、653—654页。

在思想理论的讨论中，邓小平提出，思想战线上的战士，都应当是人类灵魂工程师。在当前这个转变时期，思想教育方面的责任尤其重大。十年动乱的消极后果和历史遗留的种种因素，新形势下出现的新的复杂问题，在人们的思想上引起各种反映，包括一部分模糊和错误的认识。作为灵魂工程师，应当高举马克思主义的、社会主义的旗帜，用自己的文章、作品、教学、讲演、表演，教育和引导人民正确地对待历史，认识现实，坚信社会主义和党的领导，鼓舞人民奋发努力，积极向上，真正做到有理想、有道德、有文化、守纪律，为伟大壮丽的社会主义现代化建设事业而英勇奋斗。

为进一步统一全党全社会的思想认识，1981 年 6 月，中共十一届六中全会通过了《关于建国以来党的若干历史问题的决议》，运用马克思主义的辩证唯物论和历史唯物论，对新中国成立 32 年来中国共产党的重大历史事件作出总结，科学地分析了在这些事件中中国共产党指导思想的正确和错误，分析了产生错误的主观因素和社会原因，彻底否定了“文化大革命”；实事求是地评价了毛泽东的历史地位，指出毛泽东是伟大的马克思主义者，是伟大的无产阶级革命家、战略家和理论家，就他的一生看，功绩远远大于过失，功绩是第一位的，错误是第二位的。《决议》把毛泽东晚年的错误与毛泽东思想区别开来，恢复了毛泽东思想的本来面目，强调毛泽东思想是马克思列宁主义在中国的运用和发展，是被实践证明了的关于中国革命的正确的理论原则和经验总结，是中国共产党集体智慧的结晶，是党宝贵的精神财富，长期具有指导意义。《决议》肯定了中共十一届三中全会以来逐步确立的适合中国情况的社会主义现代化建设道路。1983 年 7 月 1 日，《邓小平文选（1975—1982 年）》出版，在短短三个多月的时间里就发行了 4000 多万册。这部著作总结了建设中国特色社会主义道路的由来和发展，总结了建设中国特色社会主义的新经验，是对毛泽东思想的新发展。《关于建国以来党的若干历史问题的决议》和《邓小平文选（1975—1982 年）》，为人们正确认识新中国历史和中国社会主义建设指明了方向。

三、社会主义精神文明建设的践行

精神文明建设理论发展的同时，大规模的群众性社会主义精神文明建设活动也逐步开展起来。1981 年 2 月 25 日，全国总工会、共青团中央、全国妇联、中国文联、中央爱卫会、全国学联、全国伦理学会、中国语言学会、中华全国美学学会九个单位联合发出《关于开展文明礼貌活动的倡议》，向全国人民特别是青少年倡议，开展以讲文明、讲礼貌、讲卫生、讲秩序、讲道德和心灵美、语言美、行为美、环境美为内容的“五讲四美”文明礼貌活动。文明礼貌教育活动先从城镇特别是大中城市开始，主体由青少年推广到广大群众。1982 年 2 月，根据中央书记处指示，为深入开展“五讲四美”活动，规定每年 3 月为“全民文明礼貌月”，并把它作为建设社会主义精神文明的一件大事认真抓好。第一个“全民文明礼貌月”的活动重点抓三件事：搞好环境卫生，解决一个“脏”字；整顿公共秩序，解决一个“乱”字；提高服务质量，解决一个“差”字。许多地方以清洁卫生为突破口，开展了绿化、美化和净化环境活动。有些地方把“学雷锋、树新风”和“五讲四美”活动结合起来，开展多种公益活动。

为更好地发挥先进人物的示范作用，5 月，全国总工会党组、共青团中央、全国妇联党组开展推动学赶先进活动，以“同先进比差距，拜先进作老师”的精神，引导和推动越来越多的人尊重和学习各条战线的先进模范人物。张华①、朱伯儒②、张海迪③等就是新时期的模范人物。

---

① 张华是解放军第四军医大学学员，1977 年入伍，1979 年考入第四军医大学。1982 年 7 月 11 日上午，张华为抢救淘粪落池的社员光荣牺牲，年仅 24 岁。张华舍己救人的英勇事迹，感召着无数的中国人。1982 年 11 月，中央军委发布命令，授予张华“富于理想勇于献身的优秀大学生”的荣誉称号。

② 朱伯儒历任空军航空兵空中通信员、团参谋，空军油库股长、副主任。他工作踏实，廉洁奉公；义务赡养老人，抢救遇险群众，接济过 40 余名生活困难的群众和战士；关心教育青年，鼓励迷途青年正确对待挫折。他先后 21 次立功受奖，被群众誉为“八十年代新雷锋”。1983 年 7 月，中央军委授予他“学习雷锋的光荣标兵”荣誉称号。

③ 张海迪在 5 岁时因患病高位截瘫，却以顽强的毅力坚持自学完成小学、中学和大学的知识，在他人帮助下翻译作品与资料；跟随父母下放（山东）莘县时，给孩子们当老师；还自学针灸医术，为乡亲们无偿治疗疾病。1983 年 3 月 7 日，团中央授予张海迪“优秀共青团员”光荣称号，号召青年向她学习。

1983 年 2 月 24 日，中宣部等 24 个单位在继续开展“五讲四美”活动的基础上，增加了“三热爱”。“三热爱”即热爱祖国、热爱社会主义、热爱中国共产党。为了指导、监督、协调全国的活动，3 月，中共中央成立“五讲四美三热爱”活动委员会，各省、市、自治区也建立相应的机构，加强对“五讲四美三热爱”活动的领导。

在农村，1983 年 1 月 20 日，中共中央发出《关于加强农村思想政治工作的通知》，要求加强和改进党在农村的思想政治工作，逐步提高农民的政治、思想觉悟。各地采取了一些新方法，如制订乡规民约，开展建立文明村、文明家庭活动，改变村风村貌；大力表彰先进典型，如评选优秀党员、模范干部、五好社员以及表扬专业户、劳动致富户、各种先进人物，以先进带动后进；打击违法犯罪活动，利用坏人、坏事、坏典型作反面教材；建设文化中心，开展科技、文化活动；党员分工联系到户，做群众工作，等等，促进农村思想政治工作和精神文明建设的开展。

在企业，7 月 1 日，中共中央发出《关于批转〈国营企业职工思想政治工作纲要（试行）〉的通知》，加强对企业职工思想政治工作的领导。中央责成中央宣传部牵头，中央组织部、中央书记处研究室、国家经委、全国总工会、共青团中央、全国妇联参加，组成全国职工思想政治工作领导小组。企业职工思想政治工作的基本内容为两个部分：一是进行系统的爱国主义、集体主义、社会主义、共产主义的思想教育；二是日常的思想政治教育。《通知》要求各级企业党组织中，设立党的政治思想报告员制度。

在军队系统，1987 年 2 月，中央军委发布《关于新时期军队政治工作的决定》，要求新时期军队的政治工作，必须服务于国家的社会主义现代化建设，服务于军队的现代化建设，从政治上、思想上、组织上保证党对军队的绝对领导和人民军队的性质，保证军队的社会主义精神文明建设，保证军队内部的团结和军政军民团结，保证军队战斗力的提高和各项任务的完成，动员和团结全体官兵建设有中国特色的现代化正规化的革命军队。

在学校，5 月 29 日，中共中央发布《关于改进和加强高等学校思想政治工作的决定》。1988 年 12 月 25 日，中共中央发布《关于改革和加强中小学德育工作的通知》。《通知》的基本任务是，把全体学生培养成为爱国的具有社会公德、文明行为习惯的遵纪守法的好公民，引导他们确立科学的人生观、世界观。

在全国广泛开展的“全民文明礼貌月”活动，在全社会各领域开展规模宏大的“五讲四美三热爱”的思想道德教育，在全国高等院校开设思想品德和政治理论课程等举措，对改善和净化社会风气，提升人民群众的思想道德素质，起到了积极的推动和促进作用。广大青年的精神面貌和整个社会风气出现了令人鼓舞的可喜变化，城乡社会风气有了明显改变。

四、社会主义精神文明建设指导方针的制定

社会主义精神文明建设开展以来取得了明显成效，但与社会主义经济建设和其他建设事业相比，还相对滞后，不能很好地适应时代的要求，在实际工作中也不同程度地被忽视。1985 年 9 月 23 日，邓小平在中国共产党全国代表会议上的讲话中指出：“社会主义精神文明建设，很早就提出了。中央、地方和军队都做了不少工作，特别是群众中涌现了一大批先进人物，影响很好。不过就全国来看，至今效果还不够理想。主要是全党没有认真重视。”[①] 针对当时党内和社会上出现的消极腐败现象，他主张精神文明建设，首先要着眼于党风和社会风气的根本好转。并且，要一天不放松地抓，从具体事件抓起。

为推动社会主义精神文明建设的深入开展，1986 年 9 月，中共十二届六中全会研究通过《中共中央关于社会主义精神文明建设指导方针的决议》（简称《决议》），实事求是地总结社会主义精神文明建设的成就和不足，进一步明确社会主义精神文明建设的指导方针和政策举措，为加强社会主义精神文明建设提供指导。

《决议》阐明了社会主义精神文明在社会主义现代化总体布局中的战略地位，指明以它和经济建设为中心，进行经济体制改革和政治体制改革

---

①《邓小平文选》第 3 卷，人民出版社 1993 年版，第 143 页。

的关系。《决议》指出，在社会主义时期，物质文明为精神文明的发展提供物质条件和实践经验，精神文明又为物质文明的发展提供精神动力和智力支持，为它的正确发展方向提供思想保证。全党同志必须从这个总体布局的高度出发，正确认识社会主义精神文明建设的战略地位。这就把社会主义精神文明建设提高到一个更加重要的地位。

《决议》指出社会主义精神文明建设的根本任务，是培育有理想、有道德、有文化、有纪律的社会主义新人，提高整个中华民族的思想道德素质和科学文化素质。精神文明建设，包括思想道德建设和教育科学文化建设两个方面，渗透在整个物质文明建设之中，体现在经济、政治、文化、社会生活的各个方面。加强精神文明建设，坚持对思想性质的问题用教育和疏导的方法去解决；要建设以马克思主义为指导的，批判继承历史传统而又充分体现时代精神的，立足本国而又面向世界的，这样一种高度发达的社会主义精神文明。

《决议》强调马克思主义在精神文明建设中的指导地位。坚持以马列主义、毛泽东思想为指导，是社会主义现代化事业的根本，也是社会主义精神文明建设的根本。理想建设、道德建设、文化建设、民主法制观念建设，都离不开马克思主义的指导，离不开马克思主义的理论建设。马克思主义理论学习要克服学习内容脱离实际和形式呆板单调的缺点。

《决议》提出了建设社会主义精神文明的一系列方针措施。指出，一是要用共同理想动员和团结全国各族人民。一切有利于建设四化、振兴中华、统一祖国的积极思想和精神，一切有利于民族团结、社会进步、人民幸福的积极思想和精神，一切用诚实劳动争取美好生活的积极思想和精神，都应当加以尊重、保护和发扬。二是要树立和发扬社会主义的道德风尚。要从实际出发，鼓励先进，照顾多数，把先进性的要求同广泛性的要求结合起来，这样才能团结和引导不同觉悟程度的人们一起向上，形成凝聚亿万人民的强大精神力量。各行各业都要大力加强职业道德建设。三是要加强社会主义民主、法制、纪律的教育。四是要普及和提高教育科学文化。

《决议》还指出党组织和党员在精神文明建设中的责任。建设好的党风，思想教育很重要，制度建设也很重要。必须努力改革和完善党的组织制度和工作制度，严格执行党的纪律，建立和健全党内监督制度和人民监督制度，使各级领导干部得到有效的监督。《决议》强调在新形势下坚持两个文明一起抓，是全党面临的新课题。从中央到基层的各级党组织，要努力摸索规律，研究政策，组织和协调各方面力量，扎扎实实地做好工作。

《决议》对十一届三中全会以来社会主义精神文明建设实践的概括和对新形势下社会主义精神文明建设的一系列重大问题的科学阐述，把对社会主义精神文明建设的认识大大向前推进一步，成为精神文明建设的指导纲领。在思想道德建设方面，明确把先进性的要求同广泛性的要求结合起来，更加务实和符合实际。在精神文明建设刚刚提出时，强调“共产主义的思想、理想、信念、道德、纪律、革命的立场和原则”，把革命精神推广到全体人民中去，中共十二大突出以“共产主义思想为核心的社会主义精神文明”，对此《决议》作了区分，肯定先进分子的共产主义崇高道德应该在全社会提倡，但对全体公民，“社会主义道德建设的基本要求，是爱祖国、爱人民、爱劳动、爱科学、爱社会主义”，把先进性的要求同广泛性的要求结合起来了，利于动员和团结全体人民。提出文化事业必须把社会效益作为最高标准，要努力提高精神产品质量以满足群众的广泛需要，并且进行文化管理体制的改革，改善经营管理；并把教育和科学作为整个社会主义现代化建设的战略重点。《决议》促进了社会主义精神文明建设的开展。

1987 年 10 月召开的中共十三大指出，从社会主义初级阶段的实际出发，“必须以马克思主义为指导，努力建设精神文明”，“要努力形成有利于现代化建设和改革开放的理论指导、舆论力量、价值观念、文化条件和社会环境，克服小生产的狭隘眼界和保守习气，抵制封建主义和资本主义的腐朽思想，振奋起全国各族人民献身于现代化事业的巨大热情和创造精神”。[①] 报告还指出，必须把发展科学技术和教育事业放在首要位置，使经济建设转到依靠科技进步和提高劳动者素质的轨道上来。这说明在中国特

---

①《改革开放三十年重要文献选编》（上），中央文献出版社 2008 年版，第 477 页。

色社会主义现代化建设征程中，社会主义精神文明建设责任重大。

第三节 20世纪80年代的文化热

经过真理标准问题的大讨论，随着改革开放的逐步展开、对外交往的迅速增加和文化视野的骤然拓宽，思想文化领域率先感知“春江水暖”，从对“文革”的反省批判迅即转向文化、哲学层面的深刻反思。而西方思想文化伴随着改革开放后的技术和资本一起进入国门，冲击着原有的价值观。在这样的背景下，中国思想文化领域掀起一股译介和学习西学，研究、反思、批判传统文化的浪潮，形成蔚为壮观的文化热。

一、文化热现象

文化热是由思想解放、时代变革和学术发展共同推动并产生的必然结果。“文化大革命”后，中国思想文化界为寻求“文革”悲剧的深层原因，掀起对传统文化、马克思主义文化和西方文化重新解读和阐释的热潮，希冀借助各种思想文化理论，对刚刚逝去的十年、对当代中国历史进而对中华历史和文化进行剖析和解读，并尝试探索中国的现代化路径，各种思想激荡、碰撞，对中国文化发展产生巨大而深刻的影响。创办于1979年的《读书》杂志，在创刊号中提出“读书无禁区”，标识出文化热的鲜明特征。

文化热大体经历了以思想启蒙和西方思想文化理论译介、传统文化阐释研究和全盘西化论为主要内容的两个阶段，这两个阶段在时间和内容上又互有交叉。在文化热中，涌现了众多思想学术团体，开展各种学术活动，同时出现了思想学术译、著的丛书（刊）出版热。二者相互交织，互相推动。

思想和学术团体主要有以自然科学研究者为核心、以介绍世界最新科学成果、弘扬科学精神与方法为主旨的“走向未来丛书”编委会，以复兴国学为己任、聚集在中国文化书院的学者群体，围绕《新启蒙》杂志的理论家群体，以北京大学和中国社会科学院的青年学者为主体的“文化：中国与世界”编委会，引介和阐释当代西方人文思潮的“二十世纪文库”

编委会等。这些思想和学术团体是以各高等院校教师、研究机构的研究人员为主要成员的松散组织，他们作为各种丛书的著作者或编委会成员，以各种丛书为主要媒介，聚集在各大出版机构如商务印书馆、上海译文出版社、三联书店、四川人民出版社等周围，通过这些丛书的译、著和出版，传播各自的理论和主张，共同造就了 20 世纪 80 年代的文化热。短短十数年间，把从西方启蒙时代以来的哲学、社会学、政治学、经济学、法学、心理学、伦理学、文学艺术等西方重要的哲学文化思潮，到兴起于 20 世纪 70 年代，以控制论、系统论、信息论为主要内容的方法论和以《第三次浪潮》为代表的未来学等数百种著作，几乎悉数译介过来。

影响广泛的丛书有“汉译世界学术名著丛书”“面向世界丛书”“走向未来丛书”“走向世界丛书”“文化哲学丛书”“中国文化史丛书”“中国近代文化史丛书”“二十世纪西方哲学译丛”“西方哲学流派丛书”“世界文化丛书”“文化：中国与世界丛书”“西方学术译丛”“新学科丛书”“三个面向丛书”“二十世纪文库”“比较文化丛书”“现代文化丛书”“传统与变革丛书”“美学译文丛书”“外国文艺理论丛书”“外国文学研究资料丛刊”“蓦然回首丛书”等，达数十种之多，且印数巨大。除了很少一部分是 20 世纪 50 年代和 60 年代的再版，绝大多数都是这一时期的新版书。

新中国十分重视西学经典的翻译出版，虽然受到国内外各方面条件的限制，仍一直有计划有步骤地进行，有“汉译世界学术名著丛书”和“现代外国资产阶级哲学资料选辑”等。“文革”时期，这项工作基本上停滞。十一届三中全会以后，理论界和出版界向中央有关部门提出建议，应参照“文化大革命”前出版“灰皮书”和“黄皮书”[①]的办法，翻译出版一些现代外国的学术著作。1980 年 4 月 19 日，国家出版局召集马恩列斯著作编译局、中国社会科学院马列所[②]和情报所、人民出版社、商务印书馆、社会科学出版社等单位座谈，决定由人民出版社牵头，提出《现代

① 所谓“灰皮书”和“黄皮书”，是指 20 世纪 60 年代出版的“供内部参考批判”的书籍，包括西方及苏联的文学作品和理论著作。

② 马列所全称为马克思列宁主义毛泽东思想研究所，2005 年经中央政治局常委会议批准，在此基础上组建为马克思主义研究院。

外国政治学术著作选译书目》(100题)。此后，由中国社会科学院马列所和情报所、人民出版社、外交部苏欧司、中联部七局、苏联所、商务印书馆、北京图书馆等单位专家组成“选目小组”，先后提出三批选目共153种。到1983年底，分别由25家出版社出版64种，加上规划外出版的译著，1984年翻译出版各类西方社会科学古典名著、当代一般哲学、社会科学学术著作达500多种。商务印书馆在1982年至1989年间，就组织翻译出版“汉译世界学术名著丛书”5辑共230种。[①]

在地方出版社中，湖南人民出版社和岳麓书社于1980年到1986年间出版的“走向世界丛书”，共36种，收录1840年至1911年间，康有为、梁启超、曾纪泽、薛福成等人到欧美、日本通商、留学、出使、游历和考察等所留下的日记、笔记和游记，记录近代中国人对西方现代文明的观感和走向世界的早期脚印。在国人重新眺望世界的改革开放初期，这套丛书在出版界、文化界以及广大读者中产生不小的影响，被誉为整理古文献中最富有思想性、科学性和创造性的一套丛书。

1984年，四川人民出版社推出“走向未来丛书”，共出版译著、编译，以及国内学者的著作74种。这套丛书以青年读者为主要对象，以思想启蒙为目的，“力图从世界观高度把握当代科学的最新成就和特点，通过精选、咀嚼和消化了的各门学科的知识，使读者特别是青年读者能从整个人类文明曲折的发展和更迭中，理解中华民族的伟大贡献和历史地位，科学地认识世界发展的趋势，激发对祖国、对民族的热爱和责任感”[②]。丛书的内容包括国内外自然科学和社会科学以及人文科学等，特别注重科学的思想方法和新兴边缘学科的介绍和应用。

1986年底至1987年初，三联书店推出全面介绍20世纪西方哲学、社会科学成果的大型丛书“文化：中国与世界”。丛书包括“《文化：中国与世界》集刊”“现代西方学术文库”“新知文库”等多个子系列，囊括

---

① 参见《中央办公厅转发中央宣传部〈关于翻译出版外国学术著作情况和意见的报告〉的通知》，新闻出版总署图书出版管理司编：《图书出版管理手册》，中国法制出版社2006年版，第380—384页。

②“走向未来丛书”编者献辞。

海德格尔、尼采、萨特、韦伯等西方著名思想家的代表性著作。1987 年底，科学出版社出版由中国学者撰著的“中国与世界丛书”，集中展示改革开放后中国学者在经济、政治、文化等方面的思考与研究。

在译介、出版外国著作的热潮中，20 世纪西方文艺理论和文学创作，特别是“现代派”理论和创作成为译介热点。《外国现代派文学作品选》《诺贝尔文学奖获奖作家作品集》，以及“20 世纪外国文学丛书”“外国文学名著丛书”“诗苑译林”等，涵盖了西方象征主义、表现主义、未来主义、意识流文学、超现实主义、存在主义、新小说派、垮掉的一代、荒诞派戏剧、黑色幽默、魔幻现实主义等所有流派的文学创作。“现代外国文艺理论译丛”和“学术文库”则译介了西方 20 世纪文论、哲学、美学、文化学、社会学、心理学等重要成果，如弗洛伊德心理学、存在主义、现象学、俄国形式主义、结构主义、阐释学、新批评、符号学、后结构主义、女性主义文学批评等理论，对 20 世纪 80 年代至 90 年代中国文学产生了重要影响。

开创中国特色社会主义伟大事业需要借鉴人类文明成果，民族文化需要在继承借鉴人类优秀文化的基础上发展。文化热以“汉译世界学术名著丛书”和“走向世界丛书”出版为发端，不约而同地将目光投向西方文化，期望借他山之石为我所用，也呼应了 20 世纪初“睁眼看世界”、革新旧文化的思潮。

二、文化热中的西学热

在文化热中，各种西方思潮走马灯般在中国亮相，既是世界思潮在中国的某种反映，也是经历多年封闭的中国向现代化征途迈进之时对西方现代思想和理论的集中探求。各种思潮与当代中国历史和现实的契合度成为影响其热度以及中国文化的首要因素，有些思潮对中国影响很大，有些则明显表现出水土不服甚至是负面效应，使这个时期充满着思想文化的激荡。

西学热中，西方自启蒙运动以来从崇尚理性到非理性泛滥时代的哲学、科学、文化思潮，潮涌般展现在中国知识界面前。其中对中国新时期文化产生重大影响的，可以概括为理性主义思潮和非理性主义思潮。刚刚从“文革”的极“左”思潮桎梏中解放出来的知识界，首先以无比的热忱拥抱以理性主义为特征的启蒙思想。因此，这一时期也被学术界称为中国的新启蒙时代。与此同时，具有后现代特征的非理性主义思潮的影响也迅速扩大，二者互相渗透，共同绘制了这一时期的思想文化图景。

理性主义的启蒙思潮主要表现为人道主义、自由主义，对新时期的哲学思想、文艺创作、文化观念产生了广泛的影响。其主体主义、个体主义和人道主义的人学观点和美学主张，对当代中国哲学的影响主要表现在人学和美学研究领域。对人的重新发现，既包括 20 世纪初改造国民性的“新民”学说的再续，也包括因“文革”时期人的尊严遭到肆意践踏而迫切伸张人的基本权利等人道主义思想。反思文学和寻根文学对人性的挖掘和呼唤，对人、实践、主体性，以及传统道德和思维方式等方面的热切关注，都体现出浓厚的人道主义的价值关怀，并引发关于人道主义和异化问题的大讨论。

非理性主义思潮是欧美发达国家在现代化过程中，特别是饱受第二次世界大战的创伤而产生的对理性主义的反思和抛弃。19 世纪以叔本华、尼采为代表的唯意志主义是现代非理性主义的直接思想来源，席美尔的现象学、柏格森的生命哲学、萨特的存在主义、弗洛伊德主义以及在历史学、宗教哲学、社会学、文学艺术和科学哲学中的非理性主义思想内容，都被视作为现代非理性主义理论的表现，其基本特征是在个人存在为本体的唯心主义本体论基础上否定人的理性，否定信仰、道德中的理性内容，否认历史发展规律，把历史看作有机体兴衰的非理性过程，或者把历史看作是个人意志或欲望的表现过程，直至把社会历史现象归结为某种本能活动的结果。

非理性主义思潮对新时期文化的影响是复杂而多层面的。“萨特热”“弗洛伊德热”“尼采热”折射出这个时期社会思想文化的映像。20 世纪 80 年代中后期，由于经济体制改革初期各种新老社会矛盾叠加，以及思想理论发展的滞后和软弱涣散，启蒙思想中的人道主义、自由主义迅速被非理性主义的抽象人性论、无政府主义、人本主义等所异化，成为一股文化浊流。受到非理性主义思潮的影响，一部分文艺创作把历史现象偶然化、虚无化，把现实世界碎片化、功利化，把人性挖掘欲望化、丑恶化，把艺术探索审丑化、怪诞化，陷入灰暗、虚无、暴力、色情和艺术实验至上的怪圈。在社会层面，非理性主义思潮颓废、迷惘的特征，暗合了“文革”中成长起来的一些人失去理想、迷茫、无助、青春无所依托的后“文革”现实，使其由对社会现实的不满，转向对社会主义道路和共产党领导的失望和怀疑。在思想文化层面，则由对传统文化的批判到推崇蓝色文明进而否定绵延五千年被其称为“黄色文明”的中华文化，否定当代中国历史、否定社会主义道路，主张全盘西化，最终被少数人所利用，酿成1989年的政治风波。

被称为老三论的系统论、信息论、控制论，以及此后的新三论即耗散结构论、协同论和突变论的西方科学哲学理论在“西学热”中风靡一时，被广泛运用到哲学社会科学的各个领域。1985年甚至被称为“方法论年”。“方法论热”既有举国向科学进军的背景，也是具有哲学意义的文化反思的组成部分，其中包含着冲破传统僵化思维模式的强烈意愿和对科技本身的反思。

文化热既缘于对“文革”的强烈批判和深刻反思，也表现出国门大开后西方文化涌入，在中西文化的比较和借鉴中，中国学人构建中国现代性新文化的探索和尝试。实际上，在文化热中，由于中国社会的现代化尚处于起步阶段，许多现代性问题尚未显现，后现代问题更是无从谈起，学界对理性主义，特别是非理性主义尚缺少清晰、明确的把握和深刻的理解，主要是介绍、传播，以及照搬套用。文艺创作和理论批评较早感知西方理论，在反思、寻根文化传统的同时，引进和移植各种理论，探索和实验各种主义，掀起现代派文艺浪潮，体现了开放的文化意识和试图与世界当代文化沟通与同步的趋向。但是，文学的现代派实验，美术创作中的印象派、抽象派绘画，在创作和理论上完全否定传统，使与传统紧密相连的受众疑惑和失望，看不懂其作品、听不懂其评论。现代派文艺理论中一些形式和技巧方面的理论对于新时期中国文艺探索具有重要的借鉴意义，但从总体上说，其在20世纪80年代的中国尚缺少生长发育的土壤，并不适合中国国情。因此，现代派创作更像是文学艺术试图摆脱过度政治化的一种过激的实践，其理论和作品很快就受到了冷遇。

三、对中华传统文化的再认识

在西学热度日增的同时，传统文化也得到前所未有的关注。在改革开放背景下，中国文化的转型始终伴随着对传统文化的再认识、再评价和再利用。在20世纪80年代的文化建设中，思想文化界对传统文化的态度分为两极：一端是新儒家高举起捍卫和发展传统文化的大旗；另一端是以西方文化为参照物，将传统文化视为“衰落的文明”、中国迈向现代化的严重障碍，对其进行毫不留情的批判。

“传统文化热”表现为思想文化界对传统文化的反思，以及对长期研究传统文化的学人研究成果的集中展示。大量的丛书出版、学术机构的建立和重要会议的召开，使传统文化研究进入到崭新的发展阶段。

1979年，湖南人民出版社出版了蔡尚思的《中国文化史要论》，这是新时期第一本概要介绍中华五千年文化历史著述的著作。复旦大学历史系中国思想文化史研究室和中国社会科学院近代史研究所近代文化史研究室，于1981年共同筹办《中国文化研究集刊》，1984年第一辑在复旦大学出版社出版。1983年5月，全国历史学科规划会议在湖南长沙召开。会议决定成立以上海学者和北京学者为主的南北两个编委会，编辑出版“中国文化史丛书”和“中国近代文化史丛书”，先后出版了《中西文化交流史》《中国甲骨学史》《走向世界——近代知识分子考察西方的历史》等十数种著作。

1982年至1987年，关于传统文化研究的重要会议，有1982年10月召开的“中国近代科学落后原因”学术讨论会，6月和12月的“中国文化史研究学者座谈会”，1984年11月的首届“全国中国近代文化史”学术讨论会，12月的“东西方文化比较”学术讨论会，1985年4月的中国文化与比较文化研究工作协调会，1986年3月的“传统文化和现代化”专题学术讨论会，4月的“孔子、儒家和中国传统文化”讨论会，1987年的第二届中国近代文化史学术讨论会、“中国走向近代的文化历程学术讨论会”和首届儒学国际学术讨论会等。其间，1985年的协调会对全国文化研究的主攻方向进行了布局：北京主要研究中国古代和近代文化，上海侧重中西文化比较研究，西安重点研究汉唐文化，广州为岭南文化，湖北为明清文化。1986年1月，首届“国际中国文化学术讨论会”召开，与会的70余名中外学者是国内外与文化和文化史研究相关的20个学科中研究中国文化的代表人物，会议的两个主要议题“中国文化传统的再估计”“中国文化与西方文化的相互关系”，是当时学术界和思想文化界的关注焦点。[①]

推动传统文化研究从学院向更广阔空间伸展的重要机构是民间学术研究和教学机构中国文化书院。书院由著名学者梁漱溟、冯友兰、周一良、任继愈、阴法鲁、张岱年、朱伯昆、汤一介等共同发起，联合北京大学、中国社会科学院、中国人民大学、北京师范大学、清华大学、首都师范大学等单位及台、港和海外的数十位著名教授、学者一道创建，1984年10月在北京成立。书院以培养从事中国文化史、哲学史、宗教史、历史、文学和思想史研究的中外学者为目标，招收大学程度以上的中国学生和中外学者，并代中国或外国大学培训研究生、进修生。冯友兰、张岱年、季羡林、何兹全、戴逸、李泽厚等著名学者担任书院导师，进行中外文化比较的函授教学，举办各类短期讲习班、读书班和研究班，多次举办“中国知识分子”“中国宗教”“中国的近代化”等国际学术研讨会。[②]1985年至1989年间，书院举办“中国传统文化”“中外文化比较”“文化与科学”“文化与未来”等短期讲习班、进修班20多期。1987至1989年，举办了两年制的“中外文化比较研究”函授班。书院的学术研究成果结集为“中国文化书院文库”，分为“资料集”“演讲集”“论著集”等，陆续出版了《论中国传统文化》《中西文化比较》等书籍。

20世纪80年代中期，北京、上海、武汉、西安、广州等地先后建立起一批传统文化学术研究机构，主要有上海社会科学院哲学所的东西方文

① 参见张昭军:《复兴之路:20世纪八九十年代的中国文化史研究》,《学术前沿论丛》2012年。

② 参见刘德伟:《汤一介谈中国文化书院》,《中国教育报》2000年12月26日。

化比较研究中心，北京师范大学的中国近代文化史研究室和东西方文化比较研究中心，清华大学的思想文化研究所，福建师范大学的中国文化研究室，湖北大学的中国思想文化史研究室，湖南大学的岳麓文化研究所，西北大学、陕西师范大学的汉唐文化研究室，深圳大学的国学研究所和比较文学研究所，浙江省社会科学院历史研究所的吴越文化研究室，华南师范大学的岭南近代思想文化研究中心等。北京、山东等地则设立不少儒学研究机构，如中国孔子基金会、中华孔子研究所、山东省社会科学院儒学研究所、山东大学传统文化研究所，曲阜师范大学孔子研究所等。

中国孔子基金会是由全国政协主席邓颖超建议、1984 年 9 月中共中央书记处决定成立、国家支持的群众性学术团体。谷牧担任名誉会长，匡亚明任会长，有关方面代表人士 100 多人组成理事会，创办了学术期刊《孔子研究》，开展国际孔子和儒学研究的学术交流。1989 年 10 月，中国孔子基金会与联合国教科文组织合作，在北京和曲阜举办了孔子诞辰 2540 周年国际学术讨论会，5 大洲 25 个国家和地区的 300 多名学者参加。吴学谦主持开幕式，谷牧作主题讲演。江泽民接见部分海外学者时，肯定孔子思想是很好的文化遗产，应当取其精华，去其糟粕，继承发扬。这在一定程度上推动了传统思想文化的研究。

传统文化研究机构和学术团体的建立，各种文化书刊的出版，引起了社会的广泛关注，极大地促进了对传统文化思想价值的深入发掘和重新认识，以及对中华文化历史的研究，在断代文化史、地域文化史、民族文化史、中外文化交流以及综合文化史方面都卓有建树。

在“传统文化热”中，始终伴随着对传统文化的价值评判、传统文化如何现代化的激辩，对“天人合一”“自强不息”“固步自封”“中庸”“保守”等传统文化观念的内涵作出现代阐释。以寻根文学为代表，当代作家从社会政治层面进入历史深处，以艺术形式追寻传统文化之根[①]，并在历

① 寻根文学在新时期成为一股思潮，也有世界思潮的影响。哥伦比亚作家加西亚·马尔克斯 1966 年发表的《百年孤独》、美国黑人作家亚历克斯·哈利在 1976 年出版的《根》和苏联吉尔吉斯作家艾特玛托夫发表于 1980 年的《一日长于百年》三部小说，被认为是寻根文学的鼻祖。

史、哲学等思想文化领域得到积极响应，形成对传统文化的批判热潮。这股思潮一方面承继五四时期对国民性的探讨，同时直指在“文革”中泛起的封建文化思想，带有鲜明的反传统特征；另一方面，在深刻反思和对中华文明的重新审视中，尝试确立中华文化的世界坐标。因此，这时的文化反思是站在世界历史的角度，对中华文化进行由近及远、由浅向纵深的全方位、深层次的审视与解剖。在“反传统”声浪高涨之时，思想文化界对传统文化的理性研究，推动了对传统文化的再认识。

在对传统文化反思与批判时，进行中西文化的比较是题中之义。此时，世界社会主义运动遭遇前所未有的困境，苏东巨变，世界上第一个社会主义国家苏联走向解体，美国学者放言“历史终结”①，“文明的冲突”将取代民族的冲突。开放的大门打开以后，重新“睁眼看世界”的一些人，面对西方世界发达的物质文明、先进科学技术，以及看上去文明的秩序，重蹈世纪初的覆辙，把一切问题的根源归咎于中华传统文化和民族的劣根性，表现出这一特定时期文化研究的历史局限性。

第四节 文化艺术的恢复和发展

以第四次文代会召开为标志，中共中央恢复领导文化工作的“双百”方针，阐释了文艺与政治的关系，确定“文艺为人民服务、为社会主义服务”的方向。此后，党不断改善对文艺和文化工作的领导，改善与文化艺术工作者的关系，要求社会主义文化事业在推动改革、实现四化、振兴中华、发展安定团结政治局面方面发挥重要作用。文化艺术不再成为政治的工具，文化观念的调整和文化政策的逐步宽松，促进了文化多样态发展，流行文化进入日常文化生活，文化市场应运而生，文化交流呈现新格局，

---

① “历史终结论”源于法兰西斯·福山 1988 年所作的一次题为《历史的终点》的讲座。1989 年，他在讲座的基础上写成论文《历史的终结？》，发表在美国新保守主义期刊《国家利益》上，“历史终结论”作为一个完整的理论体系形成。福山片面地认为，苏联解体，东欧剧变，冷战结束，标志着共产主义的终结，历史的发展只有一条路，即西方的市场经济和民主政治，自由民主制度是“人类意识形态发展的终点”和“人类最后一种统治形式”。

并开始探索文化体制和文化交流的改革。

一、文坛艺苑空前活跃

改革开放前，文学艺术是社会文化生活的主体和核心。新时期，中共中央对知识分子作出重新评价，从文艺入手对文化政策进行重大调整，恢复和设立各种政府奖项，极大地解放了艺术生产力。改革开放的伟大时代，唤醒了文艺家的创作激情，强烈的责任感、使命感与艺术形式的探索、求新相交织，促进了文学艺术的发展。大批“十七年”创作的优秀文艺作品成为文坛“重放的鲜花”，老艺术家重新焕发艺术青春，迎来新的创作高峰；新一代艺术家在思想解放和经济改革的大潮中，创作出频频产生轰动效应的佳作。文学艺术引领着时代风尚，成为中国走向现代化的精神风向标。各种流派、主义纷呈，各领风骚，传统与现代、保守与先锋、经典与实验，艺术创作呈现爆发的态势，文学、戏剧、电影、美术、音乐等各个艺术门类百花争艳、群星灿烂，老中青三代艺术家共同创造了当代中国文艺的繁荣景象。

“80 年代的社会政治、人生问题，个体与群体，生命与文化，时间与空间，现实与历史，传统与革新，东方与西方等问题”[①]，都成为文学艺术创作的主题，并呈现出比较鲜明的主题性和思潮化的发展特征。它首先表现为题材随着时代的发展而演进。伤痕文学拉开序幕，进而拓展为反思小说，之后出现汪曾祺的《受戒》、贾平凹的商州系列、李杭育的“葛川江小说”系列、韩少功的《爸爸爸》和王安忆的《小鲍庄》等反思和追寻传统文化之根的寻根文艺潮流，以及姚雪垠的《李自成》、凌力的《少年天子》、徐兴业的《金瓯缺》、杨书案的《孔子》等历史题材小说。同时，真切反映时代变革的改革文学涌现，柯云路的《新星》、张洁的《沉重的翅膀》、张贤亮的《龙种》、李国文的《花园街 5 号》等小说，深刻地反映改革时代尖锐的思想冲突和社会矛盾。另一个重要文学现象是女性写作。它既指女性作家数量和影响力大增，也指与西方女权主义理论相关联的“个

① 洪子诚：《中国当代文学史》，北京大学出版社 1999 年版，第 250 页。

人化写作”。前者如张洁、王安忆、方方、铁凝等，后者有林白、陈染、徐小斌等。

其次表现为对现实主义之外创作方法、艺术技巧的探索和实验。“朦胧诗”和“意识流小说”首开先河的大胆艺术实验，对新时期文坛的震荡是空前的。前者肇始于“文革”后期的地下文学,《致橡树》《黑眼睛》《回答》《红帆船》《祖国啊，祖国》《大雁塔》等，不仅从人道主义、个性主义的价值角度对动乱年代的人性毁灭、理性沦丧进行批判，更强调对自由人格、平等关系的追求，表现了强烈的自我反思精神和新的审美原则。舒婷的《致橡树》是一首开拓爱情诗新境界的名篇。《布礼》《蝴蝶》《春之声》《剪辑错了的故事》等意识流小说，开启了小说艺术形式的探索。意识流小说虽然大都未脱模仿的影子，但以这种打破时空的叙事手法表现“文革”造成的很多是非颠倒的奇幻现实，却形成一种艺术上的奇妙对应。“朦胧诗”之后,“第三代人”诗群崛起,“中国诗坛 1986 年现代诗群体大展”，集中展示了 20 世纪 80 年代前半期 100 多名诗人、60 多个实验诗派[①]的诗歌盛况。戏剧、散文、随笔和报告文学也取得空前的发展。

20 世纪 80 年代中后期，西方各种现代主义哲学、文化、文艺思潮蜂拥而入，极大地影响了文艺创作。借助西方 20 世纪文学理论和实践的经验，文坛实验风潮渐浓，从寻根小说开始，现代派小说、先锋小说和新写实小说成为各种西方文化思潮的实验场，艺术家们在创作中“寻求创作题材和艺术方法上的各种可能性”[②]。花样繁多的文学探索和实验既是对前 30 年艺术创作方法独尊于社会主义现实主义一家的反拨，也是艺术思想解放、艺术创造力活跃的表现。但对西方理论的照搬、对文学文本的极度追求，特别是对现实生活的疏离，也加剧了文学脱离现实、自我封闭的边缘化趋势。20 世纪 80 年代末 90 年代初，王朔的具有消解一切价值的后现代特征的所谓“痞子文学”，瓦解了文坛上“高雅”与“世俗”的纷争，文学创作进入更具有本土意义和特征的新一轮探索。

---

① 参见洪子诚:《中国当代文学史》，北京大学出版社 1999 年版，第 305 页。

② 洪子诚:《中国当代文学史》，北京大学出版社 1999 年版，第 335 页。

文学理论与批评此时也空前展开，借鉴西方文艺理论和方法，建构中国特色的理论体系和话语体系，极大地改变了以往的面貌和品格。理论界关于“文学主体性”“回到文学”“文学自觉”等问题的讨论，不仅深化了对文学本质和功能的认识，也成为推动文学创作多样化探索的重要力量。

文学的繁荣也表现在文学期刊的大发展上。据不完全统计，粉碎“四人帮”后三年多时间，省市级以上复刊和新创刊的文学刊物达 108 种，刊发中短篇小说 6000 多篇。其中 76 种刊物的期发行总量达到 1405 万份，《人民文学》《小说月报》发行量都在 100 万份以上，一般的刊物在 10 万至 30 万份之间，最少的也有 3 万份。

中国电影也在观念嬗变中开辟新路。1976 年 10 月至 1978 年，生产 58 部故事片，但只有《难忘的战斗》《大河奔流》《黑三角》值得一提，中国银幕靠解禁电影、外国译制片与香港片来支撑。1979 年初，《人民日报》开展“怎样把电影搞上去”的讨论，随后《电影艺术》杂志发起关于“电影理论现代化”的讨论。电影与文学的关系、电影与戏剧的关系、电影的民族化、电影的创新及电影美学等问题引起热烈论争。新中国电影受到苏联斯坦尼斯拉夫电影学派的深刻影响。新时期一批海外电影的引进，给中国电影提供了新的重要参照系，政府对电影投入的增加、中国电影大讨论和其后第五代导演的探索浪潮，推动了中国电影的繁荣。无论是从产量，还是从题材内容到表现手段，以及电影新美学的探索来看，这一时期都是中国电影史上最为耀眼的时代之一。20 世纪 80 年代初期，中国有 21 个电影制片厂。故事片产量稳步上升：1979 年 65 部、1980 年 82 部，1981 年至 1992 年，电影产量一直在 100 部以上，1992 年达到 166 部。①

电影的题材与内容方面，在短暂的伤痕电影、意识流探索的创作之后，现实主义电影取得巨大成就，农村题材、都市题材、历史题材、革命战争题材、军事题材、名著改编等各种题材的优秀之作层出不穷，《庐

① 参见陈播主编：《中国电影编年纪事·总纲卷》（下），中央文献出版社 2005 年版，第 673、689、702、715、731、747、766、785、801、815、836、850、869、888 页。

山恋》《法庭内外》《血，总是热的》《高山下的花环》《喜盈门》《月亮湾的笑声》《西安事变》《芙蓉镇》《老井》《南昌起义》《陈毅市长》《开国大典》《伤逝》《骆驼祥子》《红楼梦》《雷雨》等电影中的各种银幕形象，大受观众欢迎，光耀中国电影史册。

为引导和激励电影健康发展，恢复了创立于 1962 年的百花奖，1981 年又设立金鸡奖。凌子风导演的改编自曹禺的同名戏剧《原野》，获 1981 年意大利威尼斯电影节“最受推荐电影”奖。以《红高粱》《菊豆》《大红灯笼高高挂》《秋菊打官司》《霸王别姬》等为代表的第五代导演的探索作品以影像造型和叙事见长，因获得国际大奖而迈出新时期电影走向世界的第一步。

受到流行于国际影坛的纪实电影影响，中国电影在题材处理、结构设置、声画造型、表演风格等方面寻求变化。而《神秘的大佛》、合资片《少林寺》等娱乐片的出现，是探索电影娱乐功能、打开电影市场，以及变革电影投资方式的重要尝试。

这一时期的美术、音乐创作也令人瞩目。“文革”结束后，除了现实主义风格的伤痕和反思作品，美术创作中受西方文化思潮影响，模仿和借鉴西方画家的形式探索和理论研究十分活跃。从 1979 年的“星星画展”、1980 年的“同代人画展”、1985 年的“85 美术新潮”，到 1989 年的“现代艺术大展”，充满了新旧艺术观念的分歧甚至冲突，传统中国画也一度陷入危机。以突破传统和技巧实验为特征的“新潮音乐”，也体现了变革时代音乐创作和理论的大胆探索。

新潮美术、音乐，以及现代派文学创作，都存在着脱离时代和民族传统、实验和艺术至上的严重缺欠，并引发思想理论界毁誉参半的评价，但这些探索和实验、偏激和缺失都是文艺发展转型过程中必经的痛苦历程，为中国文艺创作多样化发展积累了经验教训。

1990 年，由文化部艺术局、北京市文化局、中国戏剧家协会、中国戏曲家学会联合举办的纪念徽班进京 200 周年大型活动，是振兴京剧艺术的重大标志性文化事件。被称为“国粹”的京剧，是清乾隆中叶之后，四大徽班陆续进京，在融合徽戏、汉戏、秦腔等多种腔调的基础上，借鉴吸收昆曲艺术孕育诞生的剧种，剧目丰富，艺术精湛，是中华民族的艺术瑰宝，在世界戏剧文化中独树一帜。然而，在社会和文化急剧转型的新时期，受到人们生活方式、思想观念和审美心理结构变化的巨大挑战，特别是“文革”中新编京剧“样板戏”的负面效应，京剧面临演出市场萎缩、剧团生存困难、传承后继乏人等重重危机。纪念活动从 1 月 11 日武汉举办“徽班进京、汉调北上 200 年暨京剧名段名家流派演唱会”开始，京剧、汉剧名家合演的京腔汉调《宇宙锋》揭开活动序幕。此后，北京、天津、南京、武汉等地举办多种形式的研讨、观摩和多场演出。1990 年 12 月 20 日至 1991 年 1 月 12 日，在北京举办的纪念徽班进京 200 周年暨振兴京剧观摩演出与学术研讨会，把纪念活动推向高潮。其间，中央及各省、市、自治区和港台 50 个京剧院（团）、近 4000 名演员，轮流上演了 166 场京剧，并举办京剧学术研讨会、戏曲讲习班等活动。通过电视转播、各大新闻媒体的广泛宣传和报道，充分展示了中国京剧史上前所未有的“百年盛会”和京剧艺术的最高水平。为期一年的活动，《中国京剧有声大考》①《中国京剧史》②《京剧知识词典》③ 等音像图书的出版，极大地促进了人们重新了解京剧、热爱京剧，并推动京剧艺术的新发展。而海峡两岸、海内外同胞的联袂演出，同台献艺，使京剧成为加深民族感情的精神纽带。

二、流行文化的回归

流行文化，是指主要表达大众心理和社会意识、以商品经济为基础、以大众媒介为载体，以消遣娱乐为主要功能的文化类型。改革开放的全面实行、文化与政治关系的宽松、社会阶层的变化，带来文化发展的新空间，经济体制改革引发的经济社会转型必然带来文化转型。新中国前 30

---

①《中国京剧有声大考》，文化艺术音像出版社 1990 年版。收录了梅兰芳等 120 位京剧名伶的 289 段（场）名唱，总计 30 盒（磁带），总时长 25 余小时。

②《中国京剧史》，北京艺术研究所和上海艺术研究所联合编著，1982 年启动，全书 3 卷 4 册，150 万字，中国戏剧出版社出版，1999 年出齐。

③《京剧知识词典》，天津人民出版社 1990 年版，收录行当、音乐唱腔、声韵、念白、服装、化装、脸谱、基本功、表演程式、特技、流派、历史、术语、人物、剧目等 20 个部类，4300 个条目，共 100 万字。

年流行文化空间压缩，不断壮大的群众文化，部分代偿了流行文化的娱乐功能。新时期以娱乐为主要功能的通俗文学、流行音乐和娱乐性影视剧是 20 世纪 80 年代流行文化的重要样态，虽然引发十余年的争论，但流行文化的潜滋暗长、风生水起，为当代中国文化多样化发展提供了最初的实践路径和理论思考，也启蒙和催生了新世纪成为中国经济新增长点的文化产业。

现当代通俗文学是在宋元话本和明清小说基础上发展起来的。流行音乐是典型的工业化产物，其流行依赖于现代传播技术和载体。20 世纪上半叶，通俗小说和流行音乐曾有过短暂的繁荣。20 世纪 70 年代末 80 年代初，港台及海外通俗文学书刊和音像制品通过各种渠道流入内地，吸引无数人特别是年轻人的目光。通俗文学最初以梁羽生、金庸的武侠小说为主，琼瑶的言情小说和三毛的散文紧随其后，风靡大陆。与此同时，出现翻印明清通俗小说和民国武侠小说热潮，大陆的通俗文学作家随之活跃起来，纷纷发表作品。《玉娇龙》《春雪瓶》[①] 等融武侠与言情于一体的长篇小说风行一时。一些文化事业单位主办的各种文艺期刊由于经费不足，作为“以文补文”[②] 的举措纷纷进行以刊登通俗文学为主要内容的市场化尝试。由于文化事业机构的主要服务对象本来就是广大基层民众，因此此举获得读者的广泛认同，迅速取得经济效益。通俗文学因此洛阳纸贵。以《走下神坛的毛泽东》[③] 为代表的纪实性“领袖文学热”成为大陆通俗文学热中极为独特的文学现象。它满足了人们对中国革命领袖的人生与命运、革命与传奇，特别是领袖人物的情感和日常生活的好奇和探秘的心理。

港台流行音乐与进口收录音机一起进入大陆，影响了改革开放初期大陆的文化娱乐方式和观念。邓丽君的歌曲深受城市各阶层人群的欢迎。与通俗文学略有不同，流行音乐的发展与文坛的潮流化趋势相近，从以邓

---

① 作者聂云岚，两部长篇小说各有 60 万字，均首发于大型通俗文学双月刊《今古传奇》，于 1983 年至 1986 年分 12 期进行连载，并创造最高期发行量 278 万册的纪录。

②“以文补文”即文化事业单位向公众提供有偿文化服务，其所得收入用于补充文化事业经费的不足。1981 年 1 月 9 日，“以文补文”一说第一次见诸《人民日报》题为《黄茅公社自筹资金建文化站》的一则通讯报道中。

③ 作者权延赤，中外文化出版公司 1989 年版。

丽君为代表的抒情风格、以李谷一为代表的轻音乐风格、以侯德健为代表的台湾校园歌曲，到本土产生的以崔健为代表的摇滚乐、西北风，短短十几年的时间，再现了世界现代流行音乐史。热映的电影和电视连续剧的片头、片尾曲，重大文化活动，中国歌手在国际流行乐坛的获奖，明星群体的成长，一起推动了流行音乐的壮大。1986 年，有百名歌星参与、献给国际和平年的主题音乐会——《让世界充满爱》，宣告中国本土流行音乐的成熟。此外，以翻录为主，在城镇录像厅收费播放，以城市外来务工人员为主要消费群体的港台影视剧，占据了那个时代流行文化的半壁江山。

流行文化在思想理论界、学术界都引起激烈争论。反对者将以春花秋月、江湖传奇为主要内容的通俗文学和歌唱爱情、离愁别绪的“靡靡之音”视为封建的、资产阶级的文化，进行批评、挞伐，甚至把“文革”后社会风气尚未好转、青少年犯罪率居高不下与之联系起来，责难和禁止之声不断。但全国各地方文化事业单位如文联、文化系统，纷纷创办通俗性的、综艺性的报纸、期刊，有的党报、党刊也开始创办通俗性的副刊。以群众文化系统为例，全国各省市群众艺术馆、文化馆都创办以刊登娱乐性通俗文艺作品为主、以赢利为目的的文艺刊物，或者将原有的刊物改版为通俗文艺期刊。仅广西一省，通俗文艺报刊就达 53 种。1985 年，仅湖北省就有四家期发 20 万至 30 万字、期发行量达几十万至 200 多万份的大型通俗文学期刊[①]。流行音乐磁带的发行量更为巨大。成立于 1979 年的太平洋影音公司，1980 年生产 800 万盒磁带，1983 年已达数千万盒。20 世纪 80 年代中期，全国音像制作单位从只有几家增长为二三百家，每种制品发行量高达十几万至几十万盒。[②]

流行文化在争论中也不断得到学理支持。部分地区文联、作协机构，以及大型通俗期刊多次召开理论研讨会，探讨通俗文学理论问题。一些老作家和评论家发表文章公开支持通俗文学，一些昔日拥有众多读者的专业

---

① 参见王先霈、於可训主编：《80 年代中国通俗文学》，湖北教育出版社 1995 年版，第 48 页。

② 参见金兆钧：《光天化日下的流行——亲历中国流行音乐》，人民音乐出版社 2002 年版，第 6、62、77 页。

作家受邀加入通俗文学创作。《歌曲》杂志的“晨钟奖”评选，流行歌曲多次位列其中。1986 年，中央电视台在第二届“全国电视青年歌手大奖赛”中开始设置“通俗唱法”的比赛项目。1987 年，隶属于中国作家协会的中国大众文学学会成立，第一任会长为著名作家马烽。1990 年 5 月，首届中国大众文学奖颁奖典礼在人民大会堂隆重举行，中共中央政治局常委、国家副主席、中宣部部长等党和国家领导人出席，多部通俗小说获奖，从而结束了“雅”“俗”文化观念的对立。稍后，一直饱受争议和批评的鸳鸯蝴蝶派小说及其代表人物张恨水在中国现代文学史上的地位得到重新评价，通俗文学课程进入大学课堂，有关通俗文学的研究项目也陆续在权威的国家社会科学基金等课题研究中立项。而众多通俗文学期刊进行的市场化经营的实践，将文化经济观念潜移默化地植入中国当代文化中，成为撬动文化观念转变的杠杆，为文化多样化发展提供了一种可能。

三、文化体制改革的探索

新中国文化体制是借鉴苏联模式、与计划经济体制相配套而建立的。文化事业由政府出资建设，其生产经营管理都是依照计划进行。改革开放以后，文化体制与正在改革的经济体制和政治体制、与社会主义精神文明建设、与社会发展和不同阶层人群日益多样化的文化需求越来越不适应。以演出为例，1978 年以后，演出场次、观众人数呈现快速上升态势，到 1985 年，达到 74 万场、观众 7.2 亿人次的顶峰。但此后，演出场次逐年萎缩，收不抵支。[①] 电影观众也在 1982 年以后不再增长。在中共中央作出《关于经济体制改革的决定》后，文化体制改革随之起步，以渐进的方式推进。

文化系统包括艺术表演团体、电影制片厂、公共图书馆、博物馆、群众文化和艺术教育等，体制改革涉及的点多面广，系统庞大，全国仅专业艺术表演团体就涉及 3523 个、从业人员 24.5 万多人。

文化体制改革始于艺术表演团体和电影，并有所突破。20 世纪 80 年

---

① 参见《大跨越——文化体制改革迈出关键步伐》，人民日报出版社 2011 年版，第 178 页。

代前期，改革主要是在内部机制方面，以承包经营为主。部分艺术表演团体早在 1979 年就率先进行过经营机制市场化改革的尝试。如福建省在大部分地、县剧团实行“四定一奖”[①] 责任制，上海等地艺术院团实行承包经营责任制。1982 年 1 月，文化部召开直属艺术院团负责人会议，讨论体制改革问题。3 月 12 日，文化部召开九省、市艺术表演团体整顿、改革座谈会，讨论精减人员的安排、剧团设置、布局、人事管理、经济管理等问题，交流情况与经验。到 1985 年上半年，全国有 2/3 以上的专业艺术表演团体实行过承包经营责任制。

1985 年 4 月 23 日，中共中央办公厅、国务院办公厅转发《文化部关于艺术表演团体的改革意见》，对大中城市艺术表演团体布局不合理、机构臃肿、大锅饭、领导体制和经营管理不适应艺术生产等问题提出改革意见。由于许多关系没有理顺、配套政策不到位，改革并未达到预期目标。1988 年 9 月 6 日，国务院批转《文化部关于加快和深化艺术表演团体体制改革的意见》，批示明确改革的目标就是“克服长期以来国家对大多数艺术表演团体实行统包统管体制的弊端，增强艺术表演团体的经营机制和竞争机制，提高艺术表演人员的积极性和创造性，使政府文化主管部门更好地履行间接管理艺术表演团体的职能”[②]。文化部在《意见》中明确提出在全国艺术表演团体中逐步实行“双轨制”，即改变艺术表演团体由国家统包统管的体制，采取少数需要国家扶持的团体由政府文化主管部门主办，多数可以实行多种所有制形式的由社会主办。对于国家扶持的团体，也在运营方式、经费使用等方面进行改革，并明确提出试行演出经纪人制。“双轨制”为艺术表演团体实行事业和产业的分离做了准备。经过一系列的改革，到 1990 年，专业艺术表演团体减少到 2787 个，从业人员减少到 10 万人。

新中国成立后，电影生产与其他文化部门一样被纳入政府包办的计

① 指定创作任务、定演出场次、定演出收入、定补贴金额和完成任务奖励。见《竞赛在悄悄进行》，《人民日报》1986 年 2 月 3 日。

②《党的宣传工作文件选编（1988—1992）》，中共中央党校出版社 1994 年版，第 1732 页。

划体制。“文革”结束后，电影业迎来繁荣发展的时期，产量和观众数量都空前增长，但体制的弊端也开始显露。1980 年，中宣部多次召开电影体制改革座谈会，提出两个改革方案：一是按照国务院扩大企业自主权的精神，对北影、上影、长影、珠影、峨嵋、西影六家故事片厂实行在国家计划指导下，独立核算，向国家纳税，自负盈亏的改革；二是改革影片的发行结算方法，按照优质优价原则，实行包销、分成、按拷贝发行数收取发行费等。1981 年 10 月，中宣部召开电影创作座谈会，提出了改革电影体制，解决电影厂、制片厂的企业自主权问题。与演出市场一样，受到电视、音像制品等新娱乐方式的冲击，电影业在 1982 年开始出现亏损。危机推动改革。1983 年初，中宣部成立电影电视体制改革领导小组，电影局也成立电影体制改革小组，进行广泛调研，征求意见。1988 年初，广播电影电视部成立电影体制改革领导小组，重点抓电影体制改革问题。此后，部分电影厂内部进行专业分工协作的改革，由生产型向生产经营型迈出重要一步。

科学技术的发展在物质技术层面为文化艺术发展不断提供新方式和新工具，如电影拍摄和放映、舞台设计及灯光和音响，美术创作的新材料、新工具，以及文物保护，图书分类和管理，展览场馆的新技术应用等。全国科学大会以后，文化部陆续组建、设立文化科技管理、研发、检测和服务等机构和科研院所，以及成果定期评奖制度。1978 年 8 月，文化部首先组建了文化科技管理机构——文化部科学技术局，各省、自治区、直辖市文化厅局也随之陆续成立了相应机构。此后，文化部中国电影科学技术研究所、国家文物局文物保护科学技术研究所、中国舞台科学技术研究所和文化部录音录像所、中国印刷科学技术研究所、文化部文化科技开发中心等文化科技研究和开发机构也陆续恢复和建立。一些省、市还建立了舞台技术、图书馆科技、出版印刷技术、文物保护等方面的科研和开发机构。1988 年，文化部设立舞台电子设备检测所、乐器技术检测站、文物保护技术检测站等。1984 年获得文化部科技进步一等奖的曾侯乙编钟复制技术和 1990 年获得国家科技进步一等奖的现代黑陶工艺是文化科技的代表作。电影特技飞机、舰船无线电遥控系统、定位法舞谱和多色智能激光机、计算机汉字书刊排版及高级文书处理系统等都是这一时期文化科技研发的重要成果。

四、文化市场应运而生

文化事业作为社会主义事业的重要组成部分，是宣传和教育群众的有力武器。改革开放激活了商品经济，文化领域也萌发出“经营”意识。但社会主义文化产品能否娱乐化、商品化引发思想理论界的激烈辩论，如营业性舞会曾几禁几放，文化市场在管制与放松的往复过程中艰难发育。

中国文化市场起步于小型的个体经营。以连环画和武侠小说为主的个体出租书摊和小型出租书店，较早出现在个体经济比较活跃的广州、武汉、重庆、成都等大中城市里。随着新娱乐方式的出现，各种经营性的群众文化娱乐活动场所，如舞会、台球室、游戏机室、旱冰场、影视录像放映厅、影视歌星“走穴”演出等纷纷涌现出来。1985 年，全国仅营业性录像放映单位就有 3 万多个。

文化市场在活跃文化的同时，也滋生了赌博、色情书刊以及盗版侵权、偷税漏税等问题，对其进行有效管理势在必行。1980 年 6 月，公安部、文化部发出《关于取缔营业性舞会和公共场所自发舞会的通知》；8 月，文化部、公安部、商业部、海关总署、国家工商行政管理局联合发出《关于禁止收购、出售、转录进口录影带、唱片的通知》。公安、工商等部门加大对传播色情、暴力制品和走私品打击力度的同时，从 1981 年开始，合肥市、深圳市、沈阳市、泉州市等地方文化机构先后成立文化市场管理部门，加强对文化市场的监管，从管理的角度承认了文化市场。1987 年 2 月，文化部、公安部、国家工商行政管理局联合发出《关于改进舞会管理问题的通知》，首次明确营业性舞会的合法地位，要求营业性舞会既要放开，又要管好。其他相关的文化经营活动也开始得到政府的认可。1988 年 3 月，文化部、国家工商行政管理局联合发布《关于加强文化市场管理工作的通知》，第一次从国家层面明确文化市场和文化市场管理的概念，对蓬勃兴起的文化市场和管理范围作出规定。同一年，文化市场管理问题首次写进了政府工作报告。

“以文补文”政策的制定和实施，促进了文化市场地位的确立。20 世纪 80 年代，文化事业投入明显不足，文化发展的制度性约束开始凸现，文化事业机构一度陷入困境。1985 年至 1989 年，国家财政收入持续增长，但文化经费占比持续下降，1985 年为 0.6%，1986 年为 0.58%，1987 年和 1988 年为 0.54%，1989 年为 0.5%。为缓解文化事业经费紧张的状况，一些文化单位开展营利性文化项目。起初是创办或将工作报刊转办通俗报刊，开展业务的延伸项目，如复印、影印，提供咨询，举办讲座、歌舞培训、棋牌茶室，开办舞厅等有偿服务，继而开展商业经营活动。一些城市中心地带的文化场馆、图书馆、博物馆、电影院等，把闲置或自用的办公场所用于商业出租，各项经营性收入用来补贴事业经费的不足。起初，“以文补文”因为“不务正业”“偏离方向”而遭到反对。1987 年 2 月，文化部、财政部、国家工商行政管理局联合发出《关于文化事业单位开展有偿服务和经营活动的暂行办法》，进行规范化管理。文件肯定各地文化事业单位利用知识、艺术、技术和设备等条件开展有偿服务、补充文化事业经费不足的做法，并对“以文补文”经营活动的条件和范围、经营人员管理、财务税收等作出规定。到 1987 年底，全国文化事业单位开展有偿服务和经营活动的营业总额约 6 亿元，纯收入 1.4 亿元，相当于国家拨给的文化事业经费的 13.6%。

1988 年 7 月，财政部和文化部联合召开全国文化事业单位“以文补文”经验交流会，充分肯定文化市场在社会主义文化建设中的作用。同时明确提出有些文化艺术产品和文化服务是不带商品属性、应向群众无偿提供的，如公共图书馆的书刊借阅。一些有特殊艺术价值的艺术表演团体、剧种，也主要靠国家予以资助。有偿服务的目的是要用有偿服务的部分收入补助无偿服务。会议要求深化文化体制改革，建立起开放有序的文化市场。1988 年 9 月，国务院批转的《文化部关于加快和深化艺术表演团体体制改革的意见》中，明确提出要建立完善的文化市场体系，为艺术表演团体和艺术表演人员提供良好的竞争环境。

1989 年 2 月，国务院批准设立文化部文化市场管理局，明确文化部归口管理文化市场，推动演出、电影、音像、书刊、文物、字画等市场、文艺游乐场所以及其他提供精神产品与文化服务的社会市场的健康发展。至此，文化市场地位得到国家层面的明确确认，全国文化市场管理体系建设步入依规有序发展阶段。

五、对外文化交流步入新阶段

这一时期，随着国际关系的变化，与中国建交的国家大幅增加，越来越多的国家、团体、友好人士和文化艺术工作者要求恢复和发展与中国的文化交流。对外文化交流的新形势、新任务，要求对相关政府管理机构和人员队伍进行调整和充实。1978 年 9 月，国务院批转外交部、文化部《关于对外文化交流工作由文化部归口管理的请示》，同意文化部设立四个对外司分管各项对外文化交流工作。1981 年，恢复在“文革”期间撤销的国务院对外文化联络委员会，黄镇任主任，并创办《文化交流》杂志。1982 年 5 月，国务院在部委机构改革中，决定文化部、对外文委、外文局、出版局和文物局五单位合并，设立新的文化部，内设对外文化联络局，主管对外文化交流。12 月，五届全国人大五次会议把发展同各国文化交流的内容写入宪法。这些举措为新时期对外文化交流提供了法律上、组织上和管理上的保障，文化交流范围也从传统友好国家扩展至欧美国家和周边国家。

民间机构和团体在对外文化交流中发挥了巨大作用。1981 年 9 月，中国国际交流协会成立，李一氓任会长。协会通过相互访问、举办讨论会、报告会，参加与本协会宗旨有关的国际会议以及交换出版物等各种形式开展文化交流活动。1986 年 4 月 30 日，国务院批准成立由文化部指导和支持、专门从事国际民间文化交流的非营利性社会团体中国对外文化交流协会，朱穆之任会长。协会通过协议，与世界各国和地区的民间文化艺术机构和学术团体，开展民间文化交流与合作，内容涵盖文学、美术、音乐、舞蹈、戏剧、杂技、民族民间艺术和艺术教育等诸多门类以及国际学术交流，作为官方文化交流活动的补充。此外，中国人民对外友好协会、中国国际文化交流中心、中国国际友谊促进会，以及中国文联、中国作协等机构团体，每年组织安排形式多样、规模不等的民间文化交流项目。

对外文化工作在服务于外交的同时向文化本身复归，建立文化中心，成为常态化、阵地化传播弘扬中华文化的重要方式，开启新时期对外文化交流的新篇章。1988 年 7 月 11 日，中国设在国外的第一个文化中心，在毛里求斯首都路易港附近的贝尔村开放。9 月 27 日，贝宁中国文化中心落成并对外开放。为了宣传和推广中华文化，8 月 20 日，文化部成立中国国际文化旅游公司，旨在举办突出文化特色的旅游活动，承办艺术节目的演出、展览，组织接待高层次的、带有学术性、研究性的文化旅游团体和专家名人来华，以及组织中国文化团体到国外进行文化观摩、学术座谈以及文化艺术研讨等旅游活动。

截至 1991 年，中国与外国政府签订的 133 个政府间文化协定中有 91 个是 1978 年以后签订的。从 1980 年到 1991 年，中国和外国签订的文化交流执行计划 253 个。1966 年以前，中国派出和接待的各种文化团体平均每年有一二百起、五六百人次；改革开放以后，从 1979 年 194 起、3035 人次迅速发展到 1986 年的 1075 起、9499 人次。交流节目除了传统歌舞、杂技、民族音乐以及京剧、越剧等，还有地方色彩浓郁的黄梅戏、藏剧、新疆木卡姆、相声和川江号子等，在国外掀起“杂技热”“京剧热”“地方戏曲热”。芭蕾舞、交响乐、歌剧和话剧也很受欢迎。中国在国外举办的艺术展览中，中国明清绘画展、中国历代书法回顾展、当代中国绘画展、齐白石画展、徐悲鸿画展、刘海粟画展、李苦禅画展、中国工艺美术展等，备受关注和赞许。

随着中国文化艺术水平的不断提高，中国各类艺术家应邀出现在各种国际艺术比赛中。从 1980 年到 1989 年，文化部组派的中国艺术家在杂技、芭蕾舞、民族舞、钢琴、小提琴、声乐、器乐等国际艺术比赛中共获得 58 个第一名、35 个第二名、27 个第三名，其他名次以及各种单项奖 200 多项。中国绘画和儿童画作品参加 100 多个国际展览比赛，获奖近 800 个。继 1982 年在北京举办“亚洲地区保护与发展民间和传统舞蹈讨论会”后，中国参与和举办的多边文化活动逐年增加，促进了中国对外文化交流朝着更宽广的领域发展。

改革开放以后，有偿演出和展览成为新的文化交流形式。这种交流始于海外演出商的邀请，从无到有，规模从小到大，拓展了对外文化交流的渠道和方式。1979 年，广东粤剧团赴港澳首次进行有偿演出，挣得 30 余万元（港币）演出报酬。从 1980 年开始，中国不断尝试向外派出商演文化团组。1984 年，安徽省杂技团 25 人演出队赴瑞士与克尼马戏团合作演出 148 天，先后在苏黎世、马赛尔、卢塞恩等 34 个城镇演出 201 场，观众约 60 万人次。①1986 年，安徽省杂技团出访 16 个国家。1990 年和 1991 年，中国对外演出公司分别为国家创汇 210 万美元和 260 万美元；1992 年，创汇 300 万美元。

有偿演出较之政府间安排的文化交流项目，更能深入民间，并改变了对外文化交流单纯依靠国家拨款的方式。但总的来看，受计划经济体制和观念所限，这一时期，中国文化产品无论从内容和包装上都有很大欠缺，经济效益尚未显现。

第五节　教育科技出版体育的振兴

“国力强弱，经济发展后劲的大小，越来越取决于劳动者的素质，取决于知识分子的数量和质量。”② 改革开放后，党和政府确立了教育、科学、文化事业在社会主义现代化建设中的战略地位，并有计划有步骤地进行各项改革。随着中国体育主体地位在国际社会中得到承认，竞技体育迎来黄金时代。

一、各级各类教育全面展开

教育领域在完成拨乱反正以后，迫切的任务是逐步建立起与现代化建设相适应的教育体制。20 世纪 80 年代前期，教育改革以局部调整为主，后期进入全面调整和改革阶段。

---

① 参见周丽娟：《对外文化交流与新中国外交》，文化艺术出版社 2010 年版，第 116 页。

②《邓小平文选》第 3 卷，人民出版社 1993 年版，第 120 页。

1980年2月，中共十一届五中全会提出要确定适合国民经济发展需要的教育计划和教育体制。次年，中共十一届六中全会进一步提出要坚决扫除长期间存在而在“文化大革命”期间登峰造极的那种轻视教育科学文化和歧视知识分子的完全错误的观念，努力提高教育科学文化在现代化建设中的地位和作用。针对“文革”结束后学校教育受到严重破坏、劳动者素质低下的状况，1982年9月，中共十二大报告正式提出大力普及初等教育，加强中等职业教育和高等教育，发展包括干部教育、职工教育、农民教育、扫除文盲在内的城乡各级各类教育事业，培养各种专业人才，提高全民族的科学文化水平的教育发展目标。1983年国庆节前夕，邓小平给北京景山学校题词：教育要面向现代化，面向世界，面向未来。“三个面向”成为新时期教育改革和发展战略的指导方针。

教育立法和全面启动的教育体制改革奠定了教育发展的重要基础。1982年12月，新修改的《中华人民共和国宪法》增加了“普及初等义务教育”“国家发展各种教育设施”的条款。随着中央加快经济体制改革，教育改革也提上日程。1985年5月15日至20日，中共中央、国务院召开全国教育工作会议，讨论实行教育体制改革的步骤和措施，提出教育要成为经济建设和社会发展的推动力量，必须解决教育事业发展中存在的政府统得过死、学校缺乏活力，基础教育薄弱、教育结构失衡、高等教育科系比例失调，教育思想、内容和方法陈旧，脱离经济与社会发展，落后于时代科学文化的发展等问题，要求对教育体制进行系统地改革。会议讨论通过的《中共中央关于教育体制改革的决定》于5月27日公布实施。《决定》第一次明确提出在全国有计划有步骤地普及九年义务教育；调整中等教育结构、大力发展职业技术教育；改革高等学校的招生计划和毕业生分配制度，扩大高等学校办学自主权等一系列改革，调整教育体制等重大问题。同年，国务院成立国家教育委员会（同时撤消教育部），对大、中、小学的学制作出统一规定。1986年4月12日，六届全国人大四次会议审议通过《中华人民共和国义务教育法》，以国家大法的形式正式确立九年义务教育制度。1988年2月，国务院颁布《扫除文盲工作条例》，对扫盲的对象、标准、规划目标、政策措施作出具体规定。

教育领域是“文革”动乱的重灾区，教师首当其冲。为在全社会恢复中华民族尊师重教的传统，提高人民教师的政治地位和社会地位，形成尊重知识、尊重人才的社会风气，1985 年 1 月 21 日，六届全国人大常委会第九次会议同意国务院关于建立教师节的议案，决定 9 月 10 日为教师节。在第一个教师节，全国各地举行隆重的庆祝教师节的活动，党和国家领导人分别参加了一些庆祝活动。国家主席李先念在《致全国教师的信》中指出：“尊重教师是一个国家、一个民族文明的重要标志。教师工作应该成为社会上最受人尊敬和最值得羡慕的事业之一。”①

这一时期，基础教育的首要任务是完成中共八大提出而被“文革”阻断的普及小学义务教育的历史目标。1980 年 12 月，中共中央、国务院作出《关于普及小学教育若干问题的决定》，根据全国各省、区不同的基础教育发展水平，中央提出经济比较发达、教育基础好的地区，应在 1985 年以前普及小学教育，其他地区一般应当在 1990 年以前基本普及，有条件的地区普及初中教育。同时要求各地首先集中力量办好一批重点学校。各省、区根据各地区基础教育不同发展水平进行分类，对不同地区作出不同的教育普及规划，实行分级管理，把普及初等教育的责任落实到县（区）、乡（镇）、村（街道），并鼓励单位、集体办学和个人捐资办学，推进初等教育的普及。1983 年 8 月，教育部在《关于普及初等教育基本要求的暂行规定》中对初等教育的入学率、在校学生的巩固率、毕业班学生的毕业率和普及率提出具体要求。到 1985 年，全国小学在校学生 1.337 亿人，学龄儿童入学率 95.9%。此后，九年义务教育有步骤地实施。1990 年，大多数大中城市普及初中教育，其余城市和 76% 的县基本普及小学教育，全国小学在校学生 12241.4 万人。通过普及初等教育检查验收的县达 1459 个，初中在校学生 3868.7 万人。

高等教育的发展与改革是 20 世纪 80 年代教育界和学术界讨论的重要议题。高等学校统得过死，高等教育内部的科系、层次比例失调，课程内容陈旧、教学方法死板，专业设置不同程度地脱离经济社会和当代科学

① 李先念：《致全国教师的信》，《光明日报》1985 年 9 月 10 日。

文化的发展，经济建设大量急需的职业和技术教育没有得到应有的发展等诸多问题，严重制约高等教育的发展。1985 年 5 月颁布的《中共中央关于教育体制改革的决定》提出高等教育改革的初步设想。除了逐步扩大高等学校招生数量，高等教育改革主要根据经济社会发展需要，进行教育结构调整，按照社会对人才的不同需要进行合理的分工，以合理的比例进行各类层次人才的培养。改革招生计划和毕业生分配制度、改进研究生招生和培养制度，在加强和改善宏观管理的同时，扩大高等学校的管理权限，改进和加强出国留学人员的选派和管理工作等。1981 年至 1990 年十年中，中国培养的高等、中等专业人才达 1200 多万人，超过 20 世纪 50 年代至 70 年代的总和，创造历史最高水平。高校与经济建设的关系也日益紧密，高等学校的科学研究和技术推广几乎涉及国家科技发展的各个层次和领域。始于 1983 年的高等教育自学考试制度的建立和发展也是中国完善高等教育的重要举措。

社会主义现代化建设不但需要高级科学技术专家，而且迫切需要千百万受过良好职业技术教育的中、初级技术人员，管理人员，技工及受过良好职业培训的城乡劳动者。1981 年，职业学校、职业班、农业中学、技工学校和中等专业学校在校学生总数 155 万人，约占整个高级中等教育阶段在校学生总数的 21.68%。1985 年实施教育体制改革后，职业技术教育进入快速发展时期。1990 年，各类中等职业技术学校在校生人数 519.4 万人，占高中阶段在校生比重已达 72.41%。[①]1991 年 11 月，国务院作出《关于大力发展职业技术教育的决定》，要求各级政府把职业技术教育纳入当地经济和社会发展的总体规划，使经济建设真正转到依靠科技进步和提高劳动者素质的轨道上来。职业技术教育进入新的发展阶段。

在政府的大力推动下，包括电视大学、函授、夜大学、职工大学、职工中专、农民中专等各类高、中等成人教育获得长足发展。1985 年以前，成人教育完成了基础教育的“双补”：在城市中，对没有完成初中教育和职业培训的 3000 万城市企业职工进行文化补习和职业培训；在全国

---

① 参见《中国统计年鉴（1991）》，中国统计出版社 1991 年版，第 686—687 页。

农村，扫除文盲 1522 万人，1.4 亿农民接受适用技术的培训及初等、中等文化教育与职业技术教育。从 1986 年开始，根据成人教育的性质，打破单一学历教育模式，建立三种证书制度，即成人高等教育和成人中等教育学历证书、专业合格证书和单科合格证书制度。1987 年 6 月国务院批转国家教委《关于改革和发展成人教育的决定》和 1988 年 4 月国家教委和劳动人事部联合制订《关于成人高等教育实行〈专业证书〉制度的若干规定》，使证书制度确定下来。

少数民族教育也得到快速发展。新中国成立以后，中央和有关省（区）对少数民族教育始终采取补贴和倾斜政策，动员大批内地教师和高校毕业生支边，有计划地开展内地与少数民族地区院校之间的对口支援协作。中共十一届三中全会以来，党和政府制定一系列特殊政策和措施，在人力、物力、财力等方面继续给予大力扶持和帮助。截至 1992 年底，全国民族自治地方已有高等院校 105 所，全国独立设置少数民族中学 2748 所，小学 23468 所。全国高等院校少数民族在校生达 15 万多人，少数民族中学生达 300 多万人，小学生达 1000 多万人，分别是改革开放前的 4.09 倍、1.56 倍和 1.5 倍。全国大中小学校中少数民族专任教师近 70 万人。全国有蒙古、藏、朝鲜、维吾尔等 24 个少数民族使用本民族语言文字进行教学，全国每年出版的中小学民族文字教材 1800 余种，总印数达 5000 万册以上。

经过全面调整和改革，这一时期基本形成以九年制义务教育为重点，中等职业技术教育、成人教育、技术培训迅速发展，高等教育初步形成多层次、多形式、学科门类比较齐全，适应社会主义现代化建设需要的教育体系。国家教育经费总投入从 1982 年的 157.65 亿元，增加到 1991 年的 731.5 亿元，增长 3.6 倍。其中 1991 年国家财政预算内教育经费 482.18 亿元，比 1982 年增长 2.9 倍。社会捐资助学资金不断增加。1981 年至 1991 年，通过社会集资、捐资等各种渠道筹措的教育经费累计达 708 亿元[①]。

---

① 参见《当代中国的教育》，当代中国出版社、香港祖国出版社 2009 年版，第 100 页。

二、科技发展与体制改革

20 世纪 70 年代，世界进入到由信息技术等高新技术主导的发展时期。日本、美国、欧洲都在推行以高新技术为主的科学发展计划。为缩小与世界的差距，科技作为中国发展的先导，得到党和政府的高度重视。1978 年 3 月 18 日，邓小平在全国科学大会上提出“科学技术是生产力”的论断。1988 年，邓小平进一步提出“科学技术是第一生产力”的思想，成为新时期科技发展和科技体制改革的指导思想。

1982 年底，国务院批准的《关于编制十五年（一九八六—二〇〇〇年）科技发展规划的报告》，是中国第四次编制科学技术发展长远规划，内容包括科技发展任务的制定和技术发展政策的研究。这个发展规划主要是面向经济建设和社会发展，并为国家 21 世纪的发展提供科学技术储备。按照规划要求，分别成立农业、能源、交通、钢铁、有色金属、化工、煤化工、机械、电子、医疗保健、环境保护、纺织、食品、基础研究、生物技术、大规模集成电路和计算机、计算机软件、光导纤维通讯和新材料 19 个规划组，涉及重点传统产业和 6 个新兴技术领域 27 个行业、500 多个科技项目，总共有 3000 多人参加此项工作。

围绕科技发展规划的总目标，1982 年底，五届全国人大第五次会议批准的“六五”国民经济和社会发展计划，首次把科技计划作为重要内容。在此基础上，1982 年国家经委推出以消化吸收先进技术和新工艺为重点的“新技术新产品开发计划”；1984 年国家计委先后实施以改善科学实验条件为目的的“国家重点实验室计划”和以加强科技成果向生产转移为宗旨的“国家重点工业性试验计划”。

为了迎接新科技革命的挑战，科技领域进行体制改革。1986 年，国务院批准成立以基金形式推进基础研究的国家自然科学基金委员会，以信贷投资支持新技术成果转化的中国新技术创业投资公司挂牌。“七五”期间，党和政府先后制定和实施以科技攻关计划、星火计划、863 计划、火炬计划、基础性研究计划和科技成果推广计划六大计划为主的一系列科技发展规划，初步形成一个符合国情的以国家重点科技攻关计划为基干的多层次、多种形式的国家科技计划格局，组成一支以国家科技计划“国家队”为主体、许多“部门行业队”“地方队”相配合的科技大军。

科技体制改革的核心，是建立有利于经济发展和科技进步的充满生机活力的新体制机制。为了解决科学研究与经济建设脱节、科研成果转化难、科技体制和运行机制束缚科技知识分子的创造性和积极性、科技知识分子智力劳动得不到尊重等问题，1985 年 3 月，根据试点经验，中共中央作出《关于科技体制改革的决定》，确定“经济建设必须依靠科学技术，科学技术必须面向经济建设”的方针，对科技拨款管理办法、开拓技术市场、科技和科研系统组织结构、扩大科研机构自主权、推动科研与生产联合、强化企业的技术吸收和开发能力、专业技术干部管理制度、科技人才流动和对外交流合作等提出全方位的改革意见。1986 年，国务院先后出台《关于科学技术拨款管理的暂行规定》《关于实行专业技术职务聘任制度的规定》《关于扩大科学技术研究机构自主权的暂行规定》和《关于促进科技人员合理流动的通知》等，科技体制改革在全国全面铺开。

1987 年 1 月，为了加快科技体制改革的步伐，针对科技与生产相脱节、科研机构与生产部门相脱离的趋势并未扭转，科技系统的组织结构基本未动、人才积压和分布不合理等突出问题，国务院作出《关于进一步推进科技体制改革的若干规定》《关于推进科研设计单位进入大中型工业企业的规定》。12 月，国家科委提出《关于科技人员业余兼职若干问题的意见》。1988 年 5 月，国务院又作出《关于深化科技体制改革若干问题的决定》，鼓励科研机构引入竞争机制，积极推行各种形式的承包经营责任制，实行科研机构所有权与经营管理权分离。鼓励和支持科研机构以多种形式渗透并长入经济，发展成新型的科研经营实体；以中心城市为依托，创办或联办多种所有制形式的分支机构等，鼓励科研机构和科研人员通过为社会创造财富和对科技进步作出贡献来改善自身的工作条件和物质待遇等。

与此同时，科技立法工作也加快步伐，颁布了《中华人民共和国技术合同法》《中华人民共和国科研机构法》等，地方性的科技立法也有了一定进展，为深化科技体制改革提供法律保障。科技发展史上具有历史意义的知识产权制度逐步建立。1983 年、1985 年和 1991 年，《商标法》《专利法》《著作权法》分别颁布实施。1992 年 7 月，中国加入《世界版权公约》。这些法规的出台，从法律层面确认科技、文化产品的商品价值，适应了 20 世纪 80 年代以来科学技术市场的形成、知识商品化和科技文化国际交流的需要。

通过科研管理体制和拨款制度改革，科技工作运行机制发生重大变化，科研单位由单纯的、封闭的科研学术型向科研经营型转变，促使广大科技人员走上经济建设的主战场，科技型企业纷纷成立，科技成果商品化的速度也明显加快，集体、个体、私营等民办科技机构快速发展。1987 年 4 月，国家科委批准成立中国民办科技实业家协会。1988 年 5 月 10 日，经国务院批准，在北京中关村电子一条街的基础上，成立总面积 100 平方公里的北京市新技术产业开发试验区，成为科技体制改革的示范区。此后，在智力密集的大城市先后建立了数十个国家级高新技术产业开发区。1989 年，全国科研单位共创毛收入 50.331 亿元，是各级财政拨款总和的 1.6 倍。[①]

这一时期，基础科学和尖端科技领域研究突飞猛进，众多学科研究水平跻身国际行列。1983 年“银河”亿次巨型计算机问世；中国首次组队进行南大洋和南极洲考察，并于 1985 年 2 月 20 日在南极洲乔治岛上建成中国第一个南极永久科学考察站长城站；1988 年北京正负电子对撞机对撞成功；1990 年超导材料研究居世界领先地位等，均填补科技领域空白，反映了中国科学技术事业的发展水平。与政策和决策有关的软科学研究也取得很大进展。

科技队伍不断壮大。1990 年末全国县以上政府部门所属研究与开发机构 5595 个，科学技术情报和文献机构 410 个，科学家和工程师 42 万人。全国高等学校从事科技活动人员 78 万人，其中科学家和工程师 67.5 万人，占 86.5%。群众性科技活动有所发展，厂矿科协达 7600 个。

三、出版传媒的发展与变革

出版传媒是一个国家文化传承和文化建设的重要载体，一直受到党

① 参见《科技拨款制度改革见成效》,《人民日报》1990 年 8 月 13 日。

和政府的高度重视。“文革”时期，研究性的学术理论著作出版极少，科技图书和工具书奇缺，中外古典文艺作品更是禁止出版，造成了严重的“书荒”。为改变这种状况，1978 年 1 月，国家出版事业管理局在北京召开全国出版工作座谈会，初步讨论 1978 年的出书计划和 1978 年至 1985 年的出书规划设想，要求尽快地把出版工作搞上去，争取各个领域、各门学科都出版一批水平较高的著作，图书的品种和数量都要有大幅度的增长。

为理顺机制，出版管理机构几经调整、名称几经变更。成立于 1973 年直属国务院的国家出版事业管理局，1982 年并入文化部，称文化部出版事业管理局；1985 年 7 月改称国家出版局；1986 年 10 月，恢复直属国务院。1987 年 1 月，国务院直属机构国家新闻出版署成立，对新闻和出版两个系统进行管理，国家出版局机构撤销。出版业进行以古籍整理、文化遗产的抢救规划、经典著作等重大出版工程为主的建设，并进行出版发行体制市场化改革，为后来出版传媒产业化发展积累了宝贵的经验和资金。

古籍是中华文化的历史遗存，中国历来重视古籍传承。新中国成立后，专门设立国家科学规划委员会古籍整理出版规划小组，“文革”前，组织整理出版的古籍有 2000 多种。“文革”期间，许多文物古籍遭到严重毁弃，专家队伍也被破坏，工作基本停滞，10 年间只整理出版 73 种古籍。1978 年 4 月，中华书局出齐 3249 卷共计 4000 万字的《二十四史》点校本。该项目始于 1958 年，被誉为新中国最伟大的古籍整理出版工程。1981 年 9 月 17 日，中共中央发出《关于整理我国古籍的指示》。12 月 10 日，国务院恢复直属机构古籍整理出版规划小组，办公机构设在中华书局。1982 年，国务院批准古籍整理出版规划小组提出的 1982 年至 1990 年古籍整理出版规划，确定整理出版基本古籍及重要参考书 3100 多种。[①] 地方陆续成立山东齐鲁书社、河南中州书画社、湖南岳麓书社、四川巴蜀

① 参见《源流不乱，古籍生辉——两年来我国古籍整理出版工作述评》，《人民日报》1984 年 3 月 5 日。

书社等一批古籍出版的专门机构。1982 年全国整理出版古籍 231 种，重印读者急需的古籍 100 多种。1983 年，全国整理出版古籍 280 多种，重版古籍 161 种。同年 9 月，教育部成立全国高等院校古籍整理研究工作委员会，办公机构设在北京大学。

中共中央和国务院的重视及相关机构的重新设立，推动了古籍整理出版工作。从 1982 年到 1990 年，共整理出版《甲骨文合集》《古逸丛书三编》《永乐大典》《康有为大同书手稿》《宋人佚简》《清史稿》《中华大藏经》《全宋文》《全宋词》《中国地方志集成》等古籍 4000 余种。1984 年，国务院委托国家民委成立全国少数民族古籍整理出版规划小组。1986 年 6 月，全国少数民族古籍整理出版规划会议制定《一九八六——一九九〇年全国少数民族古籍整理出版规划（草案）》。到 1990 年，22 个省、自治区建立相应的组织，出版发行民族典籍 1000 多种。

新中国成立后实施的一些重大出版工程此时也开花结果。1980 年至 1981 年，上海少年儿童出版社于 20 世纪 60 年代开始编纂的《十万个为什么》第 3 版 14 分册出版，比第 1 版增加 6 分册。1993 年再出版续编本，共 24 册。[①]1979 年，经修订的《辞海》正式出版，并决定每十年修订一次，1989 年、1999 年、2009 年出版了修订本。1994 年，《辞海》获得第一届国家图书奖。中国第一部自建第一手资料语库、独立编研的《英汉大词典》，历时 17 载，分别于 1989 年、1991 年出齐上下两卷。全书 20 余万条，1600 万字。[②]

1994 年，经周恩来、邓小平于 1975 年批准立项的《汉语大词典》13 卷本出齐，并获得当年首届中国图书奖荣誉奖。《汉语大词典》共收录 2 万多个单字，34 万多条复词，2.3 万多条成语和 51 万多项字、词解释，配有插图 200 多幅，5000 多万字，全面提供有关汉字形、音、义、源、用法等知识，是当时收词量最大、最权威的汉语数据库。[③]

这一时期，新的大型出版工程陆续启动。1978 年 5 月 28 日，中共中

---

① 参见《上海出版志》，上海社会科学出版社 2000 年版，第 1187—1188 页。

② 参见《上海出版志》，上海社会科学出版社 2000 年版，第 1191—1192 页。

③ 参见《上海出版志》，上海社会科学出版社 2000 年版，第 1192—1193 页。

央批准中国科学院、中国社会科学院、国家出版事业管理局联名提出的编撰《中国大百科全书》的建议，成立以胡乔木为主任的总编辑委员会、以姜椿芳为总编辑的中国大百科全书出版社，具体负责编辑出版工作，并成立上海分社，以及《中国大百科年鉴》和《百科知识》编辑部。1982 年 12 月，《中国大百科全书》出版工作被纳入国民经济和社会发展“六五”计划。《中国大百科全书》于 1993 年全部出齐，共 74 卷，是新中国第一部大型综合性百科全书，内容包括哲学、社会科学、文学艺术、文化教育、自然科学、工程技术等 69 个学科和知识门类，收录条目近 8 万条，总字数 1.25 亿字，图、表 4.9 万多幅，反映了中国文化的全貌。大多数学科卷是第一次出版，是国内各学科的规范化出版物和权威工具书。

1982 年 11 月 9 日，中央书记处会议批准编纂《当代中国》丛书，对新中国成立以来各领域的建设成就、历史经验进行科学总结。1984 年，出版工程全面启动，国家各部门、各人民团体和全国各省、市、自治区有关部门，设立编辑委员会组织实施，至 1999 年全部完成。丛书全套分 24 大类，共计 152 卷 210 册，总计约 1 亿字，插图 3 万幅，内容涵盖各省（区）、市的各行业和领域，以珍贵档案文献为依据，系统、全面地记录了新中国的历史，展现新中国发展进步的全貌，是了解和研究中华人民共和国历史的百科全书。1999 年丛书获得第四届国家图书奖荣誉奖。

民间文化的搜集、整理和研究工作也着手恢复。1979 年，文化部和中国音乐家协会决定联合主持编辑《中国民间歌曲集成》《中国民族民间器乐曲集成》《中国曲艺音乐集成》《中国戏曲音乐集成》《中国琴曲集成》五种民族音乐集成。1986 年 6 月 7 日，文化部召开全国艺术学科规划领导小组会议，将五部集成扩展为十大民族民间文艺集成，增加《中国民族民间舞蹈集成》《中国民间故事集成》《中国谚语集成》《中国歌谣集成》和《中国戏曲志》，《中国琴曲集成》改为《中国曲艺志》，由文化部、国家民委和中国文联共同组织编纂，按省分卷，每省一卷，每部 30 卷（台湾省暂缺）。全书历时 30 年，至 2009 年全部完成时定名为《中国民族民间文艺集成志书》，共 298 部 400 册，4.5 亿字，第一次将中华民族几千年来散落在民间的无形遗产转变为有形的文化财富，被誉为“中华民族文化长城”。

改革开放以后，为适应新形势，迫切需要规范地图测绘和出版工作。早在 1976 年，国务院、中央军委发布《关于加强地图国界线画法审查工作的通知》。据此，1980 年 8 月 6 日，国家测绘总局印发《我国地图编制出版管理办法》，对如何编制出版各种保密地图、内部地图和公开地图，包括普通地图、政区地图、综合地图集、教学地图、时事宣传图、旅游图、交通图、书刊插附的地图和专题地图的地理底图等，都作出了明确规定。

以发行管理体制市场化为龙头进行的改革是出版体制改革的重要尝试。新中国成立以后，出版事业从文化用纸、印刷数量到发行渠道，都是严格的计划经济的一部分。出版社决定印刷数量，新华书店独家经营，出版社和书店之间实行征订包销制度。发行体制改革是在探索和整顿中进行的。1981 年和 1982 年，国家出版事业管理局和文化部就出版发行问题分别召开座谈会，决定改革出版、印刷和发行的计划体制，引入市场机制，在传统发行体制之外发展“第二发行渠道”等，要求各地进行试验。1983 年 6 月，中共中央、国务院发布《关于加强出版工作的决定》，明确要求出版机构建立责任制，改革图书发行体制。

1987 年 1 月，中宣部召开全国图书发行体制改革座谈会，加速出版业改革图书发行体制：一是给基层书店以自主权，实行各种形式的经营责任制，包括承包、租赁；二是搞活批发渠道，既在新华书店系统进行改革，又在大城市逐步形成批发中心，形成开放的批发渠道，使各批发单位开展竞争，改进服务。1988 年 12 月 23 日至 24 日，国家新闻出版署和中宣部出版局召集中国新闻出版社、《报告文学》杂志社等五家单位联合主办“第二渠道发行工作研讨会”，个体图书发行即“第二渠道”从幕后走到台前。1988 年，全国有 9000 处国营书店，集体、个体书店 1.1 万处[①]，书贩 4 万余个，3 万多个销售网点[②]，其中包括集约稿、编辑、印刷、发行

① 参见《混乱不堪的文化市场　难免损害青少年　漏洞百出的书号交易　如何看待经纪人　协作出版背后》，《人民日报》1989 年 5 月 24 日。

② 参见《民办发行工作者代表同国家出版主管部门负责人对话》，《人民日报》1988 年 12 月 26 日。

于一身的出版经纪人。

在发行体制改革进行的同时，出版社的整体改革也提上日程。1984年5月，国务院颁布《关于进一步扩大国营工业企业自主权的暂行规定》，提出扩大国营工业企业自主权、国营企业中逐步实行厂长（经理）负责制的基本原则，同样适用于出版部门。1984年6月27日，文化部召开全国地方出版工作会议，总结了1979年把地方出版社"地方化、群众化、通俗化"的出版方针调整为"立足本地，面向全国"，同时提出适当扩大出版单位的自主权，打破编辑部门的"大锅饭"，在编辑工作中实行多种形式的责任制以增加知识分子的劳动收入等改革措施。1985年6月7日，文化部发出《关于出版社兼办自费出版业务有关事项的通知》，允许各省、自治区、直辖市出版局指定一家出版社，试办自费出版有价值的学术著作。

科技进步带来印刷出版技术的革命极大地促进了出版事业的发展，其革命性事件是计算机汉字激光照排系统的研制成功和使用。1974年，"748工程"①启动。1986年，计算机汉字排版系统研制成功。1987年12月4日，经济日报印刷厂在全国第一家安装计算机汉字激光报纸编辑照排系统，中国出版行业告别了千年的活字印刷。从此，不仅国外研发公司全面退出这一领域，而且从1989年开始，由中国人研制的激光汉字排版系统在海外销售，逐步占领世界中文排版领域，占领80%的海外华文报业市场。20世纪90年代，随着彩色激光照排系统和通过卫星远程传送版样技术的突破，中国印刷行业99%的报纸和90%的书刊，进入激光照排的光电时代。发明人王选②被誉为当代毕昇。

20世纪80年代的出版改革由于缺乏必要的配套措施，同时受到如纸张和印刷力量不足等限制，也出现了不少问题。比较突出的是学术、理论

---

① 该工程是1974年8月，由四机部、一机部、中国科学院、国家出版局和新华社共同提出的"汉字信息处理技术工程"，被列入国家科研计划。"748工程"含三个子项目，即汉字通信、汉字情报检索和汉字精密照排。

② 王选（1937—2006），中国科学院院士、中国工程院院士、北京大学教授，中国计算机汉字激光照排技术创始人。

等有文化价值但销量小的小众图书出版难、购买难的问题；协作出版和代印代发等改革措施实施初期，简单的买卖书号的做法，导致出版物良莠混杂，扰乱了图书的正常出版发行。

四、竞技体育的跨越式发展

1978 年 1 月、1979 年 2 月和 1980 年 1 月，国家体委连续三次召开全国体育工作会议，确定进一步广泛开展群众性体育活动、加速发展体育事业、尽快提高竞技体育水平的体育工作方针。随着中华人民共和国陆续恢复在国际体育组织中的主体席位、资格，以“举国体制”为核心的竞技体育，冲出亚洲，走向世界。中国体育健儿顽强拼搏，在各种重大国际赛事中向世界展示中国人的精神风貌，以体育精神这一特殊形式塑造中国融入世界的良好形象，同时，中国体育精神也成为凝聚和鼓舞改革开放中的中国人和海外同胞的特殊文化符号。

中华人民共和国成立后，已有包括排球、业余篮球、乒乓球、击剑、举重、赛艇、划艇、冰球、滑冰、象棋、业余摔跤、大学生体育、中学生体育、篮球教练 14 个国际体育组织相继撤销对中国台湾体育组织的承认，恢复中国大陆的主体席位或者拒绝中国台湾的入会申请。“文革”结束后，随着“和平统一祖国”方针的提出，中国在与国际组织建立关系中调整对台方针，即在一些非政府国际组织中，由大陆部门和机构占有全国性席位，允许台湾地区非政府机构作为中国有关机构的分支参加，或允许其作为非全国性机构参加。1978 年，中国恢复在国际业余田径联合会和国际体操联合会的合法席位。1979 年 3 月，中国奥委会向国际奥委会正式提出关于解决中国合法席位的建议。10 月 25 日，国际奥委会执委会在日本名古屋奥委会执委会上通过一项建议案：（一）确认以“中国奥委会”的名称承认设在北京的奥委会。（二）以“中国台北奥委会”的名称维持对设在台北的奥委会的承认，条件是后者采用的歌曲和旗帜有别于迄今使用的“中华民国”的国歌和国旗，史称《名古屋决议案》。11 月 26 日，国际奥委会全体委员通信表决，批准了名古屋决议，拥有 9 亿多人口的中华人民共和国在时隔 21 年后重新回归国际奥运大家庭。

在加入多数单项体育协会、恢复奥委会合法席位后，国家体委将乒乓球、羽毛球、田径、游泳、跳水、体操、举重、足球、篮球、排球、射击、射箭、速度滑冰 13 个传统优势项目列为发展竞技体育的重点项目。同时，针对奥运会报名标准以及一些国际赛事要求，在国内赛事上对竞赛规程、规则迅速进行调整和改革。国家体委提出在 20 世纪 80 年代根本改变中国运动技术水平的落后状况、20 世纪内拥有世界第一流体育队伍、运动技术水平、现代化体育设施、成为世界上体育最发达国家的竞技体育发展目标。1979 年 9 月，北京举办被视为参加奥运会演习的第四届全国运动会，发现和选拔了一批优秀运动员。1980 年上半年，中国运动员在乒乓球、跳水、排球、羽毛球、体操、射击、举重、射箭、田径、游泳等项目的国际比赛中，共获得 167 个冠军。然而，由于苏联武装入侵阿富汗，中国宣布抵制而未参加 1980 年在苏联首都莫斯科举办的第 22 届夏季奥运会。

1984 年 7 月，231 名新中国运动员第一次[①]参加在美国洛杉矶举办的第 23 届奥运会，中国体育代表团以 15 枚金牌位列第四。27 岁的中国选手许海峰以 566 环的成绩获男子手枪 60 发慢射冠军，成为该届奥运会第一枚金牌得主、中国第一位奥运会金牌获得者，开启了中国竞技体育和奥运历史的新时代。

在单项体育项目中，中国女排异军突起，连续在 1981 年、1982 年、1984 年、1985 年、1986 年举办的世界杯、世锦赛和奥运会排球比赛中夺得冠军，是世界上第一个获得“五连冠”的排球队，成为中国体育运动史上的精彩篇章。全国掀起的“体育热”和学习“女排精神”的热潮，女排的那种敢于争先的拼搏精神，团结奋斗、为国争光、爱国主义激情，鼓舞了所有的中国人，化为人们建设四个现代化新征程中的强大精神动力。

1990 年 9 月 22 日至 10 月 7 日，北京成功举办第 11 届亚洲运动会。37 个国家和地区的 6039 名运动员参加，中国队以超过总数一半的 183 枚金牌位列第一。这是中国首次承办大型综合性国际体育赛事，全国人民都

---

① 1952 年，中国曾组队参加第 15 届赫尔辛基奥运会，但那时国际奥委会尚未承认中华人民共和国在国际奥委会中的合法席位。

投入了极大的热情，在体育场馆设施建设、道路交通、新闻通讯、生活服务等方面付出了巨大的努力，保障了亚运会的成功，也为举办重大国际赛事、为申办和承办奥运会积累了宝贵的经验。优美激昂的主题曲《亚洲雄风》风靡海内外。

中国运动员在 1984 年奥运会上的佳绩激发了全民体育热情，推动了群众体育运动的发展。10 月 5 日，中共中央发出《关于进一步发展体育运动的通知》，把广泛的群众性体育活动作为竞技体育水平提高的基础，要求全党全社会都重视体育工作，提出在 20 世纪内把中国建设成体育强国的奋斗目标。1986 年 4 月，国家体委发布《关于体育体制改革的决定（草案）》，提出群众体育和竞技体育的改革思路，确立以社会化为突破口，以竞赛和训练改革为重点的改革方向，拉开了中国体育事业在管理体制、训练体制、竞赛体制和体育科技体制等方面的改革序幕。

1989 年 8 月 30 日，中国奥委会主席、国家体委副主任何振梁当选国际奥委会副主席。

第五章　中国特色社会主义文化的跨世纪发展（1992—2002）

世纪之交，是中国文化发展与变革的关键时期，挑战和机遇并存。在国内，社会主义文化须经受市场经济的洗礼，探索与市场经济相适应的文化体制、思想道德体系，保证先进文化的发展方向；国际上，世界社会主义遭受巨大挫折，知识经济迅猛发展，经济全球化，综合国力竞争日趋激烈。中国文化建设与时俱进，提出建设中国特色社会主义文化，发展社会主义先进文化，在文化多样化的态势下，强调弘扬主旋律，开展以思想道德为重点的社会主义精神文明建设，依法治国与以德治国相结合，实施科教兴国国家战略，推动文化体制改革破题，发展文化产业，确立人才资源是第一资源的思想，加强全方位多层次对外文化交流。

到 21 世纪初，中国的整体科技实力已居于发展中国家前列，部分重点和关键领域已接近或达到国际先进水平；基本扫除青壮年文盲，基本实现九年制义务教育，初步实现高等教育的大众化，为文化发展奠定坚实的基础；社会参与文化建设的热情高涨，文化产业崭露头角，文化基础设施大为改善，历史文化遗产保护取得重要成绩，文学艺术呈现多元共生的文化图景，竞技体育大发展，全民健身计划展开，对外文化交流和"一国两制"下的内地与港澳地区、大陆与台湾的文化交流与合作空前活跃，中国文化建设的理论与实践发展到一个新阶段。

第一节　社会主义精神文明建设新进展

以邓小平1992年初的南方谈话和中共十四大召开为标志，中国提出建设社会主义市场经济体制，这种深刻的社会变革，必然对原有文化传统、价值观念产生重大影响；外部世界，各种文化思潮相互激荡，尤其是在东欧剧变、苏联解体后，世界范围内的社会主义跌入低潮，一些人对社会主义中国的前途产生怀疑，中国面临如何坚持社会主义文化先进性和维护文化安全的严峻挑战，在新的历史条件下丰富与发展社会主义精神文明建设理论与实践成为重点。

一、精神文明重在建设

1992年10月召开的中共十四大，确立邓小平建设有中国特色社会主义理论在全党的指导地位，相应地，这一理论成为文化领域的指导思想。中共十四大报告强调，要围绕经济建设这个中心，加强社会主义精神文明建设，促进社会全面进步，重申以有理想、有道德、有文化、有纪律为目标，建设社会主义精神文明，强调只有“物质文明和精神文明都搞好，才是有中国特色的社会主义”。“坚持两手抓，两手都要硬，把精神文明建设提高到新水平”“为经济建设和改革开放提供强大的精神动力和智力支持”。①

报告提出“精神文明重在建设”的方针，内容包括：高度重视理论建设，繁荣哲学社会科学，坚持和发展马克思主义；加强理论队伍建设，重视中青年理论工作者的培养和提高；坚持“二为”的方向和“双百”的方针；积极推进文化体制改革，完善文化事业的有关经济政策，繁荣社会主义文化；要重视社会效益，加强新闻、出版、广播、电视和文学艺术等方面的工作；发挥思想政治工作的优势，在全国各族人民特别是青少年中，进一步加强党的基本路线教育，爱国主义、集体主义和社会主义思想教育，近代史、现代史教育和国情教育，增强民族自尊、自信和自强，抵

---

①《十四大以来重要文献选编》（上），中央文献出版社2011年版，第10、26—27页。

御腐朽思想的侵蚀，树立正确的理想、信念和价值观；重视职业道德建设，加强社会公德教育，搞好社区文化、村镇文化、企业文化、校园文化的建设，进一步开展军民共建、警民共建文明单位等群众性活动，把精神文明建设落实到城乡基层；并要求把精神文明建设的设施建设纳入城乡建设总体规划。[①]这反映精神文明建设以立为本的思想，提出了精神文明建设的具体途径，具有鲜明的时代特色。

精神文明重在建设思想，是对新中国成立以来文化建设经验的总结，也是对“破字当头”“以破为立”的文化“大批判”对文化摧残的反思，更是对因精神文明和物质文明建设中“一手软”“一手硬”导致“八九政治风波”出现的教训的痛定思痛、深刻反省。精神文明以立为本，重在建设，体现了文化发展的内在规律，是文化发展的必由之路，是精神文明建设遵循的一条重要方针。

社会主义市场经济发展，一方面带来中国经济的飞速发展、人民的思想解放，另一方面商品交换原则容易侵蚀到社会政治生活和精神领域，诱发拜金主义、享乐主义、极端个人主义和腐败现象。在对外开放的过程中，西方的政治主张、价值观念和生活方式乘隙而入；在复杂的国际格局下，西方敌对势力加紧进行西化、分化图谋。这就对精神文明建设提出更高的要求。为抵御和平演变，中共中央强调用马克思主义和社会主义思想指导宣传思想文化工作，占领思想文化阵地和舆论阵地，加强爱国主义、集体主义、社会主义和自力更生、艰苦奋斗的思想教育以及革命传统教育、国情教育，加强各级各类学校的思想政治教育，加强正面宣传，寓教于乐，开展读书演讲、知识竞赛、社会调查、文艺鉴赏、影视书评、体育竞技活动，满足人们求知、求美、求乐、求新的需求。“奋斗者的足迹”知识分子报告团的感人事迹、奋斗精神，在人们尤其是广大青年中引起极大反响。为夯实思想理论基础，1994 年，中央组建有中国特色社会主义理论研究基地，在中央党校、国家教委、中国社会科学院、解放军国防大学和上海社会科学院五个单位组建基地，担负学习、研究、宣传有中国特

① 参见《十四大以来重要文献选编》（上），中央文献出版社 2011 年版，第 27 页。

色社会主义理论工作。编写有中国特色社会主义理论教材，作为学校政治课的主要内容。

加强对思想文化工作的引导。在1994年1月24日召开的全国宣传思想工作会议上，江泽民提出宣传思想战线要“以科学的理论武装人，以正确的舆论引导人，以高尚的精神塑造人，以优秀的作品鼓舞人”[①]，在建设有中国特色社会主义伟大事业中发挥有力的思想保证和舆论支持作用。他强调团结鼓劲，正面引导，不搞“大批判”，不搞无谓争论，但是，在事关政治方向和根本原则的大是大非问题上，“要旗帜鲜明，理直气壮，毫不含糊”[②]。那些散布否定党的领导和社会主义制度的东西，散布腐朽思想、颓废情绪以及传播封建迷信、渲染色情暴力的东西，危害我们的事业，损害人们特别是青少年的身心健康，群众十分不满，不能任其泛滥。对思想认识问题，要积极引导，以理服人；对学术问题，要提倡不同观点的平等讨论和相互切磋。

精神文明建设注意区分不同层次，针对不同特点进行。1994年4月，中组部、中宣部发出《关于加强和改进党员教育工作的若干意见》，加强党员尤其是各级领导班子思想作风建设。5月，中共中央发布《关于新形势下加强党校工作的意见》，要求充分发挥党校对党员干部思想理论教育的作用。12月，江泽民在中央军委扩大会议上发表《必须把思想政治建设摆在全军各项建设的首位》的讲话，强调军队工作上更要艰苦奋斗，生活上更要勤俭节约，警惕腐朽思想文化对人们的理想、信念和价值观的冲击与侵蚀。1995年3月，江泽民同出席八届人大三次会议的解放军代表团座谈，指出，部队的思想工作者“要经常分析和研究部队的思想情况，了解官兵在想什么，有什么事情想不通，有什么要求，针对他们关心的问题，分层次地进行细致的有说服力的教育”[③]。

中华民族绵延五千年的文明史，培育了深厚的爱国主义传统。爱国主义是动员和鼓舞中国人民团结奋斗的一面旗帜，是推动中国社会历史前

---

① 参见《十四大以来重要文献选编》（上），中央文献出版社2011年版，第565页。

②《江泽民文选》第3卷，人民出版社2006年版，第88页。

③《江主席在解放军代表团作重要讲话》，《人民日报》1995年3月11日。

进的巨大精神力量，是中华民族共同的精神支柱。1994 年 8 月，颁发了《爱国主义教育实施纲要》。爱国主义教育是全民教育，重点是广大青少年。《实施纲要》要求学校、部队、乡村、街道、机关和企事业单位，尤其共青团、少先队等组织，要把培养广大青少年的爱国主义感情，提高他们的爱国主义觉悟，引导他们树立正确的理想、信念和人生观、价值观，作为思想政治教育的重要内容。为此，宣传、文化、教育等部门建立了一批爱国主义教育示范基地，中宣部、中央文明办、教育部、文化部、国家广电总局、国家新闻出版总署、共青团中央七部委联合组织，向各界推荐了融会不同历史、不同题材、不同风格的 100 部电影精品、100 首爱国主义教育歌曲、100 本爱国主义教育图书。

1995 年 9 月下旬，中共十四届五中全会规划今后十五年国民经济和社会发展的蓝图，建议将精神文明建设纳入总体规划。指出，没有社会的发展和精神文明进步，物质文明建设就没有精神动力、智力支持和思想保证，经济发展目标就难以实现，必须把物质文明和精神文明作为统一的奋斗目标，始终不渝地坚持两手抓、两手都要硬。江泽民在全会闭幕时发表《正确处理社会主义现代化建设中的若干重大关系》的讲话，进一步强调“任何情况下，都不能以牺牲精神文明为代价去换取经济的一时发展”[①]，要求积极探索在社会主义市场经济条件下，搞好精神文明建设的新思路、新办法，逐步形成有利于社会主义现代化建设的舆论力量、价值观念、道德规范和文化条件。

为加强社会主义精神文明建设规划，1996 年 2 月中旬，中共中央开始起草关于精神文明建设的文件。10 月，中共十四届六中全会审议通过了《中共中央关于加强社会主义精神文明建设若干重要问题的决议》（下称《决议》）。《决议》指出，由于社会主义经济体制、法律、政策、管理的完善需要一个较长的过程；社会主义在世界范围内出现严重曲折，而发达资本主义国家经济、科技占优势的压力和西方意识形态的渗透将长期存在；还由于封建社会、半殖民地半封建社会遗留的腐朽思想和小生产习惯

---

①《十四大以来重要文献选编》（中），中央文献出版社 2011 年版，第 462—463 页。

势力仍有相当影响，对于这种长期性、复杂性要有足够的思想准备，精神文明建设必须常抓不懈。

《决议》明确精神文明建设内容包括思想道德建设和发展教育科学文化，指出，社会主义思想道德集中体现着精神文明建设的性质和方向，精神文明建设要以思想道德为重点。思想道德建设的基本任务是坚持爱国主义、集体主义、社会主义教育，加强社会公德、职业道德、家庭美德建设，引导人们树立建设有中国特色社会主义的共同理想和正确的世界观、人生观、价值观。加强思想建设，必须坚持马克思列宁主义、毛泽东思想，特别是用邓小平建设有中国特色社会主义理论武装全党、教育干部和人民。大力弘扬爱国主义精神，在全民族树立艰苦创业精神，社会主义道德建设要以为人民服务为核心，以集体主义为原则。明确思想道德建设的重点对象是领导干部和青少年，因为一个是关系到我们事业的成败，一个是关系到我们事业后继有人的问题。[①] 这就对社会主义初级阶段思想道德建设的理论基础、原则要求、主要内容、基本途径、重点对象、主要目标等一一作出规定。

《决议》强调物质文明建设和精神文明建设协调发展，赋予了社会主义精神文明相对独立的地位与价值；高度重视思想道德建设，把公民道德和职业道德建设，拓展为社会公德、职业道德、家庭美德建设；并对发展社会主义文化事业进行部署，满足人民群众日益增长的精神文化需求，提高民族素质，促进经济发展和社会全面进步，明确文化建设的对象为文学艺术、新闻出版（包括广播电视）、哲学社会科学等，并对各个领域的建设提出方向性要求。《决议》系统阐述精神文明建设在中国特色社会主义建设中的战略地位、精神文明建设的指导方针、主要原则、目标任务和重要措施，使社会主义精神文明建设理论在新的历史条件下得到进一步的发展和完善，解决新形势下社会主义精神文明建设的一系列紧迫问题具有指导的意义。

---

① 参见《十四大以来重要文献选编》（下），中央文献出版社 2011 年版，第 140—147 页。

二、精神文明建设活动的新实践

精神文明建设需要人民群众的共同参与、共同建设和共同创造。群众性精神文明创建活动始于20世纪80年代初开展的“五讲四美三热爱”活动，一些地方还开展有“振兴中华”读书活动、文明单位创建活动等。1995年10月、11月，中共中央和国务院相继发布《关于深入开展农村社会主义精神文明建设活动的若干意见》《关于加强和改进企业思想政治工作的若干意见》。《意见》强调在农村要“切合农村的实际，通俗易懂。要让农民感到自然，听得进去，听得有兴趣。”[①]在坚持马克思主义世界观、方法论指导的同时，要讲中国优秀文化传统和民族的传统美德，用通俗易懂的语言、生动活泼的方式来增强农民的集体主义、爱国主义观念，提高农民的社会主义觉悟，为此编写了《农民思想政治教育读本》。企业思想文化建设则要求以培养有理想、有道德、有文化、有纪律的“四有”职工为目标。在思想道德建设中坚持民主引导、正面教育的方法，把先进性与广泛性结合起来，从群众普遍关心的问题抓起，吸引群众参与。精神文明建设实践以群众性精神文明创建活动为重要载体，从具体事件抓起，落实到基层，开展创建文明城市、文明村镇、文明行业三大系列创建活动。

一是以提高市民素质和城市文明程度为目标，开展创建文明城市活动。文明城市的标准是创“三优”，即创造优美环境、建立优良秩序、搞好优质服务。活动从街道和社区抓起，从治理“脏乱差”入手，搞好市容绿化美化，创造优美的环境；从市民日常生活习惯的养成入手，抓好市民文明公约的遵守，增强人们遵纪守法的观念，加强社会治安和社会秩序的综合治理，建立优良的秩序。活动中涌现出如张家港市、大连市、三明市、天津市和平区、上海市、厦门市、西安市等一批文明城市典型和100个文明社区、文明街道示范点。

二是以提高农民素质、奔小康和建设社会主义新农村为目标，开展创建文明村镇活动。农村社会主义精神文明建设活动细化为重点开展创建

① 江泽民：《农民思想政治教育读本》序，《人民日报》1995年11月27日。

文明村镇、文明农户活动。把文明村镇建设同加强中共基层组织建设、巩固基层政权结合起来，同壮大集体经济实力、增强乡村集体经济组织为广大农民服务的功能结合起来，同计划生育、节约土地、环境建设结合起来；依据国家法律法规，制定乡规民约，破除陈规陋习，反对封建迷信，反对赌博，反对婚丧事大操大办，反对非法宗教活动，倡导科学文明健康的生活方式。

农户既是农村基本的社会细胞，又是基本的生产经营主体，以开展创建文明农户活动，作为文明村镇活动的重要支撑。一些地方开展的"十星级文明农户"评选活动，把对农民的思想觉悟、道德素质、遵纪守法、计划生育、尊老爱幼、团结互助、发展生产等要求确定为十颗星，通过农民自评、互评，激励农民向先进看齐。一些地方开展的评选遵纪守法户、五好家庭户、双文明户的"评三户"活动和单一的评"文明户""新风户"活动，激发了广大农民的上进心，以先进带后进，对提高农民的综合素质起了很好的示范作用。

三是以服务人民、奉献社会为宗旨，开展创建文明行业活动。活动以直接为老百姓服务的"窗口"行业和直接与老百姓打交道的公检法、工商、税务、城管等执法部门为重点，从转变服务观念入手，提高整体服务水平，搞好优质服务。通过"为人民服务，树行业新风""社会服务承诺制""百城万店无假货"等活动，推动各行各业服务质量的提高，产生了烟台社会服务承诺制、济南交警文明执勤、石家庄出租汽车行业等先进典型。公安、民航、铁道等十大行业和民政、医疗卫生等20个部门共推出600多个文明行业示范点。

全社会支持"三大创建"活动的开展。为促进农村经济社会进步，满足农民的精神文化需求，提高农村文明程度，1995年，中宣部会同农业部、文化部等部门开始组织"文化下乡"活动。1996年，增加了科技、卫生的内容，把文化下乡拓展为文化科技卫生"三下乡"[①]，主办单位也由

---

① 文化下乡包括图书、报刊下乡，送戏下乡，电影、电视下乡，开展群众性文化活动；科技下乡包括科技人员下乡，科技信息下乡，开展科普活动；卫生下乡包括医务人员下乡，扶持乡村卫生组织，培训农村卫生人员，参与和推动当地合作医疗事业发展。

最初8个增加到14个。“文化科技卫生三下乡”活动、“万村书库”、送戏下乡、科技人员信息下乡、科普宣传及各种移风易俗活动，共同促进广大农村健康、科学、文明新风的形成。1996年11月，全国“五好文明家庭”创建活动协调小组成立，主要是弘扬家庭美德，倡导建立科学、文明、健康的生活方式，推动家庭文化建设。1997年，中宣部、解放军总政治部下发《关于组织部队参加创建文明城市文明村镇文明行业活动的意见》，提出组织部队参加创建活动，形成军民广泛参与、齐抓共建的格局。全国总工会组织开展送温暖、职业道德教育活动，全国妇联开展“双学双比”活动，共青团中央开展“青年志愿者”“青年文明号”“手拉手”活动以及全国科协组织开展“讲、比、建”活动，形成全社会的广泛参与。“军民共建”、“警民共建”、“工农共建”、双拥活动深入开展。学校、企业也开展丰富多彩的校园文化和企业文化建设。

结合重大事件开展教育活动。如1997年香港回归之际进行的爱国主义教育，1998年长江沿线的抗洪工作总结出“抗洪精神”进行的集体主义教育，在世界纪念反法西斯战争胜利日、中国抗日战争胜利日进行的革命传统教育，配合申办奥运工作进行的全民公德教育、爱国主义教育等。另外，各地还通过举办展览、英模事迹报告团巡回讲演、“我推荐我评议身边好人”等活动，推动了崇尚先进、学习先进的良好风尚的形成。

1997年4月，中共中央成立中央精神文明建设指导委员会，作为中央指导全国精神文明建设工作的议事机构，督促检查各地区、各部门贯彻落实中央关于精神文明建设方面的有关问题。经过调研，中央文明委部署在全国开展“讲文明、树新风”活动，集中解决文明言行、环境卫生、服务质量、交通秩序四个方面存在的突出问题，并将其目标要求融入三大群众性精神文明创建活动，为改革开放和经济建设创造了良好氛围。

精神文明创建活动把活动的目标、任务、形式同群众的切身利益结合起来，广泛吸引群众参与活动，使群众成为活动的主体，在参与中受到教育，人们的社会公德意识增强，助人为乐、扶危济困的传统美德得到弘扬；各种适应市场经济发展的新观念，如竞争意识、效益意识、公平意识、诚信意识等为人们所普遍接受；各服务行业抓职业道德建设，纠正行业不正之风，自觉接受社会监督。但活动也存在敷衍走过场的现象。

三、加强道德建设，以德治国

道德是人们心中衡量善恶、是非的准则，内在地制约和自觉地引导人们的行为，是社会稳定有序的第一道屏障，以其独特的方式规范着社会的秩序。社会主义市场经济不是一般的市场经济，它是社会主义的，既要符合市场经济的规律和要求，又要体现社会主义的思想和道德要求；既要尊重和关心个人的正当利益，又要重视国家利益、集体利益，强调三者的统一；要求社会成员既要树立自主、自立、自强的精神，又要树立社会整体观念、履行社会义务和承担社会责任；既要勇于竞争、追求效率，又要注重协作、兼顾公平；既要肯定和允许追求功利，更要强调手段的合法、正当和道德，等等。

德治礼序是中华传统文化的重要内容，德治是儒家的核心治理理念。精神文明建设中把社会主义道德建设作为重要内容，继承和发扬中华民族传统的优良道德品格，通过道德教育与社会成员道德人格的培养来促进人的全面发展。在中共中央的部署下，相关方面在道德建设方面作出不少有益的探索：编写青少年道德修养的教材，整理中国传统道德的精华，出版社会公德教育普及性读物《中国公民手册》《新三字经》《中国传统道德》等；增加革命传统教育基地；职业道德表现与经济利益挂钩；在城市制订市民守则，在农村推广乡规民约，行业有规范；并通过立法手段清除各种精神垃圾等。

同时，在道德教化中重视发挥榜样示范引领作用。在各行各业，树立体现崇高的社会主义、共产主义道德品质的先进典型。中宣部等部门先后表彰了一批具有时代特点的先进典型，如领导干部的楷模孔繁森、张鸣岐，知识分子的楷模蒋筑英，模范工人徐虎，基层干部吴天祥，见义勇为好战士徐洪刚，公而忘私的马恩华、李国安，人民警察邱娥国，“好军嫂”韩素云，自学成才的“抓斗大王”包起帆，好医生赵雪芳，无私奉献的陈观玉等模范人物；宣传推广了江苏省张家港市、福建省三明市、河南省林州市等一批先进城市先进经验；宣传了济南工商银行、济南交警、国航飞行大队、第四军医大学学员二大队、河北农业大学教师集体、徐州下水道四班等先进集体。通过对榜样的宣传和学习活动，弘扬社会正气和新时期的创业精神。

在国家治理层面，中共中央把德治和法治提到同等地位。社会主义道德风尚的形成、巩固和发展，要靠教育，也要靠法制。中共十五大提出了“依法治国”思想。2001 年 1 月，江泽民在全国宣传部长会议上又提出以德治国，“要把法制建设与道德建设紧密结合起来，把依法治国与以德治国紧密结合起来”[①]。以德治国方略的提出，进一步提高道德建设在整个中国特色社会主义建设中的地位和作用。法律和道德作为上层建筑的组成部分，都是维护社会秩序、规范人们思想和行为的重要手段，法治具有权威性和强制性，德治具有感召力和劝导力，道德是法律的基础，法律是道德的保障，二者相辅相成。江泽民强调“加强社会主义思想道德建设，是发展先进文化的重要内容和中心环节。”[②]

2001 年 9 月，《公民道德建设实施纲要》颁布。《纲要》明确了道德建设的基本框架：提出在全民族牢固树立建设中国特色社会主义的共同理想和正确的世界观、人生观、价值观，在全社会大力提倡“爱国守法、明礼诚信、团结友善、勤俭自强、敬业奉献”的基本道德规范。总结了道德建设的基本内容，即坚持以为人民服务为核心，以集体主义为原则，以爱祖国、爱人民、爱劳动、爱科学、爱社会主义为基本要求，以社会公德、职业道德、家庭美德为着力点；阐述了道德建设的基本方针，包括正确处理与市场经济、民主法治、优良传统、时代精神、个人权益、社会责任六个方面关系的基本原则，提出了道德建设的“四个教育环节”，即家庭、学校、机关企事业单位和社会；“五类实践活动”，即以讲文明、树新风为主题的群众性精神文明创建活动、各种社会公益活动、学习先进典型活动、重要节日和纪念日庆祝纪念活动、必要的礼仪礼节礼貌活动；运用社会舆论和文化艺术宣传；同时依靠法律支持、政策导向和制度保障等方

①《江泽民文选》第 3 卷，人民出版社 2006 年版，第 200 页。
②《江泽民文选》第 3 卷，人民出版社 2006 年版，第 278 页。

式，实现个人自律与社会监督相结合，营造扶正祛邪、扬善惩恶的社会风气，以及各有关方面的责任与义务，等等。

《纲要》是深入调查研究，广泛听取意见，经过充分讨论，历经多次反复形成的。公民基本道德规范，涵盖了中华民族的传统美德、中国革命和建设实践中形成的优良道德风尚，又借鉴了世界各国道德建设的成功经验和先进文明成果，体现了时代的要求和特征，集中而又系统地阐明了在社会主义市场经济条件下，公民在处理与他人、与社会、与国家的关系中应当遵循的基本道德规范，引导人们在遵守基本行为准则的基础上，追求更高的道德目标。这个纲要具有很强的时代意识和问题意识，就如何在市场经济大潮中防止价值失落、道德失范、物欲无限膨胀，如何在全方位对外开放的同时防止腐朽、没落的思想观念的侵袭，如何在建设现代化国家以及民主和法治等现代公民素质养成的同时更好地继承中华优秀传统美德等，作出某种顶层设计，“是改革开放以来道德建设实践和理论探索的集大成者”。[①]

第二节　中国特色社会主义文化理论的形成及实践

20世纪90年代以来，中共中央逐步形成有中国特色社会主义文化理论，发展了社会主义先进文化；弘扬主旋律、提倡多样化，巩固在思想文化领域的主导权。世纪之交，随着经济全球化的迅速发展和科技革命的日新月异，不同文化或文明间的交流交融交锋日趋频繁，文化与科技的结合日趋紧密，文化的经济功能日趋凸显，加快哲学社会科学发展；以国有大型文化事业单位改革为标志，实现文化产业和文化事业的分野，发展文化产业。

一、中国特色社会主义文化的提出

“有中国特色社会主义文化”命题，是1990年1月李瑞环在全国文

---

① 杨凤城：《改革开放时期文化建设与发展史的几个问题研究》，《中共党史研究》2016年第10期。

艺工作者情况交流座谈会上发表《关于弘扬民族优秀文化的若干问题》的讲话中提出的。他强调要“重视和研究建设有中国特色的社会主义新文化”①。1991年，江泽民在庆祝中国共产党成立70周年大会上的讲话中，提出了建设有中国特色社会主义文化的战略目标，并对中国特色社会主义文化内涵作出初步阐述。他指出，有中国特色社会主义文化建设的指导思想必须是马克思列宁主义、毛泽东思想，这是社会主义文化建设的根本，决定着文化建设的性质和方向，决不能搞指导思想的多元化；文化建设的方向是为人民服务、为社会主义服务，不允许毒害人民、污染社会和反社会主义的东西泛滥。文化建设的方针是“百花齐放、百家争鸣”，“古为今用、洋为中用”；文化作品要反映社会主义时代精神这个主旋律，又要多样化，为人民大众所喜闻乐见；文化建设不能搞民族虚无主义，也不能搞全盘西化，要“面向现代化，面向世界，面向未来”；文化建设的直接目的是要繁荣和发展文化，创造出无愧于伟大时代的社会主义文化，其根本目的是要培养出社会主义现代化建设需要的“四有”新人。文化建设的领导者是中国共产党，各级党委必须加强对意识形态工作的领导，牢牢掌握意识形态各部门的领导权。作为文化建设先锋的共产党员、共青团员和一切先进分子，要身体力行共产主义道德。文化工作者要深入建设和改革的实践，到社会主义现代化建设的广阔天地里汲取营养、施展才华，成为合格的人类灵魂工程师。② 这就明确了中国特色社会主义文化建设的基本范畴。

立足于实践，关于中国特色社会主义的文化思想日渐精确。1992年10月，中共十四大确立邓小平建设有中国特色社会主义的理论在中国特色社会主义建设中的指导地位。1997年9月，中共十五大报告对有中国特色社会主义的文化作出概括：“建设有中国特色社会主义的文化，就是以马克思主义为指导，以培育有理想、有道德、有文化、有纪律的公民为目标，发展面向现代化、面向世界、面向未来的，民族的科学的大众的社

①《十三大以来重要文献选编》（中），中央文献出版社2011年版，第275页。

② 参见《江泽民文选》第1卷，人民出版社2006年版，第158—161页。

会主义文化。”[①] 报告还对建设有中国特色社会主义的经济、政治和文化三者之间的关系进行定位：建设有中国特色社会主义的经济、政治、文化的基本目标和基本政策有机统一、不可分割，构成党在社会主义初级阶段的基本纲领。有中国特色社会主义的文化，是凝聚和激励全国各族人民的重要力量，是综合国力的重要标志，国家实力的竞争愈来愈包含着文化上的竞争。它反映我国社会主义经济和政治的基本特征，又对经济和政治的发展起巨大促进作用。这就界定了中国特色社会主义文化的本质内涵，是对中国特色社会主义文化在整个中国特色社会主义事业中的战略地位和作用的新概括，是对马克思主义文化观的发展。

关于坚持马克思主义的指导地位，江泽民指出：我们要“特别注意从两个方面加强工作：一是及时总结党和人民在实践中创造的新经验和获得的新认识，有力地回答现实生活提出的、干部群众关心的重大思想理论问题；二是善于运用马克思主义观点同各种错误观点进行积极斗争，帮助广大干部群众树立和坚定正确的思想理论认识”[②]。中国特色社会主义文化以“三个面向”和民族性、科学性、大众性为基本特征。“三个面向”最早是邓小平作为教育方针提出来的，将其拓展为文化建设的基本要求予以强调，是对邓小平理论的继承和发展，反映中国特色社会主义文化的发展趋势、要求及与人类文明进步方向的趋同性。“面向现代化”，就是文化建设要服从和服务于现代化建设这个中心，文化要为国家的经济发展和社会进步提供精神动力和智力支持；“面向世界”是指文化建设的视野和胸怀。在全球化浪潮下，没有任何一种文化能够独善其身，我国的文化发展不能离开人类文明的共同成果，要坚持以为我主、为我所用的原则，博采各国文化之长，向世界展示中国文化建设的成就，坚决抵制各种腐朽思想文化的侵蚀，这是文化面向世界的要求；“面向未来”是强调文化建设的前瞻性，关键是准确把握时代的脉搏，认清事物发展的客观趋势，并在此基础上积极进行文化创新。“创新是一个民族进步的灵魂，是一个国家兴旺发

---

①《江泽民文选》第 2 卷，人民出版社 2006 年版，第 17—18 页。

②《江泽民文选》第 3 卷，人民出版社 2006 年版，第 86—87 页。

达的不竭动力。”[①] 只有学习和借鉴我们民族的优秀文化传统、革命和建设的文化传统、人类创造的一切优秀文化传统都融合进来，才能熔炼出我们所需要的新的文化形态。

“民族性、科学性、大众性”这一思想是毛泽东在《新民主主义论》中提出的，是20世纪以来中国共产党所领导的文化建设事业的基本走向，此时赋予了新中国几十年来文化实践的新经验和时代的新内容。“民族的，是弘扬中华优秀文化，尤其是继承和发扬中华民族传统的优良道德品格，塑造与形成当代中国的民族精神。”[②]“在当前的国际和国内形势下，弘扬民族文化不仅直接关系到我国文化的兴衰，而且在政治上具有重要意义。面对西方资产阶级和平演变的攻势，弘扬民族文化是振奋民族精神，提高民族自信心，发扬爱国主义精神，顶住一切外来压力的一个重要条件。”[③] 而爱国主义离不开对本民族历史和文化传统的尊重。社会主义文化的科学性，既包括一以贯之的实事求是、坚持认识与实践相统一的科学态度，还包括“加强科学知识、科学方法、科学思想、科学精神的宣传教育”，反对封建迷信和愚昧无知。随着中国改革开放的全方位发展，随着中国现代化建设的突飞猛进，中国总体上实现小康。在温饱有余且走向更加富裕的历程中，民众的精神需求日益增长，中国特色社会主义文化要继续根植于人民大众，服务于人民大众，“在人民的历史创造中进行艺术的创造，在人民的进步中造就艺术的进步，给人民以信心和向上的力量”，使人民群众不断提高的精神需求得到满足。

2000年2月，江泽民提出“三个代表”重要思想，强调中国共产党要始终“代表着中国先进生产力的发展要求、代表着中国先进文化的前进方向、代表着中国最广大人民的根本利益”[④]。2001年，在庆祝中国共产党建立80周年大会上，江泽民进一步提出把人的全面发展作为当代中国先进文化建设的目标。他指出：“我们建设有中国特色社会主义的各项事业，

---

①《江泽民文选》第1卷，人民出版社2006年版，第432页。
②《十三大以来重要文献选编》（中），中央文献出版社2011年版，第287页。
③《十三大以来重要文献选编》中册，第853页。
④《江泽民文选》第3卷，人民出版社2006年版，第2页。

我们进行的一切工作，既要着眼于人民现实的物质文化生活需要，同时又要着眼于促进人民素质的提高，也就是要努力促进人的全面发展。这是马克思主义关于建设社会主义新社会的本质要求。我们要在发展社会主义社会物质文明和精神文明的基础上，不断推进人的全面发展。”要求“加强有说服力的思想政治工作，发展教育科技事业，繁荣社会主义文化，使人人都有受教育的机会和享受文化成果的充分权利，使人们的精神世界更加充实、文化生活更加丰富多彩”[①]。中国特色社会主义既要满足人民的精神文化需求，又要实现人民建设文化的主体地位，实现人的全面发展，这是对马克思主义关于人的全面发展理论的新贡献，为当代中国文化建设确立了具体的目标和任务。

关于社会主义精神文明、有中国特色社会主义的文化和社会主义先进文化三者的关系，江泽民曾作出说明：“有中国特色社会主义的文化，就其主要内容来说，同改革开放以来我们一贯倡导的社会主义精神文明是一致的。文化相对于经济、政治而言。精神文明相对于物质文明而言。只有经济、政治、文化协调发展，只有两个文明都搞好，才是有中国特色社会主义。”[②]“在当代中国，发展先进文化，就是发展有中国特色社会主义的文化，就是建设社会主义精神文明。”[③]这表明三者的主导思想是一脉相承的，所表达的内容和要求也基本一致，中国特色社会主义文化理论是对社会主义精神文明理论的继承，而“建设社会主义先进文化”这一提法，“更多的是从中国共产党的先进性和作为执政党须牢牢把握文化发展方向的要求出发的”[④]。这是中国共产党人对新的时代要求的回应，体现执政党思想文化的时代特征，丰富了中国特色社会主义文化理论的思想内涵。

①《江泽民文选》第3卷，人民出版社2006年版，第294—295页。

②《江泽民文选》第2卷，人民出版社2006年版，第32页。

③《江泽民文选》第3卷，人民出版社2006年版，第276页。

④ 杨凤城：《中国共产党与当代中国文化发展要求》，中共党史出版社2013年版，第141页。

二、弘扬主旋律，提倡多样化

坚持什么样的文化方向，建设什么样的文化，是一个政党在思想上、精神上的一面旗帜。建设社会主义先进文化，在全社会凝聚共识，激励广大干部群众为中国特色社会主义事业奋斗是文化建设的根本要求。

社会主义市场经济的发展、文化进入市场、西方思想文化的涌入、中国历史遗留下来的封建残余思想的侵蚀等，带来中国文化的多元与思想的多样性。一时间，文化领域各种主义、流派、形式泥沙俱下，良莠难辨，文化多样性、复杂性远胜于20世纪80年代。如新自由主义强调个人主义与自由主义价值；在市场化大潮下，实用主义、技术主义、功利主义兴起，侵蚀人们的思想；后现代主义拒绝宏大叙事，强调消解中心，低俗化、不健康的作品大行其道，文化荒诞感蔓延。

面对这些现象，1993年至1995年间，上海、北京、南京等地的一大批人文学者进行"人文精神"大讨论，其核心围绕知识分子的精神价值和社会功能问题展开。文学界、经济学界及法学界也加入讨论，呼吁"人文精神"重建，表现出求真、求恒的执著与坚定。

20世纪90年代中期以来，尊重和弘扬传统文化的社会氛围日趋浓厚。1993年8月16日，《人民日报》以整版篇幅刊登题为《国学，在燕园悄然兴起》的署名文章，提出"国学的再次兴起……将成为我国文化主旋律的重要基础"，被视为20世纪90年代"国学热"兴起的标志。《光明日报》《文汇报》等媒体也纷纷以类似的报道跟进。冯契提出"化理论为方法，化理论为德性"，引起人文知识分子的积极反响。德性的探讨实质上引向文明传统的反思与建构。亨廷顿的《文明的冲突》中透露出的"文化战略"意识，促使有识之士思考儒家文化圈在全球文明体系中的战略地位。季羡林、汤一介等哲学家阐释和强调了儒家文化的当代意义。季羡林先生提出著名的"东方文化世纪说"，引发各方观点的热议与争论。1994年在北京举行"纪念孔子诞辰2545年学术讨论会暨国际儒学联合会成立大会"，山东曲阜同时举行大规模纪念活动。北大中国传统文化研究中心摄制的电视片《中华文明之光》在海内外播放，一时蔚为大观。国民教育中传统文化的内容和分量逐步增加，1998 年武汉大学率先在国内高校开设“国学班”，2001 年中国人民大学成立孔子研究院。“国学热”逐步弥漫全国。

主流意识形态建设外部环境的变化，需要创新观念及话语权建构的路径，引导文化发展的正确方向。中共中央适时地提出“弘扬主旋律，提倡多样化”的方针。“主旋律”的概念，最早是中宣部副部长贺敬之于 1987 年 2 月在以反对资产阶级自由化为中心议题的全国故事片厂厂长会议上提出的。他认为，作品的社会主义和共产主义的思想内容，应该成为我们文艺的主旋律。1991 年 3 月 1 日，中宣部、文化部和广电部联合发布《关于当前繁荣文艺创作的意见》，提出“坚持发展多样化中，要突出主旋律的统一”的主张，要求“在创作内容的多样化中，要突出时代和生活的主旋律”。[①]

1994 年 1 月 24 日，江泽民在全国宣传思想工作会议上提出并全面阐述了“弘扬主旋律，提倡多样化”的方针。他指出：“弘扬主旋律，就是要在建设有中国特色社会主义的理论和党的基本路线的指导下，大力倡导一切有利于发扬爱国主义、集体主义、社会主义的思想和精神，大力倡导一切有利于改革开放和现代化建设的思想和精神，大力倡导一切有利于民族团结、社会进步、人民幸福的思想和精神，大力倡导一切用诚实劳动争取美好生活的思想和精神。”[②] 四个“大力倡导”是主旋律的实质内容，反映“主旋律”的包容性。关于“提倡多样化”，就是反映主旋律的精神产品不仅思想内容要健康向上，艺术表现也应多种多样、生动活泼、精益求精，具有强烈的吸引力和感染力，在文化市场竞争中赢得优势。社会生活是丰富多彩的，人民群众的精神文化需求也是多方面、多层次的。只要是能够使人民得到教育和启发、得到娱乐和美的享受的精神产品，都应受到欢迎和鼓励。“弘扬主旋律，提倡多样化”，即是指在弘扬主旋律思想和精神的同时，提倡内容、题材的丰富多样，艺术风格、形式、体裁和品种等表现形式、手段的多样化，是社会文化艺术繁荣发展的标志，多样化不是

① 参见《关于当前繁荣文艺创作的意见》，《人民日报》1991 年 5 月 10 日。

②《十四大以来重要文献选编》（上），中央文献出版社 2011 年版，第 572 页。

指失去方向的“自由化”。

弘扬主旋律、提倡多样化，是巩固社会主义文化在思想文化领域主导权的国家战略，是坚持“二为”方向和“双百”方针的具体体现。一切思想文化阵地，一切精神文化产品，都要坚持正确导向，宣传科学真理，传播先进文化，塑造美好心灵，弘扬社会正气，倡导科学精神。弘扬主旋律是物质文明与精神文明“两手都要抓，两手都要硬”这一政策的逻辑性展开，是建设先进文化的必然要求。

1996 年 6 月和 12 月，江泽民在出席中国文联第六次、中国作协第五次全国代表大会时重申这一主张。他指出：文艺要讴歌英雄的时代，反映波澜壮阔的现实，深刻地、生动地表现人民群众改造自然、改造社会的伟大实践和丰富的精神世界。反映主旋律的精神产品不仅思想内容要健康向上，艺术表现也应多种多样、生动活泼、精益求精，具有强烈的吸引力和感染力，在文化市场竞争中赢得优势。对民族文化精粹、优秀高雅艺术、有较高价值的学术著作，给予扶持和保护。

为加强党和政府对文艺创作的引导，支持主流文化发展，由中宣部牵头，组织实施配套政策，开展一系列文化精品工程与评奖活动。有电影“九五五零”工程①，少儿文艺“五一五五”工程②，“国家舞台艺术精品工程”③等。重要的评奖活动有“五个一工程”奖、专业舞台艺术文华奖、中国电影华表奖以及省市级别的各种“精品工程奖”等。

1991 年中宣部提出“要像抓重点建设工程那样，有计划有重点地组织精神产品的生产”，以质量上乘的作品发挥示范作用。设立的精神文明建设“五个一工程”奖，最初是一部好书、一台好戏、一部优秀影片、一

---

① 1996 年 3 月，广电部在湖南长沙召开全国电影工作会议，提出实施电影“九五五零”工程的发展战略，即在国家“九五计划”期间，每年拍摄出 10 部优秀作品，5 年共拍摄 50 部。

② 1995 年，中宣部和新闻出版署实施的中国儿童动画出版工程，计划力争在两三年内建立 5 个动画出版基地（分别由辽宁少儿、中国少儿、少年儿童、接力和四川少儿 5 个出版社牵头），重点出版 15 套大型系列儿童动画图书，创立 5 个儿童动画刊物（《中国卡通》《北京卡通》《少年漫画》《漫画大王》《卡通先锋》）。

③ 2000 年，由文化部和财政部联合实施的重点文化项目，自启动以来，每年都将评选出 10 台精品，在社会上产生了强烈反响，引起广泛关注。

部优秀电视剧、一篇或几篇有创见有说服力的文章五个方面，每年一次对上年度生产的精品佳作进行评选，给获奖单位与入选作品颁发获奖证书和奖金。1995 年，又增加歌曲、广播剧两项，“五个一工程”名称仍旧沿用不变。从第一届到第八届（1991 年至 2001 年），“五个一工程”共表彰优秀图书 295 种，优秀影视戏曲 876 部。大批主题多样、形式丰富、风格各异的精品佳作受到群众欢迎。家喻户晓的电视剧有《编辑部的故事》《辘轳、女人和井》《长征》《激情燃烧的岁月》《乔家大院》《突出重围》；代表性的电影包括《开天辟地》《重庆谈判》《周恩来》《焦裕禄》《凤凰琴》《秋收起义》《金沙水拍》《步入辉煌》《七七事变》《红樱桃》《生死抉择》《离开雷锋的日子》等，不少影片创下当年国产电影票房奇迹；传唱大江南北的歌曲《青藏高原》《常回家看看》《好日子》《吉祥三宝》；风靡一时的话剧《万家灯火》《立秋》、滇剧《瘦马御史》和京剧《骆驼祥子》以及眉户剧《迟开的玫瑰》、舞剧《大梦敦煌》；儿童动画图书《神脑聪仔系列丛书》《地球保卫战》等，代表了“主旋律”的丰厚收获。这些思想性和艺术性统一的优秀作品，讴歌理想、弘扬正气，表现真善美，反映了社会生活的本质与主流，给人以启迪与鼓舞，发挥了积极的引导和示范作用。中国文联组织文艺家“万里采风”活动，许多文化名家参与过“五个一工程”获奖作品的创作，许多青年文艺人才则通过参加“五个一工程”的创作，成长为当代知名文艺家。“五个一工程”的实施不仅推出作品，而且培育人才、锻炼队伍，形成一种以作品带人、以人促作品的生动气象。

三、加快哲学社会科学发展

哲学社会科学主要是帮助人们解决世界观、人生观、价值观，解决理论认识和科学思维，解决对社会发展、社会管理规律的认识和运用的科学。由于自然科学在物质生产和经济发展中的作用明显，而摆脱贫困、发展经济是压倒一切的任务，因此，工具理性压倒价值理性，人文社会学科因为它的非生产性、非直接实用性，被边缘化。尽管邓小平在提出科学技术是第一生产力，这里的“科学”当然包括社会科学，但“重自然科学，轻社会科学”“重理工、轻人文”的倾向仍程度不同地存在着。随着现代化推进带来的种种弊端显现，哲学社会科学的重要性被逐步意识到。1990年12月，中共十三届七中全会讨论“八五”计划，专门提到要加强社会科学研究，要求加强和制定社会科学的研究规划，切实注意社会科学研究队伍的培养和提高。1991年设立社会科学基金，以500万元资助研究人员从事社科项目研究，以后逐年增长。1992年9月，中共中央《关于加强和改进宣传思想工作，更好地为经济建设和改革开放服务的意见》，强调社会科学要面向中国改革开放的实际，研究新情况、新问题，为经济建设和改革开放提供精神动力、智力支持和思想保证，为党和国家进行经济与社会发展的重大决策提供科学依据。同时，要加强对当代资本主义以及西方各种理论和思潮的研究。

20世纪90年代初的人文精神大讨论，引起社会各方重视。1996年中共中央制定的关于精神文明建设的决议，要求将哲学社会科学纳入社会主义文化事业进行规划，与此前一直突出强调应用研究不同，决议特别提出要“重视基础理论研究”。1999年，国家对“六五”至“八五”时期国家社科基金项目的优秀成果进行奖励。综合性大学的人文科学开始恢复其在现代大学的基础性的地位，一些工科大学开始创办文科。

进入21世纪，经历技术创新、制度创新后，理论创新尤为迫切。中共中央总书记江泽民连续三次就繁荣发展哲学社会科学事业发表重要讲话，对哲学社会科学的发展方向、发展战略和使命作出新的界定，郑重地提出哲学社会科学的研究能力和成果也是综合国力的重要组成部分。2001年8月7日，江泽民在北戴河同部分国防科技专家和社会科学专家座谈时提出了四个“同样重要”：“在认识和改造世界的过程中，哲学社会科学与自然科学同样重要；培养高水平的哲学社会科学家，与培养高水平的自然科学家同样重要；提高全民族的哲学社会科学素质，与提高全民族的自然科学素质同样重要；任用好哲学社会科学人才并充分发挥他们的作用，与任用好自然科学人才并发挥他们的作用同样重要。”[①]2002年4月28日，

①《江泽民论有中国特色社会主义（专题摘编）》，中央文献出版社2002年版，第275页。

江泽民考察中国人民大学，以五个“高度重视”对各级党委政府及全社会提出要求，即高度重视哲学社会科学在治党治国和建设有中国特色社会主义事业中的巨大作用，高度重视哲学社会科学领域高等教育的改革和发展，高度重视改善哲学社会科学研究和人才培养的条件，高度重视哲学社会科学研究领域重大课题的攻关，高度重视为哲学社会科学发展作出杰出贡献的学者的成就和作用。7 月 16 日，在中国社会科学院建院 25 周年座谈会上，江泽民在讲话中指出：哲学社会科学是社会主义精神文明的重要组成部分，对于全面提高公民的思想道德素质和科学文化素质不可或缺。“建设有中国特色社会主义，需要在实践上、理论上不懈进行探索，不断在实践的基础上提出创新的理论，用发展着的理论指导实践。在这个实践和理论的双重探索中，哲学社会科学具有不可替代的重要作用，哲学社会科学工作者是一支不可替代的重要力量。”“我国哲学社会科学界要努力担负起认识世界、传承文明、创新理论、咨政育人、服务社会的职责。”① 江泽民的三个讲话有宏观思考，又有具体要求，系统阐述了哲学社会科学对实现社会主义现代化和中华民族伟大复兴的战略意义，科学回答了我们应当建设什么样的哲学社会科学以及如何发展哲学社会科学等一系列重大问题，极大地推动哲学社会科学的发展。

发展和繁荣哲学社会科学，需要造就一批用马克思主义武装起来的，立足中国、面向世界、学贯中西的思想家和理论家，需要造就一批理论功底扎实、勇于开拓创新的学科带头人，需要造就一批年富力强、政治和业务素质良好、锐意进取的青年理论骨干。哲学社会科学创新和人才培养的环境，尤其是在政策、管理体制、资金投入上有切实的改善。2001 年，中国专业从事哲学社会科学研究的机构有 2099 个，其中，有人文社会科学系科的大学 615 所，附设研究机构 1754 个；各省和中心城市的社会科学院 47 个，国家和地方政府的研究机构 298 个，研究人员超过 3 万人，从事教学并参与研究工作的人员 20 多万。仅中国社会科学院，从 1978 年

①《江泽民文选》第 3 卷，人民出版社 2006 年版，第 491—492 页。

到 2001 年，对外学术交流总量达 39366 人次。[①]

四、文化体制改革的突破

中国的文化体制改革起步于 20 世纪 80 年代，在娱乐业形成最初的文化市场，成为文化产业的先导。经济体制改革开始后，为了解决经费不足等问题，少数文化单位率先开始经营机制市场化改革的尝试，试行“事业单位属性，企业化管理”的双轨制运行，文化事业单位开展有偿服务和经营活动。1985 年，国家统计局在《关于建立第三产业统计的报告》中将文化艺术列为第三产业的一个组成部分，对于文化的产业属性、商品属性有所认识。1988 年，文化部、国家工商行政管理局联合发布《关于加强文化市场管理工作的通知》，正式提出“文化市场”概念，并规范文化市场，以管理促进建设。图书、娱乐、演出、音像和电影等领域文化市场地位得以确认。1993 年 10 月，文化部在北京召开第一次全国文化市场工作会议，研究文化市场的建设与管理。1994 年 11 月，文化部召开全国文化市场监督检查工作会议，进一步建立健全文化市场稽检机构和稽查队伍，发布《文化市场稽查暂行办法》。国务院先后发布《音像制品管理条例》《电影管理条例》《营业性演出管理条例》《娱乐场所管理条例》《互联网上网服务营业场所管理条例》等一系列法规、条例。打击处罚非法出版物和非法出版活动的“扫黄打非”工作，被称为文化的环保工程。

1993 年，中宣部、中国记协、新闻出版署联合发出《关于加强新闻队伍职业道德建设，禁止“有偿新闻”的通知》。《通知》要求新闻单位和新闻从业人员不得接受被采访者或被报道者以任何名义给的礼金和有价证券；新闻与广告必须严格分开，记者、编辑不得从事广告业务，从中牟利。1994 年、1997 年进一步修订《中国新闻工作者职业道德准则》，规范新闻从业人员行为。各级政府为适应社会主义文化市场的发展要求，积极探索，总结经验，健全管理体制，加强制度建设，提高管理水平。

---

① 参见孙承斌、王雷鸣、邬焕庆：《为民族复兴提供精神动力——党的三代领导集体关心、支持哲学社会科学事业纪实》，《人民日报》2002 年 10 月 16 日。

促进文化发展，需要完善文化经济政策。1991 年，国务院批转《文化部关于文化事业若干经济政策意见的报告》。1996 年 9 月，国务院颁发《关于进一步完善文化经济政策的若干规定》，主要在加大各级财政对文化事业投入力度的同时，拓宽文化事业资金投入渠道，逐步形成适应社会主义市场经济要求的筹资机制和多渠道投入机制。10 月，中共十四届六中全会决议提出"改革文化体制是文化事业繁荣和发展的根本出路"，要求文化体制改革要遵循文化发展的内在规律，发挥市场机制的积极作用；文化产品具有不同于物质产品的特殊属性，要坚持把社会效益放在首位，力求实现社会效益和经济效益的最佳结合；改革要区别情况、分类指导，理顺国家、单位、个人之间的关系，逐步形成国家保证重点、鼓励社会兴办文化事业的发展格局；文化企事业单位要深化改革，加强管理，建立健全既有竞争激励又有责任约束的机制。这是中共中央关于文化体制改革的集中表述。

会后，在总结改革经验的基础上，按照国务院关于行政审批制度改革的总体部署，对行政审批项目进行清理。加快文化领域的结构调整，优化文化艺术资源配置，着眼于建构满足人民群众多层次、多方面文化需求的文化产品生产和文化服务体系。文化体制改革稳步推进，文化单位活力增强，文化市场日趋活跃，出现了文化制造业、文化服务业和文化消费场所，各类演艺公司、广告公司等文化企业发展迅猛，成为文化市场的主导。

文化体制改革真正破题，是突破过去主要重视文化的意识形态属性的认识框架，在认可文化产品的经济属性、产业属性和商品属性的基础上，实现经营性文化产业和公益性文化事业的分离，重塑市场主体，这是改革的战略方向。随着文化市场的开放，"文化产业"的概念出现。1992 年，国务院办公厅综合司在提出加快发展第三产业时，启用"文化产业"的概念。1998 年，文化部增设文化产业司。这标志着中国文化产业已由市场和民间自发发展进入政府自觉推动的新阶段。原因有两方面，一是原有文化体制下的文化生产，已经难以适应人民群众不断增长的文化需要；另一个重要的因素是中国入世。在 WTO 框架中，国内习惯上一直被视为非经济的文化领域，大多都被定义为“产业”，要被纳入到对外开放的范围当中。为了与 WTO 的相关要求接轨，更是为未来文化竞争作准备，中国别无选择，必须投入到一场文化体制改革的攻坚战中，改革目标是培养发展文化产业。

1999 年 1 月，全国文化产业发展研讨会在大连召开。2000 年 10 月，中共十五届五中全会在《关于制定国民经济和社会发展第十个五年计划的建议》中，首次将文化产业列入国家发展战略。12 月 18 日，国务院下发《关于支持文化事业发展若干经济政策的通知》。从中央到省级财政对宣传文化部门实行税收优惠政策，建立了宣传文化发展专项资金，对推动文化体制改革、发展文化事业发挥了重要作用。2000 年发布《关于进一步深化电影业改革的若干意见》，鼓励建立起完善的电影市场体系，形成全国统一开放、竞争有序的电影市场格局。2001 年 8 月，中共中央批转中宣部、广电总局、新闻出版总署《关于深化新闻出版广播影视业改革的若干意见》，提出文化体制改革要以发展为主题、以结构调整为主线、以集团化建设为重点和突破口，着重在宏观管理体制、微观运行机制、政策法律体系、市场环境、开放格局五个方面积极探索创新，以增强活力，提高竞争力。同年 10 月，文化部制定《文化产业发展第十个五年计划纲要》和《文化事业发展第十个五年计划纲要》。中国文化体制改革的思想理论政策准备基本完成。

中国文化体制改革主要分三步进行：推进原有国有文化生产单位的集团化，进行多种类型、多个层次的原国有文化单位的转制试点，所有具备条件的文化单位完成转制；以国有大型文化事业单位改革为标志，文化产业化席卷文化领域；集团化成为中国文化产业重新架构、整合资源的有效手段，一批报业集团、出版集团、发行集团、广电集团、电影集团先后组建，各行业发展有自己的特色。非公有经济纷纷进入文化领域。

出版业最先从发行、印刷两个环节进行体制改革。1988 年 5 月，图书发行体制改革，打破发行业国有经济一统天下的局面，实行多种所有制。之后，印刷业也向民营资本放开。1992 年 4 月，新闻出版署提出进行出版、印刷、发行企业集团的试点，但管理体制和这种改革机制没有实质性突破。从 1993 年开始到 1998 年，出版业改革的主线是由“以规模数量为主要特征向以优质高效为主要特征”的“阶段性转移”。新闻出版署出台《图书质量管理的规定》，强调质量效益。1997 年 1 月 2 日，国务院发布《出版管理条例》。这是新中国成立以来第一个比较全面系统的有关出版管理的行政法规，对图书、报纸、期刊、音像制品和电子出版物等的出版、印刷（复制）、发行活动的管理确定基本原则和基本制度。

从 1998 年开始到 2002 年，集团化发展成为出版业改革的主题。集团为独立核算、自收自支的事业单位，集团是一级法人，集团所属出版社为委托法人，开始市场化。1998 年 12 月，新闻出版署批准广东省出版集团和上海世纪出版集团作为全国出版改革试点单位。到 2002 年底，全国试点的出版集团有 9 家。

报业改革从增量开始。为丰富人民的精神生活，20 世纪 90 年代中期，中国出现晨报、都市报等新品种。都市报很受欢迎，成为当时全国新闻界一道亮丽的风景线。为增加信息量和广告量，大部分中央级和地方省级报刊纷纷扩版，先扩为 8 版，然后又扩为 12 版。1994 年《计算机世界》又有大幅度扩版。

中国报业集团的出现晚于出版集团，但是发展速度更快。1996 年 1 月，广州日报报业集团成立，拉开报业集团建设的序幕。1998 年至 2002 年 1 月，全国已组建 26 家报业集团。报业集团大多数选择实力较强的党报作为龙头组建而成，转换机制，提高素质，增强实力，提高竞争能力，扩大传媒的影响力。在中国加入世贸组织前后，为迎接国际出版巨头的挑战，做大做强中国出版业，同时加强管理规范，2001 年 1 月 6 日，新闻出版总署发布《新闻出版行业标准化管理办法》，参照国际化标准作出新规定。2002 年 7 月 29 日，中共中央办公厅、国务院办公厅转发《中央宣传部、新闻出版总署关于进一步加强和改进出版工作的若干意见》，对实现出版业跨越式发展、实施精品战略、扩大对外出版交流、提高全行业科技水平、加快结构调整、优化资源配置、推进集团化建设、建立现代市场营销体系、开辟安全有效的融资渠道等方面作出部署。

2000 年 12 月 28 日，国内首家广播影视集团——湖南广播影视集团成立。不久，北京广播影视集团、浙江广播电视集团、中国广播影视集团也先后成立。

国有大型文化事业单位从单位制向集团化发展转变，并形成跨地区、跨媒体的趋势，为发展注入活力，同时也开始从粗放经营型向规模效益型转变，文化的经济功能凸显。

在中国文化产业的发展中，电影业率先走向市场走向世界。中国的电影业在 20 世纪 80 年代经历短暂的辉煌后，由于群众文化消费形式的多样化，电影票房持续萎缩，观影人次大幅下降，而制片成本不断升高。中国电影在危机中变革，从发行环节入手，历经放映环节、制片的变革。1993 年 1 月 5 日，广电部下发《关于当前深化电影行业机制改革的若干意见》，各制片单位获得自主发行权。这是中国电影在市场化的道路上迈出的第一步。为刺激国内电影市场和票房的复苏，1994 年电影局批准中影公司每年以国际通行的票房分账形式进口 10 部左右最新的一流外国影片。接着是制片业的变革。1997 年，广电部电影局发布《关于试行“故事电影单片摄制许可证”的通知》，推动制片业的市场化。

电影集团的组建和院线制的建立是电影业改革的重点。1998 年，根据国务院机构改革方案，广播电影电视部改设为广播电影电视总局，重要任务是推动建立完善的电影市场体系，形成一批有竞争力的大型电影集团和现代电影企业。早在 1993 年，上海电影发行放映公司率先转化经营机制，建成上海永乐股份有限公司。1995 年，四川省电影公司联合当地部分地、市公司影院，与中国电影公司成立四川西南影业有限责任公司，联合区域市场，实现资产意义上的联营，成为中国电影院线的雏形。1997 年，由北京电视台、北京电视艺术中心、北京市电影公司和北京文化艺术音像出版社共同出资组建北京紫禁城影业有限责任公司，定位为拍摄主旋律影片。1998 年，该公司与北京新影联影业公司、北京市电影公司组建北京紫禁城三联影视发行公司，实现电影行业联营，同时也实行制片发行放映一条龙的改革。2002 年，由中央电视台、中央人民广播电台、中国国际广播电台、中国电影集团等单位组建的中国广播电影电视集团正式挂牌成立，成为中国最大的广播影视一体化集团。2000 年 10 月，国家广电总局、对外贸易经济合作部和文化部发布《外商投资电影院暂行规定》，允许外国公司、企业和其他经济组织或个人在中国境内设立中外合资、合作企业，建设改造影院，从事电影放映业务。2001 年 12 月，新修订的《电影管理条例》公布，规范电影市场，促进电影产业发展。

随着文化市场准入的放宽，中国电影的拍摄、发行、放映全部市场化，各种社会资金注入电影企业，电影投资主体多元及市场竞争，提高了产业化水平，创作生产能力稳步提高。20 世纪 90 年代以来，国产影片的投资规模年增长幅度在 10% 以上。2002 年，电影市场票房止跌略升，国产故事片的生产数量也上升到 100 部。其中，由非国营制片单位（社会力量）独立或联合出品的故事片达 34 部，较上一年增长 15 部，比例已经达 1/3 强。中国电影市场发行票房最多的三家公司，除中影集团为国营老字号，新画面和博纳两家为民营公司。2002 年 6 月，全国共有 23 个省（市）的 30 条院线正式挂牌营业，其中有 11 条跨省院线、19 条省内院线。这种以“合纵连横”方式组建的院线，彻底打破放映发行跨地区经营的壁垒，有效整合多种资源，解放电影生产力，为中国电影产业的大发展奠定了基础。

广播电视产业的体制改革主要涉及新闻节目、电视剧、电视购物节目等，制播分离以及跨媒体和跨区域广电运作等是主要内容。20 世纪 90 年代中后期，民营的电视剧制作机构崛起。

虽然这一时期的文化产业有了前所未有的发展，文化市场扩大，但整体而言，文化体制仍然具有计划经济特征，文化资源是按行政方式配置的，文化单位是行政附属物，思想观念中的计划经济色彩仍然浓厚，对哪些是经营性文化产业、哪些是公益性文化事业，认识还模糊，政府与市场的边界不清晰。

第三节　实施科教兴国战略

发展教育和科学，提高全民族的科技文化素质，是文化建设的基础工程。在世界知识经济时代来临、科学技术迅猛发展的背景下，中国迅速对世界发展的新趋势作出反应，提出“科教兴国”战略，把科技和教育纳入优先发展的战略地位，建设国家创新体系，优化教育结构，大力加强基础教育，增强高等教育综合实力，并促进教育同经济、科技的密切结合，进一步改革教育科技体制，积极探索建设面向21世纪的中国特色社会主义科技与教育体系。

一、科教兴国战略的提出

中共十四大报告指出：“科技进步、经济繁荣和社会发展，从根本上说取决于提高劳动者的素质，培养大批人才。我们必须把教育摆在优先发展的战略地位，努力提高全民族的思想道德和科学文化水平，这是实现我国现代化的根本大计。”[①]科技教育是国家发展的基础，人才是关键。新中国成立以来，科技教育人才培养取得长足进步，但我国是一个人口众多，而且农村人口比重很高的发展中国家，科技和教育发展仍落后，投入不足，地区发展不平衡。我国平均每万人中科技人员数量仅为200人左右，高技术产业所占比重仅为10%左右，远低于发达国家的平均水平。我国农村人口中的文盲、半文盲还有1.45亿，受高等教育的人数仅占适龄人口的7%左右，远低于中等发展中国家的20%和发达国家的40%的平均水平。美国政府多年来把科技教育作为保持经济增长和促进未来经济繁荣的关键因素，科技研究开发经费占联邦政府年度预算的比例长期保持在6%左右。日本政府在20世纪80年代初就提出了“科教立国”的口号，并不断加强政策指导。1988年，江苏省率先提出实施“科教兴省”战略。科技兴农、科技兴工、科技兴市等纷纷提出。实施科教兴国发展战略是时势所需。

1992年，国务院颁发《国家中长期科学技术发展纲领》，对科学技术作出规划。1995年5月6日，中共中央、国务院发布《关于加速科学技术进步的决定》，第一次明确提出实施“科教兴国”战略。《决定》指出：科教兴国是指全面落实科学技术是第一生产力的思想，坚持教育为本，把

①《江泽民文选》第1卷，人民出版社2006年版，第233页。

科技和教育摆在经济、社会发展的重要位置，增强国家的科技实力及向现实生产力转化的能力，提高全民族的科技文化素质，把经济建设转移到依靠科技进步和提高劳动者素质的轨道上来。实施科教兴国战略，是中华民族振兴的必由之路。《决定》内容包括，大力推进农业和农村科技进步，依靠科技进步提高工业增长的质量和效益，发展高技术及其产业，推动社会发展领域的科技进步，切实加强基础性研究，深化科技体制改革，建立适应社会主义市场经济体制和科技自身发展规律的新型科技体制，建设高水平的科技队伍，提高全民族科技文化素质，强调要使企业成为技术开发的主体，多渠道、多层次地增加科技投入，确定到2000年，研究开发经费占国内生产总值的比例达到1.5%的科技投入目标，进一步扩大对外开放，广泛开展国际科技合作与交流，切实加强党和政府对科技工作的领导等方面的内容。

5月26日至30日，第三次全国科学技术大会在北京召开。江泽民在大会上阐释了科教兴国战略，强调："作为一个独立自主的社会主义大国，我们必须在科技方面掌握自己的命运。"[①] 科教兴国战略落实在《国民经济和社会发展"九五"计划和2010年远景目标纲要》。

1997年9月，中共十五大进一步强调科教兴国战略，把发展教育和科学作为文化建设的基础工程。所谓基础的含义是，"科教兴国战略的实施，将极大促进中国社会生产力的质的飞跃，为文化建设提供更好的物质基础；将使全社会的教育水平比较快地提升，为文化建设提供知识基础；将培养一大批高素质的劳动者，为文化建设提供人才基础，等等"[②]。1998年6月，国务院成立国家科技教育领导小组，加强对全国科技、教育工作的组织协调。地方也成立类似小组，研究制定切合地方实际的发展方针。科教兴国成为全民族的广泛共识和实际行动，国家从体制、机制、政策以及思想观念等多方面促进了科技、教育与经济、社会发展的结合，促进我国科技教育事业实现跨越式发展。

---

①《江泽民文选》第1卷，人民出版社2006年版，第432页。

② 陈晋、王均伟：《毛泽东邓小平江泽民与中国先进文化》，广东教育出版社2003年版，第305页。

加强知识产权保护。中国依法确立了保护知识产权的基本政策，建立了保护专利、商标、著作权、计算机软件、集成电路、植物新品种以及制止不正当竞争的法律制度。1992 年，中国加入《伯尔尼公约》，进入世界版权保护行列。同年 12 月，中国第一家著作权集体管理机构——中国音乐著作权协会成立。1994 年 7 月，国务院发布《关于进一步加强知识产权保护工作的决定》，要求完善知识产权制度，形成立法、司法、执法和行政管理等统一、协调的知识产权保护体系。为此，建立了国务院知识产权办公会议制度，负责研究、领导、协调全国知识产权工作。1998 年，中国专利局更名为国家知识产权局，列入国务院直属机构，主管专利工作和统筹协调涉外知识产权事宜。1997 年修订的《中华人民共和国刑法》，设定“侵犯知识产权罪”，完善了著作权法律。2001 年 10 月第九届全国人民代表大会常务委员会第 24 次会议通过了《关于修改〈中华人民共和国著作权法〉的决定》，根据国际版权公约修改了著作权法。到 2001 年，全国从中央到省市区和地市三级的版权管理体系建立起来。民间建立版权协会等版权保护组织。1998 年组建中国版权保护中心，为综合性的版权管理和社会服务机构。国家和公民版权保护意识增强。

实行院士制和成立中国工程院。中国科学院学部自 1955 年成立以来，为国家制定和实施重大的科技决策和科技规划发挥了重要作用。1984 年，学部委员大会改为国家在科学技术方面的最高咨询机构，学部委员是国家在科学技术方面的最高荣誉称号。为更好地适应国际科学技术广泛交流和符合国际科技界的惯例，1993 年 10 月，国务院第十一次常务会议决定将中国科学院学部委员改称中国科学院院士。1994 年，根据修订的《院士章程》，选举产生了首批中国科学院外籍院士 14 名。

同年 6 月，成立中国工程院，为中国工程科技界的最高荣誉性、咨询性学术机构。国务院批准公布首批 96 名作出重大创造性贡献的优秀工程技术专家为院士。根据《中国工程院章程》，选举朱光亚为中国工程院院长，朱高峰、师昌绪、潘家铮、卢良恕为中国工程院副院长。两院院士诞生，是中国科技发展史上的一个重要举措。为了尊重知识、尊重人才，参照国际做法，从 1998 年 7 月 1 日起，在中国科学院、中国工程院实行

“资深院士”制度，对年满80周岁的两院院士，授予“资深院士”称号，他们享有咨询、评议和促进学术交流、科学普及等权利和义务。

二、建设国家创新体系

中共十五大要求从国家长远发展需要出发，“统观全局，突出重点，有所为、有所不为，加强基础性研究和高技术研究，加快实现高技术产业化”[①]。我国是发展中国家，应该更迅速提升科技创新能力，培养各类人才，实现技术发展的跨越。1998年后，科教兴国战略主要是加强国家创新体系建设，政策供给集中在促进科研机构转制、提高企业和产业创新能力等方面，推进研究机构改革，大力推进科技成果转化，促进中国科技事业实现跨越式发展。

（一）实施“973”计划

创新是科技发展的强大动力，基础研究是创新之源。国家对基础研究加强了总体布局。1997年6月4日，国务院总理、国家科技领导小组主持召开国家科技领导小组第三次会议。会议听取了国家科委和国家计委的汇报，决定制定国家重点基础研究发展规划。1997年3月至1998年4月，国家科委成立了规划工作小组，会同相关部委多次讨论，多方面、多渠道听取专家的意见和建议，瞄准科学前沿，面向21世纪，重点选择对中国经济建设和社会发展有重大意义的基础研究领域，如继续加强农业、能源、信息、资源环境、人口与健康、材料等重要领域的重大基础研究，针对具有战略性、前瞻性、基础性的生命科学、纳米科学、信息科学、地球科学等重大科学前沿，加强科学研究和创新，力争取得突破性进展。加强交叉综合研究和集成创新，不断形成新思想、新概念、新发现、新理论，为社会生产力的跨越式发展奠定基础，为中国未来高新技术的形成提供源头创新；稳定一支高水平的基础研究队伍，培养一批创新人才，史称“973计划”。

2001年，国家自然科学基金总额达15亿元，国家重点基础研究发展

①《江泽民文选》第2卷，人民出版社2006年版，第25页。

规划投入经费 6 亿元，有关部门还筹措经费 8300 多万元，支持一批优秀实验室的仪器设备更新。中国基础研究设施不断改善，科技装备水平逐步提高，这为提升中国基础研究实力、增强原始创新能力提供了较好的条件支撑。此外，基础研究重大项目前期研究专项（原攀登计划）、基础性工作、国家重点实验室、国家重点野外科学观测实验站（试点站）、国家重大科学工程以及教育部、中科院等部门的基础研究计划也开始实施。

（二）推进以中国科学院为中心的知识创新工程试点

1997 年 12 月，中国科学院向中央提交了《迎接知识经济时代，建设国家创新体系》研究报告，勾勒了中国如何创建面向 21 世纪国家知识创新体系的基本构想，建议国家组织实施“知识创新工程”，把知识创新与体制创新、管理创新相结合，通过提高国家整体创新能力，提高中国科技的国际竞争能力。1998 年 2 月，中共中央批准中国科学院率先进行建设国家知识创新体系的试点工程。6 月，12 项试点启动，重点建设一批国际知名的国家知识创新基地，包括组建上海生命科学研究院、数学与系统科学研究院、国家天文观测中心，建设北京物质科研基地、北京信息科学技术研究发展基地、上海高技术研究发展基地、东北高性能材料与先进制造技术研究发展基地、北京地球科学研究基地、西北资源环境与可持续发展研究基地，启动大连化学物理研究所、理论物理所和南京地质古生物所单所试点。

为适应科技创新的新要求，中科院进行了建院 50 年来涉及面最广、影响最为深远的学科布局和组织结构调整，改革运行机制。通过调整和改革，初步形成生物工程、基因技术、信息与自动化、能源、新材料以及农业高新技术、人口与健康、生态与环境、空间技术和地球科学等重要方向的学科布局。试点单位实行“全员聘用合同制”，推行“按需设岗，按岗聘任，竞争择优，动态管理”的新的用人制度；实行体现绩效优先原则的“基本工资、岗位津贴、绩效奖励”三元结构分配制度；建立了相应的科研绩效评价体系，并与科研人员的聘任和奖惩挂钩。1998 年，有 9000 余名科研人员进入知识创新工程试点，从国内外引进近 200 名优秀人才。1999 年中科院登记的科技成果达 792 项，比前三年的平均成果数增长

25%。1999 年至 2000 年，专利申请量也有显著增加，其中 60% 为发明专利，远高于全国水平。

到 2002 年，经过严格审核，80 多个研究所进入试点序列，约 1.6 万名优秀科研人员经过竞争上岗进入创业试点的岗位，大幅度地凝聚和提升了科技创新的目标，增强创新能力，取得了基础科研和应用科技成果转化的双丰收。①

（三）深化科研体制改革

中国的科技系统存在结构不合理、机构重复设置、力量分散的状况，全社会多元化的科技投入体系还未形成，投入过低，这些问题严重地制约着科技的发展。1996 年国务院发布《关于“九五”期间深化科技体制改革的决定》，实行“稳住一头，放开一片”的方针，调整科技系统的组织结构和人才分流，合理配置、利用科技资源，形成以企业为主体、产学研相结合的技术开发体系以及社会化的科技服务体系，初步形成适应社会主义市场经济和科技自身发展规律的新型科技体制。

一方面，主要是以政府投入为主，稳住少数重点科研院所和高等学校的科研机构，从事基础性研究、有关国家整体利益和长远利益的应用研究、高技术研究、社会公益性研究和重大科技攻关活动，在科研任务、经费、设备、基地、科研人员的工作和生活条件等多方面，切实加强支持。1992 年，全国科技机构、高等院校和大中型工业企业等单位用于科技活动的经费支出为 421 亿元。从 1998 年到 2002 年，国家财政用于科技的投入累计 2500 亿元，比前五年增长 1 倍多。全国研究与试验开发经费，从 1997 年的 509 亿元增加到 2002 年的 1161 亿元，占国内生产总值的比重从 0.64% 提高到 1.13%。中央财政主要增加国家高技术研究发展计划、国家自然科学基金、国家创新体系建设等专项投入。改革投入方式，由对科研机构、科技人员的一般支持变为以课题和项目为主的重点支持。社会公益类科研机构仍然是事业单位，按非营利性机构运行和管理。

另一方面，放开各类直接为经济建设和社会发展服务的企业进行开

① 参见《为创新奠定坚实的基础》，《人民日报》2002 年 10 月 8 日。

发和研究，放开放活科技成果的商品化、产业化活动，适应市场需求。应用开发类科研机构实行企业化转制。1999 年初，国务院把 10 个国家职能局所属 242 个应用型科研机构转成企业、植入企业或转为中介机构等，注意政策配套。截至 2002 年，第一批应用型科研机构的企业化转制工作基本结束。转制后科技人员心态稳定，机构运行平稳，科研机构面向市场发展的积极性和主动性明显增强，多数转制院所的经济效益和科研课题经费都有所提高，呈现良好发展势头。

改革科研机构内部管理体制和奖励制度。在科研机构和科技企业内部，全面推行聘用制，实行专业技术职务聘任与岗位聘用并轨，拉开收入分配档次。建立和完善国家科技评价体系和奖励制度。1999 年国务院发布新的国家科学技术奖励条例，对奖励制度进行改革，强化国家需要和市场导向，根据各种科技活动的不同特点，实行相应的评价标准和方法，精简奖项数目，提高奖励力度，国家最高科学技术奖金 500 万元。

（四）提高技术创新能力

由于中国一直存在着科技发展与经济发展互相脱节的状况，影响了技术创新。1988 年开始实行的“火炬计划”取得了一定效果，但多数企业还缺乏依靠科技进步的内生动力，科技成果转化率和科技进步贡献率较低。为了鼓励研究开发高新技术，转化科技成果，发展高新技术产业，1993 年 7 月 2 日颁布《中华人民共和国科学技术进步法》，这是新中国第一部关于科学技术的法律。以此为核心，先后制定专利法、技术合同法、促进科技成果转化法、农业技术推广法等。1999 年 4 月，科技部、教育部等七部门制定的《关于促进科技成果转化的若干规定》，从政策上落实技术与管理参与分配的原则。8 月，中共中央、国务院召开的全国技术创新大会作出《关于加强技术创新，发展高科技，实现产业化的决定》，进一步从体制、机制以及思想观念等方面入手解决阻碍因素，创造促进科技成果产业化的良好政策环境。2000 年制定了首个国际科技合作发展纲要——《“十五”期间国际科技合作发展纲要》。第二年，科技部启动了“国际科技合作重点项目计划”，提升国家科技合作的层次与实效。

1996 年实施国家技术创新工程。国务院设立国家科技型中小企业技术创新基金，扶持科技型中小企业；加大国家高新技术产业开发区综合配套改革的力度，增强为科技型企业转化高新技术成果提供服务的功能。国家鼓励大力发展与技术创新相关的中介服务，鼓励发展信息、咨询、中介服务、法律、金融等方面的科技服务机构，建立技术转移的通畅渠道，加速技术转移和科技成果转化。同时，积极促进科研机构、高校和企业之间多种形式的合作，鼓励有条件的科研机构与高校合并或共建重点实验室、工程研究中心、网络式科研中心，科研人员相互兼职，联合培养研究生，共享科研设备和资料；鼓励科研机构进入企业，高校在企业建立实习基地和运用自己的科技成果开办中小型科技企业等。

截至2000年，在高校集中的地区建有15个高校科技园，高新技术企业销售收入超亿元的高等学校已有50多所。国家重视科技工业园区建设，推动科技成果迅速产业化，催生了中关村试验区这样的以高新技术产业为核心的知识产业群园区。1992—2002年，产学研联合开发工程共实施了520多项国家级重点产学研高技术产业化项目，实现新增销售收入1020多亿元，利税210多亿元，创汇、节汇36亿美元。产学研联合共开发了国家级新产品11600多项，新产品利润达到859亿元，节汇、创汇累计达460亿美元。据初步统计，通过产学研联合开发工程的引导，全国共建产学研联合研究开发机构和经济实体8200多个。2001年参加产学研合作的单位有38.6万个（次），参加人数420多万人（次），合作开发项目22万多项。①

（五）加强科学技术的普及工作

科教兴国，需要提高全民科技素质。新中国倡导“爱科学、用科学”。改革开放后，不仅恢复了全国科协书记处和机关，而且，先后成立了中国科学技术普及创作协会、科普工作委员会、中国科普创作研究所（1987年更名为“中国科普研究所”）等机构，建立中国科技馆、中国自然博物馆、中国航空博物馆等场馆，在中央电视台科技栏目，促进科普工

① 中华人民共和国科学技术部编《中国科技发展60年》，科学技术文献出版社、科学出版社，2009年版，第310页。

作。1992 年，中国科协进行中国公民科学素质调查，结果不容乐观，公民科学素质的比例为 0.3%。1994 年，中共中央、国务院发出《关于加强科学技术普及工作的若干意见》，推动科普工作。

科普工作有现实的针对性。随着民间宗教兴起，神秘主义盛行，民间各种气功也十分流行，出现了一些严重失范现象，有的甚至发展为反社会的邪教组织。如“法轮功”等打着“气功”的旗号起家，冒用佛教、道教、基督教等宗教和现代科技的一些名词概念，拼凑了一整套“法轮大法”的歪理邪说，以伪科学作包装，以“末日说”“地球爆炸说”恐吓信徒。据不完全统计，全国因修炼“法轮功”致死的达 1400 多人。其头目还策划组织了上百次非法聚集活动，围攻各地新闻单位、党政机关。[①]1999 年 4 月，1 万多名“法轮功”练习者围攻中共中央、国务院所在地中南海。鉴于其危害社会的严重性，中共中央和国务院开始依法取缔“法轮功”，做好绝大多数“法轮功”练习者的教育转化和解脱工作，加强了科学技术普及工作，大力弘扬科学精神，传播科学思想，倡导科学方法，普及科学知识，帮助人们破除迷信，战胜愚昧，增强抵抗各种歪理邪说的能力，反对一切伪科学和反科学。1999 年、2000 年先后发布《2000—2005 年科学技术普及工作纲要》《2001—2005 年中国青少年科学技术普及活动指导纲要》。2002 年 6 月，颁布实施《中华人民共和国科学技术普及法》，启动“全民科学素质行动计划”。

1998 年，两院院士发起组织跨世纪的科普出版工程。这套丛书共分 4 辑 100 本，其内容几乎涵盖了当代自然科学和工程技术发展的所有主要领域，由路甬祥院士任编委会主任，周光召、朱光亚、宋健等院士为名誉主任。外籍院士李政道的《对称与不对称》、白春礼院士的《来自微观世界的新概念》等陆续出版，受到广大读者特别是青少年的欢迎。1990—2001 年 12 年间，我国共出版科普图书 2.55 万种。其中新版图书 1.7 万种，占 67%；再版图书 0.85 万种，占 3%；本版图书 1.91 万种，占 75%；引进版图书 0.64 万种，占 25%。为了鼓励科普创作，特别是科普图书创

---

① 参见富芳：《“法轮功”是地地道道的邪教》，《人民日报》1999 年 11 月 3 日。

作，国家和地方各部门、机构和行业历年来设立了多项科普图书奖（包括面向全部图书的奖励),《中国儿童百科全书》《现代武器装备知识丛书》《数学家的眼光》《全球变化热门话题丛书》《相约健康社区行巡讲精粹丛书》和《解读生命丛书》之《人类进化足迹》等图书获奖。1996 年科普期刊有 252 种。除电视科普外，科普广播、科普电影等也有了较大发展。据统计，2004 年全国共播放科普类电视节目 74959 小时，科普广播 72511 小时，科普音像制品种类总数达到 1588 种、光盘发行总量为 4506286 张。①

通过实施“863 计划”、“973 计划”、重大科技攻关计划等一系列科技计划，中国的整体科技实力提高，部分重点和关键领域已接近或达到国际先进水平，信息技术、生命科学、航空航天技术等领域成就突出。中国科学家参加了被誉为生命“登月计划”的国际人类基因组计划，完成中国超级杂交水稻（籼稻）基因组工作框架图。澄江生物群的发现与研究，被列入 20 世纪最令人惊奇的发现之一。高技术研究也取得突出成就：高性能计算机关键技术、通信网络技术以及具有自主知识产权的数字程控交换机技术获突破；转基因羊、牛的获得，转基因抗虫棉培育成功；一批重要非线性光学晶体新品种诞生。尤其是载人飞船航天工程，于 1992 年开始实施，到 2002 年 12 月，“神舟”宇宙飞船已四次成功发射和返回，表明中国载人航天工程技术日臻成熟，为最终实现载人飞行奠定坚实基础。

科技成果向现实生产力转化方面，在十年间，中国高新技术产业的工业产值从 3000 亿元增加到 18000 亿元，年均增长 20%以上②，超过同期全部工业年均增长速度 10 多个百分点，成为国民经济发展中最具活力的部分。高新技术产值由 1995 年的 4098 亿元，增长为 2002 年的 15099 亿元。科技进步对经济社会发展的贡献也在不断增强。以农业为例，在近 20 年时间里，虽然中国人口增加了几个亿，中国年人均粮食供应量却从 300 公斤增加到 400 公斤，其中，农业科技进步立下了汗马功劳。中国农业新品种每五年更新一次，每更新一次增产粮食 10%以上。科技进步在

---

① 中华人民共和国科学技术部编：《中国科技发展 60 年》，科学技术文献出版社、科学出版社 2009 年版，第 249 页。

② 参见《我国科技改革与发展的历史性成就》,《人民日报》2002 年 10 月 11 日。

改造传统产业、促进可持续发展方面也具有重要的支撑作用。

三、教育改革的新发展

把教育摆在优先发展的战略地位，培养同现代化建设需求相适应的高素质的劳动者和专门人才，关系中国21世纪社会主义事业的全局。这一时期教育改革发展主要是优化教育结构，一方面大力加强基础教育，夯实教育基础；另一方面，增强高等教育综合实力，提高国际竞争力，并促进教育同经济、科技的密切结合。各级政府增加教育投入，同时改变国家包办教育的做法，并鼓励多渠道、多形式社会集资办学和民间办学；进一步改革教育体制、教学内容和教学方法，扩大学校办学自主权。20世纪末，中国基本扫除了青壮年文盲，基本实现九年制义务教育，初步实现了高等教育的大众化。

（一）加强教育的法制建设和规划

中国的教育立法在20世纪80年代起步，先后颁布了学位条例和义务教育法。1993年2月13日发布的《中国教育改革和发展纲要》，系统提出教育法制建设的目标和任务，立法进程加快。1995年出台教育的基本法《中华人民共和国教育法》。1993年《中华人民共和国教师法》、1996年《中华人民共和国职业教育法》、1998年《中华人民共和国高等教育法》、2000年《国家通用语言文字法》、2002年《中华人民共和国民办教育促进法》五部专门法相继颁布，初步建立起教育法律法规的基本框架，规范教育行政主体的职权和责任，推动和保障教育的改革发展。1999年12月2日，教育部发布《关于加强教育法制建设的意见》，提出依法治教的十条意见。7日，全国人大科教文卫委员会和教育部联合召开新中国成立以来第一次全国教育法制工作会议，总结交流改革开放以来中国教育法制建设的经验，研究、部署新形势下如何全面推进依法治教工作。

加强对教育发展的规划指导。《中国教育改革和发展纲要》规划教育发展规模、速度方面的目标，明确教育在结构、质量和效益的要求，制定各级各类教育的发展方针和任务。要求到20世纪末，基本实现九年制义务教育、基本扫除青壮年文盲，全面贯彻党的教育方针、全面提高教育质量，建设100所左右重点大学和一批重点学科，使全民教育水平有明显提高。

1998年5月，教育部成立调研小组，研究论证跨世纪教育事业为科教兴国服务的总体思路和工作重点。1999年1月，国务院批转教育部《面向二十一世纪教育振兴行动计划》，提出到2000年和2010年两个阶段性的目标，为实施科教兴国战略奠定坚实的人才和知识基础。

与此相适应，国家改革教育投资体制，建立以财政拨款为主、其他多种渠道筹措经费为辅的体制，逐步增加对教育的投入，并要求中央和地方政府教育拨款的增长高于财政经常性收入的增长，按照在校学生人数平均的教育费用逐步增长的原则，切实保证教师工资和生均公用经费逐年有所增长。1998年，中央政府明确规定，在1998年到2002年的五年中，提高中央本级财政支出中教育经费所占的比例，每年提高一个百分点。2002年，全国教育投入总量由1997年的2532亿元增加到5480亿元，年均增幅达16.7%，高于国民经济的增长速度；各级财政预算内教育拨款总数由1997年的1358亿元增加到3114亿元，年均增幅高于中央，达18.1%。全国财政性教育经费占国内生产总值的比例为3.41%，比1997年提高了0.91个百分点。[①] 尽管没有达到4%的目标，但已经扭转了之前徘徊不前的状况，"九五"期间全国教育总投入是"八五"期间的2.48倍。还通过开征地方教育费附加，扩大教育经费来源；建立非义务教育成本分担机制，1997年起，全国普通高校统一收费，缓解教育经费短缺的状况。同时，为保障高校经济困难学生求学，国家完善资助政策，建立了各种奖学制度和助学贷款制度。

（二）全面推进素质教育

在1985年召开的改革开放后第一次全国教育会议上，开始研究与探索素质教育问题。1993年的《中国教育改革和发展纲要》提出中小学要由"应试教育"转向全面提高国民素质的轨道，面向全体学生，全面提高

---

① 参见《中国义务教育取得长足进展——教育部负责人就当前中国义务教育和教育经费投入等问题答记者问》，《人民日报》2003年11月3日。

学生的思想道德、文化科学、劳动技能和身体心理素质，促进学生健康成长。文件确立了素质教育在基础教育改革中的地位。

立德树人是素质教育的核心所在。1994 年 6 月 14 日，江泽民在召开的全国教育工作会议上指出：各级各类学校都要努力培养德智体全面发展的“四有”新人。要针对改革和建设过程中出现的新情况新问题，不断加强和改进学校的思想政治工作和政治课教育。“要加强对学生进行马克思列宁主义、毛泽东思想基本理论特别是邓小平同志建设有中国特色社会主义理论的教育，加强党的基本路线的教育，加强爱国主义、集体主义、社会主义思想的教育，加强中国近代史、现代史和国情的教育，加强我国优秀文化传统和革命传统的教育。”[①] 要通过改进教学方法，使各级各类学校的政治课上得更好。他还提出重视美育教育，认为美育不仅能陶冶人的情操，还能开发人的智力和培养创新能力，对于青少年的健康成长、全面发展，有着重要的作用。1999 年 3 月，“美育”被写进当年政府工作报告。培养德智体美全面发展的社会主义建设者和接班人，是中国特色社会主义教育事业的发展目标。

1996 年，教育部推广汨罗市实施素质教育的经验[②]。1997 年 10 月，国家教委颁发《关于当前积极推进中小学实施素质教育的若干意见》，部署全国首批建立 10 个素质教育实验区，一些省市也建立省级素质教育实验区。1999 年 6 月，中共中央、国务院颁布《关于深化教育改革，全面推进素质教育的决定》，并召开以素质教育为主题的全国教育工作会议，把素质教育的对象扩大为全体学生，不只是限于中小学生；以学生的全面发展为本位，是德育、智育、体育、美育的有机统一，素质教育既重知识传授，也重能力培养，思想政治素质是最重要的素质；素质教育以培养学生的创新精神和实践能力为重点；素质教育贯穿于学校教育、家庭教育和社会教育等各个方面。

---

①《江泽民文选》第 1 卷，人民出版社 2006 年版，第 371—372 页。

② 汨罗市的经验是，政府把每一所学校办成合格的学校，学校要教育好每一个学生，建立教育督导评估，用科学的综合评估办法代替单纯分数评价的办法，改变了“应试教育”的做法。

素质教育进入国家推进、重点突破、全面展开的阶段。抓教育观念、教育思想的转变；加快教材、课程和教学方法的改革，推进现代教育技术、方法和手段的运用，并采取措施减轻中小学生过重的课业负担，强化中小学生思想品德教育和社会实践能力的培养。改革考试评价制度，取消小学升初中的考试，在高考的内容和方法上逐步体现综合素质的导向，较大规模地扩大高中阶段和高校的招生数量。调整宏观教育结构，大力发展职业教育和以岗位培训、继续教育为重点的成人教育，扩大高等教育总体规模，改善结构。这就构建了职业教育、成人教育和普通高等教育之间的“立交桥”，逐步改变千军万马过“独木桥”的现象，缓解了全面推进素质教育的瓶颈制约。

（三）大力推进“两基”工作

着眼于全民族素质的提高，国家各级教育部门和相关单位努力推动基本普及九年制义务教育和基本扫除青壮年文盲工作（简称为“两基”工作）。农村是“两基”工作的重点，首先解决农村义务教育投入问题，一是将农村义务教育经费保障的责任由乡镇上收到县级政府统筹，建立保工资、保运转、保安全的机制措施；二是实施“贫困地区义务教育工程”，以转移支付的方式对贫困地区增加义务教育投入，改善教育基础设施，增加培训教师的费用。全国农村义务教育经费预算内拨款由1997年的430亿元增加到2002年的990亿元，占当年农村义务教育经费总投入的78.2%，解决了农村教师工资经常久拖不决的问题。通过考核将符合条件的民办教师转为公办教师，稳定了教师队伍。2001年开始，国家试点对中西部农村义务教育阶段贫困家庭学生免杂费、免书本费、逐步补助寄宿生生活费。

发展中大国办大教育，需要大力拓展教育经费的来源，鼓励多渠道、多形式社会集资办学和民间办学。据统计，1991年至2002年，社会捐资助学和集资办学经费1444.53亿元。其中最著名的捐助项目是希望工程。1989年10月，共青团中央发起倡导并组织中国青少年发展基金会，实施救助贫困地区失学儿童重返校园的千百万人爱心行动。1990年5月，第一所希望小学在革命老区安徽金寨县落成。1992年11月，国家教委发出《关于支持中国青少年发展基金会实施“希望工程”的通知》，各级教育行政部门支持该项活动。

作为中国第一个公益品牌，在25年里，希望工程累计接受的捐款超过 100 亿元，援建希望小学 1.8 万余所，495 万名农村贫困生受益。1995 年 3 月，中国青少年发展基金会又推出为贫困地区农村学校建立“希望书库”活动。随着农村教育投入的改善，农民大举进城，2004 年启动“希望工程助学进城计划”。2007 年后，希望工程除继续为贫困家庭学生提供从小学、中学到大学的助学金，改造危旧校舍，还建立图书室、体育园地、音乐教室、美术教室，实施远程教育计划。与此同时，全国妇联和中国儿童基金会发起组织“春蕾计划”，通过开办“春蕾班”，捐建“春蕾学校”等形式救助贫困失学女童。这些公益项目起到拾遗补阙的作用。

通过政府和社会各方的努力，中国“两基”工作实现预期目标。到 2002 年底，全国实现基本普及九年制义务教育和基本扫除青壮年文盲的人口地区覆盖率达到 91%。

（四）加快高等教育改革发展

1992 年以来，中国高等教育改革主要集中在以下三个方面：一是改革管理体制。原国务院部委管理的 400 余所高校多数改为由中央和地方共建、以地方为主管理，一些需由国家管理的学校由行业主管部门划归教育部管理；一些高校合并组建；各地广泛开展合作办学，加强学科建设，建立高校园区；不少高校互相开放实验室、互聘兼课教师、相互选课和承认学分，联合组建统一的后勤服务实体，初步实现高等教育资源的优化配置和优势互补，取得一定的成绩。但合并、升格后的绝大多数高校，走上涵盖文理工艺医等多学科的综合性发展之路，自觉或不自觉与北大、清华等研究型大学同步并轨，追求高、大、全的办学思路，包罗万象，却失去了原有办学特色，定位模糊，脱离社会实际，加上不科学的量化考核体系，反而导致教学质量与人才培养质量下降。

二是改革高考和录取制度。1999 年把科目设置调整为“3+X”[①]，命题内容注重能力考查，试行保送生制度、高校自主招生制度、加分制度，分省命题等方式来进行多样化选拔和科学性考查，并以网上招生、阳光录取

① “3+X”：“3”是语文、数学、外语，为三个必考的科目；“X”是不确定的范围，涵盖了中学的所有科目，学生可以根据自身的状况自主选择单科或者文科或理科的综合考试。

等形式，建立国家统一考试录取为主、多元化考试和多样化选拔录取相结合的招生考试制度试点。2000年在安徽、北京、上海两市一省首次实行“春季高考”的试点，2001年增加内蒙古自治区。2001年，取消对高考考生在年龄上“不超过25岁”和婚姻状况“未婚”的限制。但上述改革没有从根本上改变高考指挥棒的导引作用。

三是扩大高等教育招生规模，以适应经济建设和社会发展需要。1978年中国的高考录取比例是5%，《面向二十一世纪教育振兴行动计划》规定高等教育发展目标，要求到2010年高等教育规模有较大扩展，入学率接近15%。1999年国家开始实施高等教育扩招，招生152万人，2000年220万人、2001年260万人、2002年321万人。2002年，高等教育毛入学率由1998年的8%增长到14%，接近国际公认的高等教育大众阶段水平；高考录取率从36%提高到59%；在校生1600万人，是1997年的2.3倍；全国研究生教育招生20.26万人，比上年增加3.74万人。但是，高校急速扩大招生规模，导致部分高校教师、教学设备与设施、宿舍等缺乏，社会准备不足以及后来的大学生、研究生就业难等问题。

高等教育水平高低是衡量国家综合国力的重要标尺。大学是我国培养高层次创新人才的重要基地，加快建设一批高水平大学，特别是一批世界知名的高水平研究型大学，是我国加速科技创新、建设国家创新体系的需要。但中国是一个发展中国家，要想在不太长的时间内，由大变强，缩小与发达国家高等教育的差距，只能走“重点建设、带动整体发展”之路。1954—1960年共确定44所全国重点大学。截至1981年，共确定96所全国重点高校。20世纪90年代，为集中中央和地方力量办好一批重点大学和重点学科、专业，国家先后实施了“211工程”[①]和“985工程”[②]。

---

①“211工程”是在21世纪重点建设100所左右的高等学校和一批重点学科，使其在教育质量、科学研究、管理水平和办学效益方面有较大提高，成为立足国内培养高层次人才、解决经济建设和社会发展重大问题的基地。建设内容包括重点学科、公共服务体系和配套基础设施建设三大部分。

② 1998年5月4日，国家主席江泽民在庆祝北京大学建校100周年大会上提出：“为了实现现代化，中国要有若干所具有世界先进水平的一流大学。”建设具有世界一流大学和一大批一流学科的计划，纳入《面向二十一世纪教育振兴行动计划》实施，简称“985工程”。

“211 工程”列入国家“九五”计划，是新中国成立以来国家直接投资建设的最大高等教育项目。从 1996 年开始实施到 2002 年，共计批准 99 所学校和 2 个公共服务体系立项建设，安排 602 个重点学科建设项目，覆盖人文社科、经济政法、基础科学、资源环境、基础产业和高新技术、医药卫生、农业七大学科领域。建设资金由国家、部门、地方和高等学校共同筹集，总量为 108.94 亿元，另有基础设施建设配套资金 74.72 亿元[①]。建设工程较大程度改善了高等学校的办学条件，一批重点学科成为国家知识创新、技术创新和高层次人才培养的基地，并提高了信息化程度。在“九五”期间，本科生、硕士生、博士生、来华留学生分别增长 61%、108%、101% 和 45%，教师中有博士学位的比例增长 109%，留学回国人员增长 38%，科研经费、仪器设备值增长 106% 和 98%。[②]

1999 年，“985 工程”启动，教育部重点资助一部分条件较好的高校创建世界一流大学和一大批一流学科。一期“985 工程”重点建设 34 所高校[③]，二期建设 4 所[④]。北京大学和清华大学三年共各获得国家 18 亿元的资金支持。其他高校由教育部和有关省市共同实行重点建设。“985 工程”建设任务主要包括机制创新、队伍建设、平台和基地建设、条件支撑、国际交流与合作 5 个部分。其中，学科建设置于突出的地位，通过共建、调整、合作、合并的途径，促进各校学科优势互补，增强学科的综合性；还推出快速凝聚海内外高层次人才和提高师资队伍素质的举措。各校相继实行自 1952 年以来力度和影响最大的人事分配制度改革，按照淡化身份、强化岗位、调整结构、竞争择优、增量拉开的原则，实行岗位聘任制，设

---

① 参见《中国教育年鉴 2003》，人民教育出版社 2003 年版，第 192 页。

② 参见《为科教兴国奠基——“211 工程”“九五”建设成就综述》，《人民日报》2002 年 9 月 3 日。

③ 清华大学、北京大学、中国科技大学、南京大学、复旦大学、上海交通大学、西安交通大学、浙江大学、哈尔滨工业大学、南开大学、天津大学、东南大学、华中科技大学、武汉大学、厦门大学、山东大学、湖南大学、中国海洋大学、中南大学、吉林大学、北京理工大学、大连理工大学、北京航空航天大学、重庆大学、电子科技大学、四川大学、华南理工大学、中山大学、兰州大学、东北大学、西北工业大学、同济大学、北京师范大学、中国人民大学。

④ 中国农业大学、国防科技大学、中央民族大学、西北农林科技大学。

置年度岗位津贴，形成人才队伍的激励机制，改变长期以来工资待遇“低而平”的状况。各校承担国家重大科研项目的竞争能力大大加强，并注重科技成果的转化及高新技术产业化，产学研结合，也推动各高校的国际交流与合作，推动中国高等教育国际化进程。

“211 工程”与“985 工程”等重点项目在推动中国高等教育水平、能力的提升上起到了一定作用，但随着这些学校在获得国家科研经费拨款增加、学生就业等方面的“含金量”越来越大，又形成了身份壁垒，影响教育的公平。一些教育专家认为这是行政部门按传统的行政计划思路管理高等教育，不利于学校的平等竞争，影响学校办学自主权的落实。

（五）大力发展职业教育和成人教育

为适应经济社会发展对实用型、技能型人才的需要和提高青年就业能力，改变教育结构单一的状况，逐步建成结构较完整、专业门类齐全的职业教育和成人教育体系。1991 年，国务院发布《关于大力发展职业教育的决定》，明确职业教育的发展任务。1996 年实施《职业教育法》，确定在坚持政府统筹管理下，形成社会兴办职业教育的格局，进一步推进教育的三级分流，重点发展中等职业教育，积极发展高等职业教育，大力发展职业培训机构，加强职业道德教育，全面提高职业教育质量。职业教育得到全面发展。从 1990 年到 1998 年，全国各类中等职业教育招生人数由 283 万人增至 520 万人，增长 83.7%。[①]

1998 年到 2003 年，高等教育扩招，职业教育发展步入政策调整期。一方面，发展高职的权力与责任下放给省级人民政府，高职高专院校急剧增长，基本形成每个地市至少设立一个高职院校的格局，在校生从 1999 年的 398 万人增长到 781 万人，占全国本专科在校生总数的 54.4%。[②]另一方面，由于高校扩招及传统观念影响，中等职业教育迅速滑坡，与 1997 年相比，2001 年中等职业教育占高中阶段教育招生数和在校生数的比例

① 参见马树超主编：《新世纪职业与成人教育研究》，中国科学技术出版社 2005 年版，第 2 页。

② 参见教育部职成教司：《新世纪初中国职业教育发展》，高等教育出版社 2004 年版，第 30 页。

分别下降23%和14%，造成生产服务一线技能型人才紧缺。为扭转这种局面，2002年，国务院作出《关于大力发展职业教育的决定》，坚持“以服务为宗旨，以就业为导向”的职业教育办学方针，积极推动职业院校面向社会、面向市场转变，在改革中求发展。政策调整后，全国中等职业教育招生人数走出低谷，2002年招生人数469.43万人，比上年增长18.57%，在校生1196.52万人。职业院校应走应用技术型发展道路，强化专业技术实践能力的培养，以适应市场需要。

2002年，全国各类高等学校招生和在校生分别比1992年增长4.25倍和7.32倍。全国普通高中招生676.7万人，在校生1683.8万人。全国初中招生2281万人，在校生6687万人，毕业生1904万人。普通小学招生1953万人，在校生12157万人，毕业生2352万人。“普九”人口覆盖率超过90%，青壮年文盲率下降到4%。幼儿园在园幼儿2036万人。

随着世界科技和教育的迅速发展，知识更新加快，一次性的学校教育，已经不能满足人们的需要，中共中央提出建设学习型社会，建立和完善终身教育体系，并发挥现代科学技术的优势，以远程教育网络为依托，形成覆盖全国城乡的开放教育系统。

四、确立“人才资源是第一资源”思想

中共十四大会报告指出：“能不能充分发挥广大知识分子的才能，在很大程度上决定着我们民族的盛衰和现代化建设的进程。”[①] 中共十五大报告指出：“我国现代化建设的进程，在很大程度上取决于国民素质的提高和人才资源的开发。”[②] 突出人才在现代化建设中的关键性作用。

中国中等教育普及化、高等教育的大众化程度日益提高，知识分子群体日益壮大，但国际上对人才的争夺日益激烈，中国面临着人才外流的严峻形势。为此，中共十五届五中全会提出，要把培养人才、吸引人才和用好人才作为一项重大的战略任务切实抓好，努力建设一支宏大的、高素

---

①《十四大以来重要文献选编》（上），人民出版社1996年版，第23页。

②《江泽民文选》第2卷，人民出版社2006年版，第33页。

质的人才队伍。2000 年 12 月召开全国统战工作会议，江泽民要求适应人才竞争的新情况、新变化，进一步落实和完善知识分子政策，要求对知识分子不再唯学历、身份和职称，而注重知识、能力和绩效，政策的重心转向人才的培养、使用和吸引。2001 年 3 月，全国人大批准的“十五”计划纲要将“实施人才战略，壮大人才队伍”列入其中。

2001 年 8 月，江泽民在北戴河会见部分科学家时指出：“做好人才工作，首先要确立人才资源是第一资源的思想”[①]，要克服见物不见人和重使用轻培养的倾向，要建设适应党和人民事业发展需要的高素质人才队伍，同时要树立全面的人才观，广纳贤才，知人善任。“人才资源是第一资源”思想为进一步完善知识分子政策奠定理论基础。2002 年 5 月，《2002—2005 年全国人才队伍建设规划纲要》发布。这是中国第一个综合性的人才队伍建设规划。

为创造良好的环境，国家建立健全一系列有关知识分子的保障机制和激励机制，积极改善知识分子的工作、学习和生活条件，对有突出贡献的知识分子给予重奖，并形成规范化的奖励制度。1993 年的《中华人民共和国教师法》规定，教师的平均工资水平应当不低于或者高于国家公务员的平均工资水平，并逐步提高。到世纪之交时，高校、中小学教师的平均工资分别比 1995 年前增加 179.8%、100.4% 和 93.7%，城镇教师家庭人均住房面积也超过同期城镇居民的平均水平。

为鼓励广大科技工作者建功立业，1999 年，中共中央、国务院、中央军委在人民大会堂隆重举行大会，表彰为研制“两弹一星”作出突出贡献的 23 位科技专家，授予于敏、王大珩、王希季、朱光亚、孙家栋、任新民、吴自良、陈芳允、陈能宽、杨嘉墀、周光召、钱学森、屠守锷、黄纬禄、程开甲、彭桓武“两弹一星功勋奖章”，追授王淦昌、邓稼先、赵九章、姚桐斌、钱骥、钱三强、郭永怀“两弹一星功勋奖章”。同年，国务院批准了《国家科学技术奖励条例》和《科学技术奖励制度改革方案》，设立国家最高科学技术奖、国家自然科学奖、技术发明奖、科学技术进步

① 《江泽民文选》第 3 卷，人民出版社 2006 年版，第 319—321 页。

奖、国际科技合作奖五大奖项，构成国家科技奖励体系，奖励在当代科学技术发展中作出卓越贡献的专家。2000 年度首次获得国家最高科学技术大奖的两位科学家是“杂交水稻之父”袁隆平和数学机械化研究的创始人之一吴文俊。近 20 年来，有很多著名专家[①]获得此殊荣，奖金额度从 500 万元提升至 800 万元。

1993 年启动跨世纪优秀人才培养计划、1994 年实施“百千万人才工程”、1998 年实施“长江学者奖励计划”以及“政府特殊津贴制度”等，以培养和激励学术与技术带头人，发展业务骨干队伍。此外，1996 年实施春晖计划，鼓励海外留学人员以多种方式为国家服务，长江学者奖励计划中包括延揽海内外中青年学界精英参与中国高等学校重点学科建设的内容。2000 年 8 月，人事部下发《关于鼓励海外高层次留学人员回国工作的意见》，要求加大吸引高层次留学人才回国工作的力度，鼓励银行、保险、证券业、国有大型企业以及高等院校、科研院所自主引进海外高层次留学人才，为优秀留学人员回国服务提供良好的条件和便捷的方式。至 2002 年底，中国留学回国人员总数达到 15.3 万人。

国家改革干部人事制度，出台和完善相关法律法规，各种基金资助，学术、学科评估制度，国内外文化或学术交流制度等也逐步建立健全起来，鼓励人才合理流动，要求知识分子在爱国主义、社会主义特别是爱国主义的旗帜下，为中华民族复兴、为现代化建设事业，施展才华，建功立业。

第四节　文化发展的成就

伴随着社会主义市场经济的发展，人民生活水平提高，文化需求日

---

① 2001 年度黄昆、王选；2002 年度金怡濂；2003 年度刘东生、王永志；2004 年度空缺；2005 年度叶笃正、吴孟超；2006 年度李振声；2007 年度闵恩泽、吴征镒；2008 年度徐光宪、王忠诚；2009 年度孙家栋、谷超豪；2010 年度师昌绪、王振义；2011 年度谢家麟、吴良镛；2012 年度郑哲敏、王小谟；2013 年度张存浩、程开甲；2014 年度于敏；2015 年度空缺；2016 年度赵忠贤、屠呦呦；2017 年度王泽山、侯云德；2018 年度刘永坦、钱七虎。

益增长，文化体制改革的推进，文化发展的经济政策不断完善，人们参与文化建设的热情高涨，开拓创新精神增强，文化与大众结合，文化发展呈现了空前的多样化态势，取得了很大成就。

一、文化基础设施极大改善

国家经济实力的增强，为文化发展奠定了坚实的物质基础。中共十四届六中全会决议明确规定：中央和地方财政对宣传文化事业的投入，要随着经济的发展逐年增加，增加幅度不低于财政收入的增长幅度；健全宣传文化事业的财政专项资金制度；运用税收、贷款、价格等经济手段支持宣传文化事业，进一步完善宣传文化事业的财税优惠政策；鼓励社会力量资助宣传文化事业；采取有效措施增加对中西部欠发达地区和少数民族地区文化事业的投入；对政府兴办的图书馆、博物馆、科技馆、文化馆、革命历史纪念馆等公益性事业单位，应给予经费保证；对反映国家和民族学术、艺术水平的精神产品，代表国家水平的艺术院校、表演团体和国家重点文物保护单位，有代表性的地方、民族特色艺术团体，要加大扶持力度。文化建设纳入国家经济和社会发展总体规划后，建立规范有效的筹资机制，并逐步形成多渠道的投入体制，宣传文化事业发展的条件尤其是文化基础设施有极大的改善。1992 年来，特别是中共十五大以来，国家对文化建设的投入，无论是绝对数还是相对数，都是新中国成立以来最多的。1997 年至 2001 年，全国文化事业经费总支出 488.23 亿元，占财政总支出的 0.62%，基本建设实际完成投资额 104.2 亿元。国家财政对公共图书馆的投入达 60.86 亿元，五年新购图书 3570 万册，图书馆流通总量达 9 亿多人次。①

公共文化设施方面，新建、改建和扩建部分图书馆、博物馆、文化中心、影剧院和音乐厅等。2000 年，投资 28 亿元的国家大剧院正式开工建设，国家博物馆、中国美术馆改扩建工程、国家图书馆二期工程暨国家

---

① 参见孙家正：《牢牢把握中国先进文化的前进方向——党的十五大以来中国文化建设的伟大成就》，《求是》2002 年 21 期。

数字图书馆工程、为期20年的故宫博物院地下展厅和古建筑维修工程启动。在各地，加强群艺馆、文化馆、图书馆、文化站“三馆一站”的群众文化工作网络建设，90%以上的县实现县有文化馆、图书馆，乡镇有综合性宣传文化站的目标。截至2001年，全国县以上的公共图书馆有2696所，群众艺术馆共有402个，文化馆2851个，乡镇文化站40138个，农村集镇文化中心20117个，图书室55846个，文化户160176户，群众业余演出团（队）32903个，农村文化基本队伍建设得到加强，从业人员达16.9万人。[①]

20世纪90年代后期，充分利用新技术手段，启动文化信息资源共享工程。为了解决农民看电影难的问题，1998年，国家计委、广播电影电视总局、文化部联合发起跨世纪的农村电影放映“2131”工程，即在21世纪初基本实现全国农村一村一月放映一场电影。为解决广播电视覆盖“盲村”群众听广播、看电视的问题，1998年，国家广电总局启动“广播电视村村通”工程，国家通过卫星、有线、无线等多种技术手段建设广播电视综合覆盖网。截至2002年底，全国共有广播电台303家，电视台358家，广播电视台37座，县级广播电视台1375家。广播节目套数1882套，广播人口综合覆盖率由1997年的85.8%增长为93.21%；电视节目套数2080套，电视人口覆盖率由1997年的87.4%增长为94.54%。为进一步推动基层文化工作，2002年4月，首次召开全国基层文化工作会议，全面部署基层文化工作，安排落实一系列建设项目和具体措施。

国家加强对西部地区、少数民族地区文化建设的扶持力度。为改善西藏、新疆等西部边远少数民族地区广播影视基础设施条件，2000年国家实施“西新工程”。文化部与国家计委落实4亿元补助投资，用于“十五”期间西部贫困地区图书馆、文化馆空白点的建设。在地广人稀、人口分散的少数民族地区、边疆地区、边远地区和农牧区，建设流动文化车、汽车图书馆和流动剧场。经过10年建设，长达3.9万公里的“全国万里边疆文化长廊”已形成一条较大密度的文化设施网络。

---

① 参见《社会文化神州处处春潮》，《中国文化报》2002年10月9日。

基层文化活动内容不断丰富充实，具有乡土气息、群众喜闻乐见的活动方式得到总结推广。科技文艺下乡制度灵活多样、行之有效。1996年以来，有关部门先后精心组织“老区特区心连心艺术团”“京九文化列车”“南昆文化列车”等一批文化下乡慰问演出活动。5年间共组织各类基层文化活动138.66万次，举办展览50万个，开办培训班66万期次。文艺下乡示范性演出，由点到线，由线及面，加强基层文艺队伍的创作力量，激活基层文艺的造血功能，极大地丰富了基层人民群众的文艺生活。1999年，文化部还下发《关于加强老年文化工作的意见》，活跃老年文化。

二、文学艺术多元共生

“弘扬主旋律，提倡多样化”，文化产业的被认可，解放了文化生产力。2002年生产故事影片100部，科教、纪录、美术片69部。出版全国性和省级报纸230亿份，各类期刊9002种、29.6亿册，出版图书178880种、67.5亿册（张）。其中，每年发表的诗歌近5万首，中篇小说约5000篇，长篇小说接近1000部，散文作品更不计其数，全国有600余种文艺刊物。戏剧领域仅电视连续剧，年拍摄量便达1万余集。①

作品题材、形式、风格日益多样，满足人民群众的多样化需求，展现鲜明的时代精神和浓郁的生活气息。文学创作在经历改革开放后十多年的多向艺术探索和实验之后，许多作家回归于现实主义，小说、报告文学、诗歌、散文注重现实叙事的作品占多数。路遥的《平凡的世界》、王安忆的《长恨歌》、贾平凹的《商州》、陈忠实的《白鹿原》、张平的《抉择》、二月河的晚清历史小说系列等，都是现实主义的代表作。许多文学作品反映的是关于普通人生活的内容，如《烦恼人生》《贫嘴张大民的幸福生活》等。汪曾祺、邓友梅笔下的市井人物，陆文夫“小巷人物志”中的诸多小市民的形象也都见誉于文坛并受到读者的欢迎。在散文、随笔方

---

① 参见张炯：《新中国文学五十五年的成就和前瞻》，《张炯文存》第4卷，湖南大学出版社2011年版，第256页。

面，历史文化角度的大散文蓬勃发展。文学的艺术视野和表现方法、手法得到进一步拓展和丰富，文学从构思到语言都力求更多的个性特色、更多的独创性，在对人性表现的深度和对社会生活描写的广度等方面均超越前一时期的文学，但艺术上生硬移植西方一些作品的经验和模式的现象也不少见。

1998 年，随着网络小说《第一次亲密接触》的出现，网络文学开始崭露头角并得到快速发展。20 余家有特色的中文网站先后成立。网络文学为一批年轻作家提供自由表达的空间，给普通读者提供走进文学殿堂的机会，创造出多媒体、超文本等新的艺术形式。但网络文学鱼龙混杂，良莠不齐，精品不多，需要增强文学自觉自律，提高思想艺术水平。

20 世纪 90 年代，中国电影在全球化背景中的多元探索尤其突出，进入一个"主旋律""艺术电影""娱乐片"多元并存的新时期。如前所述的大批主题多样、形式丰富、风格各异的"主旋律"精品佳作，在注重思想性和艺术性的同时，也注意创作视角和叙事视角的平民意识，赢得市场的认可，取得社会效益与经济效益的双丰收，反映"主旋律"在走向民间、走向大众方面取得的重要进展，但主流文化如何"在人民的历史创造中进行艺术的创造，在人民的进步中造就艺术的进步，给人民以信心和向上的力量"①，仍然是文化创造中不断需要解决的问题。

不少艺术电影作品在戛纳、柏林、威尼斯国际电影节获奖。张艺谋的《活着》《摇啊摇，摇到外婆桥》《有话好好说》《一个都不能少》《我的父亲母亲》《幸福时光》等影片，在题材、风格方面都有不同的尝试。陈凯歌的《霸王别姬》《风月》《荆轲刺秦王》等，黄建新的《五魁》，叶大鹰的《红色恋人》《爱情麻辣烫》，姜文的《阳光灿烂的日子》，郑晓龙的《刮痧》，以及第六代新生代导演贾樟柯的《小武》《站台》等影片，是这个时期的代表作，获得很高的评价。

娱乐片的整体水平有所提高，在题材和样式上日趋多样化。冯小刚的贺岁片《甲方乙方》《不见不散》《没完没了》《一声叹息》《大腕》和

---

①《十五大以来重要文献选编》（上），中央文献出版社 2000 年版，第 48 页。

《天下无贼》等轻喜剧式的电影，故事都取材于日常生活中或热门或荒诞的话题，成功地实现“向生活要艺术”，成为深受百姓欢迎的商业类型片。

1992 年以来，卫星电视、有线电视甚至网络电视得到长足发展。新的电视观念和理论趋向成熟，出现了各种风格、内容、功能的电视节目。《东方时空》《新闻调查》《焦点访谈》《今日话题》《经济半小时》《城际特快》《中国报道》等专题类新闻节目成为品牌栏目，方便观众对资讯的选择、信息的获取。电视栏目多样化，各种纪录片、电视剧、“综艺热潮”、文艺晚会满足不同阶层、不同兴趣爱好观众的多样需求，显示为观众服务的传播理念。特别是内容、主题上贴近生活、贴近观众的主旋律题材剧、言情剧，文学作品改编电视剧，“戏说”的历史剧成为市场和观众的宠儿，风行一时。多元化的电视成为一种国民剧场。

为配合党和国家一些重大纪念、节庆活动，举办了迎接香港回归大型文艺晚会《回归颂》、迎接澳门回归大型音乐会、纪念中共十一届三中全会召开 20 周年文艺晚会、庆祝中华人民共和国成立 50 周年大型晚会《祖国颂》等一系列大型文艺活动，社会反响热烈。

世纪之交，大众文化兴起并逐步形成潮流，成为当时中国的重要文化景观，以其旺盛的生命力占据巨大的文化艺术市场，反映了中国人在观念、行为和思维方式上的全面转型。

三、文化产业崭露头角

20 世纪 90 年代以来，初步形成由文艺演出、电影电视、图书音像、文化娱乐、文化旅游、艺术培训、广告传媒等门类构成的文化市场框架体系。

文化领域面向市场改革，落实和完善文化经济政策，艺术产品的市场营销意识明显增强。仅 1997 年至 2001 年，全国艺术表演团体共创作推出 2.3 万余台新剧节目，其中一批剧目演出超百场，甚至上千场。文化部门所属艺术表演团体平均每年演出 42 万场，平均每团每年演出 160 场次。五年中观众人数达 24 亿人次，演出收入逐年增加，2001 年达 5.74 亿元，比 1996 年的 3.98 亿元增长 1.76 亿元，演出获得较高的经济效益和社会效益。截至 2001 年底，文化部门主管的文化娱乐业、音像分销业、演出经纪与代理业、艺术品经营等门类的产业单位共有 22.3 万个，从业人员近 92 万人，固定资产原价 468 亿元，年上缴各项税金 20.2 亿元，创增加值 118.9 亿元。[①] 社会力量所办的文化产业发展更快。1990 年，社会所办的文化产业在总量上远远小于文化系统，但到 1998 年，社会所办文化产业机构凭借资金、机制特别是人才优势，取得骄人的业绩，总数已是文化系统的 2.7 倍，从业人员为 1.5 倍，所创增加值为 1.5 倍。中国文化产业增加值也由 1998 年的 207.62 亿元发展到 2002 年的 250 亿元，增长 20.41%。

中国作为世界第一人口大国，广阔的文化市场也吸引了迪士尼、贝塔斯曼、维亚康姆等众多巨型传媒跨国公司。德国贝塔斯曼集团在 1995 年通过“读者俱乐部”的方式，将触角伸入中国出版业市场。2001 年，美国在线时代华纳进入珠江三角洲。维亚康姆的儿童频道节目通过唐龙国际的代理，登陆全国 200 家电视台。

四、历史文化遗产保护成绩显著

1992 年和 1995 年，国务院先后两次在西安召开全国文物工作会议，会上形成“保护为主，抢救第一，合理利用，加强管理”的文物工作方针，推动社会主义市场经济新形势下的文物保护事业发展。1997 年国务院颁发《关于加强和改善文物工作的通知》，提出建立国家保护为主，并动员全社会参与的文物保护体制，要求各级政府把文物保护纳入地方经济和社会发展计划、城乡建设规划、财政预算、体制改革和各级领导责任制。为促进文物保护工作，1996 年启动对 1982 年颁布的文物保护法的修订工作，于 2002 年 10 月颁布。对不可移动文物、考古发掘、馆藏文物、民间收藏文物、文物出境进境、法律责任等方面作出明确规定，标志着中国文物保护的法制进程又前进一步。

---

① 参见孙家正：《牢牢把握中国先进文化的前进方向——党的十五大以来中国文化建设的伟大成就》，《求是》2002 年第 21 期。

历史文化遗产保护工作卓有成效。新中国成立以来规模最大的文物抢救和保护工程启动，包括西藏布达拉宫、秦始皇兵马俑、延安革命旧址等一批重点文物得到修复；包括天津独乐寺、河北清东陵和西陵、浙江天一阁、河北龙兴寺大悲阁在内的一批重要文物保护工程陆续完成。还进一步加强对古遗址、古墓葬特别是大遗址的保护和规划工作。

以配合基本建设为主，考古勘探、调查、发掘工作成绩显著。在三峡、小浪底等重大工程和其他建设项目中，抢救出很多重要文物。国务院分别于 1994 年、2001 年核定公布了第三、第四批国家历史文化名城，总数已达 103 个；1996 年、2001 年先后公布第四、第五批全国重点文物保护单位，数量增至 1268 个。各地也公布了新的省市县级文物保护单位，已有 7000 余处省（市、自治区）级文物保护单位和 6 万余处县级文物保护单位。2001 年，已有 28 处文物古迹和风景名胜区被列入世界文化和自然遗产名单，名列世界第三位。

中国积极响应联合国教科文组织关于“人类口头和非物质文化遗产代表作”申报工作，2001 年，昆曲艺术被列入《世界人类口头与非物质遗产代表作名录》。2002 年，民族民间文化遗产保护工程正式启动。

全国博物馆的数量增加，质量也得到提高。2001 年全国有博物馆 1454 个，文物藏品 1260 余万件。陈列展览工作日益活跃，1997 年至 2001 年，全国文博机构举办各种陈列 21057 个，举办展览 29263 个，参观总数达 13.17 亿人次。[①] 文博干部岗位培训、持证上岗工作迈开步伐。

中国坚决打击盗卖文物、破坏文物的活动，积极参与文化遗产保护，以及文物走私、追索海外流失文物等国际社会共同关注的课题，强化在国际多边文化事务中的话语权。1997 年，中国加入国际统一司法协会《关于被盗或非法出口文物公约》。以此为基础，中国先后从英国、美国、日本、丹麦等国追索回来多批文物。

---

① 参见孙家正：《牢牢把握中国先进文化的前进方向——党的十五大以来中国文化建设的伟大成就》，《求是》2002 年第 21 期。

五、体育大国地位确立

中国的竞技体育自1984年在洛杉矶第23届奥运会上亮相以来，积极在世界竞技体育领域拓展舞台。1992年，中国运动员在第25届巴塞罗那奥运会上，获得金牌16块、银牌22块、铜牌16块，金牌和奖牌总数居世界第4位；在第16届冬季奥运会上实现奖牌“零的突破”，获得3块银牌。1996年的亚特兰大奥运会，中国代表团派出以年轻选手、新选手为主组成的平均年龄21.7岁的运动员队伍，获得金牌16枚，奖牌总数50枚，金牌总数和奖牌总数仍位列第4位。2000年举办的第27届悉尼奥运会上，中国运动员共夺得28枚金牌、16枚银牌和15枚铜牌，进入金牌榜和奖牌榜第3位。其中，共有3人12次创8项世界纪录，6人11次创11项奥运会纪录，成绩比前四届奥运会有了大幅度的提高，创下参加历届奥运会金牌数和奖牌数的最高纪录。举重、体操、跳水、射击、乒乓球、羽毛球等项目为中国的优势项目。

2002年，中国运动健儿在国内外的各项比赛中，共获得110个世界冠军；17人5队33次创29项世界纪录；14人11队25次创24项亚洲纪录。在第14届亚运会上，中国体育代表团共获得150枚金牌、84枚银牌和74枚铜牌，金牌总数和奖牌总数蝉联第一。新中国成立至2002年底，已获世界冠军1608个，创造世界纪录达1087次；其中，1989年以来的13年中获世界冠军1254个，占总数的77.9%，创造世界纪录达705次，占总数的64.8%。优势项目，击剑、自行车、田径、游泳、水上运动等有较大突破。中国逐步以优异的成绩铸就体育大国的地位，大大增强了全民族的凝聚力和向心力。与此同时，也出现极少数背离奥林匹克精神的功利主义者。中国政府对违背体育道德的行为零容忍、采取严厉制裁措施，维护了我国作为体育大国的信誉。

为积淀体育文化和形成雄厚的群众体育基础，提高人民的健康水平，国家体委于1995年6月20日、7月6日相继发布《全民健身计划纲要》和《奥运争光计划纲要》。8月29日，国家颁布《体育法》。《体育法》要求体育工作坚持以开展全民健身活动为基础，实行普及与提高相结合，促进各类体育协调发展。随后，各地建立健全机构，加大群众体育工作力度，加快场馆建设，组织开展群众喜闻乐见的体育活动，加快体育社会化步伐。中国的群众体育取得长足的进步，尤其是老年群体主动参与体育锻炼的积极性高涨，但竞技体育仍然占主导地位，公共体育设施还不能满足人们的需求。

第五节　内地与港澳台文化交流合作及中国对外文化交流

“一国两制”下的内地与港澳台地区的文化交流与合作，是跨世纪文化发展的新景象。而开展多种形式的对外文化交流与合作，逐步构建全方位对外文化交流的新格局，既展示了中华传统文化，又丰富了当代中国文化元素，同时，文化的交流合作与竞争，推动了国内文化市场和文化产业的形成与发展。

一、内地与港澳文化合作

香港、澳门回归祖国之前，港英政府、澳葡政府为维护其殖民统治，极力推行殖民文化政策，对中华民族文化采取淡化、排斥的态度，内地与港澳地区的文化交流少。1961 年至 1964 年间，内地与香港曾有过少量的制片合作。20 世纪 70 年代，随着中国与西方国家关系的改善，内地艺术团组与港澳文化交流增多。1977 年，在香港设立香港联艺机构有限公司，作为内地与港澳文化交流的机构，推动内地与港澳地区的文化交流，民间的文化交流日益频繁。内地雄厚的人力、物力和广袤的山川景色对香港电影界有着极大的吸引力。1982 年开始，香港电影界“北上”拍片成为潮流。1983 年两地合拍的故事片有 6 部，1990 年跃升至 17 部，1992 年 44 部。[1]20 世纪 90 年代初期，内地与港澳地区文化交流的年均交流量为 400 多项，4000 多人次。[2]交流活动除了电影合作，还有各种临时性的演出、

① 参见李道新：《中国电影文化史》，北京大学出版社 2005 年版，第 370、371 页。

② 参见蔡武主编：《新中国成立 60 年中国文化发展报告》，文化艺术出版社 2010 年版，第 223 页。

展览，文化学术界和文艺人才交流密切。一些港澳民间艺术教育机构、团体也来内地参观演出、访问交流。邵氏影业公司的董事长邵逸夫从20世纪80年代末期开始在内地捐资修建图书馆、科技厅、体育馆和会议演出中心，在华人中产生很大影响。文化交流增进了港澳同胞与内地的相互了解，增强了港澳同胞对祖国的向心力和凝聚力，为港澳的平稳过渡和顺利回归起了积极的作用。

香港、澳门回归祖国后，内地与港澳地区的文化交流与合作更加频繁。1997年香港回归祖国当年，文化交流项目达500多项，7720人次。① 不仅国家级文化艺术团组赴港澳交流增多，而且跨省的大型联合艺术团赴港澳参加各类艺术节。交流的范围也由回归前的北京、上海和沿海一些城市，发展到多省市合作。交流项目包括电影、音乐、舞蹈、戏曲、戏剧、杂技、美术、摄影、出版、文物、民俗、民间艺术等各领域，安徽的庐剧、浙江的锡剧、贵州的侗族大歌等地方特色的小剧种，也赴港澳交流。

2001年起，在文化部指导下，澳门特别行政区民政总署开始举办“内地春节习俗展”，内地各省市地区将民风民俗、年节特色介绍给澳门市民。基于不可分割的地缘、血缘、语言等关系，2002年，香港方面首倡“粤港澳三地文化合作”，得到广东和澳门方面的积极响应，在次年8月正式签署《粤港澳艺文合作协议书》，就演艺人才交流、节目合作及文化资讯交流、文博合作等达成共识。这标志着粤港澳三地的文化合作机制正式确立，改变原来单一的民间文化交流的方式，并通过合作推广大珠三角文化艺术国际品牌，促进三地的文化融合及文化创新。港澳的同乡会、文化社团、企业等在推动内地与港澳文化交流中发挥积极作用。

香港、澳门回归以来，内地与港澳的文化交流日益密切，合作不断深化，中华文化在港澳地区文化活动中的比重明显增大、影响扩大，增进港澳同胞对中华文化的认同、对祖国和民族的认知，但为港澳社会所广泛认可的文化项目还不多，交流项目缺乏统筹，较为分散，对港澳文化市场

---

① 参见蔡武主编：《新中国成立60年中国文化发展报告》，文化艺术出版社2010年版，第224页。

和当地观众的审美情趣缺乏深入了解，缺乏品牌效应及影响力大的文化交流活动。

二、大陆与台湾的文化交流

1979 年元旦，全国人大常委会发表《告台湾同胞书》，发出两岸“进行学术、文化、体育、工艺观摩”的呼吁。邓小平继承、发展了毛泽东、周恩来关于和平统一祖国的基本思路，于 1983 年 6 月，提出了“和平统一，一国两制”构想，结束两岸隔绝对峙的历史。为促进文化交流，文化部于 1987 年成立文化联谊会。1991 年更名为中华文化联谊会。为顺应潮流，蒋经国晚年进行“政治革新”，相应调整国民党大陆政策。1987 年 11 月，台湾当局正式开放台湾民众赴大陆探亲，为两岸人员文化交流提供条件。但开禁后的文化交流活动开始是单向与非团体（体育例外）的，主要以台湾文化界人士来大陆交流为主。因此，直到 1991 年，一共只有 40 余人次大陆人士获准赴台交流。1992 年，两岸达成各自以口头方式表述“海峡两岸均坚持一个中国的原则”的共识，关系进一步缓和。随后，台湾提出“两岸交流文教先行”的政策。1993 年 4 月，“汪辜会谈”，两岸关系迈出历史性的重要一步，文教交流被纳入共同议题。台湾当局逐步放宽对两岸文化交往的限制，陆续出台一系列开放措施。1995 年 1 月 30 日，江泽民发表《为促进祖国统一大业的完成而继续奋斗》的讲话，指出：中华各族儿女共同创造的五千年灿烂文化，始终是维系中国人的精神纽带，也是实现和平统一的一个重要基础，呼吁两岸同胞要共同继承和发扬中华文化的优秀传统，将两岸文化交流推向深入。两岸文化交流进入一个快速发展时期。

文艺作品的交流是两岸文化交流的先驱。20 世纪 70 年代末到 80 年代，琼瑶、三毛、高阳、李敖、白先勇、余光中、林语堂、席慕蓉、罗兰、柏杨、陈映真等台湾作家的作品在大陆广为流传。大陆学者开始研究台湾文学。邓丽君的歌曲和琼瑶的影视作品等通俗文化，更是风靡大陆。1987 年 2 月，台湾李行导演的《汪洋中的一条船》被提名竞选第 10 届百花奖。大陆的戏曲、美术、学术与文学作品在台湾岛内十分盛行。1987

年台湾新闻界评出的台湾文坛十件大事中，“大陆作品出版热”名列第一。同年，台湾知名影视制片人凌峰率先冲破台当局的限制，在大陆拍摄《八千里路云和月》，将大陆大好河山与社会风俗介绍给台湾民众，播出后引起轰动。

学术、教育交流是两岸文化交流的核心内容之一。两岸文化界人士借助海外第三地揭开接触交流的序幕。1982 年 4 月，两岸史学界人士出席在美国芝加哥举办的辛亥革命 70 周年研讨会，开创两岸文化交流的先河。1988 年 9 月，台湾当局开放岛内学者赴大陆出席国际性会议。1991 年以来，两岸相互邀请学者到对方讲学，交流活动日渐普遍，增进了对彼此理念与观点的了解与沟通。据台“陆委会”统计，到 1997 年 6 月，两岸大专院校间在台或大陆召开研讨会达 200 多场次，赴台访问的大陆学术教育界人士达 13946 人。①

青少年交流方面，1994 年后，两岸积极规划定期举办包括大专院校学生的各项学术、文艺等联谊交流活动，及两岸中小学生的体育、艺术、科学参访及观摩活动，两岸高等院校进行校际合作。全国台联会还组织台胞青年开展夏令营与冬令营活动。1987 年，大陆的大学开始招收台湾学生。据统计，2002 年有 700 多台湾青年赴大陆就学，在大陆接受高等教育的台籍学生超过 5000 人。②

两岸出版业的交流与合作较早。1988 年 2 月 8 日，国家版权局印发《关于当前在对台文化交流中妥善处理版权问题的报告》和《关于出版台湾同胞作品版权问题的暂行规定的通知》，为两岸的出版交流创造了条件。4 月 22 日，国家版权局成立中华版权代理总公司。10 月，首次“海峡两岸图书展览”在上海举行，开启两岸出版交流大门。从此，两岸图书出版的交流互动展开，通过合办论坛、书展，共同推进华文出版业的发展。

---

① 参见孙丁力：《两岸文化交流欣欣向荣——纪念〈告台湾同胞书〉发表 20 周年》，《亚非纵横》1999 年第 1 期。

② 参见朱显龙：《两岸关系的过去、现在与将来》，《北京联合大学学报》（人文社会科学版）2003 年第 1 期。

体育的政治敏感性相对较低，在两岸文化交流中发挥着积极促进作用。1989 年亚洲青年体操锦标赛在北京举行，台湾中华青年体操代表队参加，海峡两岸体育拉开直接交流序幕。1990 年 4 月，中国奥委会与台北奥委会签订交流协议，推动两岸体育交流的发展。9 月，台湾派出由中华台北奥委会主席兼体育总会会长张丰绪为团长、共 417 人参加的亚运会代表团，赴北京参加第 11 届亚运会，成为两岸体育交流的里程碑。

1992 年 4 月，中央民族歌舞团 3 名舞蹈演员应邀赴台演出。8 月，中华文化联谊会组派 12 名艺术家组成的“大陆艺术家演出团”赴台湾，标志着两岸双向文艺交流时代的来临。10 月，由 150 人组成的中央芭蕾舞团赴台，先后在台北、高雄、台中、台南等地进行商业性演出 14 场，在岛内轰动一时。上海昆剧团、云南歌舞团、中央乐团、北京京剧院、北京人艺等艺术团体纷纷入岛演出，在岛内掀起一波大陆艺术热潮。这一年，大陆有 1339 人次的艺术界人士进台湾，反映了两岸文化交流开放初期的盛况。1992 年 6 月，台湾开放文艺团体赴大陆进行交流活动。第一支赴大陆的专业团体是明华歌仔戏剧团。1993 年，台湾“中华友好说唱艺术访问团”和“云门舞集”应邀来大陆多个城市演出。

影视方面，1992 年 2 月 20 日，海峡两岸影艺界交流座谈会在北京举行，第一次就影艺问题作正式交流。两岸影视界在北京、上海、广州、台北、台中、高雄举办电影周，合拍的电影《霸王别姬》获戛纳电影节金棕榈奖。1993 年 1 月 11 日，在上海召开的第二届海峡两岸暨香港电影研究会，把大陆、台湾、香港的电影视为一个互相关联和影响的整体，为后来“华语电影”的提出奠定了基础。1997 年 1 月，台湾规定每年在台发行 10 部大陆电影。

1992 年 9 月，台湾与大陆合资设立光海文化用品有限公司，成为大陆第一家两岸三方合资的文化企业。1995 年，中国出版工作者协会、台湾两岸图书出版合作委员会与香港出版总会联合举办“华文出版联谊会议”。后来澳门出版协会加入。每年轮流在北京、台北、香港、澳门举办会议，使华文出版人在交流、沟通和研讨中增进了解、加强信任，为华文图书走向世界、中华文化走向世界搭建了坚实的合作平台。

新闻传播与媒体是两岸关系发展的重要媒介，交流形式主要包括记者采访、学术交流、研讨会、参观访问与两岸新闻的报道及媒体合作等。1991 年 8 月 12 日，新华社记者赴台采访被扣的大陆渔民，是大陆记者首次进入台湾岛内采访。1993 年 8 月 11 日，中新社和新华社记者赴台采访国民党第十四次全国代表大会，首次采访国民党重大政治活动。1996 年 12 月，国务院台湾事务办公室出台《关于台湾记者来大陆采访的规定》，率先批准台湾媒体在大陆驻点采访，先后有 11 家台湾媒体获准在北京、上海、福建、成都等地驻点。2000 年 11 月，台湾亦开放大陆 4 家中央级媒体在台驻点。1997 年 9 月 16 日，海峡两岸媒体首次合作通过卫星双向传送中秋晚会。2002 年，首届“明月共潮生——海峡两岸各民族中秋联欢晚会”在北京举办；大陆制作的《铁齿铜牙纪晓岚》《大宅门》《天下粮仓》等电视剧在台湾热播。同年，台湾民众可以收看 CCTV-4 节目。

台湾与大陆有着相同的民间信仰与宗教文化，台湾民间普遍信仰海神妈祖。1992 年，两岸在台湾共同主办“妈祖信仰民俗文物展”。1994 年 5 月 7 日，湄洲岛举行妈祖千年大祭，来自海峡两岸及东南亚等国和港澳近万名民众参加祭典。两岸宗教交流座谈会在两地轮流举行。

文物领域的交流始于 1992 年初，中国科协在台举办“敦煌古代科技展”。同年底，“秦兵马俑和金缕玉衣展”赴台展出，半年之内吸引 38 万岛内观众。1994 年，“海协会”与“海基会”将文物交流列为重要内容，并就文物机构的管理经验、文物维护等进行观摩研习，推动学者共同参与墓葬发掘活动，鼓励民间举办两岸文物巡回展，积极促成文物及相关学者的互访，并加强两岸文物人才的交流与培养，以及研究制订两岸文物交流契约范本事宜，达成协议。两岸还合作打击文物走私活动，保护中华文物。

两岸之间开展生物科技交流与合作。2002 年 8 月，在台北举办“两岸生物科技产业交流现况及其影响座谈会”。台湾一些生物科技企业与大陆加强合作研发或生产。闽台由于地理优势在两岸的文化交流与合作中发挥前哨作用。1999 年 5 月 18 日，福州市举办海峡科技文化博览会。此后，每年举办海交会。2002 年 2 月 26 日，福建外文书店和台湾 13 家出版发行单位共同投资创办福建闽台图书有限公司。

两岸文化交流朝着直接、双向、多层次、多领域的方向发展，从无序交流发展到有序的制度化交流，从小规模的民间交流发展到大规模的民间与官方并存的往来与交流，除了两岸官方或半官方的机构外，还出现许多民间推动两岸文化交流的组织，台湾建立有两岸关系文教基金会、两岸发展研究基金会、联合报系文教基金会等。交流项目由20世纪80年代的大众传播、学术交流，扩大到几乎所有文教类别，交流规模不断扩大。据统计，从1991年到1999年，经文化部批准的对台文化交流项目累计已达2117项、20985人次。其中大陆赴台湾文化交流项目达1424项，12710人次。①

两岸文化交流成为两岸关系发展中最广泛、最具影响的交流活动，有助于增进共识，消除隔阂，共同继承和弘扬中华文化，增强民族的凝聚力。尽管两岸在意识形态领域见解不同，而且在李登辉、陈水扁执政时期偏离“一个中国”政策，对两岸文化交流有大量的限制，两岸释放的有关文化交流的政策措施存在不均衡性、不对等性等，但两岸文化交流发展趋势不可逆转，在两岸同胞的共同努力下，整体呈现上升的态势。

三、全方位对外文化交流

随着国力的显著增强，在经历20世纪80年代末90年代初的东欧剧变、苏联解体，世界进入新旧格局交替的大变动后，中国对外文化交流工作在继承和发扬老一辈革命家“以我为主”“为我所用”的原则基础上，根据新形势提出“展示中国文化建设成就”和“抵制腐朽文化”的新任务。

中国在20世纪90年代初期主要加强多边和区域文化合作，对非洲和广大发展中国家的文化交流力度不断加大；从20世纪90年代中期开始，与美国、俄罗斯、日本、欧盟等国家和地区的文化交流有突破性进展。1999年开始，先后在埃及、法国、马耳他、韩国和德国设立中国文

① 参见蔡武主编：《新中国成立60年中国文化发展报告》，文化艺术出版社2010年版，第234页。

化中心，不间断地举办形式多样的活动，增进中国和驻在国人民的相互了解和友谊。到 2001 年，中国已与 160 多个国家和地区有不同形式的文化往来，与数千个外国和国际文化组织保持着各种形式的联系，初步形成官方和民间并重、政府交流项目和商业展演项目并举、临时项目派出和文化中心建设并行的对外文化交流体系。仅 1997 年至 2001 年五年间，经文化部批准的文化交流往来项目达 8158 项。民间交流每年有 1 万多起，占整个对外文化交流项目的 90% 以上。①

在国内，先后举办“国际交响乐音乐年”“国际歌舞年”“国际美术年”等“国际艺术主题年”大型活动，集中引进世界一流的高雅文化产品，在国内外引起很大反响。俄罗斯国家马戏团、美国波士顿交响乐团、法国巴黎歌剧院芭蕾舞团等享誉国际的艺术院团，以及卡拉扬、梅纽因、帕瓦罗蒂、多明戈等世界著名艺术家，都先后来华演出。这些引进项目不但增进了中国和世界的相互了解，大大丰富了人民的文化生活，也促进中国文化市场的形成与发展。

中国文学艺术作品走向世界。1994 年，法国最大的出版社伽利玛出版社推出《中国当代短篇小说集》。莫言的《透明的红萝卜》《十三步》《酒国》、苏童的《米》、贾平凹的《废都》等小说在国外出版。巴金、冰心、张洁、王蒙、莫言、贾平凹、张炜、余华、苏童等一批中国作家作品在国际上深受肯定和好评，摘取许多重要奖项。张艺谋、陈凯歌、姜文、李安、王家卫、贾樟柯等一大批中国导演拍摄的影片屡屡在国际获奖。中国艺术家在参加的杂技、声乐、钢琴、小提琴、作曲、芭蕾舞、民族舞蹈等国际艺术比赛中屡次获好成绩，特别是一批优秀青年艺术家脱颖而出，走向世界舞台，赢得良好的国际声誉。

留学教育是中国与世界文化交流的重要方式。国家采取“支持留学，鼓励回国，来去自由”的留学教育方针。2002 年，有 27 万人在国外高等教育机构学习。同期，中国共接收来自 175 个国家的 8.58 万各类来华留

① 参见孙家正：《牢牢把握中国先进文化的前进方向——党的十五大以来中国文化建设的伟大成就》，《求是》2002 年第 21 期。

学生，分布在中国 31 个省、自治区和直辖市的 395 所高校学习。

高校大力开展智力引进、学术交流活动。到 1998 年，中国各类高校共聘请外国专家、教授和外籍教师 13538 人，其中长期任教 3607 人，短期讲学 9931 人。教授语言者 4134 人，其他各专业人员 9404 人。国内外高校的校际交流成为一种制度。2002 年，国内高校已与 22 个国家 250 所高校开展校际交流。交流的主要内容是互派代表团、留学人员，开展学术交流和科技合作，举办各种短训班，互换图书资料等。

中外合作办学是改革开放以来诞生的文化交流新形式。据统计，截至 2002 年底，全国共有中外合作办学机构和项目，与 1995 年相比，增长了 9 倍多。办学层次包括幼儿园 27 个、初中 2 个、高中 40 个、职业学校 69 个、中专 36 个、大专 82 个、大学本科 69 个、研究生 74 个。学历教育机构 372 个、非学历教育机构 313 个。办学专业分布为工商管理类 255 个、外国语言文学类 132 个、电气信息类 94 个、经济学类 74 个、艺术类 37 个、教育学类 19 个、其他 101 个。

版权贸易越来越活跃。中国自 1992 年加入《伯尔尼公约》以后，版权贸易呈飞速发展态势，共参与 40 多个国家或地区的书展、书市，包括在法兰克福、巴黎、纽约、莫斯科等地举办的大型书展。1993 年，全国 200 家出版社图书版权输出的总数是 670 种。中国版权贸易以引进为主。1995 年至 2002 年中国全国出版社从海外累计引进版权 45561 项，向海外输出版权 4551 项。[①] 进出口比为 10 ：1。2002 年，中国图书、报纸、期刊累计进口 548852 种，达到 1418.63 万册；音像制品、电子出版物累计进口 12428 种，829511 盒（张）。其中，哲学社会科学类 100031 种次，38.05 万册；文化教育类 104930 种次，58.49 万册；自然科技类 191894 种次，54.1 万册；少儿读物类 27475 种次，15.93 万册；综合类 12927 种次，33.52 万册。

这一时期，对外文化交流领域不断拓展，交流的渠道不断拓宽，形成了主体多元、层次丰富、领域广泛的全方位的对外文化交流新态势。

---

① 参见隋笑飞：《在改革中焕发活力的中国出版业》，《光明日报》2008 年 1 月 28 日。

第六章　建设社会主义文化强国（2002—2012）

历史的车轮驶入 21 世纪时，中国经过 20 多年的改革开放，已将邓小平提出的小康目标变成了现实，人民群众的物质生活水平有了很大提高，对于文化消费有了更多期许与渴望，社会主义现代化事业的加速发展也对全民族的思想道德素质和科学文化素质提出了更高要求。伴随着经济全球化的加速发展，科学技术日新月异，世界范围内各种思想文化交流交融交锋更加频繁，文化在综合国力竞争中的地位和作用以前所未有的方式凸显。

面对世情国情的变化，中共十六大以来，不断深化对中国特色社会主义文化发展规律的认识，加强民族的文化自觉意识，塑造中华文化的主体性，坚持社会主义文化前进方向，兴起社会主义文化建设新高潮，激发全民族文化创造活力，提高国家文化软实力，推动文化大发展大繁荣，文化建设作为中国特色社会主义事业总体布局的重要组成部分加以推进。中共十七届六中全会第一次阐明了中国特色社会主义文化发展道路，提出建设社会主义文化强国的目标。

中国伴随文化体制改革的推进，在富有时代特征的文化发展战略引领下，初步走出了一条中国特色社会主义文化发展道路，文化建设取得全面进步，并向着社会主义文化强国的目标持续迈进。

第一节　建设社会主义核心价值体系

“社会主义先进文化是马克思主义政党思想精神上的旗帜。”① 随着社会主义市场经济的深入发展，世界范围内各种思想文化交流交融加剧，中国社会思想文化日趋多样，人们思想活动的独立性、选择性、多变性、差异性明显增强，思想道德领域出现了一些不容忽视的现象。面对新形势，如何进一步巩固马克思主义指导地位、坚定共同理想信念、强化精神支柱、弘扬基本道德规范，把全党全国人民凝聚起来沿着中国特色社会主义事业发展的正确方向不断前进，是新世纪必须解决的重大课题。社会主义核心价值体系的提出和阐发就是对上述重大课题的回答。

一、社会主义核心价值体系的阐发

建设社会主义核心价值体系是中国共产党在探索社会主义思想道德建设过程中的一个重大理论创新。新世纪新阶段，中国进入改革发展的关键时期，在经济体制深刻变革、社会结构深刻变动、利益格局深刻调整、思想观念深刻变化的新形势下，思想道德建设面临着新的挑战。西方敌对势力的渗透出现新的特点，他们打着“民主”“自由”“人权”“宗教”等旗号，内外勾连，借题发挥，蓄意炒作，插手群体性事件，插手人民内部矛盾，煽动所谓“维权”运动，培植所谓“政治异见人士”，通过互联网、非政府组织等各种渠道，攻击中国政治制度，直接威胁中国意识形态安全和文化安全。在国内，各种非马克思主义思潮有所滋长，思想理论领域的噪音杂音时有出现。正确的与错误的、先进的与落后的思想观念交织，学术问题与政治问题、思想认识上的偏差与敌对势力的渗透破坏并存，处理思想理论领域问题的难度加大。建立社会主义市场经济体制是中国经济振兴和社会进步的必由之路。实践证明，发展社会主义市场经济有利于解放和发展社会主义社会的生产力，增强社会主义国家的综合国力，提高人民

---

①《中共中央关于深化文化体制改革推动社会主义文化大发展大繁荣若干重大问题的决定》，《人民日报》2011 年 10 月 26 日。

的生活水平，也有利于增强人们的自立意识、竞争意识、效率意识、民主法制意识和开拓创新精神。但是，市场自身的弱点和消极方面也会反映到精神生活中来，对全社会思想道德建设形成新的挑战。如发展中出现普遍重视技术经济而忽略人文精神，市场经济的逐利性导致物欲的泛滥，生活中神圣的东西被消解。一些领导干部理想信念动摇，思想作风不端正，甚至以权谋私、腐化堕落。部分社会成员拜金主义、享乐主义、极端个人主义有所滋长，见利忘义、诚信缺失等道德失范现象时有发生，封建迷信、黄赌毒等社会丑恶现象沉渣泛起，极端宗教思想抬头；各种媚俗庸俗文化流行，肆意戏说历史与篡改历史。一些大学生信仰迷茫、信念模糊、价值取向扭曲、艰苦奋斗精神淡化、团结协作观念较差、心理素质欠佳。在上述背景下，中共十六大报告进一步提出要建立与社会主义市场经济相适应、与社会主义法律规范相协调、与中华民族传统美德相承接的社会主义思想道德体系的任务。

2003 年 12 月，全国宣传思想工作会议在北京召开，胡锦涛在会上发表讲话，要求切实加强和改进党对宣传思想工作的领导，并指出思想政治工作的核心是理想信念教育，基础是思想道德建设。12 月 26 日，胡锦涛在纪念毛泽东诞辰 110 周年座谈会上的讲话中强调，要坚持马克思主义在意识形态领域的指导地位，不断巩固党和人民团结奋斗的共同思想基础。坚持弘扬和培育以爱国主义为核心的伟大民族精神，大力发扬创新精神，使全体人民始终保持昂扬向上的精神状态。要坚持依法治国和以德治国相结合，大力开展理想信念教育，切实加强思想道德建设。

2004 年 9 月，中共十六届四中全会通过的《中共中央关于加强党的执政能力建设的决定》，首次明确提出要弘扬以爱国主义为核心的民族精神和以改革创新为核心的时代精神。《决定》还首次提出“构建社会主义和谐社会”[①] 的命题，把思想道德建设作为构建和谐社会的必然要求予以阐发。2005 年 2 月 19 日，胡锦涛在省部级主要领导干部提高构建社会主义和谐社会能力专题研讨班上发表讲话，专门论述了思想道德建设与和谐

①《十六大以来重要文献选编》（中），中央文献出版社 2011 年版，第 286 页。

社会的关系，指出："没有共同的理想信念，没有良好的道德规范，是无法实现社会和谐的。"[①] 讲话在"切实加强思想道德建设"这一部分，分别阐述了巩固马克思主义在意识形态领域的指导地位、引导全体人民坚定中国特色社会主义信念、弘扬以爱国主义为核心的民族精神和以改革创新为核心的时代精神、培养良好的道德品质和文明风尚等具体任务。在这里，社会主义核心价值体系的基本内容已经基本形成。2006 年 3 月，胡锦涛在参加全国政协十届四次会议民盟、民进界委员联组讨论时提出和阐述了"八荣八耻"[②] 的社会主义荣辱观，使社会主义道德建设力求既体现传统美德又反映新世纪新阶段的时代要求。

在上述理论探索和创新的基础上，2006 年 10 月召开的中共十六届六中全会围绕构建和谐社会的主题，提出和阐发了建设社会主义核心价值体系的任务。全会通过的《中共中央关于构建社会主义和谐社会若干重大问题的决定》明确指出："马克思主义指导思想，中国特色社会主义共同理想，以爱国主义为核心的民族精神和以改革创新为核心的时代精神，社会主义荣辱观，构成社会主义核心价值体系的基本内容。"[③]《决定》对建设社会主义核心价值作了部署，要求把社会主义核心价值体系融入国民教育和精神文明建设全过程、贯穿现代化建设各方面。

社会主义核心价值体系的提出，是改革开放以来特别是十六大以来中国共产党思想道德建设经验的总结，是社会主义思想道德建设和意识形态建设上的一个重大理论创新。其中，马克思主义指导思想是灵魂，提供的是认识世界、改造世界的强大思想武器，是建设中国特色社会主义的理论基础和行动指南；中国特色社会主义共同理想是主题，是对国家、民族未来美好发展前景的追求；以爱国主义为核心的民族精神和以改革创新为核心的时代精神是精髓，是实现共同理想的动力；社会主义荣辱观是基

---

①《十六大以来重要文献选编》（中），中央文献出版社 2011 年版，第 710 页。

② 八荣八耻：以热爱祖国为荣、以危害祖国为耻，以服务人民为荣、以背离人民为耻，以崇尚科学为荣、以愚昧无知为耻，以辛勤劳动为荣、以好逸恶劳为耻，以团结互助为荣、以损人利己为耻，以诚实守信为荣、以见利忘义为耻，以遵纪守法为荣、以违法乱纪为耻，以艰苦奋斗为荣、以骄奢淫逸为耻。

③《十六大以来重要文献选编》（下），中央文献出版社 2011 年版，第 661 页。

础，为全体社会成员判断行为得失、作出道德选择提供了价值标准。统一的指导思想、共同的理想信念、强大的精神力量、良好的道德风尚相互影响、互相作用，形成一个统一的整体，提供了建设中国特色社会主义所需要的价值取向，是团结动员全党全国各族人民为建设富强、民主、文明、和谐的社会主义现代化国家而奋斗的共同思想基础。

社会主义核心价值体系提出之后，在广泛践行中不断完善。2007年10月，中共十七大提出，“社会主义核心价值体系是社会主义意识形态的本质体现”[①]，深化对于社会主义核心价值体系重要性的认识。2011年10月，中共十七届六中全会通过的《中共中央关于深化文化体制改革推动社会主义文化大发展大繁荣若干重大问题的决定》，专节阐述“推进社会主义核心价值体系建设”，对社会主义核心价值体系的重要地位作出新的概括：“社会主义核心价值体系是兴国之魂，是社会主义先进文化的精髓，决定着中国特色社会主义发展方向。”[②]《决定》提出“在全党全社会形成统一指导思想、共同理想信念、强大精神力量、基本道德规范”[③]的任务。

在《决定》起草调研和征求意见的过程中，一些部门和人士提出进一步提炼出简明扼要、便于传播践行的社会主义核心价值观的建议。这一任务，在2012年召开的十八大上得到解决。中共十八大把“社会主义核心价值体系深入人心，公民文明素质和社会文明程度明显提高”作为全面建设小康社会的目标写入报告，并用“富强、民主、文明、和谐，自由、平等、公正、法治，爱国、敬业、诚信、友善”这24个字提炼和概括国家、社会、公民三个层面的社会主义核心价值观。社会主义核心价值观的提出，不但解决了思想理论和宣传教育战线推进社会主义核心价值体系建设的一个理论难题，而且对于广大党员干部和群众践行社会主义核心价值体系提供了具体的遵循和衡量标准。

通过开展中国特色社会主义理论体系宣传普及活动，开展理想信念

---

①《十七大以来重要文献选编》（上），中央文献出版社2009年版，第26页。

②《十七大以来重要文献选编》（下），中央文献出版社2013年版，第564页。

③《十七大以来重要文献选编》（下），中央文献出版社2013年版，第564页。

教育、国情教育和形势政策教育，实施马克思主义理论研究和建设工程、实施公民道德建设工程等举措，社会主义核心价值体系建设稳步持续地开展起来，为凝聚、团结和动员全党全国各族人民投身新世纪的中国特色社会主义建设提供了思想基础和精神动力。

二、马克思主义理论创新和建设

马克思主义是新中国立党立国的根本指导思想，是社会主义核心价值体系的灵魂。在选择马克思主义后，中国共产党就自觉地把马克思主义基本原理同中国具体实际相结合，坚持用马克思主义的立场、观点、方法观察和分析世界发展的总趋势、中国社会的实际状况和中国人民的根本要求，依据发展变化的实际，明确党在各个历史时期的目标和任务，不断为党和人民的事业指明前进方向。可以说，中国共产党的历史就是一部把马克思主义基本原理同中国具体实际相结合、不断推进马克思主义中国化的历史。改革开放以来，马克思主义中国化的最新理论成果是中国特色社会主义理论体系的形成。

进入新时期以来，中国共产党人在带领人民推进改革开放的伟大历史进程中，以马克思主义为指导、立足中国国情，与时俱进，不断探索，不断推进马克思主义中国化，丰富和发展中国特色社会主义理论体系。以邓小平为核心的第二代中央领导集体坚持解放思想、实事求是，作出把党和国家工作中心转移到经济建设上来、实行改革开放的历史性决策，确立社会主义初级阶段基本路线，创立邓小平理论，回答了什么是社会主义、怎样建设社会主义的重大问题，吹响了建设中国特色社会主义的时代号角。以江泽民为核心的第三代中央领导集体高举邓小平理论伟大旗帜，坚持改革开放，在国内外政治风波、经济风险等严峻考验面前，依靠党和人民，捍卫了中国特色社会主义，创建社会主义市场经济新体制，将中国特色社会主义成功推进到21世纪，并开创了全面改革开放新局面，推进党的建设新的伟大工程，创立“三个代表”重要思想，解决建设什么样的党、怎样建设党的重大问题。中共十六大以来，以胡锦涛为总书记的中共中央坚持马克思主义、毛泽东思想、邓小平理论和“三个代表”重要思想，顺应国内外形势发展变化，抓住重要战略机遇期，坚持理论创新和实践创新，着力推动科学发展、促进社会和谐，完善社会主义市场经济体制，创立科学发展观，重点探索实现什么样的发展、怎样发展等重大理论和实际问题，坚定不移地把改革开放伟大事业继续推向前进。

改革开放以来，中国共产党领导人民成功开辟了中国特色社会主义道路，形成了中国特色社会主义理论体系，中国特色社会主义显示出巨大的生机和活力。如何将马克思主义中国化最新成果变为全国各族人民团结奋斗的共同思想基础，如何把这些成功经验进一步转化为系统的理论认识，把重大理论成果充分地体现到马克思主义基础理论和哲学社会科学重点学科中，形成富有鲜明时代特征的马克思主义理论体系，并用马克思主义的观点和方法研究回答干部群众关心的理论和实际问题，解疑释惑，增强人们贯彻党的路线方针政策的自觉性和走中国特色社会主义道路的坚定性；如何促进在世界范围内仍处于低潮的社会主义通过中国化马克思主义的发展提振信心，以及如何展示中国特色社会主义道路在人类社会发展道路新探索中的巨大意义，都是坚持马克思主义在意识形态领域指导地位的新挑战，是文化建设的重要内容。

为增强社会主义意识形态的吸引力和凝聚力，在中共中央领导和部署下，围绕中国特色社会主义理论体系最新成果，开展了一系列学习和宣传活动。中共十六大作出了学习贯彻“三个代表”重要思想的部署，要求结合本地区本部门实际，制定具体方案，周密安排，开展广泛深入的学习活动。2004 年 11 月，中共中央提出全党开展以实践“三个代表”重要思想为主要内容的保持共产党员先进性教育活动，从 2005 年 1 月起用 1 年半时间，在全党开展党员的先进性教育活动，把学习贯彻“三个代表”重要思想的活动引向深入。

自 2003 年 9 月到 2007 年，胡锦涛在总结新的实践经验基础上，提出并系统阐发了科学发展观，中共中央按照建设学习型政党的要求，在全党开展深入学习实践科学发展观的活动。2008 年 3 月，学习实践活动开始在江苏省、江西省、四川省和中央组织部、财政部、国土资源部等全国 23 个单位开展试点，9 月，全面启动，自上而下分三批进行，到 2010 年

2 月底基本结束，共有 370 多万个党组织、7500 多万名党员参加这次活动。[①] 为开展好学习实践活动，中央举行专门研讨科学发展问题的中央政治局集体学习，举办省部级主要领导干部专题研讨班，中央政治局常委带头参加学习实践活动、专题民主生活会，并深入联系点调研指导。各级党组织结合实际精心组织实施，广大党员、干部积极投身学习实践活动。这是加强和改进新形势下党的建设、提高党的执政能力、保持和发展党的先进性的一次重要学习和实践活动。

2007 年，中共十七大报告不但提出和论述了中国特色社会主义理论体系，还要求“开展中国特色社会主义理论体系宣传普及活动，推动当代中国马克思主义大众化”。2009 年 9 月，中共十七届四中全会通过《关于加强和改进新形势下党的建设若干重大问题的决定》，进一步提出“不断推进马克思主义中国化、时代化、大众化”“建设马克思主义学习型政党”的战略任务，要求用中国特色社会主义理论体系武装全党，使全党系统掌握中国特色社会主义理论体系。为此，除常规的理论学习，中宣部组织编写《六个“为什么”》《七个“怎么看”》《辩证看　务实办——理论热点面对面·2012》等通俗理论读物，直面中国改革发展进程中的现实问题、热点问题，解答人民大众的思想困惑，这是马克思主义中国化、时代化、大众化的新尝试，受到广大读者的欢迎。

马克思主义是不断发展的，马克思主义理论研究需要跟上时代前进的步伐，回答时代提出的课题，解答人民大众的思想困惑，这是理论工作永远不变的法则，也是能否更好地坚持马克思主义指导地位的基础和前提。为此，中共中央实施了马克思主义理论研究和建设工程。2004 年 1 月 5 日，中共中央发布《关于进一步繁荣发展哲学社会科学的意见》，指出，面对世界范围内各种思想文化相互激荡，迫切需要巩固马克思主义在意识形态领域的指导地位，明确提出要实施马克思主义理论研究和建设工程。1 月 19 日，中央办公厅转发《中央宣传思想工作领导小组关于实施

① 参见胡锦涛：《在全党深入学习实践科学发展观活动总结大会上的讲话》，《人民日报》2010 年 4 月 7 日。

马克思主义理论研究和建设工程的意见》，提出了加强对毛泽东思想、邓小平理论和“三个代表”重要思想的研究，加强马克思主义经典著作的编译和研究，研究和编写体现当代中国马克思主义最新成果的马克思主义基础理论教材和哲学社会科学重点学科的教材体系，加强马克思主义理论队伍建设等具体工作。

4月，中央实施马克思主义理论研究和建设工程工作会议举行，正式启动马克思主义理论研究和建设工程。其后，中共中央政治局常委会、中央政治局会议多次听取工程工作汇报，进行研究和部署。在中央宣传思想工作领导小组统一领导下，中央宣传部负责工程的具体组织实施，中央党校、教育部、中国社科院、中央编译局等作为主要参与单位承担各项任务，一批思想理论界的负责人和资深专家组成工程咨询委员会。同时，专门设立工程办公室，负责组织协调工作。国家社科基金也对工程给予重点资助，工程项目列入国家社科基金重大项目。

在各方共同努力下，工程各项工作顺利展开，到2012年，工程基本完成中央确定的阶段性任务，取得一定成果。在对马克思主义经典作家基本观点的研究方面，重新编译出版了10卷本《马克思恩格斯文集》、5卷本《列宁专题文集》，并以这两卷文集为基础，编写出版《马列主义经典著作选编》及其《学习导读》。这些成果为党员干部学习经典著作提供可靠的权威读物。在当代中国马克思主义的研究方面，编写有《中国特色社会主义理论体系学习读本》《科学发展观学习读本》《社会主义核心价值体系学习读本》。面向大众的理论宣传普及方面，有《干部群众关心的25个理论问题》《理论热点18题》等系列通俗理论读物，用通俗易懂的语言深入浅出地回答了干部群众关心的一系列重大理论实践问题。制作播出了《复兴之路》《旗帜》等多部有影响的电视理论专题片。

为了建设体现马克思主义立场、观点、原则的哲学社会科学学术话语体系，加强哲学社会科学教材建设，编写出版了涉及哲学、经济学、社会学、政治学、法学、新闻学、历史学、文学等各主要学科领域的30多种重点骨干教材。工程还通过“四个一批”人才培养规划、哲学社会科学教学科研骨干研修、思想政治理论课教师培训和直接参与工程重大课题研究等，发现、培养和造就一大批政治坚定、功底深厚、勇于创新、在国内外有广泛影响的马克思主义理论人才。在加强教材体系建设和人才建设的同时，马克思主义学科体系建设也取得重要突破。马克思主义理论被设为一级学科，下设6个二级学科。截至2012年6月，全国已经建立一级学科博士点37个、硕士点133个，二级学科博士点和硕士点近600个。[①]以马克思主义理论一、二级学科为骨干，以哲学、政治经济学、科学社会主义等为支撑的马克思主义学科体系已经形成。马克思主义学科一度弱化的倾向得到根本扭转，为马克思主义的教学和研究不断深化提供了重要保障。

工程还针对近年来出现的新自由主义、民主社会主义、历史虚无主义、否定改革等错误思潮，发表《毫不动摇地坚持改革方向，为实现“十一五”规划目标提供强大动力和体制保障》《正确认识民主社会主义，坚定不移地走中国特色社会主义道路》《什么是新自由主义》《新自由主义与国际金融危机》等重点理论文章，帮助干部群众辨明理论是非、澄清模糊认识。

马克思主义理论研究和建设工程坚持用体现马克思主义立场、观点、原则的话语体系，解读中国社会主义事业的伟大成就，破除了对马克思主义的教条式的理解，澄清附加在马克思主义名下的错误观点，以增强马克思主义的说服力和吸引力，巩固马克思主义在意识形态领域的指导地位。

三、凝聚精神和道德的力量

中共十六大以来，全国各地各部门根据中央部署，深入进行理想信念教育、爱国主义教育、社会主义荣辱观教育，广泛开展学雷锋活动、学习先进典型活动，取得明显成效。

通过重要的纪念活动，进行革命历史和革命传统教育、爱国主义教育、理想信念教育和改革开放教育，是唱响时代主旋律的重要形式。2003

① 参见《强基础 出精品 育人才——马克思主义理论研究和建设工程硕果累累》，《光明日报》2012年6月1日。

年以来，围绕隆重纪念毛泽东诞辰110周年、邓小平诞辰100周年、陈云诞辰100周年、纪念中国人民抗日战争暨世界反法西斯战争胜利60周年、红军长征胜利70周年、香港回归10周年、建军80周年、改革开放30周年、新中国成立60周年、中国共产党成立90周年等重大节庆日和纪念日，中共中央和相关部门广泛开展主题宣传和教育活动。特别是2009年9月在新中国成立60周年前夕，举行了“双百”人物评选活动。评选活动坚持群众路线，广泛动员群众参加。据统计，全国参与推荐、提名、投票的群众达到1亿人①，共评选出方志敏、邓中夏、江竹筠、董存瑞等100位为新中国成立作出突出贡献的英雄模范人物，毛岸英、孔繁森、王进喜、王选等100位新中国成立以来感动中国人物。实践证明，这次活动本身就是一次生动的群众性爱国主义自我教育，一次广泛的革命历史革命传统教育，一次深入的社会主义核心价值体系教育，极大地激发了人民群众中蕴藏的爱国热情，极大地坚定了全国各族人民在中国共产党领导下走中国特色社会主义道路、实现中华民族伟大复兴的决心。

2004年12月，中共中央办公厅、国务院办公厅印发《2004—2010年全国红色旅游发展规划纲要》。《纲要》提出的第一个目标就是使红色旅游成为爱国主义教育的重要阵地。截至2010年2月，红色旅游接待人数接近10亿人次，综合收入接近4000亿元②，对于加强革命传统教育，增强全国人民特别是青少年的爱国感情，弘扬和培养民族精神，带动革命老区经济社会协调发展，发挥了重要作用。

2003年10月、2005年10月、2008年9月，“神舟五号”“神舟六号”“神舟七号”载人航天飞行获得圆满成功。2011年11月，“神舟八号”无人宇宙飞船与“天宫一号”飞行器进行交会对接；2012年6月，“神舟九号”载人宇宙飞船与“天宫一号”自动交会对接。这些成就充分展示了中国显著提高的经济实力、科技实力和综合国力，激发了中华民族的自豪

---

① 参见李长春：《在“双百”人物代表座谈会上的讲话》，《人民日报》2009年9月15日。

② 参见崔鹏：《红色旅游发展规划纲要实施6年来 全国红色旅游综合收入近4000亿元 接待人数和综合收入均提前实现目标》，《人民日报》2010年2月22日。

感和凝聚力。广大航天工作者“特别能吃苦、特别能战斗、特别能攻关、特别能奉献”的载人航天精神，影响了许多人。

新世纪以来，中国先后经历了2003年春的“非典”疫病灾害、2008年初南方部分地区严重低温雨雪冰冻灾害、2008年5月的四川汶川特大地震、青海玉树强烈地震、甘肃舟曲特大山洪泥石流等灾害。中共中央、国务院领导全党和全国人民在一次次抗击灾害的过程中，不断展现和弘扬了“万众一心、众志成城，不畏艰险、百折不挠，以人为本、尊重科学”的伟大的民族精神和时代精神。

2008年，北京奥运会和残奥会成功举行，向世界展示中国改革开放和社会主义现代化建设的巨大成就。在奥运会和残奥会举办过程中，广大奥运建设者、工作者和志愿者践行弘扬了“为国争光的爱国精神、艰苦奋斗的奉献精神、精益求精的敬业精神、勇攀高峰的创新精神、团结协作的团队精神”。2010年中国成功举办上海世博会，胡锦涛在表彰大会上把上海世博会精神总结为：为国争光的爱国精神，全心为民的服务精神，团结协作的团队精神，严谨科学的实干精神，追求卓越的创新精神，爱岗敬业的奉献精神。

公民道德建设是提升全民素质、形成和发展与社会主义市场经济相适应的社会主义道德体系的基础性工程。中共中央于2001年印发《公民道德建设实施纲要》，大力推动社会主义思想道德体系建设。2003年9月，中央文明委发布《关于进一步加强公民道德建设的意见》，围绕全面建设小康社会的奋斗目标，对加强公民道德建设工作进一步作出部署。《意见》决定从2003年开始，将《纲要》印发的9月20日定为“公民道德宣传日”。每年在“公民道德宣传日”，中宣部、中央文明办会同有关部门通过举办中国公民道德论坛和公民道德建设系列网谈、开展公民道德建设知识竞赛等形式，动员社会各界关心、支持和参与公民道德建设。2006年以来，社会主义荣辱观教育成为公民道德建设的重要内容。

2007年9月，新中国成立以来首次评选表彰道德模范活动在北京举行，李明素等53人荣获“全国道德模范”，孙茂芳等254人荣获“全国道德模范提名奖”。之后每两年举办一次“全国道德模范”评选表彰活动。

三届评选活动共评选162位全国道德模范，另有776人获“全国道德模范提名奖”。在三届评选活动中，全国累计有2.87亿人次通过报纸、网络、热线电话、电子邮箱等多种渠道参与评选投票，共推荐候选人11.28万名，其中90%以上是普通工人、农民、社区居民、学生和军人[①]，一大批德耀中华的道德模范涌现，为当代中国社会树起新的道德标杆。

2003年是毛泽东等老一辈革命家号召“向雷锋同志学习”40周年，数十年过去，雷锋精神仍然得到传承。鞍钢职工郭明义因其助人为乐、无私奉献的先进事迹被誉为当代的“雷锋传人”。学习雷锋、学习郭明义等先进人物活动的开展，使雷锋精神在新世纪焕发勃勃生机。

2006年初，中央文明委、北京奥组委利用2008年北京举办奥运会的契机，在全国组织开展“迎奥运、讲文明、树新风”活动，取得很好效果。2010年广州亚运会、2011年深圳大运会期间，继续推广“讲文明树新风”活动。通过活动普及文明礼仪知识，优化公共秩序和公共环境，提升人们的文明言行，志愿服务蔚然成风，展示了当代中国人讲文明、重礼仪、团结友善的精神风貌，也塑造了文明中国、礼仪之邦的良好形象。

自2005年至2011年，中央文明委召开全国精神文明建设工作表彰大会，隆重表彰全国文明城市、文明村镇、文明单位，不断深化群众性精神文明创建活动。2006年和2009年，中央文明办、建设部、国家旅游局分别表彰全国文明风景旅游区和全国创建文明风景旅游区工作先进单位，深化拓展创建文明风景旅游区活动。

2004年2月和8月，中共中央、国务院先后颁发《关于进一步加强和改进未成年人思想道德建设的若干意见》和《关于进一步加强和改进大学生思想政治教育的意见》。2009年1月，中共中央办公厅、国务院办公厅又颁发《关于进一步净化社会文化环境，促进未成年人健康成长的若干意见》。2月，中央文明办在北京专门召开全国净化社会文化环境工作会议，部署全国各地、各相关部门全面开展整治互联网低俗之风、网吧

① 参见李长春：《在全国道德模范座谈会暨第八届中国公民道德论坛上的讲话》，《人民日报》2011年9月23日。

专项治理、净化荧屏声频和校园周边环境治理等各项工作，净化社会文化环境。

此外，中央电视台于 2002 年 10 月首次启动以“感动中国”为主题的年度人物评选活动，当选的人物有为经济社会发展作出卓越贡献的科学家、企业家，也有被称为“草根英雄”的平凡岗位上的奉献者。中央媒体还开展了寻找“最美乡村医生”“最美乡村教师”“最美村官”大型公益活动，把在最基层岗位上、条件最艰苦的环境中默默坚守、无私奉献着的一群人的事迹实录下来。这些富有时代气息、代表社会主流的人和事，激发了人们积极向上的精神和社会责任意识，为社会转型期的人们营造了一种充满正能量的精神文化氛围。

第二节　文化改革与发展的新阶段

文化体制改革的对象是束缚文化发展的观念与体制。中共十六大提出积极发展“文化事业”和“文化产业”，进一步明确公益性文化事业和经营性文化产业的不同发展策略，加强了文化改革发展的顶层设计，逐步明确了文化发展思路。经过 10 年的努力，基本完成文化体制改革的阶段性任务，有力地促进了文化生产力的解放和发展，以公有制为主体、多种所有制共同发展的文化产业格局初步形成；覆盖城乡的公共文化服务体系基本形成，人民群众基本文化权益保障水平得到大幅提高，人民群众精神文化需求得到更好的满足。

一、加强文化发展与改革的顶层设计

中国经济经过 20 多年的持续快速发展，人民群众生活总体上达到小康水平，为文化需求和消费能力的快速增长奠定了坚实的物质基础。社会主义市场经济体制的完善，拓展了精神文化产品的创作、生产、流通和消费空间，同时要求深化文化体制改革以适应市场经济体制的要求。科技与文化的融合越来越紧密，特别是数字技术的应用和互联网的普及带来文化创新和传播领域的重大革命，引起文化生产方式和消费方式深刻变革。中

国于 2001 年加入世界贸易组织，为学习借鉴世界优秀文化成果和文化产业发展的成功经验提供了机会，有助于提高文化竞争力，推动中国文化走向世界。

中国文化的发展状况也亟待进一步改革创新。文化产品和服务还不能满足人民群众日益增长的精神文化需求，供需矛盾突出。文化的生产和管理体制还保留着诸多计划经济体制的特征，大量文化资源特别是国有文化资源还游离于市场体制之外，国有经营性文化单位还没有转变成文化市场中富有活力和竞争力的市场主体，一些文化单位甚至难以为继。由于体制和机制的不完善，多数文化经营主体还不善于把高新技术和市场运作相结合，形成新的文化创造力。在对外开放中，文化产业竞争力明显不足，文化贸易存在严重逆差；中国在国际和国内都面临西方文化资本、文化产品和价值观念的严重挑战，文化安全和意识形态安全形势严峻。

根据中国文化发展面临的形势，2002 年召开的中共十六大，阐述了文化建设在中国特色社会主义事业总体布局中的战略地位和作用。报告指出："当今世界，文化与经济和政治相互交融，在综合国力竞争中的地位和作用越来越突出，文化的力量，深深熔铸在民族的生命力、创造力和凝聚力之中。"① 报告明确了文化建设和继续深化文化体制改革的任务，要求根据社会主义精神文明建设的特点和规律，适应社会主义市场经济发展的要求，推进文化体制改革，并抓紧制定文化体制改革的总体方案。

中共十六大后，党和国家对文化改革发展工作进行了系统部署。2004 年 9 月，中共十六届四中全会通过《中共中央关于加强党的执政能力建设的决定》，把提高建设社会主义先进文化的能力作为加强执政党能力建设的一项重要任务，文化建设成为"四位一体"的中国特色社会主义事业的总体布局中的一个方面。2006 年 9 月，中国第一个专门部署文化建设的五年发展规划——《国家"十一五"时期文化发展规划纲要》公布，对文化建设作出中长期规划。2007 年召开的中共十七大，从中国特色社会主义经济、政治、文化、社会建设"四位一体"总体布局的高度，强调

---

①《十六大以来重要文献选编》（上），中央文献出版社 2011 年版，第 29 页。

文化建设的重要战略地位，提出“推动社会主义文化大发展大繁荣”“提高国家文化软实力”的目标和任务。2010 年 3 月，中央政治局常委会研究十六大以来的文化体制改革工作。4 月，中共中央办公厅、国务院办公厅转发了《中央宣传部关于中共十六大以来文化体制改革及文化事业文化产业发展情况和下一步工作意见》，第一次明确提出“努力探索中国特色社会主义文化发展道路”，并确定 2012 年前文化体制改革的主要任务。7 月 23 日，中央政治局就深化文化体制改革研究问题进行第 22 次集体学习。胡锦涛在主持学习时强调要以高度的责任感和紧迫感，顺应时代发展要求，加快文化体制机制改革创新，加快构建公共文化服务体系，加快发展文化产业，加强对文化产品创作生产的引导。2011 年 10 月，中共十七届六中全会专门研究文化改革发展问题，通过《中共中央关于深化文化体制改革推动社会主义文化大发展大繁荣若干重大问题的决定》。《决定》阐述了中国特色社会主义文化发展道路，确立建设社会主义文化强国的战略目标，为文化改革发展“该走什么路”“朝着什么样的目标迈进”指明了方向。

与 20 世纪 80 年代和 90 年代的文化改革发展相比，这一时期文化改革发展的顶层设计明显加强，文化发展思路明确全面。在文化发展思路上，提出要一手抓公益性文化事业，一手抓经营性文化产业；一手努力构建覆盖城乡、惠及全民的公共文化服务体系，一手壮大文化产业、繁荣社会主义文化市场；一手抓繁荣，一手抓管理，推动文化全面协调健康发展。在文化发展战略上，明确了要提升国家文化软实力，提高全民族的思想道德素质和科学文化素质，促进人的全面发展，实施文化“走出去”战略，增强中华文化的国际影响力。

文化体制改革的重点是理顺政府和文化企事业单位的关系，推动政府文化行政管理职能的转变，即从微观管理为主转变为宏观管理为主，从直接管理为主转变为间接管理为主，从“办文化”为主转变为“管文化”为主。在文化事业方面，建立一种稳定的经费来源机制和制定文化扶持政策，同时，深化文化企事业单位内部改革，形成一种促进文化企事业自我发展的新机制；在文化产业方面，健全文化产品市场体系，充分发挥市场机制配置文化资源的积极作用，制定、修改与完善相关法律，文化不再是封闭式的“自我循环”，而是融入国民经济与社会发展的大循环，文化产业作为战略性新兴产业成为国民经济新的增长点。

观念决定思路，思路决定出路。中共中央重视中国特色社会主义文化的地位和作用，以改革创新为动力，着力推进文化体制机制创新，以改革促繁荣、促发展，公益性文化事业和经营性文化产业双轮驱动共同发展，文化“引进来”的同时也“走出去”，逐步走出了一条中国特色社会主义文化发展道路。

二、文化体制改革全面推进

改革开放以来，中国在文化体制改革方面做了大量探索，也取得一定成效，但由于主要在机制层面上进行，释放的能量有限，需要推进改革，建立面向群众、面向市场的体制和机制。中共十六大以来文化体制改革在新的起点上全面推进。

2003 年 6 月，中共中央政治局常委会议专门研究文化体制改革工作，并成立中央文化体制改革试点工作领导小组。6 月 27 日至 28 日，全国文化体制改革工作会议在北京召开，确定北京、上海、重庆、广东、浙江、深圳、沈阳、西安、丽江九个地区和山东大众报业集团、国家图书馆、中国电影集团公司等涵盖新闻出版、广播影视和文化艺术三大行业的 35 家单位，为文化体制改革试点单位，开展文化体制改革试点工作。试点单位分为公益性事业单位和经营性文化企业单位两大类进行改革，前者以增加投入、转换机制、增强活力、改善服务为重点；后者以创新体制、转换机制、面向市场、增强活力为重点；九个综合试点区承担着健全文化管理体制、微观运行机制、文化市场体系、文化经济政策、资源优化配置机制、对外交流机制六项任务。试点工作主要为破除妨碍文化发展的体制弊端探路，为制定文化体制改革总体方案提供新思路、新方法。

文化体制改革试点任务下达之后，不仅各试点地区和单位高度重视、积极实践，一些未被列为试点的地区和单位，也主动对照改革“路线图”，结合自身实际进行探索和实践。2003 年 10 月召开的中共十六届三中全会进一步明确对公益性文化事业和经营性文化产业实行不同的发展策略，一方面以政府为主导，大力发展公益性文化事业，保障人民基本文化权益；另一方面以创新体制、转换机制、面向市场、壮大实力为重点，抓好经营性文化产业的改革和发展。把公益性文化事业和经营性文化产业区分开来，清晰地界定政府和市场的边界：公益性文化事业以政府为主导，旨在保障人民群众的基本文化权益；经营性文化产业以市场为导向，旨在满足人民群众多样化、多层次、多方面的精神文化需求。与之相对应，国有文化单位也被“一分为二”：一部分是公益性的，继续保留在事业单位序列；一部分则是经营性的，要逐步转制为企业，这是文化体制改革的中心环节，也是难度最大的部分。

为配合试点工作，国务院于 2003 年 12 月印发《文化体制改革试点中支持文化产业发展的规定（试行）》和《文化体制改革试点中经营性文化事业单位转制为企业的规定（试行）》，确定财政税收、投资和融资、资产处置、工商管理、社会保障等 10 个方面的配套政策。2004 年 8 月，中共中央办公厅、国务院办公厅转发中宣部、中央编制办等部门《关于在文化体制改革综合试点地区建立文化市场综合执法机构的意见》，推动综合试点地区地市以下的原文化、广播影视、新闻出版部门实行“三局合一”，实行政企分开、政事分开、管办分离，并把以上部门各自设立的执法机构和“扫黄”“打非”队伍调整归并，组建属地管辖、统一高效的文化市场综合执法机构，以解决文化市场管理中长期存在的职能交叉、多层执法、多头执法和管理缺位等问题，逐步建立起文化市场综合执法机构和综合文化行政责任主体，理顺文化市场管理体制，促进文化行政管理部门的职能转变。

2005 年 12 月，在总结各试点地区和单位经验的基础上，中共中央、国务院下发《关于深化文化体制改革的若干意见》，提出深化文化体制改革的原则要求和目标任务。2006 年 3 月，中央召开全国文化体制改革工作会议，在除西藏、新疆外的全国省区市确定试点地区和单位，取得经验后再逐步推开。新疆、西藏则从自身实际出发逐步推进改革。改革的目标任务是在塑造市场主体、完善市场体系、改善宏观管理、健全政策法规、转变政府职能等关键环节上解决主要矛盾，破解难点问题。2008 年 4 月，中央再次召开全国文化体制改革工作会议，要求加大力度、加快进度、推动文化体制改革取得实质性进展。会后全国先后有 108 个地区和近千家文化单位进入新一轮的改革试点，以求在重点领域和关键环节取得进展。2009 年 8 月，全国文化体制改革经验交流会在南京召开，提出文化体制改革的时间表和路线图，要求全面完成出版、发行、电影、文化市场管理等领域的改革，全力推进文艺院团、新闻媒体等领域的改革。文化体制改革进入全面展开的阶段。

截至 2012 年 9 月，出版发行、电影电视剧制作、广电传输等国有经营性单位的转企改制全面完成，全国共 580 家出版社、3000 多家新华书店、850 家电影制作发行放映单位、57 家广电系统所属电视剧制作机构、38 家党报党刊发行单位全部完成改制。全国 2103 家有改革任务的文化系统国有文艺院团中的 2093 家完成改革任务，3388 种应转企改制的非时政类报刊有 3041 种完成改革任务。中央和全国除新疆、西藏、青海外的各省区市应转企改制的重点新闻网站中，80% 以上已完成和基本完成改革任务。据不完全统计，全国共注销经营性文化事业单位法人 6950 家、核销事业编制近 29.4 万个。① 公益性文化事业单位内部改革不断深化，主要进行人事、收入分配和社会保障制度三项制度改革，明确责任、规范行为、提高管理水平和服务效率。

文化市场综合执法改革基本完成。截至 2012 年 8 月，全国列入改革范围的 403 个地级市及 2594 个县（区）全部组建综合执法机构②，执法体制逐渐理顺，执法力量显著增强。政府职能转变。新闻出版系统和广电系统实现“局社分开”“局台分开”，文化行政管理部门正由办文化向管文化转变，由主要管理直属单位向社会管理转变，由行政管理为主向行政、法规、经济等综合管理转变，完善宏观管理体制。

延续 10 年的文化体制改革，主要围绕塑造市场主体、完善市场体

---

① 参见李长春：《文化强国之路》（上），人民出版社 2013 年版，第 273 页。

② 参见蔡武：《深入贯彻落实党的十八大精神　开创文化系统改革发展新局面》，《中国文化报》2013 年 3 月 20 日。

系、改善宏观管理、转变政府职能四个关键环节进行，政府是改革的推动力。文化体制改革虽然基本完成了阶段性任务，但如同其他领域的改革一样，文化体制改革也是一个长期艰巨的过程，阶段性改革任务的完成不代表文化体制改革已经结束，而是仍处于攻坚期和深水区。转企改制后的国有文化企业需要进一步发展和壮大，文化事业单位分类改革、现代文化市场体系的建立、政府职能的转变都还需要大力推进，新的体制和机制还处于初创时期，文化体制改革与其他领域改革的统筹协调、系统推进，还需要在全面深化改革的顶层设计中进一步谋划和探索。这些都成为中共十八大之后文化体制改革面临的新的课题。

三、公共文化服务体系基本形成

公共文化服务体系是指以政府为主导，以满足社会的公共文化需求、保障公民基本文化权益为目的，向社会提供的公共文化设施、公共文化产品、公共文化服务以及运行管理系统和制度的总称。新中国成立之后逐步建立起来的计划经济体制下的各级各类文化事业单位一直承担着向社会提供公共文化设施、文化产品和服务，保障人民群众文化权益的职能。改革开放以来，伴随着事业单位改革和文化体制改革的推进，党和政府始终在探索文化事业单位的改革，使之与改革中的经济体制和行政管理体制相适应，与文化事业发展的要求相适应。进入 21 世纪以来，“公共文化服务体系”概念的明确提出和公共文化服务体系建设的展开，表明中国文化事业建设的理念和实践在新的时代条件下的重大转变和进展。

2001 年 2 月 28 日，第九届全国人大常委会正式批准中国政府于 1997 年签署的《经济、社会和文化权利国际公约》[①]，表明国家对文化权利问题的关注。中共十六大报告把人民的文化权益和政治权益、经济权益得到切实尊重和保障列为全面建设小康社会的一个重要目标。经历 2003 年非典疫情的警示之后，中国加快了行政管理体制改革的步伐，更加重视发挥

---

①《经济、社会和文化权利国际公约》由联合国大会于 1966 年 12 月 16 日通过，1976 年 3 月 23 日正式生效。中国政府于 1997 年 10 月 27 日签署该公约。该公约第 15 条规定，缔约各国承认人人享有参加文化生活的权利。

政府的社会管理和公共服务职能，也推动了公共文化服务体系建设。2003年7月推进的文化体制改革试点工作，把文化事业单位分为公益性和经营性两个类别进行探索。围绕公益性文化事业的改革和发展问题，文化部、深圳市等中央和地方部门提出和强调建设公共文化服务体系，公共文化服务体系建设逐步被党中央、国务院纳入到相关部署中。2004年4月，国家发改委经国务院同意下发的《关于推进2004年经济体制改革的意见》，提出建立健全公共文化服务体系。2005年4月，国务院下发的《关于2005年深化经济体制改革的意见》，提出要加快公共文化服务体系建设，并责成文化部、广电总局和新闻出版总署牵头探索和推进。2005年10月，中共十六届五中全会正式提出，要“加大政府对文化事业的投入，逐步形成覆盖全社会的比较完备的公共文化服务体系”[①]。这标志着公共文化服务体系建设进入文化改革与发展的战略性布局中。

在这一时期，政府加大对文化设施特别是基层文化设施建设的投入。国家“十五”规划提出加强图书馆、博物馆、文化馆、科技馆、档案馆和青少年活动场所等文化设施建设的意见要求。2002年1月，国务院办公厅转发国家计委和财政部《关于进一步加强基层文化建设指导意见》，对基层文化设施、队伍建设与基层文化活动的开展作出部署，计划从2002年到2005年每年拿出1亿元资金，重点投向中西部地区，用于新建和改建县级图书馆、文化馆。在各地农村，因地制宜加强乡镇文化站和村文化室建设；在地广人稀、人口分散的少数民族地区、边疆地区、边远山区和农牧区积极发展流动文化车、汽车图书馆和流动剧场等流动文化设施。整个“十五”计划期间，中央财政对县级公共图书馆、文化馆基础设施建设共投入1364亿元，比“九五”期间增长约50%。[②]到2005年底，县县有文化馆、图书馆的目标基本实现。广播电视村村通工程、农村电影放映工程、百县千乡宣传文化工程、全国万里边疆文化长廊建设工程等重大文化工程继续推进。2002年4月，文化部启动实施全国文化资源信息共享工

①《十六大以来重要文献选编》（中），中央文献出版社2011年版，第1080页。
② 参见李长春：《文化强国之路》（上），人民出版社2013年版，第84页。

程。2005 年，新闻出版总署开始试点实施农家书屋工程。这一时期，国家大剧院工程、国家博物馆改扩建工程等一批标志性大型文化设施开工建设。自 2004 年起，各类国有博物馆、纪念馆、美术馆逐步实行免费开放制度。

2006 年开始实施的“十一五”规划提出了完善公共文化服务体系的目标，要求力争在“十一五”期末，城市的文化设施、服务网络和文化产品基本满足居民就近便捷享受文化服务的需求，在农村基本解决农民群众看书难、看戏难、看电影难、收听收看广播电视难的问题。为切实推动公共文化服务体系建设，2007 年 6 月 6 日，中共中央政治局召开会议进行专题研究。8 月，中共中央办公厅、国务院办公厅下发《关于加强公共文化服务体系建设的若干意见》，提出公共文化服务体系建设的目标和任务是：“努力建设以公共文化产品生产供给、设施网络、资金人才技术保障、组织支撑和运行评估为基本框架的覆盖全社会的公共文化服务体系，切实保障人民群众看电视、听广播、读书看报、进行公共文化鉴赏、参加大众文化活动等基本文化权益。”[①] 建设公共文化服务体系的方针是：以政府为主导、以公共财政为支撑，以公益性文化事业单位为骨干，动员和鼓励全社会参与。公共文化服务体系所提供的公共文化服务具有四个方面的基本特征：公益性、基本性、均等性、便利性。

公共文化服务体系建设的重点和难点在基层和农村。基层文化设施建设在巩固县县有图书馆、文化馆的基础上进一步下沉深耕，启动乡镇综合文化站和基层文化阵地建设工程，实现乡镇有综合文化站、村有文化活动室、社区有文化中心的目标。《意见》明确要求把社区文化建设中心纳入城市规划，从城市住房开发投资中提出 1%，用于社区公共文化设施建设。农家书屋工程在前期试点的基础上于 2007 年全面推开。

截止到 2010 年底，全国共有公共图书馆 2884 个，文化馆（含群众艺术馆）3264 个，乡镇（街道）文化站 40118 个。[②] 全国文化信息资源数

---

①《十六大以来重要文献选编》(下)，中央文献出版社 2011 年版，第 1133 页。

② 参见文化部财务司:《近几年我国文化投入情况及对策建议》(2011 年 8 月 23 日)。

字资源量达 108TB，并在全国基本建成以数字资源建设为核心，多种传播方式为手段，资源丰富、覆盖城乡的数字文化服务体系，基本实现“村村通”。重大文化惠民工程的阶段性目标基本实现，基本实现了公共文化服务体系全覆盖。重大文化设施建设方面，新启动国家图书馆二期暨国家数字图书馆建设工程、中国美术馆二期改扩建工程、国家话剧院建设工程、中央电视台新址建设工程和地方重要文化设施建设。重大文化惠民工程稳步推进，公共文化产品供给能力明显提高。在推进设施网络和资源建设的同时，各级部门不断创新公共文化服务方式，推动公共文化服务水平明显提高。公共图书馆总分馆制、城市街区 24 小时自助图书馆系统、流动文化服务、区域文化联动一体化等是公共文化服务方式的探索。

公共文化政策法规建设也取得进展。《公共图书馆法》立法工作于 2008 年 11 月启动，《公共图书馆建设用地指标》《文化馆建设用地指标》《公共图书馆建设标准》《乡镇综合文化站管理办法》等相继出台。这些法规的制定和实施，有助于保障规范公共文化设施建设项目的投资效益和提高管理水平，为构建覆盖全社会的普遍均等的公共文化服务体系奠定了坚实的基础。

2010 年 6 月，国家公共文化服务体系制度设计研究工作会议在重庆召开；12 月，文化部和财政部联合启动国家公共文化服务体系示范区建设；2012 年 2 月，《公共图书馆服务规范》发布。上述举措，表明“十二五”时期的公共文化服务体系建设，在整合、集成“十五”和“十一五”公共文化服务体系建设成果的基础上，向着科学化、制度化、可持续发展的方向迈进。构建现代公共文化服务体系，要促进基本公共文化服务标准化、均等化，更需要推动文化惠民项目与群众文化需求有效对接，鼓励各地因地制宜地建设、管理，引导和鼓励市场主体、社会力量开发和提高公共文化服务，参与营运与管理；鼓励群众自我参与、自我展示、自我服务，以形成政府、市场、社会和人民群众共建共治共享局面，提高公共文化服务的质量与水平。

四、文化产业蓬勃发展

文化产业的崛起和发展是 21 世纪以来文化改革发展的显著特征。文化产业在国民经济中所占比重逐步增加，在满足人民群众精神文化消费需求、促进文化发展和繁荣、加快经济发展方式转变等方面发挥了重要作用。

2000年，中共中央在第十个五年计划的建议中，正式使用“文化产业”概念，文化产业发展上升为国家战略。中共十六大后，伴随着文化体制改革的全面深化，国务院、文化部及相关部门出台一系列促进文化产业发展的政策和文件：2003年文化部提出《关于支持和促进文化产业发展的若干意见》；为应对国际金融危机、转变发展方式，2009年国务院通过中国第一部文化产业专项规划《文化产业振兴规划》，把文化产业上升为国家战略性产业；2010年10月通过的“十二五”规划，进一步提出推动文化产业成为国民经济支柱性产业的要求；2012年文化部提出《“十二五”时期文化产业倍增计划》。这些文件提出了文化产业发展的指导思想、基本思路、战略目标、主要任务、重要举措、保障措施等，勾画出中国文化产业发展的整体部署。在指导思想上，强调坚持社会主义先进文化前进方向，坚持把社会效益放在首位、社会效益和经济效益相统一；发展思路方面，坚持发展和壮大国有或国有控股文化企业，鼓励和引导各种非公有制文化企业健康发展，形成公有制为主体、多种所有制共同发展的文化产业格局；坚持以结构调整为主线，实施重大项目带动战略；坚持内外并举，国内实施差异化的区域文化产业发展战略，发展区域特色文化产业；对外坚持“走出去”战略，增强中华文化国际影响力。在主要任务和举措方面，推动国有经营性文化单位改革、培育骨干文化企业，推动文化产业结构调整、优化文化产业布局，加强文化产品创作生产的引导，扩大文化消费，推进文化科技创新，加快推进重大工程项目，健全投融资体系，加强人才队伍建设，扩大文化产品和服务出口。

中国文化企业主体中很大一部分来自转企改制后的原国有经营性文化单位。“吃皇粮”的事业单位转变为自负盈亏、自我发展、自我约束的企业。2003年，《文化体制改革试点中经营性文化事业单位转制为企业的规定（试行）》出台，开始经营性文化事业单位转企改制之路。2009年，中宣部、文化部发出《关于深化国有文艺演出院团体制改革的若干意见》，推动国有文艺院团的转企改制工作。2011 年，中办、国办推动深化非时政类报刊出版单位的体制改革。通过转企改制，从中央到地方涌现出一大批上规模、竞争力强的国有或国有控股的文化企业集团。2012 年 5 月 18 日，光明日报社和经济日报社联合发布第四届中国“文化企业 30 强”名单，其中，转企改制的企业 19 家，占总数的 63.3%；国有或国有控股 24 家，占 80%。这反映出转制国有企业已成长为文化市场上的中坚力量。

国家支持和鼓励社会资本进入文化产业领域。2004 年，文化部出台《关于引导和支持非公有制经济发展文化产业的意见》；2005 年，《国务院关于非公有资本进入文化产业的若干决定》颁布，明确非公有资本进入的具体领域。2012 年，文化部发布《关于鼓励和引导民间资本进入文化领域的实施意见》，鼓励民间资本参与国有文艺院团转企改制、参与公共文化服务体系建设、投资文化产业发展、投入非物质文化遗产保护、参与对外文化交流和文化贸易，大大拓展民间资本可进入的范围。民营文化企业发展很快，成长为文化产业的庞大生力军。截至 2010 年，全国共有民营文艺表演团体近 7000 家，民营电视节目制作企业 2800 余家，民营电影制片发行公司近 400 家，民营出版物发行企业 11 万个。在民营文化企业中，也不乏杭州宋城旅游发展股份有限公司、上海盛大网络发展有限公司等进入“文化企业 30 强”的大型民营企业。电影业 80% 的市场份额由民营主体占据，近十年来票房过亿元的国产大片大部分出自民营影视公司。民营文化企业在数量、规模和竞争力上的提升，标志着以公有制为主体、多种所有制共同发展的文化产业格局已初步形成。

为了健全文化市场体系，完善文化市场管理机制，文化部于 2003 年公布《2003—2010 年文化市场发展纲要》，对分类市场建设、要素市场建设、市场法制体系建设、市场竞争机制建设、宏观调控机制建设、市场监管体系建设等提出原则性指导意见，为文化产业的发展创造条件和环境。投融资体系建设方面，《关于金融支持文化产业振兴和发展繁荣的指导意见》《关于推进文化企业境内上市有关工作的通知》等措施的出台，有效改善或缓解了文化企业资金短缺问题。截至 2011 年底，在沪深两地上市的文化企业累计超过 50 家。截至 2012 年 2 月，文化企业累计发行各类债券达 379.94 亿元。

产业规模结构偏小、集中度低、区域发展不平衡、技术层次偏低、自主创新能力弱、缺乏市场竞争力等结构性特点，是影响中国文化产业发展壮大的一个重要因素。为引导文化产业规模化、集约化发展，从 2004 年开始，文化部先后命名了 4 批 200 家国家文化产业示范基地、3 批 6 家国家级文化产业示范园区、首批共 4 家国家级文化产业试验园区。据测算，2010 年国家级园区、基地总收入为 2500 亿元，总利润为 365.2 亿元。国家级示范园区、示范基地收入年平均增长率在 40% 以上。这些示范基地和园区的发展，标志着文化产业的市场主体不断壮大，专业化、集群化、规模化水平明显提高。为统筹兼顾不同地区文化产业发展，文化产业规划中加大对西部地区和农村文化产业的扶持力度。第 3 批 59 个国家级文化产业示范基地中，有 10 个涉及农村的文化产业群和文化企业。

文化创意、数字出版、移动多媒体、动漫游戏等新兴文化业态，不但是文化产业最新的增长点，而且对于推动传统文化产业升级、促进文化产业结构调整有着积极作用。国家实施重大项目带动战略，国产动漫振兴工程、国家数字电影制作基地建设工程、多媒体数据库和经济信息平台、"中华字库"工程、国家"知识资源数据库"出版工程等，列为重大文化建设项目重点推进。2010 年底，全国动漫企业达 831 家，原创漫画作品 13761 部，原创动画作品 4429 部，全年营业总收入 58.15 亿元，比上年增长 78.2%，实现利润 11.65 亿元，增长 197.4%。数字出版快速成长，成为出版业新的增长点。2006 年数字出版业产值为 213 亿，2010 年达 1052 亿，年均增长超过 38%。

中国文化产业经过 10 多年的快速发展，规模不断扩大。文化产业成为国民经济新的增长点，即便在国际金融危机肆虐的时候，中国文化产业仍然逆势上扬，表现出强劲的活力，初步形成包括电影、演艺、动漫、游戏和数字文化服务等 11 大文化产业体系框架。2012 年，中国文化产业总产值突破 4 万亿元。文化产业法人单位实现增加值 18071 亿元，占 GDP 的比重为 3.48%，比上年增长 16.5%，比同期 GDP 增速高 6.8 个百分点，文化产业对当年经济总量增长的贡献为 5.5%。北京、上海、广东、湖南、云南等省份文化创意产业的增加值占 GDP 的比重已经超过 5%，在这些省市文化产业已经成长为名副其实的支柱性产业。

文化产业的发展提升了中国文化竞争力。图书出版品种和总印数、日报总发行量已居世界第一位，电子出版物总量已居世界第二位。中国已位居第一大电视剧生产国和第三大电影生产国，进口大片主导中国影视市场的格局得到扭转。通过实施《推动文化产品和服务走向世界的总体规划》等专项规划，对国家文化出口重点企业进行鼓励和扶持，奖励优秀文化出口产品和服务项目，组织文化企业参加国际文化会展，拓展国际文化交流与合作，推进文化“走出去”战略。“十一五”期间，核心文化产品出口总额为 560.9 亿美元，相比“十五”期间增长 100%[①]；文化服务出口总额为 11.8 亿美元，相比“十五”期间增长 255.6%[②]。文化产品和服务进出口逆差逐步减少，国际文化贸易逆差局面明显改观。

中国文化产业虽然在新世纪实现了快速发展，其进一步的发展壮大仍然任重道远。2012 年，文化产业仅占国家总贸易额的 2% 左右，在国际文化市场上，中国仅占 1.5%的份额。中国文化产品原创力不够，需要顺应文化产业国际化发展的要求，努力形成以技术、品牌等为核心的出口竞争新优势，进一步扩大和提高产品规模和品质，学习西方成熟的市场运作模式，加强国际营销观念，不断扩大中国文化产品和服务的市场份额。同时，文化产业的核心是文化内容的生产和提供，文化产业竞争力既有与一般产业相同的共性，也有它作用于社会伦理、国家凝聚力、文化普及、国际影响等的特殊性，需要创作出更多反映中国文化精髓、有艺术魅力的作品占领市场，实现社会效益和经济效益相统一。

第三节　传媒业的壮大和文学艺术的繁荣

传媒业以体制机制改革创新为重点，带动了整个行业发展，提升了

① 参见汪金福等：《时代强音：改革与发展——党的十六大以来经验与启示述评之一》，《人民日报》2012 年 10 月 29 日。

② 参见吕立勤：《以新的思路谋划文化改革发展》，《经济日报》2011 年 10 月 16 日。

传播力、影响力与竞争力；中国电影的市场化改革更加开放，创新创作观念丰富和完善了电影的产品结构体系；政府主导文艺基金、人才工程、各种文艺奖项、汇演展演等，引导文艺精品生产，文化市场日臻成熟，文艺生产力进一步解放，文艺创作空前活跃，初步形成了多品种、多类型、多样化的文艺创作格局，呈现出普遍繁荣的景象。

一、新闻出版业的大发展

2001 年中国加入世贸组织时，承诺放开书报刊分销服务市场；中共十六大之后，新闻出版业被列入文化产业的主力军，因此新闻出版业的改革在十六大以来的整个文化体制改革过程中走在前列，被誉为文化体制改革的“试验田”。

2003 年全国文化体制改革工作会议确定的 35 家宣传文化单位改革试点中，新闻出版系统的文化单位就占 21 家，包括 4 家报业集团、4 家报纸、7 个出版单位和 6 个发行集团。这些单位的改革坚持政企分开、政事分开、管办分离的原则，通过实行“转制”解决新闻出版业改革中困扰多年的“事业单位企业化管理”问题。同时，积极探索党委领导、政府管理、行业自律、新闻出版单位依法运营的宏观管理体制；探索建立统一、开放、竞争、有序的出版物市场体系，推进跨地区经营。经过两年多的试点探索，2006 年 7 月，新闻出版总署制定《关于深化出版发行体制改革工作实施方案》，确定中国电力出版社等一批中央国家机关所属在京出版单位和清华大学出版社等一批高校出版单位为第二批转企改制试点。2008 年 11 月，全国除西藏以外的省级新华书店全部完成转企改制。2009 年 3 月，新闻出版总署又出台《关于进一步推进新闻出版体制改革的指导意见》，提出构建新闻出版公共服务体系等八项改革任务，要求所有地方和高校经营性出版单位 2009 年底前转制为企业，所有中央各部门经营性出版单位 2010 年底前转制为企业。到 2010 年 12 月，除先期已经完成转企的出版社和保留事业性质的公益性出版社外，148 家中央各部门各单位出版社全面完成转企任务。至此，包括地方出版社、高校出版社、中央各部门各单位出版社在内的全国所有经营性出版社已全部完成转企，成为市场主体。

非时政类报刊社大体上分为两大类，一类是党报、党刊所属子报子社，另一类是行业或专业报刊社。改革的趋向一是组建综合类媒体公司，主要以都市类报纸为代表；另外是组建专业性媒体公司。至 2012 年，非时政类报刊完成转企改制，给新闻出版业的市场格局带来深刻影响。新闻出版企业的兼并重组使文化资源和生产要素向优势企业集中，并建立起现代企业制度，进行公司制和股份制改造，开辟上市融资的新渠道。2008 年 5 月 9 日，海南与江苏两省新华书店集团合资组建的海南凤凰新华发行有限责任公司成立，标志着中国出版发行业第一家跨省区战略重组的企业出现。2012 年，人民网上市，成为第一家在国内 A 股上市的新闻网站。截至 2012 年 1 月，中国已组建包括中国出版集团、中国教育出版传媒集团、中国科技出版传媒集团三大国有大型出版传媒集团在内的 120 多家新闻出版企业集团，48 家涉及新闻出版业务的企业集团上市。① 随着新闻出版企业的兼并重组和上市融资，出版传媒集团的骨干作用快速凸显。据国家新闻出版广电总局统计，2012 年全国图书出版、报刊出版和发行集团共实现主营业务收入 2333.9 亿元，占全国书报刊出版和出版物发行主营业务收入的 57.9%；实现利润总额 194.3 亿元，占全国出版发行全行业利润总额的 44.6%。江苏凤凰出版传媒集团有限公司、湖南出版投资控股集团有限公司、安徽出版集团有限责任公司和山东出版集团有限公司主营业务收入和资产总额均突破 100 亿元，“双百亿”集团数量翻番，另有 8 家集团资产总额超过 100 亿元，较 2011 年增加 3 家。②

推进公益性新闻出版单位体制改革、构建新闻出版公共服务体系是新闻出版业改革发展的另一项重要任务。公益性出版社、时政类报刊社等新闻出版单位按照编辑宣传和生产经营“两分离”的思路进行改革，将印刷、销售、广告等经营性资产和业务，从事业主体剥离出来组建公司，将宣传和编辑业务保留为事业体制，进行内部管理机制、人事制度、劳动制

---

① 参见柳斌杰：《全国目前已组建 120 多家新闻出版企业集团》，2012 年 1 月 5 日。

② 参见国家新闻出版广电总局：《2012 年新闻出版产业分析报告》，《中国出版》2013 年第 15 期。

度和分配制度的改革，健全考核、激励和约束机制，增强活力，提高公共服务水平。人民出版社、民族出版社、中国盲文出版社、中国藏学出版社四家中央确定的公益性出版单位按照上述思路进行了改革。一般时政类报刊主要围绕发行体制进行探索改革，截至 2012 年 9 月，省级党报党刊发行机构基本完成剥离转制，完善营销网络，加强市场运作，改变党报党刊靠组织、靠政策、靠摊派发行的弊端。

“十一五”期间，新闻出版总署大力构建新闻出版公共文化服务体系。农家书屋工程累计投入资金 70 多亿元，建成农家书屋 30 余万个，惠及几亿群众。设立国家出版基金等出版专项资金，组织实施国家重大出版工程、古籍整理出版规划，新闻出版公共产品更加丰富；组织实施新疆新闻出版“东风工程”、新闻出版系统对口援藏援疆工作，设立民族文字出版专项资金，促进民族出版事业繁荣发展。

随着改革的不断深化，新闻出版业对内对外开放进一步扩大。就对内开放而言，国家积极引导民营资本和外资全面进入印刷、复制、发行和新媒体硬件制作等领域，鼓励民营文化工作室有序参与出版策划服务。2010 年，民营企业在全国 13.1 万家新闻出版企业中所占比重达 76.1%。在印刷复制企业中，民营企业总产出、增加值、营业收入和利润总额中所占比重分别为 86.3%、84.3%、86.1% 和 84.4%。在出版物发行企业中，民营企业总产出、增加值、营业收入和利润总额中所占比重分别为 61.1%、63.6%、61.8% 和 66.0%。[①] 就对外开放而言，新闻出版业走出去的方式和渠道极大拓展，以创造和输出版权、国际传播力工程、“经典中国”国际出版工程、中国图书对外推广计划、文化产品和服务出口重点企业与重点项目奖励计划等工程或项目为平台，扎实推进产品、服务、渠道、资本走出去。截至 2010 年，中国图书和期刊等出版物发行已进入世界 193 个国家和地区的公共图书馆，报刊发行覆盖 80 多个国家和地区。版权贸易逆差逐年缩小。经过 10 年努力，中国出版物版权贸易逆差大为改观，从 2003 年的 15 ：1 缩小到 2012 年的 1.9 ：1。新闻出版实物产品出口保持持

① 参见范卫平：《新闻出版体制改革的实践与探索》,《中国出版》2012 年第 1 期。

续增长，2011 年累计出口金额 7396.6 万美元，比上年增长近一倍，2012 年超过 1 亿美元。中国印刷服务贸易顺差明显。印刷服务出口企业对外加工贸易达 680.09 亿元，珠三角、长三角、环渤海三大印刷产业带已经成为全球重要的印刷加工基地。

新闻出版业的改革与开放，带来新闻出版事业的繁荣、产业的发展和整个行业传播力、竞争力的大跨越。新闻舆论对社会的影响最直接、最迅速、最广泛。中共十六大以来，新闻媒体在总量、种类、传播方式和手段等方面有很大进步，时效性、公信力、影响力大大增强。中央有关部门先后出台《关于进一步加强和改进舆论监督工作的意见》《突发公共事件新闻报道应急办法》等文件，要求加强舆论监督的社会功能，对违法违规行为、党和政府政策落实情况、社会丑恶现象、食品生产安全、侵害群众利益行为以及党员干部违纪批评等方面进行舆论监督；要求高度重视重大突发事件的新闻报道，在重大问题上不缺位，在关键时刻不失语，抢占舆论制高点。在应对新疆“七五”事件、防控重大疫情、处置重大安全事故等突发事件的报道方面，中央媒体发布权威消息，报道最新动态、刊发评论文章，引导国内外舆论，既尊重了群众的知情权，又有效引导了舆论。在互联网迅猛发展带来传播手段变化的情况下，短短十几年间，人民网、新华网、央视网等一批媒体网站、门户网站，发展成为具有较大影响力的知名网络媒体，成为我国新闻事业的重要组成部分。互联网上中文信息量快速上升，中文网页已达 336 亿个，全球互联网上的汉语内容占到网上信息总量的 20% 左右，汉语网站访问量在全球各语种网站访问量排名中位居第二[①]。截至 2012 年，中国图书出版品种和日报总发行量已居世界第一位，电子出版物总量居世界第二位，印刷业总产值居世界第三位。互联网出版、动漫游戏出版、手机出版等新的业态发展迅猛。数字出版产业快速增长，营销收入 2011 年达 1377.9 亿元。同年数字出版产业总收入占新闻出版业总收入的比例已接近 10%。新闻出版行业作为文化产业主力军、国民经济新亮点的作用已经凸显。据初步统计，2011 年包括出版、印刷

① 参见《举世瞩目的中国互联网发展成就》，2010 年 6 月 8 日。

复制和发行服务业在内的新闻出版全行业总销售收入达 1.45 万亿元[①]。中国已成为名副其实的出版大国。

新闻出版体制改革在新世纪取得重要进展，但经营性出版单位转企改制任务完成后，按部门、按行政区划分配新闻出版资源的传统体制没有完全改变，文化市场条块分割、地区封锁、城乡分离的格局需要进一步打破，非时政类报刊的转企改制有待升级，出版业的数字化转型、新闻出版的舆论引导功能需要进一步加强，尤其是主流文化如何占领新兴媒体阵地，国有文化企业如何把社会效益放在首位，实现社会效益和经济效益相统一，是中国传媒业面临的新的重大课题。

二、广播影视业的转型升级

广电领域根据中央关于文化体制改革的总体部署和要求进行改革。2003 年，国家广电总局先后制定《广播影视体制改革试点工作实施方案》《关于促进广播影视产业发展的意见》《广播影视改革工作实施方案》，循序渐进地进行改革，推动广播电视从事业型向产业型转型，技术上从模拟数字技术体系向数字技术体系升级，功能上从传统媒体向现代传媒转变，电影的市场化改革更加开放。

广播电视是党和人民的喉舌，具有意识形态属性，同时日益显现出其经济特性和公共服务属性。广播电视改革在探索过程中把广播电视服务划分为三类：第一类是公益性广播电视服务，包括中央到地方各级广播电视新闻宣传和对外宣传以及少儿、农业、少数民族等满足人民群众基本文化需求的公共服务；第二类是经营性的，是新闻类节目外的节目制作、发行、付费广播电视业务、广告经营业务、有线网络传输及增值服务等；第三类是介于以上两者之间的，包括音乐、科技、体育、娱乐、影视等频率频道。这类服务含一定的意识形态内容，具有一定的公益属性，播出这些内容是事业性质，但节目制作等资源可由市场配置。对此，实行不同的改

① 参见李韶辉：《新闻出版体制改革突破藩篱激发活力》，《中国改革报》2012 年 9 月 27 日。

革和管理方式，公益性的服务，由政府主导，坚持事业性质，按照“增加投入、转换机制、增强活力、改善服务”的方针，实行内部体制改革，提高节目和服务质量，扩大覆盖面，满足广大人民群众听广播看电视的基本文化需求；经营性的，以市场为导向，坚持“创新体制、转换机制、面向市场、壮大实力”的方针，实行市场化、产业化改革，鼓励多样化和社会化发展，增强整体实力和竞争力；第三类则实行节目制作和播出分离的“制播分离”改革，节目制作按市场办法运作，电台电视台掌握节目终审权和播出权，严把播出关。2009 年 12 月 29 日，已有 26 年历史的国家级电视剧生产机构——中央电视台“中国电视剧制作中心”挂牌，成立“中国电视剧制作中心有限责任公司”，正式转变为企业，这是中国电视媒体推进制播分离，把可经营性资产市场化的重要标志。2010 年底，全国 70 家电视剧制作机构实现转企改制。[①] 广播电视的内部机制改革，部分节目的生产社会化，提高了广电节目的供给能力。

电影体制确立的是在生产和消费两个环节上都实行更加市场化的改革方案。一方面鼓励民资、港资投资院线建设，拉开以院线制为中心的电影产业化改革；另一方面在电影生产领域进一步降低投资门槛，打破“体制内”生产的封闭状态，吸引更多资金投入电影行业。2001 年 12 月，广电总局与文化部联合颁发的《关于改革电影发行放映机制的实施细则》，以资本或供片为纽带，加快结构调整，推进院线组建，推动国内影院完成数字化改造升级，截至 2012 年 5 月，国内 90% 以上的银幕具备了数字放映条件，IMAX、3D 设备广泛使用。[②]2004 年 1 月和 2009 年 3 月，广电总局先后发布《关于加快电影产业发展的若干意见》《关于深入推进电影改革发展的若干意见措施》，提出加快国有电影单位转制、推进股份制改造，大力扶持和推进国有电影制片厂、国有发行公司由事业性质转为企业性质，注册成为新的市场经营主体。2010 年，全国 35 家需转制的国有电影

① 参见刘习良主编：《中国广播电视改革发展十年回眸（2001 年—2010 年）》，中国国际广播出版社 2012 年版，第 20 页。

② 参见林莉丽：《院线制十年：助推产业“破茧成蝶”》，《中国电影报》2012 年 5 月 31 日。

制片单位及204家省级、地市级电影公司和293家电影院全部完成转企改制工作。①

电影体制改革使中国民族电影工业能够在好莱坞的“重压”之下存活并逐渐繁荣起来，电影票房连续10年保持25%以上的增长幅度。据美国电影协会2012年度报告的统计数据显示，中国2012年票房入账27亿美元，占全球票房比例近8%，超过日本（24亿美元，占比约7%），成为全球第二大电影消费国。

在推进广播影视企业的股份制改造时，中央及广电管理部门出台一系列新政策，鼓励企业上市融资，降低准入门槛，支持鼓励民营企业进入广电产业。截至2012年，有不少在A股上市的广电企业。这些企业，募集资金超过250亿元，主营业务涉及有线网络的7家、电影电视节目制作5家、广告2家、新媒体2家，其中，国有企业12家，民营企业4家。广播影视产业主体不断壮大，资本结构和投资主体实现多元化。

改革推动发展，十年来中国广播影视生产能力迅速提升。2010年，已成为世界第一大电视剧生产国、第三大电影生产国。2012年，全国共生产制作广播节目718.82万小时、电视节目343.63万小时。生产制作完成并获得发行许可证的电视剧总计506部17703集。制作完成国产电视动画395部、22.29万分钟。国产纪录片飞跃发展，全年中央电视台、中央新影集团、中国教育电视台和主要省级制作机构生产的纪录片总量达3000小时。电影总产量893部，其中，故事片745部、动画片33部、纪录影片15部、科教影片74部、特种电影26部。②

在规模扩张的同时，广播影视业坚持“三贴近”原则，大力实施精品战略，鼓励原创、奖励精品，加强创作引导，重点扶持重大革命和历史题材，农村、少儿、少数民族题材，推出了一批优秀作品。以领袖伟人为题材的《长征》《解放》《毛泽东与齐白石》《周恩来的四个昼夜》，反映重

---

① 参见庞井君主编：《中国广播电影电视发展报告（2011）》，社会科学文献出版社2011年版，第88页。

② 参见庞井君主编：《中国广播电影电视发展报告（2013）》，社会科学文献出版社2013年版，第6—7页。

大历史事件的《建国大业》《建党大业》《忠诚与背叛》《辛亥革命》，以及颂扬平凡人不凡品质的《军歌嘹亮》《生死罗布泊》《转山》等，反映了创作者的叙事水平和艺术表达的能力，不仅为主流影片赢得了声誉，而且取得了可观的经济效益，《建国大业》票房为 4.5 亿元、《唐山大地震》票房达 6.6 亿元。主旋律影片叫好又叫座。

面对技术的变革和消费市场的迅速扩张，中国电影迅速调整，创新创作观念，丰富和完善电影的产品结构体系，初步形成了多品种、多类型、多样化的中国电影创作格局。中国的商业大片从本土文化中吸纳养分，借鉴国际先进电影经验，取得佳绩。最典型的是张艺谋在 2002 年导演的《英雄》，采用强大明星阵容，运用中国的武侠表现和唯美的画面与音乐，满足了中国和全球观众的需要，在全球引发轰动，进入国际市场，内地票房 2.5 亿元人民币，全球票房 1.77 亿美元。《英雄》的成功建立了中国大片的电影架构。他之后导演的《十面埋伏》《千里走单骑》和《满城尽带黄金甲》等电影同样吸引了全球化时代大众消费的电影观众，开启中国电影的“大片时代”，并多次获得国际电影节大奖。加上陈凯歌的《无极》、冯小刚的《夜宴》《集结号》等，中国大片的模式已经确立。

变动不居的大时代对于艺术创作者有着强烈的吸引力，现实主义题材无疑最能吸引观众。不少中国电影人将现实主义的创作手法上升为一种自觉。从《搜索》到《失恋 33 天》《钢的琴》《杜拉拉升职记》《桃姐》《神探亨特张》等影片，尽管它们探讨的话题、表现的手段各不相同，电影风格或写实、或悬疑、或批判，但相同的是将镜头对准转型期普通人的生活状态和现实困境，以充满温情的目光发现个体命运、揭示人性挣扎、表达人文关怀。尽管中国商业类型片在制作规模、营销规模上还很难与好莱坞电影正面对抗，但是电影观众的本土经验、当下情感是国产电影立足的根基。现实主义的集体崛起，凸显中国电影整体创作水准的提高和电影人文化自觉的意识，并努力将艺术与商业兼顾。其中，还有一大批年轻导演的中小成本的影片，给中国电影带来多样化的面貌。第六代导演贾樟柯、陆川等在电影界崭露头角。2006 年贾樟柯凭借《三峡好人》荣获威尼斯国际电影节金狮奖及洛杉矶影评人协会奖最佳外语片奖，2010 年在洛迦诺国际电影节被授予终身成就金豹奖，成为有史以来获此殊荣最年轻的电影人。陆川 2002 年编剧、导演电影处女作《寻枪》，电影《可可西里》《南京！南京！》先后获得多项国内外大奖。

中国电影作品越来越多，不足的是，有些大制作电影在画面造型、影音风格方面已接近国际大片水准，满足了视听感官享受，但是影片的故事架构、人物塑造较为粗糙，能让观众身心、灵魂为之震撼的精品力作不多，整体电影创作质量不高，质与量的发展没有同步。

国产电视剧题材广泛，风格多样，形式不断出新。以《亮剑》《闯关东》《士兵突击》《长征》《潜伏》《金婚》等为代表的优秀电视剧作品，所表达的思想内容、审美取向和情感格调，影响了亿万人。《故宫》《舌尖上的中国》等是优秀纪录片的代表，《小鲤鱼历险记》《喜羊羊与灰太狼》等是优秀动画片的代表。广播电视新闻传播不断创新，广播电视舆论引导力和社会影响力显著提升。中央电视台建立新闻报道快速反应机制，创造性地开展汶川地震、玉树地震、舟曲泥石流灾害等重大突发事件直播报道，取得良好社会效果。广播电视国际传播能力明显加强，中国国际广播电台使用 61 种语言对外播出，中央电视台初步建立覆盖全球的新闻采编播发网络，国际频道海外用户量超过 1.6 亿。但目前广电节目生产存在两个问题：一是节目品种、数量严重不足，节目雷同现象普遍；一是结构严重失衡，以电视剧和娱乐性的综艺节目为主，内容娱乐过度。广电领域开始的制播分离改革宜扩大，使新闻之外的节目生产社会化，提高节目供给能力，改变总量不足和结构失衡问题。

三、文艺创作丰富多样

文艺历来是陶冶人们道德情操、抒发人类美好理想、丰富人们艺术享受、推动社会发展进步的一个重要领域。新世纪，中共中央保持文艺方针政策的稳定性和连续性，文艺如何反映时代，引导汇聚向上向善的力量，仍然是执政党的要求和许多文艺工作者的追求。

2006 年在中国文联第八次全国代表大会、中国作协第七次全国代表大会上，胡锦涛强调，繁荣社会主义先进文化，建设和谐文化，是广大文艺工作者的庄严使命。他要求一切有理想有抱负的文艺工作者，都要担当起时代赋予的神圣使命，积极投身讴歌时代的文艺创作活动。“只有与时代同步伐，踏准时代前进的鼓点，回应时代风云的激荡，领会时代精神的本质，文艺才能具有蓬勃的生命力，才能产生巨大的感召力。”[①] 他提出，文艺要坚持以人为本，坚持以人民为中心的创造导向。一切有理想有抱负的文艺工作者，都要密切同人民群众的血肉联系，积极反映人民心声。广大文艺工作者要坚持以人为本，坚持以最广大人民为服务对象和表现主体，为人民放歌，为人民抒情，为人民呼吁；要贴近实际、贴近生活、贴近群众，不断创作出让人民满意的优秀作品，满足人民群众多层次、多样化、多方面的精神文化需求。中共中央要求文艺讴歌时代、讴歌人民，与时代同步，以人民为中心，为建设社会主义先进文化建功立业，这种要求与思路是一以贯之的，只是增添了时代色彩。

在改革创新的国家发展背景下，中共中央要求文艺界解放思想、实事求是、与时俱进，大力推进文艺观念、内容、风格、流派的积极创新，大力推进文艺体裁、题材、形式、手段的充分发展，创作出更多具有中国特色、中国风格、中国气派的优秀作品，不断增强文艺的时代感和吸引力。在社会主义市场经济深入发展的环境下，领导人强调文艺工作者引领社会进步的职责，“文艺工作者要做到德艺双馨，积极履行人类灵魂工程师的职责”，要加强学习、加强修养，倡导真善美，鞭挞假恶丑，积极传播先进文化，弘扬人间正气，塑造美好心灵，风成化习，果行育德，为人民奉献最好的精神食粮，努力以自己的作品丰富人民群众的精神生活、提高人民群众的精神世界。[②]

在中国文学艺术的发展中，文学是艺术的基点，虽然 20 世纪 90 年代以来，因为文艺样式的丰富，文学不再是文艺的中心，但其生产和消费规模依然宏大。文学创作整体活跃，作品数量在世界名列前茅。2002

---

①《十六大以来重要文献选编》（下），中央文献出版社 2011 年版，第 754 页。

② 参见《十六大以来重要文献选编》（下），中央文献出版社 2011 年版，第 756、757 页。

年至2007年，平均每年出版长篇小说1000部左右。[①]2008年后快速增长，2011年长篇小说出版已达4300部。在这些作品中，不乏弘扬主旋律、反映时代精神、表达人民心声和愿望的优秀作品。张平的长篇小说《国家干部》直面因深化改革而日益尖锐的干群矛盾，成功塑造一位刚正不阿、执政为民的党员干部形象，同时又热情地讴歌了人民群众的力量。周梅森的《国家公诉》、陆天明的《高纬度战栗》、吕雷和赵洪的《大江沉重》也是颇有影响力的"改革文学"代表作。周大新的《湖光山色》、孙惠芬的《上塘书》等文学作品，再现当代中国农村发生的巨大变革。方南江的《中国近卫军》、苗长水的《超越攻击》、欧阳黔森和陶纯的《雄关漫道》等是军事文学的可喜收获。徐贵祥的《八月桂花遍地开》、都梁的《狼烟北平》、张者的《零炮楼》等，表现抗日战争的悲壮历史，弘扬爱国主义、英雄主义，充分体现了中国作家的历史使命感。[②]迟子建的《白雪乌鸦》、张者的《老风口》、张宇的《足球门》等，都因其现实意义而引起广泛关注。莫言的《生死疲劳》、贾平凹的《秦腔》等作品，则体现鲜明的民族特色。长篇报告文学和纪实文学作品在新世纪继续承担着记录当代中国变迁的使命，仅在2010年就出版700多部。[③]在三峡工程建设、西气东输工程、青藏铁路建设、抗击"非典"、抗击汶川特大地震灾害等重大题材方面都产生了较高质量的作品。散文热潮在新世纪有所回落，题材除了历史文化视角的大散文，写自然变化、环境问题的生态散文也渐成气候，引起人们的广泛关注。优秀的作品有李存葆的《大河遗梦》、王充闾的《沧桑无语》、梁衡的《把栏杆拍遍》等。

随着文化市场的成熟、文化的大众化和新兴媒体的普及，新世纪的文学发展出现"一分为三"的新格局：以文学期刊为阵地的传统型文学，在守望中继续坚持；以市场运作为手段的市场化文学（或大众化文学），

① 参见欣望：《队伍大团结 创作大繁荣 事业大发展——十六大以来我国文学事业成就综述》,《文艺报》2007年10月13日。

② 参见欣望：《队伍大团结 创作大繁荣 事业大发展——十六大以来我国文学事业成就综述》,《文艺报》2007年10月13日。

③ 参见陈原：《十七大以来，我国文学艺术事业发展欣欣向荣，取得新进展、新成就面向人民回报沃土》,《人民日报》2011年11月17日。

在探索中不断铺展；以网络传媒为平台的新媒体文学，在分化中强势繁衍。传统型文学是主流，体现着一个时代文学和精神的最高水平，频频获得各种奖项。在 2011 年由联合国评出的全球十大图书中，著名的儿童文学作家郑渊洁写作的《皮皮鲁总动员》与英国作家 J.K. 罗琳的《哈利波特》并列第四。面向市场创作的，有以韩寒、郭敬明等为代表人物的“青春文学”，拥有众多的年轻读者，作品发行量都超过百万册。2010 年作家稿费收入排行榜上，儿童文学作家杨红樱以 2500 万元名列榜首。作家与影视行业的联系越来越密切，作家成为影视文学创作的主力军。

网络文学在新世纪迅猛发展，影响日增。互联网广泛应用和智能手机迅速普及导致大量新媒体涌现，使得文学作品的创作、发表、流通、阅读更加便利，除了作品总数增长快、存量大，作品构成多样化、类型多之外，网络文学还具有参与人数广泛、受众人群众多的特点，从而成为当今中国文坛最为庞大的文学存在。一度低迷的诗歌写作，也因网站这个载体获得新的生机，“网络诗歌”盛行。截至 2011 年 12 月底，经常更新的文学网站超过 500 家；以不同形式在网络上发表过作品的人数量高达 2000 万人，其中注册网络写手 200 万人，他们打破文体界限，进行跨文体写作，通常以类型化的形式呈现，比如网游、都市、穿越、悬疑、玄幻等。2012 年文学网民人数 2.27 亿，在某种意义上开辟了全民文学模式，还带动了动漫、游戏、影视的发展。但网络文学与中国社会及时代同构，由于读者参与互动，作者及时回应读者的情感和娱乐需求，所以受到欢迎；同时，网络文学具有文学性与商业性的双重身份，网络文学的主要媒介平台是商业性网站，有市场驱动的属性，存在低级、庸俗、媚俗的现象，急需加强扶持、引导和进行必要的管理，促使其健康发展。

精品力作是一个时代文艺繁荣发展的根本标志。中共十六大以来，除继续实施精神文明建设“五个一工程”，文化部、财政部先后启动实施“国家舞台艺术精品工程”“国家重大历史题材美术创作工程”等文化精品工程引导文艺创作，同时推动大型国有艺术院团发挥示范导向作用，推动产生了一大批展示中国特色、反映时代风貌、思想性艺术性观赏性俱佳的精品力作。如山西省话剧院创作的话剧《立秋》，通过描写山西“丰德票号”的历史变迁形象地展现“诚信为本”的商业道德理念。该剧自2004年首演以来共演出600场，观众达60多万人次，创造了中国主流话剧演出的奇迹。“国家舞台艺术精品工程”自2002年开始，实施10年，推出100部精品剧目，资助200多部优秀舞台作品[①]，涌现出京剧《廉吏于成龙》、川剧《金子》、豫剧《程婴救孤》、眉户戏《迟开的玫瑰》、越剧《梁山伯与祝英台》、话剧《生命档案》和《这是最后的斗争》等一批代表舞台艺术发展最高水平的精品剧目。“国家重大历史题材美术创作工程”自2004年起实施，2009年9月顺利完成，共有104件作品入选。作品以艺术形式生动再现了中国波澜壮阔的新民主主义革命和社会主义革命、建设的历史，较好地实现了历史和艺术的结合。上述作品于2009年9月至10月在中国美术馆展出，之后又在深圳、杭州、武汉、香港等10个城市进行巡展，观众近百万人次。“国家昆曲艺术抢救、保护和扶持工程”自2005年启动实施，至2012年5月共资助和扶持了全国7个昆曲院团整理、恢复和创作演出了52台剧目和200出折子戏，成功举办了四届中国昆剧节，开展公益性演出800余场，资助昆曲院团赴11个国家演出100场。[②]《长生殿》《公孙子都》等一批剧目受到好评，其中青春版《牡丹亭》剧目连续演出200场，在海内外掀起一股“昆曲热”。此外，还实施“国家美术作品收藏和捐赠奖励工程”“国家重点京剧院团保护和扶持规划”“国家美术发展工程”“中国民族音乐发展和扶持工程”“中国杂技艺术振兴规划（2011—2015）”等国家重点艺术工程和发展扶持规划，推动各个艺术门类不断涌现精品力作。

2009年，文化部等部门联合创作排演庆祝新中国成立60周年大型音乐舞蹈史诗《复兴之路》，用36个节目、3200人的主创和演员阵容，恢宏地再现中华民族在危难中奋进、在拼搏中崛起的伟大历程。这部史诗被誉为继大型音乐舞蹈史诗《东方红》《中国革命之歌》之后，又一座既有厚重历史感又充满强烈时代精神的艺术丰碑。在2008年北京奥运会期间、

---

① 参见谌强：《树立艺术创作标杆 增加当代文化积累——国家舞台艺术精品工程10年推出百部精品》，《光明日报》2013年1月6日。

② 参见《艺术创作繁荣发展 激情谱写时代华章》，《中国文化报》2012年5月17日。

2011年建党90周年、辛亥革命100周年等重大时间节点，文化部等都举办重大主题演出和展览活动，推出一大批弘扬主旋律、振奋民族精神的优秀艺术作品。国家优秀保留剧目演出制度的建立，中国艺术节、中国京剧艺术节、国家艺术院团优秀剧目展演、全国民营艺术院团优秀剧目展演、全国儿童剧优秀剧目展演、全国地方戏展演、全国杂技（魔术）比赛展演等活动的持续举办，"文华奖"等文艺评奖活动的不断改进和完善，推动话剧、京剧、儿童剧、戏曲、杂技、舞蹈、音乐、音乐剧、舞剧、歌剧、美术等艺术门类创作的繁荣和发展，丰富了广大人民群众的精神食粮。

政府还大力倡导还戏于民，即为民写戏，把目光投向普通百姓的平凡生活，同时鼓励民营、民间化。在上海，反映都市白领生活百态的"白领话剧"很受欢迎。在北京，孟京辉的先锋戏剧探索引人注目。在农村，民营剧团已撑起了演出市场的一片天，丰富了基层群众的文化生活。但与巨大社会转型中的文化期求相比，中国的文学艺术还需要提升品质，加强建设性，发挥文化的引领作用。

第四节　科教体育事业的创新发展

新世纪以来，建设创新型国家战略上升为国家战略，借助政府的强力推动，中国科技发展进入一个重要的跃升期，取得显著的成就。中国教育继续坚持优先发展战略，并确立了建设人力资源强国的教育发展目标，通过深化教育改革，促进教育公平，提高教育普及水平，努力提高教育质量。中国体育以筹办北京奥运会为契机，实现了全面、快速发展，群众体育蓬勃，竞技体育整体水平跃居世界先进行列，体育产业成长为国民经济和社会生活的重要组成部分。

一、提高自主创新能力建设创新型国家

进入新世纪以来，国民经济保持高速增长的同时，也暴露出隐忧：廉价劳动力的"比较优势"，使中国在全球化的产业价值链上处于低端；消耗原材料和能源大量制造出口产品，使经济增长付出了沉重的资源环境

代价；核心技术受制于人，使关键技术和设备大部分依赖进口。与此同时，全球经济的发展已由资源、资本驱动向创新驱动转变。为实现中国经济社会的可持续发展，提高国家竞争力，加快科技进步就成为中国发展的一个重要课题。

2002 年召开的中共十六大提出“制定科学和技术长远发展规划”的任务。2003 年 3 月，新一届国务院组成后举行的第一次会议，即决定着手研究制定国家中长期科学和技术发展规划。11 月，胡锦涛在庆祝中国首次载人航天飞行圆满成功大会上讲话，提出“必须坚持以科技进步和创新为先导，努力实现技术发展的跨越”“必须坚持自主创新的方针，牢牢掌握尖端技术发展的主动权”[①]。2006 年 1 月，中共中央、国务院召开全国科学技术大会，正式提出坚持走中国特色自主创新道路，建设创新型国家的号召，发布《国家中长期科学和技术发展规划纲要（2006—2020 年）》，明确“自主创新，重点跨越，支撑发展，引领未来”的新时期科技工作方针，对未来 15 年中国科技发展作出全面规划和部署。中共十七大进一步提出把提高自主创新能力、建设创新型国家作为“国家发展战略的核心”“提高综合国力的关键”[②]。自主创新成为科学发展的实践载体，是为抢占新一轮经济和科技发展制高点作准备。这反映中国建设创新型国家战略在社会主义现代化建设中举足轻重的地位。

创新型国家战略是对科教兴国战略和可持续发展战略所确立的以技术创新为核心的战略结构的深化和系统化，它“将技术创新内核提升转变为更完整的创新系统的核心结构，从着重创新要素投入的初期模式转换为以创新能力培养为目标的高级阶段”。[③]《发展规划纲要》对未来 15 年的科学技术发展所做的总体部署是：第一，立足中国国情和需求，确定能源、水产和矿产资源、环境、农业、制造业、交通运输业、信息产业及现代服务业、人口与健康、城镇化与城市发展、公共安全 10 个国民经济和社会发展的重点领域，并从中选择 68 项优先进行重点安排。第二，瞄准国家

①《十六大以来重要文献选编》（上），中央文献出版社 2011 年版，第 490—491 页。
②《十七大以来重要文献选编》（上），中央文献出版社 2009 年版，第 17 页。
③《中国科技发展 60 年》，科学技术文献出版社、科学出版社 2009 年版，第 346 页。

目标，进一步突出重点，筛选出若干重大战略产品、关键共性技术或重大工程作为重大专项，争取实现跨越式发展，填补空白。共安排了核心电子器件、高端通用芯片及基础软件等16个重大专项。第三，应对未来挑战，重点安排生物技术、信息技术、新材料技术、先进制造技术、先进能源技术、海洋技术、激光技术、空天技术8个技术领域和27项前沿技术、18个基础科学问题，并提出实施蛋白质研究、量子调控研究、纳米研究、发育和生殖研究4个重大科学研究计划。第四，就深化体制改革、完善政策措施、增加科技投入、加强人才队伍建设作出安排。其中科技体制改革的重点任务是：支持鼓励企业成为技术创新主体，深化科研机构改革、建立现代科研院所制度，推进科技管理体制改革，全面推进中国特色国家创新体系建设。国家创新体系建设包含五个重点：一是建设以企业为主体、产学研结合的技术创新体系；二是建设科学研究与高等教育有机结合的知识创新体系；三是建设军民结合、寓军于民的国防科技创新体系；四是建设各具特色和优势的区域创新体系；五是建设社会化、网络化的科技中介服务体系。

为实施《规划纲要》，加快推进建设创新型国家的系统工程。2006年2月，国务院发布《实施〈国家中长期科学和技术发展规划纲要（2006—2020年）〉的若干配套政策》，推出包含科技投入、税收激励、金融支持、政府采购等10个方面的60条配套政策。4月开始，科技部、发改委、财政部等16个部门研制《配套政策》实施细则。10月，科技部、发改委发布《国家"十一五"科技发展规划》。与此同时，改革完善管理制度。2006年，科技部先后发布《关于国家科技计划管理改革的若干意见》《国家高技术研究发展计划（"863计划"）管理办法》《国家重点基础研究发展计划管理办法》和《国家科技支撑计划管理暂行办法》，保障各计划项目的顺利启动。各地结合实际研究制定科技发展规划。2010年，国务院《关于加快培育和发展战略性新兴产业的决定》推出，就重点培育和发展节能环保、新一代信息技术、生物、高端装备制造、新能源等七大战略性新兴产业作出全面部署，全力予以推进。科技部加快实施技术创新工程，突出产业技术创新战略联盟、技术创新服务平台和创新型企业三大载体，大力支持企业提高自主创新能力。2011 年 7 月，科技部发布《国家“十二五”科学和技术发展规划》，就继续全面推进国家创新体系建设作出部署。7 月 26 日，科技部、教育部等联合发布《国家中长期科技人才发展规划（2010—2020 年）》，推动建设人才强国，为实现建设创新型国家提供科技人才保证。2012 年 9 月，中共中央、国务院发布《关于深化科技体制改革加快国家创新体系建设的意见》。

政府强力推进创新战略。“十一五”期间，全社会的创新投入显著增加，2010 年达到 6980 亿元，是 2005 年的 2.8 倍。国家财政科技投入年均增长 20% 以上。科技资源总量增加。国家（重点）实验室共新建 114 个，总数达 387 个，其中，新建国家工程实验室 91 个。国家企业技术中心发展到 575 个。一批标志性的重大科技基础设施、大科学工程建设完成。科技基础条件平台建设得到加强，有力促进了科技资源整合共享。自主创新能力和科技实力大幅度提升。“十一五”期间，16 个科技重大专项全面实施，取得重要阶段性成效。重点领域初显跨越发展态势，取得了载人航天、探月工程、超级计算机、超级杂交水稻、高速铁路、实验快堆、量子通讯、铁基超导、载人深潜、诱导多功能干细胞等一批标志性重大成果。科技发展对社会经济的支撑引领作用日益凸显。科技创新在支撑重点产业振兴、有效应对国际金融危机中作出积极贡献，为三峡工程、青藏铁路、西电东送等重大工程以及北京奥运、上海世博等重大活动提供重要支撑，在抗震救灾、粮食安全和应对气候变化中发挥了关键作用。

国家高新区成为高新技术产业发展的重要力量，2010 年 27 家省级高新区升级为国家高新区，国家高新区总数达到 83 家，国家高新技术产业总产值年均增长 17% 以上，2010 年达 7.6 万亿元。全国技术市场合同交易总额年均增长 20%，2010 年达 3906 亿元的规模。

自主创新环境不断优化。《科学技术进步法》修订实施，《规划纲要》配套政策加快落实，国家中长期人才、教育规划相继出台，知识产权战略实施力度明显加强。科技体制改革不断深化，国家创新体系建设取得重要进展。技术创新工程深入实施，知识创新工程试点取得明显成效，各具特色的区域创新体系不断完善，科技中介服务能力不断增强，军民融合的国防科技创新体系建设稳步推进。科技与金融结合更加紧密。科技对外开放不断拓展，国际科技合作进一步加强。创新文化和科研诚信建设得到重视，科普工作广泛开展，全社会关注创新、支持创新、参与创新的氛围正在形成。

经过几十年的建设，中国拥有了丰富的科技人力资源。2010 年，中国科技人力资源总量达 5700 万人，位居世界首位，10 年来年均增长 8.6%。①2011 年，全国研发人员达 280 万人，继续位居世界首位。② 人才结构上，老一辈科学家老当益壮。袁隆平、孙家栋、王永志、王振义、吴孟超、李振声、吴良镛、屠呦呦等依然在各自的领域默默耕耘。科技人才不断涌现，日益成为创新创业的主力军。在中科院庞大的科技队伍中，45 岁以下的年轻人已占 60%；在“天河”超级计算机创新团队中，挑大梁的是 30 岁至 45 岁的年轻人；在载人航天科研队伍中，骨干人员的平均年龄只有 40 岁。中青年科技人才已成为科研队伍的主体，45 岁以下中青年科研人员约占研究队伍总人数的 80%，科技队伍人才“断层”的现象基本消除。

上述努力推动中国创新能力稳步提升。根据中国科学技术发展战略研究院 2013 年发布的《国家创新指数报告》，2012 年中国科技研发经费总量和研发人员总量分别位居世界第 3 位和首位，研发经费投入占全球份额由 2000 年的 1.7% 迅速提高到 11.7%，与美国、日本的差距进一步缩小。发表国际科技论文数量位居世界第 2 位，国内发明专利申请量和授权量分别位居世界首位和第 2 位。科技进步对经济社会发展贡献率达到 52.2%，研发经费投入强度达到 1.98%，逐步接近创新型国家水平。中国企业创新在国际上排名第 15 位，企业研发经费投入规模居世界第 3 位。其中，中国联想集团、华为、中兴等科技企业创新强劲，华为 2012 年的研发经费高达 299 亿元。总体上衡量，2012 年中国国家创新指数排名在全球 40 个主要国家中升至第 19 位，创新能力在金砖国家中排名第一，标

① 参见《2010 中国科学技术发展报告》，科学技术文献出版社 2011 年版，第 59 页。

② 参见陈磊：《自主创新引领中国——十六大以来我国科技发展成就综述》，《科技日报》2012 年 6 月 6 日。

志着中国科技创新有了较大的进步。同时，不能忽视一个现实困境，即长期以来中国科技成果转化率始终在10%左右的低水平徘徊，发达国家转化率在40%左右，差距巨大。迫切需要改变投入拉动的粗放模式，破除体制障碍，遵循科技发展的客观规律，反对急功近利；在管理体制上，需要治“散”，改变政出多门、各自为政，既分散了有限资金的使用，也使很多项目重复，甚至是低水平的重复建设的弊病；实行严谨有效的科学评估和监管，提高科研质量。

二、教育实现跨越式发展

20世纪90年代，中共中央已将“把教育摆在优先发展的战略地位”写入报告。中共十六大以来，在经济社会发展规划中优先安排教育发展，公共财政优先保障教育投入，教育发展指标纳入党政领导干部考核体系、列入“一把手”工程，为贯彻优先发展教育的重大方针提供切实的保障。2002年6月，中共中央办公厅、国务院办公厅发布《2002—2005年全国人才队伍建设规划纲要》，提出实施人才强国战略、走人才强国之路的战略决策，把中国由人力资源大国变成人力资源强国。2006年8月，胡锦涛在十六届中央政治局第34次集体学习时讲话指出，必须坚定不移地实施科教兴国战略和人才强国战略，切实把教育摆在优先发展的战略地位，推动教育事业全面协调可持续发展，努力把中国建设成为人力资源强国，为全面建设小康社会、实现中华民族伟大复兴提供强有力的人才和人力资源保证。中共十七大报告进一步把建设人力资源强国确立为教育发展的长期目标。

体制改革仍然是教育发展的杠杆。2001年5月，国务院颁布《关于基础教育改革与发展的决定》，明确规定农村义务教育实行“在国务院领导下，由地方政府负责、分级管理、以县为主”的体制。这就明确了各级政府特别是县级政府对农村义务教育管理和投入的责任，是确保农村义务教育投入、促进农村教育事业持续健康发展的治本之策。2003年9月，国务院发布《关于进一步加强农村教育工作的决定》，要求落实农村义务教育“以县为主”管理体制，各级政府要保障农村义务教育投入，建立和完善农村中小学教职工工资保障机制，建立健全农村中小学校舍维护、改造和建设保障机制，确保农村中小学校公用经费。2006 年全国人大常委会对《中华人民共和国义务教育法》进行修订，把义务教育经费全部纳入政府财政保障范围，从政策上、制度上和法律上巩固完善农村义务教育保障体系。

素质教育仍然是教育改革的一个重点。素质教育是 20 世纪 80 年代提出的，1999 年全国教育工作会议之后全面展开。中共十六大以来，素质教育的内涵明确为坚持德育为先、能力为重、全面发展。在实施素质教育过程中，涌现出湖南汨罗、安徽铜陵、山东潍坊、江苏南通、辽宁鞍山、深圳南山、上海闵行等地的典型经验，主要是学生课业“减负”，保证小学生每天睡眠 10 小时、初中生 9 小时、高中生 8 小时，开展阳光体育运动，加强思想政治教育和社会实践能力培养等。

教育规模扩大的同时，提高教育质量是关键。2010 年 7 月，中共中央、国务院印发《国家中长期教育改革和发展规划纲要（2010—2020 年）》，明确把提高质量作为教育发展改革的核心任务，树立以提高质量为核心的教育发展观，注重教育内涵发展。《规划纲要》以人才培养体制、考试招生制度、现代学校制度、办学体制、管理体制、扩大教育开放为重点，对教育体制改革进行系统设计，并提出推进政校分开、管办分离、逐步取消实际存在的行政级别和行政化管理模式，探求“去行政化”之路。为加强指导，国务院成立以刘延东为组长，包括中组部、中宣部、教育部等 20 个部门相关领导参加的国家教育体制改革领导小组，审议教育改革发展的重大方针和政策措施，研究部署、指导实施教育体制改革工作，统筹协调教育改革发展中的重大问题。10 月 24 日，国务院办公厅印发《关于开展国家教育体制改革试点的通知》，安排学前教育体制机制改革、义务教育均衡发展等 10 个专项改革试点，基础教育综合改革、职业教育综合改革、高等教育综合改革、民办教育综合改革 4 个重点领域的综合改革试点。选择北京、上海、安徽、广东、云南、新疆、深圳作为省级政府教育统筹综合改革试点，探索深化教育管理体制改革，探索政校分开、管办分离的实现形式，统筹推进各级各类教育协调发展。基础教育综合改革是希望改变用单一的考试和升学指标评价学校，建立促进学生全面发展的中考招生制度，并促进义务教育的优质均衡发展。

新世纪教育重点是提高普及水平，推进教育公平。2002年底，“两基”人口覆盖率为91%，但西部地区教育发展总体水平仍然偏低，人均受教育年限仅有6.7年，比全国平均水平低1.3年；“两基”人口覆盖率仅77%，低于全国14个百分点；15岁以上文盲、半文盲人口占总人口的比重为9.02%，高于全国2.3个百分点。为解决这一问题，2004年启动国家西部地区“两基”攻坚计划，于2007年底如期完成。2008年底，全国实现“两基”的县（市、区）为2831个，占全国总县数的99.1%，全国“两基”人口覆盖率达到99.3%。2006年，国家开始对西部农村地区义务教育阶段学生免除学杂费，补助学校公用经费，免费提供教科书，补助寄宿生生活费。2008年秋，免除城市义务教育阶段学杂费在全国范围内实施，覆盖全国城乡1.6亿名义务教育阶段学生。为推进义务教育均衡化发展，2011年教育部与27个省市自治区和新疆生产建设兵团签署备忘录，明确义务教育均衡发展的时间表和路线图。2012年，中央财政在集中连片困难地区启动实施农村义务教育学生营养改善计划，受益学生达2600万人。2011年，全国进城务工人员随迁子女1261万人实现就地入学，进城务工人员子女受教育的权利在很大程度上得以实现。

由于民族教育保障措施不断加强，经费投入持续增加，以及教育对口支援工作，民族教育发展水平显著提高，少数民族人才培养成效显著，双语教育取得较大发展。2011年，全国各级各类学校中少数民族在校学生总数达到2372.12万人，比2002年增长19.17%。从2002年到2011年，少数民族在校生占全国在校学生总数的比例，普通小学从9.46%上升到10.52%，普通中学从7.4%上升到8.83%，普通高校从5.99%上升到6.67%。[①]第六次全国人口普查表明，15岁以上少数民族人口受教育程度增幅与全国平均水平相当，其中朝鲜族、蒙古族、满族等13个少数民族15

① 参见阿布都：《回顾十六大以来民族教育发展成就》，《中国民族教育》2012年第10期。

岁以上人均受教育程度高于全国水平。2011 年，全国各级各类少数民族学生比例超出全国少数民族人口自然比例。2000 年到 2010 年，少数民族文盲率大幅度降低到 9%，降幅高于全国平均水平。①

为推动教育的全面发展，在各级各类教育中进行补缺。学前教育是各级各类教育中的薄弱环节，主要表现为教育资源短缺、投入不足，师资队伍不健全，体制机制不完善，城乡区域发展不平衡，一些地方“入园难”问题突出。针对这一问题，2010 年，国家发改委在 10 个省份启动农村学前教育推进工程试点，规划建设幼儿园 416 所。2011 年试点范围扩大到中西部 25 个省份，规划建设幼儿园 891 所。全年中央财政投入学前教育经费达 30 亿元。11 月，国务院发布《于当前发展学前教育的若干意见》，启动实施学前教育三年行动计划，以多种形式扩大学前教育资源。学前教育覆盖率提高，一定程度上缓解了“入园难”的问题。

高中阶段教育接近基本普及。2012 年全国高中阶段教育（包括普通高中、成人高中、中等职业教育）学校共有 26868 所，在校学生 4595.28 万人，高中阶段毛入学率 85%，比上年提高 1 个百分点。职业教育取得突破性进展。2012 年，中等职业教育在校生 2113.69 万人，占高中阶段教育在校生总数的 46%。从规模上看，中等职业教育和高等职业教育差不多占到高中阶段教育和高等教育的半壁江山。职业教育办学思想实现重大转变，适应国家经济发展方式和产业结构调整的需要，明确“以服务为宗旨、以就业为导向”的办学方针，加快培养新兴产业和现代服务业急需的各类人才。2002 年中国高等教育进入大众化阶段，自 2004 年起，中国高等教育规模保持了世界第一的位置。2012 年，全国各类高等教育总规模达 3325 万人，高等教育毛入学率达 30%。全国共有普通高等学校和成人高等学校 2790 所，其中普通高校中本科院校 1145 所，全国共有研究生培养单位 811 个。在规模扩大的同时，一些高等学校的办学水平和教育质量明显提高，在国际高校中排名持续上升，国际交流日益扩大。

---

① 参见袁贵仁主编：《百年大计教育为本——党的十六大以来教育事业改革发展回顾（2002—2012）》，人民出版社 2012 年版，第 13—14 页。

三、竞技体育和全民健身全面发展

2001 年 7 月 13 日，中国北京在国际奥委会第 112 次全会上赢得 2008 年奥运会举办权，不仅圆了中华民族百年的奥运梦想，而且深刻地影响着新世纪中国体育的发展进程，中国体育以筹办北京奥运会为契机，促进体育全面、快速发展。

国家体育总局于 2000 年 12 月发布的中国第一个体育事业中长期规划——《2000—2010 年体育改革与发展纲要》，提出坚持竞技体育的“奥运战略”和群众体育的“全民健身战略”协调发展。竞技体育以在奥运会、亚运会等重大国际比赛取得优异成绩为目标部署竞技体育的发展重点，完善“举国体制”，提高中国在国际体坛上的竞争力。群众体育继续全面落实全民健身计划，突出强调青少年体育和提高国民素质的重要性，强调青少年体育以学校为重点、农村体育以乡镇为重点、城市体育以社区为重点的计划。北京赢得 2008 年奥运会举办权之后，适时完善体育发展战略。2002 年 7 月，中共中央、国务院发布《关于进一步加强和改进新时期体育工作的意见》，要求以举办 2008 年奥运会为契机，努力构建群众性的多元化体育服务体系；在管理体制方面，利用筹办 2008 年奥运会的有利时机，逐步理顺各级体育组织之间的关系，形成有利于体育事业发展的组织架构和适应社会主义市场经济要求的运作方式。11 月，中共十六大报告把提高全民族健康素质、形成比较完善的全民健身体系确定为全面建设小康社会的目标之一。

2006 年 7 月，国家体育总局发布《体育事业“十一五”规划》，提出坚持群众体育与奥运同行，在“十一五”期间，群众体育把重点放在农村，实施农民体育健身工程。竞技体育方面加强各级国家队建设，完善项目结构和布局，取得运动成绩和精神文明双丰收。2008 年奥运会成功举办后，中国体育发展站在了一个新的历史起点上。2010 年国家体育总局制定的《体育事业发展“十二五”规划》，提出以建设体育强国为目标，转变体育发展方式，建立和完善符合国情、比较完整、覆盖城乡、可持续的公共体育服务体系。

10 年来，群众体育蓬勃发展，竞技体育水平不断提高，在国际体坛上的竞争力增强，体育产业快速发展，体育科技、体育法制建设、体育人才建设、体育管理体制和运行机制改革都取得长足进步。

群众性体育全面推进。2001 年 8 月，国家体育总局发布《〈全民健身计划纲要〉第二期工程（2001—2010）规划》[①]，全面推进全民健身体系建设。2006 年 8 月，在全国 7 个省市 100 多所中小学进行学校场馆向社会开放试点，以支持全民健身运动的发展。各级学校先后提交了体育课比重和体育成绩考分校准。2006 年 11 月，国家体育总局与中央文明办、全国总工会、共青团中央、全国妇联等单位，联合推出 65 项“全民健身与奥运同行”大型系列活动。2008 年 8 月 8 日举行的北京奥运会取得圆满成功，极大地激发了亿万人民群众的体育热情，夯实了中国体育的社会基础。为继续发展群众体育事业，2009 年 1 月，国务院批准把每年的 8 月 8 日设立为“全民健身日”；8 月颁布《全民健身条例》，以实现全民健身的长效化、机制化。在这 10 年间，城乡居民体育健身意识普遍提高，体育健身活动广泛开展，群众体育组织不断加强，群众健身的环境和条件明显改善，参与体育健身活动人数大幅增加，国民体质显著增强。

竞技体育的整体水平提高。新中国成立以来，竞技体育以“举国体制”有效配置全国资源，创造了优异成绩为国争光。在新世纪，中国继续保持亚洲领先和奥运会上金牌数排名前列地位，连续在两届夏季奥运会和三届冬季奥运会上取得优异成绩，竞技领域得到拓展。2002 年 2 月，第 19 届冬季奥运会在美国盐湖城举行，杨扬在女子 500 米和 1000 米短道速滑比赛中夺得两枚金牌，实现中国在冬季奥运会上金牌“零”的突破。2004 年 8 月，刘翔在雅典奥运会男子 110 米跨栏比赛中，以 12 秒 91 的成绩获得冠军并打破奥运会纪录、平世界纪录。他是中国体育田径史上、也是亚洲田径史上第一个集奥运会冠军、室内室外世锦赛冠军、国际田联大奖赛总决赛冠军、世界纪录保持者多项荣誉于一身的运动员。

---

① 国务院于 1995 年 6 月 20 日发布的《全民健身计划纲要》提出，全民健身计划从 1995 年到 2010 年分两期工程实施，1995 年到 2000 年为第一期，2001 年到 2010 年为第二期。

2008年8月8日至24日，第29届夏季奥运会在北京举行。来自204个国家和地区的运动员参加28个大项、302个小项的比赛，共刷新38项世界纪录和85项奥运会纪录，创历届奥运会之最。由630名运动员组成的中国代表团参加全部28个大项、38个分项、262个小项的比赛，共获得51枚金牌、21枚银牌、28枚铜牌。获金牌总数超越美国位列金牌榜第一，获奖牌数超越俄罗斯位列奖牌榜第二。中国运动员还开始在世界顶级职业比赛中初露锋芒。2011年，李娜在法网女单比赛中夺得冠军，也成为第一位揽获大满贯单打桂冠的中国人和亚洲人。

体育产业快速发展。中国体育产业在20世纪90年代起步。1995年，国家体委编制的《体育产业发展纲要（1995—2010年）》对体育产业发展作出规划。新世纪以来，体育产业从体育部门走向社会，成为国民经济的新增长点。国家体育事业的“十一五”和“十二五”规划，引导体育产业发展。2010年3月，国务院办公厅发布《关于加快发展体育产业的指导意见》，使体育产业由各方自行发展，向国家主导、各部门和全社会联合推动发展转变。2008年的北京奥运会为体育产业发展提供了机遇。据统计，北京奥运会直接带动体育产业的收入约为30亿美元，间接收入约为54亿美元，拉动国民生产总值增长0.5个百分点。[①]“十一五”期间，先后建立有深圳、成都温江、福建晋江、北京龙潭湖、浙江富阳和山东乐陵6个国家体育产业基地，调动了地方发展体育产业的积极性。国家还初步建立了以高危险性体育项目为重点的体育市场监管体系，保证体育市场的规范发展。体育彩票销量持续增长，“十一五”期间共实现销售额2428亿元，提取公益金728亿元。[②]2012年全国体育及相关产业从业人员375.62万人，实现增加值3135.95亿元，占当年GDP的0.6%。[③]

国运兴，体育兴。新世纪以来的中国体育事业取得了辉煌成就，也

① 参见《中国体育：由大到强辉煌十年》，《光明日报》2012年11月1日。

② 参见国家体育总局政策法规司编：《体育事业“十二五”规划文件资料汇编》，人民体育出版社2011年版，第49页。

③ 国家体育总局主管、国家体育总局体育文化发展中心主办：《中国体育年鉴2015》，中国体育年鉴社2016年版，第5页。

提升了人民的身体素质、振奋了民族精神、拉动了经济增长，为全面建设小康社会、实现中华民族的伟大复兴作出了重要贡献。

第五节　弘扬中华文化，提升文化软实力

五千年来，一代代中华儿女创造的博大精深的中华文化是中华民族绵延发展的精神支柱。在中华民族伟大复兴进程中，仍然需要继续发挥文化的支撑作用，弘扬民族文化的优秀传统，构筑中华民族共有精神家园，增强中华民族的凝聚力和向心力。新世纪以来，大力推进文化遗产保护工作，促进少数民族文化传承和发展，增进港澳同胞、台湾同胞和海外侨胞的文化认同。同时，实施文化走出去战略，加快中华文化走向世界的步伐。文化对外交流领域不断拓展，规模不断扩大，方式不断创新，内容日益丰富，逐步形成了多层次、宽领域的对外文化交流格局，中华文化的国际影响力增强，中国文化软实力和国际竞争力提升。

一、构筑中华民族共有精神家园

2002 年 11 月，中共十六大报告从发展先进文化，激发民族生命力、创造力和凝聚力的高度，强调发扬民族文化的优秀传统，扶持对重要文化遗产和优秀民间艺术的保护工作，扶持老少边穷地区和中西部地区的文化发展。2009 年 10 月，中共十七大报告明确提出弘扬中华文化、建设中华民族共有精神家园的目标和任务。2011 年 10 月，党的十七届六中全会通过的《中共中央关于深化文化体制改革推动社会主义文化大发展大繁荣若干重大问题的决定》指出，建设优秀传统文化传承体系是建设中华民族共有精神家园的重要支撑，并对建设优秀文化传承体系作出详细部署。2004 年 6 月，第 28 届世界遗产委员会会议在江苏苏州召开，胡锦涛在致大会的贺词中表示：中国政府将继续弘扬中华民族的优秀文化，保护生态环境，扩大国际合作，保证文化和自然遗产的充分保护和适度利用，进一步促进人与自然和谐发展。2010 年 6 月 12 日，《人民日报》发表题为《保护发展文化遗产、建设共有精神家园》的文章，就文化遗产保护工作阐明

了中共中央的观点。

文化遗产包括物质文化遗产和非物质文化遗产。物质文化遗产就是通常所说的文物古迹，包括古遗址、古墓葬、古建筑等不可移动的文物，艺术品、手稿图书资料等可移动的文物。非物质文化遗产是指各种以非物质形态存在的与群众生活密切相关、世代相承的传统文化表现形式，包括口头传统、传统表演艺术、民俗活动和礼仪与节庆、有关自然界和宇宙的民间传统知识和实践、传统手工艺技能等以及与上述传统文化表现形式相关的文化空间。物质文化遗产和非物质文化遗产都是民族智慧的结晶，也是全人类文明的瑰宝。保护文化遗产，保持民族文脉的传承，是连接民族情感纽带、增进民族团结和维护国家统一及社会稳定的重要文化基础，也是维护世界文化多样性和创造性，促进人类共同发展的前提。

2002 年 10 月，在全国人大常委会审议通过了对 1982 年颁布的《文物保护法》实施修订的修订案基础上，2003 年 5 月，国务院颁布《文物保护法实施条例》。此后，《长城保护条例》《历史文化名城名镇名村保护条例》等一系列行政法规和部门规章出台，为新世纪文物工作和文化遗产保护事业的发展提供了有力的法律保障。

2007 年 4 月，国务院启动第三次全国文物普查，历时 5 年，共有近 5 万人参与。2011 年普查结束，共调查登记各类不可移动文物 766722 处，其中新发现 536001 处。一大批具有重要历史、艺术、科学价值的工业遗产、乡土建筑、20 世纪遗产、文化线路、文化景观等新型文化遗产在普查中受到充分重视。全国长城资源调查田野工作全部完成，初步建成长城资源信息系统。2011 年 7 月，国家文物局又启动国有可移动文物普查启动试点工作，为开展全面普查做准备。大规模文物普查活动的开展摸清了文物家底、弄清了文物国情国力，为文物保护和利用奠定了基础。2012 年 4 月，全国人大常委会在全国范围内启动文物保护执法检查，督促各级政府和相关部门依法履行文物保护职责，确保文化保护法律实施中的一些重点、难点问题得到切实有效解决。在这一时期，重大文物保护工程、灾后文物抢救保护、基本建设中文物保护、大遗址保护、世界文化遗产保护、水下文物保护、回购流失文物等重点文物保护工作开展，初步形成了政府主导、社会参与、与社会主义市场经济体制相适应的文物保护管理制度和文物保护体系，文物保护状况进一步得到改善。

“非物质文化遗产保护”在2004年提出。8月28日，第十届全国人大常务委员会第11次会议批准2003年11月3日第32届联合国教科文组织大会通过的《保护非物质文化遗产公约》，标志着中国进入联合国教科文组织的非物质文化遗产保护体系，开始与国际并轨。此前，中国称之为“民间文化”来开展保护工作。2005年3月，国务院发布《关于加强我国非物质文化遗产保护工作的意见》，提出“保护为主、抢救第一、合理利用、传承发展”的非物质文化遗产保护方针，并开展非物质文化遗产普查，建立非物质文化遗产代表作名录体系，加强非物质文化遗产研究、认定、保存和传播，建立非物质文化遗产传承机制四项任务。《意见》中的《国家级非物质文化遗产代表作申报评定暂行办法》《非物质文化遗产保护工作部际联席会议制度》和稍后文化部出台的《国家级非物质文化遗产保护与管理办法》《国家级非物质文化遗产项目代表性传承人认定与管理暂行办法》等，使非物质文化遗产保护工作有据可依。

2005年12月，国务院印发《关于加强文化遗产保护的通知》，要求统筹物质文化遗产和非物质文化遗产保护工作，采取有效措施，全面加强文化遗产保护。提出的总体目标是：通过采取有效措施，文化遗产保护得到全面加强。到2010年，初步建立比较完备的文化遗产保护制度，文化遗产保护状况得到明显改善。《通知》还确定从2006年起，每年6月的第二个星期六为中国的“文化遗产日”。

2005年6月启动的全国非物质文化遗产普查工作至2009年11月基本结束，调查资源总量近87万项。至2011年5月底，国务院共批准公布三批国家非物质文化遗产名录，其中，国家级非物质文化遗产名录共计1219项，省级非物质文化遗产名录共85662项[①]，有38个非物质文化遗产项目列入联合国教科文组织人类非物质文化遗产代表作名录，是世界上入选人类非物质文化遗产代表作名录最多的国家。文化部命名了第一批41

---

① 参见《中国非遗保护体系初步构建》，《人民日报》（海外版）2011年6月2日。

个国家级非物质文化遗产生产性保护示范基地和四批 1986 名国家级非物质文化遗产项目代表性传承人，促进了非物质文化遗产项目的活态传承。

节庆和习俗是文化遗产的重要内容。春节、元宵节、清明节、端午节、七夕节、中秋节、重阳节等都是富有浓郁民族特色传统节日。2008 年，国务院公布的《全国年节及纪念日放假办法》，将清明节、端午节、中秋节列为国家法定节假日。近年来，在春节、端午节、中秋节等传统节日里，恢复或举办了民俗文化活动，对保护和认识传统文化，共同守护中华民族共有精神家园具有深远的影响。2010 年 2 月，第十一届全国人大常委会第十九次会议审议通过《中华人民共和国非物质文化遗产法》，2011 年 6 月 1 日正式实施，为非物质文化遗产保护提供坚实的法律保障。但如何让文化遗产资源在现代化建设进程中得到保护和抢救，最迫切的是需要树立文物资源是公共资源理念，文物工作突破传统的边界，形成相关部门、系统彼此支持与配合，政府与社会各方力量共同参与工作机制。

少数民族文化是一体多元、丰富多彩的中华文化的重要组成部分，是中华民族的共有精神财富。少数民族文化发展越来越受到重视。2005 年 9 月，中共中央、国务院发布《关于进一步加强民族工作，加快少数民族和民族地区经济社会发展的决定》，其中对扶持民族地区发展文化事业有专门的部署。中共中央要求制定特殊政策，支持民族文化事业发展。2009 年 6 月，新中国成立以来的第一次全国少数民族文化工作会议召开。7 月，国务院颁布《关于进一步繁荣少数民族文化事业的若干意见》，提出了促进少数民族文化事业发展的目标、措施、机制等。2011 年 10 月，中共十七届六中全会通过的《中共中央关于深化文化体制改革推动社会主义文化大发展大繁荣若干重大问题的决定》明确少数民族文化工作内容是：保护各民族语言文字，繁荣发展少数民族文化事业，开展少数民族特色文化保护工作，加强少数民族语言文字的党报党刊、广播影视节目、出版物等译制播出出版。其中“少数民族特色文化保护工作”是建设中华优秀文化传承体系的重要内容。

十年来，各级政府部门采取了一系列措施推动少数民族文化发展。国务院 2005 年颁布的《实施〈中华人民共和国民族区域自治法〉若干规定》、2011年颁布的《非物质文化遗产法》等，关于少数民族文化都有专门的规定。云南、贵州、广西、内蒙古等地先后出台地方性法规，为扶持和促进少数民族文化发展提供法律依据。在国家的文化发展规划纲要中，也都对少数民族文化发展作出规划安排，提供相应的政策支持。十年来，少数民族文化事业取得很大成绩。在国家公布的1219项国家级非物质文化遗产名录中，少数民族项目有515项，占项目总数的42%；1488名国家级非物质文化遗产项目代表性传承人中，少数民族传承人有393名，约占传承人总数的26%。[①] 少数民族优秀的文化遗产得到传承和弘扬。《云南映象》《茶马古道》等优秀的少数民族文艺作品不断涌现。少数民族地区的公共文化服务体系建设得到中央和各级政府部门的特殊支持，少数民族文化权益得到很好的保障。广西的“印象·刘三姐”、云南的“纳西古乐”等少数民族文化产业项目产生了广泛的社会影响并取得良好经济效益。少数民族文化在对外文化交流中发挥着重要作用，成为中华文化影响力不可或缺的组成部分。

中华文化是维系海内外中华儿女的重要纽带。弘扬中华民族优秀传统文化，增进港澳台同胞和海外侨胞对中华文化的认同，对保持民族特性，维系和发展与祖国的联系和交往，推进“一国两制”伟大实践和祖国统一进程，实现中华民族伟大复兴具有重要的战略意义。2006年7月，胡锦涛在全国统战工作会议上发表讲话，要求加强内地同香港、澳门交流合作，扩大和深化两岸人员往来和经济文化交流合作，使海外侨胞对祖国的认同感和自豪感不断增强，热爱祖国、振兴中华的优良传统代代相传。11月，中共中央发布《关于巩固和壮大新世纪新阶段统一战线的意见》，提出增强港澳同胞的国家观念和民族意识，鼓励和支持海外侨胞传承和传播中华民族的优秀文化，增强中华文化在世界上的影响力。2008年12月31日，胡锦涛在纪念《告台湾同胞书》发表30周年座谈会上讲话，就弘扬中华文化，加强精神纽带做专门论述。2011年10月，中共十七届六中

---

① 参见丹珠昂奔：《多彩的画卷 壮美的交响——我国少数民族文化事业繁荣发展的10年》，《求是》2012年第21期。

全会通过的《中共中央关于深化文化体制改革推动社会主义文化大发展大繁荣若干重大问题的决定》强调加强同香港、澳门的文化交流合作，加强同台湾的各种形式文化交流，共同弘扬中华优秀传统文化。

在上述战略思想指导下，统战部门、文化部门、对港澳台工作部门、各地各级相关部门开展了一系列卓有成效的工作。2005 年 11 月、2006 年 2 月，文化部先后与香港特区政府民政事务局、澳门特区政府社会文化司签署《内地与香港特区更紧密文化关系安排协议书》和《内地与澳门特区更紧密文化关系安排协议书》，规划与港澳文化合作交流的领域和渠道。2000 年起，香港中华文化城有限公司每年策划筹办“香江明月夜”中秋晚会，汇集国内和海外的华人艺术家共同献艺，成为香港市民的节日盛宴。2005 年起，文化部开始举办面向港澳的“艺海流金”大型文化交流活动，组织港澳文化名人来大陆各地参观交流。经过多年持续举办，“香江明月夜”和“艺海流金”已发展成为港澳文化交流中最具影响力的品牌，特别是“香江明月夜”中秋晚会，通过中央电视台和香港电视台的播放，辐射全球华侨华人。此外，在北京举办的“内地与港澳文化合作论坛”“港澳视觉艺术展”，在香港举办的“中国戏剧节”，在港澳举办的“中国非物质文化遗产展演”等活动也都产生了积极影响。面向港澳大学生开展的“港澳大学生文化实践活动”“粤港澳青年文化之旅”“香港青少年中国民族民间文化艺术研习考察计划”等，增进了港澳青少年对于祖国国情和中华文化的了解和认同。2008 年，《文化部关于进一步加强对港澳特区文化交流工作的指导意见》《文化部、国务院港澳事务办公室关于内地与港澳地区文化交流管理办法》和《文化部关于加强对港澳文化交流基地建设的通知》等文件先后印发，加强政策引导、优化资源配置，在全国范围内形成对港澳文化交流工作的合力，全面推动内地与港澳的文化交流与合作。

两岸文化交流方面，在 2008 年之前，“情系三峡”“情系黄山”“情系敦煌”“情系巴蜀”等系列两岸文化活动，海峡两岸的文化艺术节、歌仔戏艺术节、民间艺术节、城市艺术节等大型文化交流活动的举办，为增进两岸交流和情谊，反对、遏制民进党的“文化台独”[①]政策发挥了重要作用。2008 年 5 月国民党主席马英九当选台湾地区领导人之后，两岸关系出现历史性转机，两岸文化交流规模不断扩大，层次不断提升，涉及学术交流、文学艺术、新闻出版及影视、文化遗产、文博、演艺、动漫、会展、创意产业等各个领域，并启动了海峡两岸的文博会、文化论坛、汉字艺术节、非物质文化遗产月等一系列的文化交流项目。2011 年仅经文化部审批的两岸文化交流项目就达 2900 项、11000 人次，项目同比大幅增长 33%。同年，分隔时间很久、分藏两岸的《富春山居图》在台北故宫博物院联合展出，实现了人文意义上的“山水合璧”，成为新世纪两岸文化交流与合作的标志性盛事。经过几年的发展，两岸文化交流与合作渐入深水区，政策性、体制性、产业性瓶颈逐步显现，迫切需要建立能够保障两岸文化领域对等、双向交流的框架性协议和合作机制，实现两岸文化交流合作的制度化。

在华人华侨文化交流方面，华文教育持续推进，更加注重中华优秀文化传统的传承和弘扬；国务院侨办和中国海外交流协会举办的华裔青少年“中国寻根之旅”夏令营活动、“文化中国·四海同春”活动已成为有影响的常规活动。2009 年春节期间，“文化中国·四海同春”活动启动，组织国内艺术团到海外侨胞聚居国家开展慰侨演出和展览活动，与海外侨胞共庆中国传统农历新年。至 2012 年连续开展三年，累计派出 20 个艺术团

---

①“文化台独”是“台独”主张在文化领域里的反映。1986 年民进党成立以及 1987 年“解严”以后，岛内“台独”势力日趋活跃起来，进行分裂祖国的活动，“文化台独”逐渐形成。李登辉上台后，不仅为岛内“台独”势力利用文化、教育搞分裂活动大开绿灯，而且在其主权后期，宣扬所谓“台湾意识”“台湾精神”“台湾魂”等论调，鼓吹“新台湾人主义”。陈水扁上台后走得更远。在理论上，他称台湾文化不是中华文化的一个分支，而是台湾原住民文化受“外来文化”影响而形成的，将中华文化歪曲成仅仅是“台湾文化”的影响因素之一。刻意制造台湾与祖国大陆的文化差异，如推行“本土化教育”政策，在中小学推广《认识台湾》教材，向学生灌输“脱中国化”。语言文字上，规定台湾中小学生必须在客家话、闽南语、原住民语中选修一种，以此弱化与普通话接近的“国语”在台湾的地位。在特定称谓上作文章，将“海外侨胞”区分为“华侨”“台侨”，将加入美国国籍的台胞称为“台美人”而不称为“美籍华人”。将“故宫博物院”珍藏的“国家文物”称为“中国文物”。推出一个“通用拼音”方案，借以取代中国人通用的汉语拼音方案。提倡台湾文学的“台湾立场”和“台湾意识”，等等。

组，足迹遍布全球六大洲，21 个国家及港澳地区 49 个城市，共演出 139 场，观众累计逾 175 万人次[①]，活动获得“海外春晚”的美誉，成为海外侨胞文化生活中的重要内容。认祖归宗是中华文化的传统，2010 年 7 月，来自世界 51 个国家和港澳台地区的 6000 多名华裔青少年欢聚北京，参加在人民大会堂举行的 2010 年海外华裔及港澳台地区青少年“中国寻根之旅”夏令营开营式，增强了对祖国文化的了解与认知。

二、实施文化“走出去”战略

文化是民族的符号、国家的形象。在世界多极化、经济全球化深入发展的时代背景下，文化在综合国力竞争中的地位和作用更加凸显。中共十六大特别是十七大以来，高度重视对外文化工作，实施文化走出去战略，不断加快中华文化走向世界的步伐。

2002 年 11 月，中共十六大报告提出，要着眼于世界文化发展的前沿，不断增强中国特色社会主义文化的吸引力和感召力，增强中国文化产业的整体实力和竞争力。2006 年 11 月，胡锦涛在中国文联第八次全国代表大会上的讲话把文化看作综合国力的重要组成部分予以强调，要求抢占文化发展的制高点，在国际竞争中掌握主动权。2007 年 10 月，中共十七大提出提高国家文化软实力的任务，要求加强对外文化交流，吸收各国优秀文明成果，增强中华文化国际影响力。这一思想不断完善。2008 年 1 月，胡锦涛在全国宣传思想工作会议上发表讲话指出，加强国家文化软实力建设，对内增强民族凝聚力和向心力，对外增强国家亲和力和影响力，是全面增强中国综合国力的必然要求，也是实现中国和平发展的战略之举。2010 年 2 月，胡锦涛在省部级主要领导干部深入贯彻落实科学发展观加快经济发展方式转变专题研讨班上发表讲话，要求加强对外文化交流和对外文化贸易，推动文化产品和服务出口，拓展国际文化市场，增强中华文化在国际上的竞争力和影响力。7 月，胡锦涛在中共中央政治局第 22 次集体学习时强调：要精心

---

① 参见吴亚明：《云水迢遥总关情——国侨办“文化中国·四海同春”艺术团慰侨访演侧记》,《人民日报》2012 年 2 月 24 日。

打造中华民族文化品牌，提高中国文化产业国际竞争力，推动中华文化走向世界。

2011 年 7 月 1 日，胡锦涛在庆祝中国共产党成立 90 周年大会上的讲话中，要求着眼于推动中华文化走向世界，形成与中国国际地位相对称的文化软实力，提高中华文化国际影响力。10 月，中共十七届六中全会通过的《决定》就“推动中华文化走向世界”作出专门详尽的部署：开展多渠道、多形式、多层次的对外文化交流，广泛参与世界文明对话，促进文化相互借鉴，增强中华文化在世界上的感召力和影响力，共同维护文化多样性。创新对外宣传方式方法，增强国际话语权，妥善回应外部关切，增进国际社会对中国基本国情、价值观念、发展道路、内外政策的了解和认识，展现中国文明、民主、开放、进步的形象。实施文化“走出去”工程，完善支持文化产品和服务“走出去”政策措施，支持重点主流媒体在海外设立分支机构，培育一批具有国际竞争力的外向型文化企业和中介机构，完善译制、推介、咨询等方面扶持机制，开拓国际文化市场。加强海外中国文化中心和孔子学院建设，鼓励代表国家水平的各类学术团体、艺术机构在相应国际组织中发挥建设性作用，组织对外翻译优秀学术成果和文化精品。构建人文交流机制，把政府交流和民间交流结合起来，发挥非公有制文化企业、文化非营利机构在对外文化交流中的作用，支持海外侨胞积极开展中外人文交流。建立面向外国青年的文化交流机制，设立中华文化国际传播贡献奖和国际性文化奖项。这标志着中华文化走出去战略已经成熟。

进入 21 世纪以来，中华文化走向世界的步伐加快。1988 年，中国开始在毛里求斯和贝宁设立中国文化中心。2000 年到 2011 年底，相继与埃及、法国、马耳他、韩国、德国、日本、蒙古、英国、印度、意大利、西班牙、泰国、俄罗斯、墨西哥、新加坡、罗马尼亚、土耳其、塞尔维亚、巴基斯坦、尼日利亚和匈牙利 21 个国家的政府签署设立文化中心的政府文件，正式运营的文化中心已有 9 个。[①] 这些文化中心在驻在国开展演出、

① 参见张燕萍：《海外中国文化中心——让中华文化“走出去”》，《人民日报》（海外版）2011 年 12 月 31 日。

展览、文化节、影视周、图书节等日常文化活动，并配合驻外使领馆举办各种活动，推动中国文化产品、文化精神进入驻在国文化视野和社会公众生活。

2004 年 11 月 21 日，中国国家对外汉语教学领导小组办公室和韩国韩中文化协力研究院合作建立的全球第一所“孔子学院”在韩国首尔举行揭幕仪式，拉开在全球设立孔子学院，推广汉语教学、传播中国文化的序幕。截至 2012 年 12 月，共在世界 108 个国家建立了 400 所孔子学院和 500 多个孔子课堂，汉语学员总数达 65.5 万人。世界排名前 200 名的大学中有 70 所已设立孔子学院。经过八年的运营，海外孔子学院已成为一个面向世界各国各界人士，提供开展汉语教学、了解中国传统文化内涵、开展文化经贸交流活动的多功能平台。在孔子学院的带动和影响下，全球汉语热持续升温。2012 年，英国、瑞典、爱尔兰、塞尔维亚等 7 个国家通过颁布政令等形式，将汉语教学纳入国民教育体系。至此，将汉语教学纳入国民教育体系的国家增加到 40 多个。

2002 年，中法两国签署互办文化中心的协议。根据协议，2003 年 10 月至 2004 年 7 月，中国在法国举办文化年；2004 年秋季至 2005 年 7 月，法国在中国举办文化年。中国文化年包括“古老的中国”“多彩的中国”“现代的中国”三大主题，向法国公众展示了 300 多个文化项目。这是中法关系史和中外文化交流史上的空前盛事，也是新中国成立以来最大规模的一次对外文化交流活动。中法文化年活动的成功开展产生了巨大的示范效应，美国、意大利、西班牙、德国、希腊、英国、澳大利亚等国纷纷与中国合作举办“文化年”或“文化节”。2010 年，文化部牵头组织首届海外“欢乐春节”活动，从全国 20 多个省区市选派 60 多个项目，出访 40 多个国家和地区。2011 年第二届“欢乐春节”活动进一步统筹国内 10 多个部门和 20 多个地方，以及国内 2200 余名演职人员积极参与，包括花车巡游、广场庙会、艺术表演、主题展览、民间工艺展示、中国影视展播等 60 多种形式的文化活动在全球 63 个国家和地区全面铺开。2012 年第三届“欢乐春节”活动在全球 82 个国家和地区的 144 个城市精彩上演。短短 3 年时间，中国春节所蕴含的文化内涵和价值越来越受到世界的认可，春节也逐渐成为世界性的节日。此外，相约北京、亚洲艺术节、中非文化聚焦、阿拉伯艺术节、上海国际艺术节、吴桥国际杂技艺术节、成都国际非物质文化遗产节等各类文化交流活动影响越来越大。

截至 2012 年 5 月，中国同 145 个国家签订了政府间文化合作协定和近 800 个年度文化交流执行计划，与上千个文化组织保持着密切的合作关系。传统的中外文化合作机制向更高层次发展，出现了中俄、中美、中欧、中阿、中非、上合、中英、中德等双边、多边人文合作机制，文化交流项目数量大增，年均总数与人次超过了改革开放前 30 年的总和。政府支持的交流项目也突破了传统的政府团、演出团、展览团的“老三样”模式，举行部长论坛、文化政策圆桌会议、艺术家或作家客座创作等深层次文化交流。从中央到地方，从政府到民间，对外文化交流的规模和范围空前扩大，内容和形式日益丰富，渠道和层次更加多样。

对外文化传播的方式不断创新，内容越来越丰富。文化部外联局与中国数字文化集团联合开发的交互式娱乐类应用程序“欢乐春节”上载苹果商店，被全球 50 多个国家 2 万多用户下载，成为互联网用户体验中国春节文化的数字平台。中文版“文化传通网”、英文版“中国文化网”是中外文化交流的新载体，并与其他对外文化网络加快融合，形成对外文化传播的网络平台和数字资源库。中国影视片在海外落地范围进一步扩大。2012 年，《武当大师赵剑英》《云锦大师周双喜》等 13 部专题片在美国 23 个州的公共电视频道播出。新媒体文化传播在 2012 年再上新台阶，70 余册多语种图书上“中国文化书架”，成功进入苹果应用商店。从传统的图书、报刊，到新兴的影视、互联网，中国文化走出去的渠道不断扩展，更加多元和现代。

中华文化走出去战略的实施，推动中华文化被世界上越来越多的人所了解、认识，中国文化软实力和国际竞争力显著提升。但是，从总体上看与世界发达国家的差距仍然不小。如承载新思想、新观念、新理论的学术研究精品的版权转让方面，2003 年至 2012 年，中国版权贸易逆差从 15∶1 缩小到 1.91∶1，这是不菲的成绩。但从美国、英国、法国、德国等六个发达国家引进与输出数量的比例仍为 4 ∶ 1，中国许多领域的学术研究前沿成果需要从国外翻译引进。电影是文化传播当中影响力最大的一种文艺样式，中国不少大片在电影美学层面取得了较大进步，但是形式美大过内容、技术重于人文，文化内涵稀薄、人文精神和主题价值缺失，只有功夫片这一文化符号塑造成功，中国还没有如好莱坞那样的具有竞争力的文化品牌。孔子学院在少数西方国家也遭遇水土不服。这说明中国在提升文化软实力方面还有很长的路要走。随着中国的快速发展和成为世界第二大经济体，中国文化日渐受到关注是必然。

2012 年 10 月 11 日，瑞典皇家文学院将 2012 年诺贝尔文学奖授予中国作家莫言，获奖理由是“人与幻觉现实主义的融合”。莫言因此成为首位获得诺贝尔文学奖的中国籍作家。同日，中国作家协会为此发表贺词并指出，“莫言的获奖，表明国际文坛对中国当代文学及作家的深切关注，表明中国文学所具有的世界意义”[①]。中央领导向中国作家协会致信祝贺，指出，“莫言获得诺贝尔文学奖，既是中国文学繁荣进步的体现，也是我国综合国力和国际影响力不断提升的体现。”[②]

①《李长春致信中国作家协会祝贺莫言获得 2012 年诺贝尔文学奖》，《当代文学研究资料与信息》2012 年第 5 期。

②《中国作家协会对莫言荣获 2012 年度诺贝尔文学奖发表贺词》，《当代文学研究资料与信息》2012 年第 5 期。

第七章　新时代中国特色社会主义文化建设（2012—2019）

中共十八大以来，中国特色社会主义进入新时代。这是决胜全面建成小康社会、进而全面建设社会主义现代化强国的时代，中国正迎来从站起来、富起来到强起来的伟大历史性飞跃，比历史上任何时期都更加接近中华民族伟大复兴的目标，正日益走近世界舞台中心，同时，改革开放以来累积的各种矛盾和问题集中凸显。“放眼世界，我们面对的是百年未有之大变局”，世界多极化、经济全球化、社会信息化、文化多样化深入发展，中国的文化建设与发展战略必须适应新时代。中国共产党在“五位一体”总体布局中推进社会主义文化强国建设，坚定文化自信，坚守中华文化立场，系统规划新时代的文化建设，加强党对意识形态工作的领导权，培育和践行社会主义核心价值观，坚持以人民为中心，繁荣发展社会主义文艺，构建中国特色哲学社会科学，推进文化体制改革，激发文化创新创造的活力，文化领域发生的广泛而深刻的变化，增强文化软实力，扩大中华文化影响力，努力创造光耀时代、光耀世界的中华文化。

第一节　新时代中国共产党文化理论的创新发展

中国特色社会主义进入了新时代，这是中国发展的新方位。以习近平为核心的党中央从坚持和发展中国特色社会主义、实现中华民族伟大复兴中国梦的高度，全面认识文化建设与发展的地位与作用，提出一系列新理念新思想新战略，体现了新形势下对中国特色社会主义文化发展规律的战略思考和科学把握，丰富和发展了中国特色社会主义文化理论。

一、新时代文化建设发展的新理念

文化是一个国家、一个民族的灵魂。文化兴国运兴，文化强民族强。中国成为世界第二大经济体，“硬实力”显著增强，需要建立一个与此相匹配的“文化中国”，提高文化软实力。中共十八大将扎实推进社会主义文化强国建设列为“五位一体”总体布局的有机组成部分。2013 年 11 月，中共十八届三中全会通过的《关于全面深化改革若干重大问题的决定》，明确“建设社会主义文化强国，增强国家文化软实力，必须坚持社会主义先进文化前进方向，坚持中国特色社会主义文化发展道路，培育和践行社会主义核心价值观，巩固马克思主义在意识形态领域的指导地位，巩固全党全国各族人民团结奋斗的共同思想基础。”① 不仅如此，中央政治局集体学习多次就文化问题进行研讨，习近平亲自主持召开了思想宣传、文艺、新闻舆论、网络信息安全、党校、高校思想政治工作、哲学社会科学工作等一系列会议并发表重要讲话，还发表文章，做出重要批示、指示等，对事关文化建设的方向性、根本性、全局性的重大问题一一进行指导与部署，廓清了文化建设中的模糊认识和错误倾向，全面深化了对文化的规律性认识，完善了中国特色社会主义文化内涵，集中体现了当代中国共产党人的文化观，为新时代的中国特色社会主义文化建设提供了基本遵循。

一是站在实现中华民族伟大复兴中国梦的高度审视文化的地位与作用。2012 年 11 月 29 日，习近平在率领中央政治局常委和中央书记处参观《复兴之路》展览时指出，“实现中华民族伟大复兴，就是中华民族近代以来最伟大的梦想”。目标是到中国共产党成立 100 年时实现全面建成小康社会的目标，到新中国成立 100 年时建成富强民主文明和谐的社会主义现代化国家的目标。② 中国梦的本质，是国家富强、民族振兴、人民幸福。实现中华民族伟大复兴中国梦，需要全体中华儿女勠力同心。2013

①《十八大以来重要文献选编》（上），中央文献出版社 2014 年版，第 533 页。
②《十八大以来重要文献选编》（上），中央文献出版社 2014 年版，第 84 页。

年 8 月，习近平在全国宣传思想工作会议上指出："只有物质文明建设和精神文明建设都搞好，国家物质力量和精神力量都增强，全国各族人民物质生活和精神生活都改善，中国特色社会主义事业才能顺利向前推进。"[①]同年 11 月，他在山东考察时强调了文化对民族生存和国家发展的重要性："一个国家、一个民族的强盛，总是以文化兴盛为支撑的，中华民族伟大复兴需要以中华文化发展繁荣为条件。"[②]中共十九大通过的党章把中国特色社会主义文化同中国特色社会主义道路、理论、制度一道写入党章，有利于人们全面把握中国特色社会主义内涵，凸显了文化在中国特色社会主义事业全局中的重要地位。

二是坚定文化自信，坚守中华文化立场。文化自信是新时代文化建设的核心理念，也是对待中华文化的一种基本立场和态度。习近平反复强调：文化自信是更基础、更广泛、更深厚的自信，是更基本、更深沉、更持久的力量。

"坚定文化自信，离不开对中华民族历史的认知和运用。"[③]中国是世界性的文明古国，有着灿烂辉煌的文化，原本是充满文化自信的，但鸦片战争后，中国陷入内忧外患的黑暗境地，中华民族面临"亡国灭种，瓜分豆剖"存亡危机，社会弥漫着一种文化自卑情绪。中国共产党领导中国人民经过艰苦奋斗，实现民族独立和人民解放，重新树立了文化自信。改革开放以来，中国追赶发达国家、借鉴其有益成果，一些人因此把西方模式奉为圭臬，自信心丧失。在国际金融危机频发、世界不安定时，中国因为找到了适合自己的道路，"风景这边独好"，福山因此修正了自己的观点，认为"中国模式"的有效性证明西方自由民主并非人类历史进化的终点。2011 年，胡锦涛在庆祝中国共产党成立九十周年大会上的讲话中提出了要有"文化自觉和文化自信"[④]。习近平进一步从实现中华民族伟大复

① 习近平：《意识形态工作是党的一项极端重要的工作》，《人民日报》2013 年 8 月 21 日。

②《十八大以来重要文献选编》（上），中央文献出版社 2014 年版，第 280 页。

③《十八大以来重要文献选编》（下），中央文献出版社 2018 年版，第 476 页

④《十七大以来重要文献选编》（下），中央文献出版社 2013 年版，第 447 页。

兴的视角，从世界文明发展、5000 多年没有中断的中华文明、中国共产党、新中国及中国特色社会主义所创造的“发展的世界奇迹”，来认识和把握文化自信，激发文化自豪感，引导人们树立和坚持正确的历史观、民族观、国家观、文化观，砥砺文化发展与创新的时代感、责任感。坚定文化自信是事关国运兴衰、事关文化安全、事关民族精神独立性的大问题。

文化自信的实质是中国特色社会主义的自信。习近平指出：“当今世界，要说哪个政党、哪个国家、哪个民族能够自信的话，那中国共产党、中华人民共和国、中华民族是最有理由自信的。”① 改革开放以来，党团结带领全国各族人民坚持不懈地进行中国特色社会主义伟大实践，推动我国经济实力、科技实力、国防实力、综合国力进入世界前列，使科学社会主义在 21 世纪显示出强大生命力，使中华民族以崭新姿态屹立于世界的东方。这是我们坚定文化自信的强大支撑。文化的核心和灵魂是价值理念，中国发展道路、理论体系、制度是价值理念的集中体现，中共中央逐渐把“三个自信”发展到“四个自信”。2014 年 3 月 7 日，习近平在全国“两会”期间，参加贵州代表团审议政府工作报告时提出：“要坚定理论自信、道路自信、制度自信，最根本的还有一个文化自信。”②10 月 15 日，在文艺工作座谈会上，他进一步明确：“增强文化自觉和文化自信，是坚定道路自信、理论自信、制度自信的题中应有之义。”③ 坚定中国特色社会主义道路自信、理论自信、制度自信，说到底就是要坚定文化自信。中共十九大报告进一步明确：“没有高度的文化自信，没有文化的繁荣兴盛，就没有中华民族伟大复兴。”④

文化自信是对中国特色社会主义文化的自信。习近平指出：“中国特色社会主义文化，源自于中华民族五千多年文明历史所孕育的中华优秀传统文化，熔铸于党领导人民在革命、建设、改革中创造的革命文化和社会

①《十八大以来重要文献选编》（下），中央文献出版社 2018 年版，第 348 页。

② 李斌、霍小光：《“改革的集结号已经吹响”——习近平总书记同人大代表、政协委员共商国是纪实》，《人民日报》2014 年 3 月 13 日。

③《十八大以来重要文献选编》（中），第 135 页。

④《人民日报》2017 年 10 月 28 日。

主义先进文化，植根于中国特色社会主义伟大实践。”[①] 这个论断深刻揭示了中国特色社会主义文化的内容、根脉、本源及发展的历史逻辑，明晰了传统文化、革命文化和社会主义先进文化一脉相承的关系，比中共十五大所说的中国特色社会主义文化“渊源于中华民族五千年文明史”[②] 的表述更精确。文化自信是对包含中华优秀传统文化、革命文化和社会主义先进文化的自信。

中华优秀传统文化是文化自信的来源。“中华民族有着深厚文化传统，形成了富有特色的思想体系，体现了中国人几千年来积累的知识智慧和理性思辨。”[③] 博大精深的中华优秀传统文化是中华民族的突出优势，是我们最深厚的文化软实力。习近平出席纪念孔子诞辰 2565 周年国际学术研讨会，在讲话中系统阐发了对以儒学为代表的中国传统文化的看法。他指出：“中国优秀传统文化的丰富哲学思想、人文精神、教化思想、道德理念等，可以为人们认识和改造世界提供有益启迪，可以为治国理政提供有益启示，也可以为道德建设提供有益启发。”[④] 新社会形态的文化并不是对旧社会形态文化的简单否定，而是在新的时代条件下的积极扬弃。他对中华民族优秀传统文化核心内容的系统总结、完整概括，反映了党对传统文化认识的不断深化。中华优秀传统文化不仅为中华民族发展壮大提供了丰厚滋养，也为人类文明进步作出了卓越贡献，建立在 5000 多年文明传承基础上的文化自信是我们坚定文化自信的深厚基础。

激昂向上的革命文化和生机勃勃的社会主义先进文化是中华优秀传统文化的凝聚升华，是中国共产党人和中国人民伟大创造精神的生动体现，是激励全党全国各族人民奋勇前进的强大精神力量。这是我们坚定文化自信的坚强基石。“中国人民不仅将为人类贡献新的发展模式、发展道路，而且将把自己在文化创新创造中取得的成果奉献给世界。”[⑤] 文化自信

①《人民日报》2017 年 10 月 28 日。

②《十五大以来重要文献选编》上，中央文献出版社 2011 年版，第 30 页。

③《十八大以来重要文献选编》（下），第 323—324 页。

④《人民日报》2014 年 9 月 25 日。

⑤ 习近平：《在中国文联十大、中国作协九大开幕式上的讲话》，《人民日报》2016 年 12 月 1 日。

强化了中华文化主体意识的自觉。

文化自信是党从历史和现实、理论和实践、文化与社会、中国和外国多维度相结合提出，展现出坚守中华文化立场、推进中华民族伟大复兴的历史底气和引领世界潮流的时代志气。黄坤明指出："文化自信是习近平新时代中国特色社会主义思想的重要标识，集中体现当代中国共产党人的文化观、文明观，是指导新时代社会主义文化建设的科学认识论和方法论。"[①]

三是提出对优秀传统文化进行创造性转化、创新性发展的方针。植根于源远流长的中华优秀传统文化、立足于中国特色社会主义伟大实践，来发展创新当代中国文化，发扬光大中华文化，构成新时代文化建设思想的重要内容同时也是重要特征。以往党的领导人肯定中华文化"源远流长、博大精深、影响深远"，但评价比较宽泛，新一届领导人不仅对中华优秀传统文化秉持客观、科学、礼敬的态度，认为"在5000多年文明发展中孕育的中华优秀传统文化，积淀着中华民族最深沉的精神追求，代表着中华民族独特的精神标识，是中华民族生生不息、发展壮大的丰厚滋养，是中国特色社会主义植根的文化沃土，是当代中国发展的突出优势，对延续和发展中华文明、促进人类文明进步，发挥着重要作用"；[②]而且高度重视传统文化价值内涵的挖掘，认为其所"蕴含的思想观念、人文精神、道德规范，不仅是我们中国人思想和精神的内核，对解决人类问题也有重要价值"[③]，要"深入挖掘和阐发中华优秀传统文化讲仁爱、重民本、守诚信、崇正义、尚和合、求大同的时代价值"。[④]2017年初，中共中央办公厅、国务院办公厅印发了《关于实施中华优秀传统文化传承发展工程的意见》，将中华优秀传统文化传承发展上升为国家文化发展战略，对其核心思想理念、中华传统美德、中华人文精神所包含的内容进行概括。

---

① 黄坤明：《以坚定的文化自信推动新时代文化改革发展开创新局面》，《人民日报》2018年5月11日。

② 中共中央办公厅国务院办公厅印发《关于实施中华优秀传统文化传承发展工程的意见》。

③《光明日报》2018年8月23日。

④《习近平主持中共中央政治局第十三次集体学习》，《人民日报》2014年2月26日。

中华文明既需要薪火相传、代代守护，也需要与时俱进、推陈出新。重视中华优秀传统文化传承，不是向传统文化的复归，复古泥古，也不是盲目排外，是“以古人之规矩，开自己之生面”。2013 年 12 月 30 日，习近平在主持十八届中央政治局第十二次集体学习时首次提出“实现中华传统美德的创造性转化、创新性发展”。[①] 传统文化有精华与糟粕，传承发展中华优秀传统文化，要根据我们的时代和实践的需要，要“使中华民族最基本的文化基因与当代文化相适应、与现代社会相协调，把跨越时空、超越国界、富有永恒魅力、具有当代价值的文化精神弘扬起来，激活其生命力，让中华文明同世界其他文明一道，为人类前进和发展提供正确精神指引。”[②] 中共十九大提出“推动中华优秀传统文化创造性转化、创新性发展，继承革命文化，发展社会主义先进文化，不忘本来、吸收外来、面向未来，更好构筑中国精神、中国价值、中国力量，为人民提供精神指引”。[③] “创造性转化、创新性发展”的“双创”方针也与“双百”方针一起成为新时代中国特色社会主义文化建设的方针。它坚持马克思主义唯物史观，突出实践标准，回答了传统文化传承发展的路径问题，并凸显了“推动中华优秀传统文化创造性转化、创新性发展”在构筑中国精神、中国价值、中国力量的基础性作用，是党的传统文化观新发展。这也就否定了以儒治国，“以儒化马”“以儒代马”等错误主张。

二、新时代中国特色社会主义文化建设的战略规划

中共十八大以来，紧紧围绕建设社会主义文化强国的战略目标，加强文化建设的顶层设计和战略规划，对文化建设作出全面安排。

建设社会主义文化强国，必须走中国特色社会主义文化发展道路，坚持为人民服务、为社会主义服务的方向，坚持百花齐放、百家争鸣的方针，坚持贴近实际、贴近生活、贴近群众的原则，推动社会主义精神文明和物质文明全面发展，建设面向现代化、面向世界、面向未来的，民族的

①《习近平谈治国理政》第一卷，外文出版社 2014 年版，第 161 页。

②《十八大以来重要文献选编》（下），第 324 页。

③《人民日报》2017 年 10 月 28 日。

科学的大众的社会主义文化。重点在以下几个方面着力：（一）加强社会主义核心价值体系建设。要深入开展社会主义核心价值体系学习教育，用社会主义核心价值体系引领社会思潮、凝聚社会共识。推进马克思主义中国化时代化大众化，坚持不懈用中国特色社会主义理论体系武装全党、教育人民，深入实施马克思主义理论研究和建设工程，建设哲学社会科学创新体系，推动中国特色社会主义理论体系教材进课堂进头脑。（二）全面提高公民道德素质。要坚持依法治国和以德治国相结合，加强社会公德、职业道德、家庭美德、个人品德教育，弘扬中华传统美德，弘扬时代新风。（三）丰富人民精神文化生活。让人民享有健康丰富的精神文化生活，是全面建成小康社会的重要内容。（四）增强文化整体实力和竞争力。要坚持把社会效益放在首位、社会效益和经济效益相统一，推动文化事业全面繁荣、文化产业快速发展。[①]

中共十八届三中全会在《关于全面深化改革若干重大问题的决定》中，对全面深化文化体制改革做出具体部署，围绕建设社会主义核心价值体系、社会主义文化强国深化文化体制改革，要求加快完善文化管理体制和文化生产经营机制，建立健全现代公共文化服务体系、现代文化市场体系，提高对外开放水平，推动社会主义文化大发展大繁荣。[②]2014 年 2 月，习近平主持中央全面深化改革领导小组第二次会议，通过《深化文化体制改革实施方案》，明确改革的指导思想、目标思路、主要任务和政策保障，开列出 25 项、104 条改革举措及工作项目，为文化改革发展规划了路线图、明确了时间表、提出了任务要求。[③]

2015 年 10 月，中共十八届五中全会讨论通过《关于制定国民经济和社会发展第十三个五年规划的建议》，首次提出创新、协调、绿色、开放、共享五大发展理念，强调推动物质文明和精神文明协调发展，加强精神文明建设。2016 年 3 月，十二届全国人大四次会议通过《国民经济和

---

①《十八大以来重要文献选编》（上），中央文献出版社 2014 年版，第 14、15 页。

②《十八大以来重要文献选编》（上），中央文献出版社 2014 年版，第 533—535 页。

③ 徐京跃、隋笑飞：《深化文化体制改革任务展望——访中央文化体制改革和发展工作领导小组办公室主任、中宣部副部长孙志军》，《光明日报》2014 年 3 月 12 日。

社会发展第十三个五年规划纲要》中就加强社会主义精神文明建设提出要求。2017 年,《国家“十三五”时期文化发展改革规划纲要》发布。《纲要》认为在全面建成小康社会决胜阶段，要充分发挥文化引领风尚、教育人民、服务社会、推动发展的作用，补齐文化发展短板、实现文化小康，丰富人们精神文化生活，提高国民素质和社会文明程度；拓展文化发展新领域，发展壮大网上主流舆论阵地，更好运用先进技术发展和传播先进文化；提高文化开放水平，广泛参与世界文明对话，增强国际话语权，展示中华文化独特魅力，增强国家文化软实力。《纲要》将国家“十三五”规划中关于文化建设的重大任务进一步细化和具体化，就加强思想理论建设、提高舆论引导水平、培育和践行社会主义核心价值观、繁荣文化产品创作生产、加快现代公共文化服务体系建设、完善现代文化市场体系和现代文化产业体系、传承弘扬中华优秀传统文化、提高文化开放水平、文化体制改革创新、文化人才队伍建设、完善和落实文化经济政策等方面确立了“十三五”时期文化发展改革的主要目标。它既有定性的，也有定量的，既有预期性的，也有约束性的，各有侧重而又相互关联，注意与全面深化改革的总目标衔接配套，确保到 2020 年中国特色社会主义文化制度更加成熟更加定型。[①] 这是对文化小康任务的细化，基本涵盖了文化建设的方方面面，是指导“十三五”时期文化发展改革的重要纲领和遵循。据此，文化部和各省市区也制定了文化发展规划，组织落实文化发展纲要部署。

2017 年 10 月，中共十九大召开。会议总结中共十八大以来文化建设成就和经验，根据新形势，提出“坚定文化自信，推动社会主义文化繁荣兴盛”，在新时代坚持和发展中国特色社会主义的基本方略中，提出“坚持社会主义核心价值体系”，要求“必须坚持马克思主义，牢固树立共产主义远大理想和中国特色社会主义共同理想，培育和践行社会主义核心价值观，不断增强意识形态领域主导权和话语权，推动中华优秀传统文化创造性转化、创新性发展，继承革命文化，发展社会主义先进文化，不忘本来、吸收外来、面向未来，更好构筑中国精神、中国价值、中国力量，为

---

①《国家“十三五”时期文化发展改革规划纲要》,《人民日报》2017 年 5 月 8 日。

人民提供精神指引。”[①] 这就把党对社会主义文化发展规律的认识推进到新境界，为新中国实现从站起来、富起来到强起来的伟大飞跃提供了重要支撑。

第二节　构筑中国精神、中国价值、中国力量

新时代文化建设的一个重点是构筑中国精神、中国价值、中国力量，为实现“两个一百年”奋斗目标、实现中华民族伟大复兴的中国梦奠定更加坚实的思想文化基础，为做好党和国家各项工作提供强大的价值引领力、文化凝聚力和精神推动力，表现在举旗帜、聚民心、育新人、兴文化、展形象等方面。

一、培育和践行社会主义核心价值观

中共十八大提出倡导富强、民主、文明、和谐，倡导自由、平等、公正、法治，倡导爱国、敬业、诚信、友善的社会主义核心价值观，从整体上回答国家发展的目标、社会前进的方向、公民行为基本准则的问题，是中国特色社会主义的价值表达，凝聚了全体人民共同的价值追求。中共十九大报告指出，“要以培养担当民族复兴大任的时代新人为着眼点，强化教育引导、实践养成、制度保障，发挥社会主义核心价值观对国民教育、精神文明创建、精神文化产品创作生产传播的引领作用，把社会主义核心价值观融入社会发展各方面，转化为人们的情感认同和行为习惯”。[②]

为培育和践行社会主义核心价值观，2013 年 12 月，中共中央办公厅印发《关于培育和践行社会主义核心价值观的意见》，要求把培育和践行社会主义核心价值观融入国民教育全过程，落实到经济发展实践和社会治理中，要求加强社会主义核心价值观宣传教育，开展涵养社会主义核心价值观的实践活动。[③]2015 年 4 月，中宣部、中央文明办印发《培育和践行

①《人民日报》2017 年 10 月 28 日。
②《人民日报》2017 年 10 月 28 日。
③《十八大以来重要文献选编》（上），中央文献出版社 2014 年版，第 577—588 页。

社会主义核心价值观行动方案》，强调以理想信念教育为核心，学习宣传中国特色社会主义、中国梦和中国道路，挖掘中华文化的精神和价值，广泛进行宣传教育和探索实践，推进社会主义核心价值观学习教育实践具体化系统化。《行动方案》提出以爱国主义教育活动、群众性精神文明创建活动、学雷锋志愿服务活动、“三严三实”教育等15项重点活动项目[①]为载体。

强化教育引导，把社会主义核心价值观融入国民教育全过程，学校是重点，以教育引导广大青少年树立远大志向，培育美好心灵，勤学、修德、明辨、笃实，扣好人生第一粒扣子，打牢思想之基、价值观之基。2014年，习近平视察北京大学、北京市海淀区民族小学时，均阐释了社会主义核心价值观对青年、少年儿童成长的意义。教育部、共青团中央纷纷在各级各类学校推动培育和践行社会主义核心价值观提出贯彻落实意见的工作方案及建立长效机制的办法，社会主义核心价值观融入教育教学、社会实践、文化育人、制度建设，并加强社会主义核心价值观研究传播。

思想政治工作是培育和践行核心价值观的载体。2016年12月4日，中共中央、国务院印发《关于加强和改进新形势下高校思想政治工作的意见》，要求培育和践行社会主义核心价值观，引导师生树立正确的世界观、人生观、价值观。[②]2016年12月，举行全国高校思想政治工作会议，习近平出席会议并讲话，强调围绕立德树人这个根本任务，引导广大师生“做社会主义核心价值观的坚定信仰者、积极传播者、模范践行者”。[③]2017年1月，国务院发布的《国家教育事业发展“十三五”规划》，把立德树人作为教育的根本任务，培养德智体美全面发展的社会主义建设者和接班人。要遵循教书育人规律、遵循学生成长规律，以学生为主体，以教师为主导，创新育人模式，培育和践行社会主义核心价值观，不断提高学生思

---

①《中宣部负责同志就〈培育和践行社会主义核心价值观行动方案〉答记者问》，《光明日报》2015年4月17日。

②《中共中央国务院印发〈关于加强和改进新形势下高校思想政治工作的意见〉》，《人民日报》2017年2月28日。

③《习近平关于社会主义文化建设论述摘编》，中央文献出版社2017年版，第132—133页。

想水平、政治觉悟、道德品质、文化素养，让学生成为德才兼备、全面发展的人才。[①] 教育系统组织编写出版《社会主义核心价值观青少年读本》《高校培育和践行社会主义核心价值观创新案例》，研究制定《高校学生培育和践行社会主义核心价值观测评指标》等，推动社会主义核心价值观入脑入心。根据 2018 年高校学生思想政治滚动调查显示，94.2% 的大学生赞同“幸福都是奋斗出来的”，92.6% 的大学生赞同“在个人利益与国家利益、集体利益发生冲突时，应首先考虑国家利益和集体利益”，94.4% 的大学生赞同“大学生应成为社会主义核心价值观的坚定信仰者、积极传播者、模范践行者”。[②]

精神文明创建活动中，强化道德示范引领作用。全国各地各部门发动基层群众分层推选时代楷模、道德模范、最美人物、身边好人、向上向善好青年等先进典型，评选各行各业先进人物，充分展现当代中国人的精神风貌，以促进全社会文明程度提升。2012 年、2013 年、2014 年，中央精神文明指导委员会先后授予郭明义、庄仕华、孙茂芳“当代雷锋”荣誉称号。2013 年开始，中央宣传部、中央文明办、解放军总政治部、全国总工会、共青团中央、全国妇联等单位每两年评选一次全国道德模范，四、五、六届共评选出张丽莉、王福昌等 174 名全国道德模范、795 名道德模范提名人。2014 年至 2018 年，以“我们的价值观、我们的中国梦”为主题，中宣部共发布 49 组“时代楷模”，包括朱彦夫、塞罕坝机械林场、阎肃、曲建武、钟阳、黄大年、南仁东、航天员群体等群组和英雄个人。2015 年 4 月 28 日，中共中央、国务院表彰全国劳动模范和先进工作者，授予白永明等 2064 人全国劳动模范荣誉称号，授予吴甡等 904 人全国先进工作者荣誉称号。2018 年 12 月 18 日，中共中央、国务院表彰改革开放杰出贡献人员，授予于敏等 100 名同志改革先锋称号，认为“他们带头践行社会主义核心价值观，大力弘扬以爱国主义为核心的民族精神和以改革创新为核心的时代精神，爱岗敬业，无私奉献，作风优良”，为

① 《国务院关于印发国家教育事业发展“十三五”规划的通知》（2017 年 1 月 10 日）。

② 赵婀娜、张烁、丁雅诵：《让党的旗帜在高校高高飘扬——高校党的建设与思想政治工作综述》，《人民日报》2019 年 1 月 15 日。

推动改革开放作出杰出贡献，发挥了突出的示范引领作用。[①] 同时，向阿兰·梅里埃等 10 名国际友人颁授中国改革友谊奖章。全国开展勤俭节约、孝老爱亲、诚信教育、公益行动、学雷锋志愿服务、文明旅游等主题实践活动，举行文明城市、文明村镇、文明单位、文明家庭、文明校园等群众性精神文明创建活动，使核心价值观像空气一样无处不在、无时不有。

党和国家功勋荣誉表彰制度是弘扬和体现核心价值观的制度安排。2015 年 12 月 14 日，中央政治局会议审议通过《关于建立健全党和国家功勋荣誉表彰制度的意见》。[②]12 月 27 日，十二届全国人大常委会第十八次会议通过《国家勋章和国家荣誉称号法》。2016 年成立党和国家功勋荣誉表彰工作委员会，制定《中国共产党党内功勋荣誉表彰条例》《国家功勋荣誉表彰条例》《军队功勋荣誉表彰条例》，设立"共和国勋章""七一勋章""八一勋章""友谊勋章"，建立党、国家、军队功勋簿。功勋荣誉表彰主要由勋章、荣誉称号、表彰奖励和纪念章 4 个类别组成，建立了功勋荣誉表彰制度体系，推动全社会形成见贤思齐、崇尚英雄、争做先锋的良好氛围。

通过规范国家礼仪或者设置纪念日来宣传核心价值观。2014 年 11 月 1 日，十二届全国人大常委会第十一次会议审议通过《关于设立国家宪法日的决定》，将 12 月 4 日设立为国家宪法日，增强全社会的宪法意识，弘扬宪法精神。12 月，中办、国办印发《关于规范国歌奏唱礼仪的实施意见》。2014 年 2 月 27 日，十二届全国人大常委会第七次会议表决通过将 9 月 3 日确定为中国人民抗日战争胜利纪念日，将 12 月 13 日设立为南京大屠杀死难者国家公祭日。同年 8 月，十二届全国人大常委会第十次会议通过《关于设立烈士纪念日的决定》，将 9 月 30 日设立为烈士纪念日。国家隆重举行纪念和公祭活动，弘扬爱国主义精神。

把核心价值观融入法治建设。2014 年 10 月，中共十八届四中全会通过《中共中央关于全面推进依法治国若干重大问题的决定》提出："贯彻

①《中共中央国务院关于表彰改革开放杰出贡献人员的决定》，《人民日报》2018 年 12 月 19 日。

②《人民日报》2015 年 12 月 15 日。

社会主义核心价值观，使每一项立法都符合宪法精神、反映人民意志、得到人民拥护。要把公正、公平、公开原则贯穿立法全过程”。[①]2016 年 12 月，中共中央办公厅、国务院办公厅印发《关于进一步把社会主义核心价值观融入法治建设的指导意见》，提出把社会主义核心价值观融入法治国家、法治政府、法治社会建设全过程。根据这个原则，2017 年十二届全国人大五次会议通过的《中华人民共和国民法总则》，把弘扬社会主义核心价值观作为基本要求。2018 年 5 月，中共中央印发《社会主义核心价值观融入法治建设立法修法规划》，提出经过 5 到 10 年时间，推动社会主义核心价值观全面融入中国特色社会主义法律体系。[②]

二、掌握意识形态工作的领导权

意识形态决定文化前进方向和发展道路，事关全党全国人民团结奋斗的共同思想基础，中国共产党历来高度重视这一工作。新时代，中共中央以问题为导向，加强社会主义意识形态建设。2013 年 8 月，习近平在全国宣传思想工作会议上强调，意识形态工作是党的一项极端重要的工作，要建设具有强大凝聚力和引领力的社会主义意识形态，不断增强意识形态领域主导权和话语权。社会主义意识形态的根本任务，就是要不断巩固马克思主义在意识形态领域的指导地位，巩固全党全国各族人民团结奋斗的共同思想基础。

用马克思主义武装全党，教育人民。马克思主义是社会主义意识形态的旗帜和灵魂。针对一些领域“马克思主义被边缘化、空泛化、标签化，在一些学科中‘失语’、教材中‘失踪’、论坛上‘失声’”[③]，中共中央推进马克思主义中国化时代化大众化，建设具有强大凝聚力和引领力的社会主义意识形态，是中共十八大以来文化建设的重要任务。中共中央坚持用马克思主义观察时代、解读时代、引领时代，用鲜活丰富的当代中国

---

①《十八大以来重要文献选编》（中），中央文献出版社 2016 年版，第 160 页。

②《中共中央印发〈社会主义核心价值观融入法治建设立法修法规划〉》，《光明日报》2018 年 5 月 8 日。

③ 习近平：《在哲学社会科学工作座谈会上的讲话》，《光明日报》2016 年 5 月 19 日。

实践来创新理论，推动马克思主义的发展。中共十九大提出并阐述新时代中国特色社会主义思想，重点推动用新时代中国特色社会主义思想武装全党、教育人民、推动工作，在学懂弄通做实上下功夫，推动当代中国马克思主义、21 世纪马克思主义深入人心、落地生根，充分彰显中国特色社会主义意识形态的气魄和魅力。

2017 年底，中共中央党校、教育部、中国社会科学院、国防大学、北京市、上海市、广东省、北京大学、清华大学和中国人民大学成立了习近平新时代中国特色社会主义思想研究中心（院）。中共十九大以来，中央宣讲团举办多场报告和互动交流，宣讲十九大精神和习近平新时代中国特色社会主义思想。有关部门编辑出版《习近平谈治国理政》（一、二卷），《摆脱贫困》《之江新语》等论著，中宣部等单位组织编写《习近平总书记系列重要讲话读本》《习近平中国特色社会主义思想三十讲》，中共中央文献研究室等单位编写《习近平关于协调推进"四个全面"战略布局论述摘编》等系列专题摘编理论读本。马克思主义理论研究和建设工程、中国特色社会主义理论体系研究中心、马克思主义学院、报刊网络理论宣传阵地"四大平台"，围绕重大现实、理论和实践问题展开研究，发挥理论研究创新和宣传主渠道作用。马克思主义经典著作编研取得新进展。中央编译局编辑再版《马克思恩格斯选集》《列宁选集》《列宁全集》等经典文献。隆重举行纪念马克思诞辰 200 周年大会、"真理的力量——纪念马克思诞辰 200 周年主题展览"。学术界进行马克思主义经典文本的考证与重释、思想史语境的还原与反思、马克思哲学的青春化与大众化阐释，北京大学团队出版了十二卷本《重读马克思：文本及其思想》，在扎实的文本研究基础上推进思想研究、理论建构，提高对现实问题的解释力。在南京大学开幕的《风云激荡 200 年——纪念马克思诞辰 200 周年历史文献展》。中国人民大学召开的"马克思与 19 世纪欧陆思想"青年学者对话会，清华大学以微信公众号上发表的文章和喜马拉雅 App 上的系列音频"趣读马克思 /10 分钟马哲课"为蓝本写就了《青年马克思是怎样炼成的？》，用喜闻乐见的形式向青年宣传马克思主义。

加快构建中国特色哲学社会科学。哲学社会科学在思想理论建设中具有基础性作用。早在 2011 年，中国社会科学院开始试点哲学社会科学创新工程，教育部发布《关于深入推进高等学校哲学社会科学繁荣发展的意见》，建设高等学校哲学社会科学创新体系。中国学术界在西学引进潮中，存在着对国外主要是西方的理论、概念、话语、方法存在生搬硬套甚至奉为圭臬、崇洋跟风的情况。2016 年 5 月 17 日，习近平主持召开哲学社会科学工作座谈会，强调加快构建中国特色哲学社会科学，要求广大哲学社会科学工作者"要按照立足中国、借鉴国外，挖掘历史、把握当代，关怀人类、面向未来的思路，着力构建中国特色哲学社会科学，在指导思想、学科体系、学术体系、话语体系等方面充分体现中国特色、中国风格、中国气派。"① 哲学社会科学只有以我国实际为研究起点，提出具有主体性、原创性的理论观点，才能形成自己的特色和优势。2017 年 3 月，中共中央印发《关于加快构建中国特色哲学社会科学的意见》，强调坚持马克思主义在哲学社会科学领域的指导地位，加快构建中国特色哲学社会科学学科体系、学术体系、话语体系，用中国理论阐释中国实践、用中国实践升华中国理论，创新对外表达方式，提升国际话语权；建设种类齐全、梯队衔接的哲学社会科学人才队伍，加强和改善党对哲学社会科学工作的领导。②2017 年 5 月 17 日，习近平致信祝贺中国社会科学院建院 40 周年，要求以研究我国改革发展稳定重大理论和实践问题为主攻方向，为增强我国哲学社会科学国际影响力作出新的更大的贡献。③2019 年 1 月 2 日，习近平为中国社会科学院中国历史研究院成立致贺信，要求历史研究工作者总结历史经验，揭示历史规律，把握历史趋势。

加强学术共同体建设、哲学社会科学基础设施和信息化建设。2015 年北京大学启动重大基础性学术文化工程《马藏》。2017 年初，由中宣部部署，中国社会科学院牵头，教育部和国家新闻出版广电总局配合建设的国家哲学社会科学文献中心上线。加强国家社科基金项目资助力度和学术引领作用。截至 2018 年 8 月，国家社会科学基金资助各类项目 2.5 万

① 习近平：《在哲学社会科学工作座谈会上的讲话》，《光明日报》2016 年 5 月 19 日。
②《人民日报》2017 年 5 月 17 日。
③《人民日报》2017 年 5 月 18 日。

余项，产出各类研究专著1.2万多部。[①] 教育部教材局推进马工程重点教材编、审、用工作，推进习近平新时代中国特色社会主义思想进教材、进课堂、进头脑，修改高校思政课教材和中小学语文、道德、法治、历史等教材。中国社会科学院围绕“三个定位”，产生了一批高质量的学术成果、智库成果和研究报告。

加强中国特色新型智库建设。中共十八届三中全会提出加强中国特色新型智库建设，建立健全决策咨询制度。2015年1月，中共中央办公厅、国务院办公厅印发《关于加强中国特色新型智库建设的意见》，提出统筹推进党政部门、社科院、党校行政学院、高校、军队、科研院所和企业、社会智库协调发展，形成定位明晰、特色鲜明、规模适度、布局合理的中国特色新型智库体系，重点建设一批具有较大影响力和国际知名度的高端智库。[②]11月，国家高端智库建设试点工作方案启动，确定25家智库成为首批国家高端智库建设试点单位，重点围绕国家重大战略需求开展前瞻性、针对性、储备性政策研究，资政建言。2017年2月，中央全面深化改革领导小组审议通过了《关于社会智库健康发展的若干意见》。各地相应制定了本地智库建设意见或方案，推进多层次智库建设。

提高新闻舆论传播力、引导力、影响力、公信力。新闻舆论工作是最前沿、最直接、最有影响力的意识形态工作。改革开放以来，在新闻舆论问题上，对于党性与人民性的关系问题，始终没有解决好，甚至存在将二者对立起来的看法和行为，违反政治纪律、宣传纪律的现象时常发生。互联网环境下，新闻舆论工作的传播技术、传播形态、传播格局发生了深刻变革，有人错误地认为，现在是“资本为王”的“资本媒体”“商业媒体”时代，是“人人都有麦克风”的自媒体时代，再提坚持党管媒体没有意义。习近平旗帜鲜明地“坚持党性和人民性相统一”[③]，坚持正确舆论导向，凝聚人心、汇集力量。他指出，党性原则是党的新闻舆论工作的根本

---

①《为伟大时代注入思想力量——新时代中国特色哲学社会科学取得新进展》，《中国教育报》2018年8月18日。

② 中央人民政府网：http：//www.gov.cn/xinwen/2015-01/20/content_2807126.htm。

③《习近平谈治国理政》（第二卷），外文出版社2017年版，第332页。

原则，党性原则不仅要讲，而且要大张旗鼓讲、理直气壮讲、坚持不懈讲。无论时代如何发展、媒体格局如何变化，党管媒体的原则和制度不能变；党管宣传、党管意识形态、党管媒体是坚持党的领导的重要方面；报刊、通讯社、电台、电视台、新闻网站的所有工作都必须体现党的意志、反映党的主张；党的新闻舆论工作，讲政治是第一位的，党和政府主办的媒体是党和政府的宣传阵地，必须姓党；党管媒体，不能说只管党直接掌握的媒体，党管媒体是把各级各类媒体都置于党的领导之下。① 他重申政治家办报等党的新闻工作优良传统，提高党的新闻舆论传播力、引导力、影响力、公信力。以中央媒体牵头，聚焦中国梦、弘扬社会主义核心价值观主题，推出各种各类优秀作品；全面宣传党中央治国理政方略，有关国计民生的方针、政策及带来的历史性变革，及时回应社会热点问题。大型政论专题片《不忘初心继续前进》《将改革进行到底》《法治中国》《大国外交》《巡视利剑》《辉煌中国》《打铁还需自身硬》等，引起社会热烈反响。“伟大的变革——庆祝改革开放40周年大型展览”，人民日报推出“砥砺奋进的五年——迎接中共十九大特别报道”，展示党和国家取得的历史性成就、发生的历史性变革，奏响新时代民族复兴的凯歌。围绕经济发展新常态、供给侧结构性改革、脱贫攻坚、科技创新、股市楼市、就医就学、收入税收、反腐倡廉到等热点问题，讲清“怎么看”“怎么办”，彰显“定音鼓”“风向标”“压舱石”作用，对舆论进行正确引导。为涵养社会正气，在电视节目中推出《家风是什么》《我们的传家宝》《校训是什么》《今日最美新闻人》《绝对忠诚》《北京榜样》等系列报道；“寻找最美乡村教师”“寻找最美乡村医生”“大国工匠”等报道，弘扬主旋律，传递正能量。

推动传统媒体和新兴媒体融合发展，提高新闻舆论的传播力。早在2013年1月，广电总局制定《关于促进主流媒体发展网络广播电视台的意见》，支持中央广播电视播出机构和一些地方广播电视台先行先试。

---

①《习近平关于社会主义文化建设论述摘编》，中央文献出版社2017年版，第25、41—42页。

2014年8月，中央发布《关于推动传统媒体和新兴媒体融合发展的指导意见》，把媒体融合发展上升为国家战略，加快广播电视媒体与新兴媒体融合发展。2016年，习近平在党的新闻舆论工作座谈会上提出推动融合发展，主动借助新媒体传播优势。2019年1月25日，中共中央政治局专门就全媒体时代和媒体融合发展举行第十二次集体学习，推动媒体融合发展，打造一批具有强大影响力、竞争力的新型主流媒体，形成资源集约、结构合理、差异发展、协同高效的全媒体传播体系。2016年10月，人民日报推出融媒体工作室机制，打造“中央厨房”，形成“一本政经”“麻辣财经”“大江东”等45个专业化、垂直化的品牌工作室。人民日报的《最牵挂的人》、新华社打造《红色气质》等融媒体产品，讲述中国共产党故事。2018年3月，中央广播电视总台成立，明确提出“台网并重、先网后台”的发展战略，整合三网传播力量。人民日报社编辑记者组织运营的“侠客岛”“学习小组”“学习路上”“学习大国”等微信公众号在社会上形成较大的影响力和传播力。

营造风清气正的网络空间。互联网是意识形态工作的主要战场和前沿阵地。中国网民达8亿多，网络舆论直接影响人们思想观念和价值取向。网络意识形态安全风险上升。“掌握网络意识形态主动权，就是守护国家的主权和政权。”① 西方发达国家拥有网络霸权和信息优势，西方敌对势力一直妄图利用互联网加大思想渗透力度，宣传“普世价值”，攻击、抹黑中国；自媒体的个性化和自主性带来的“去中心化”及信息质量的良莠不齐，历史虚无主义思潮泛滥。十八大以来，除了实施网络内容建设工程，唱响主旋律，构建网上网下同心圆，对各种错误思想要敢抓敢管，敢于亮剑，勇于和善于对形形色色的反马克思主义思潮，如新自由主义、西方宪政民主、普世价值论、历史虚无主义等开展斗争，要求宣传思想战线的同志要当战士、不当绅士，不做“骑墙派”和“看风派”，不能搞爱惜羽毛那一套，要以战斗的姿态、战士的担当，积极投身宣传思想领域斗争

①《习近平关于社会主义文化建设论述摘编》，中央文献出版社2017年版，第36页。

一线。[①]

建立健全网络综合治理体系。十八大以来，我国坚持依法治网，逐步形成党委领导、政府管理、企业履责、社会监督、网民自律等多主体参与，经济、法律、技术等多种手段相结合的综合治网格局。2012年12月，第十一届全国人大会常委会通过了《关于加强网络信息保护的决定》。2013年，设立中央网络安全和信息化领导小组，负责这一领域重大工作的总体布局和统筹协调。2016年12月，国家互联网信息办公室发布《国家网络空间安全战略》，建立国家网络安全和信息化领导机构。2017年6月，颁布《网络安全法》，为网络安全提供基础性、框架性、综合性法律，并修订和制定相关法律、法规、规章，《计算机软件保护条例》《信息网络传播权保护条例》等出台，为依法净化网络环境提供依据。2017年1月，中共中央办公厅、国务院办公厅印发《关于促进移动互联网健康有序发展的意见》，提出推动移动互联网创新发展，强化移动互联网驱动引领作用，防范移动互联网安全风险，深化移动互联网国际交流合作。[②]

走好网络群众路线。政务新媒体是党和政府联系群众的重要渠道。2018年12月，国务院办公厅印发《关于推进政务新媒体健康有序发展的意见》。意见明确政务新媒体的总体要求、明确工作职责、加强功能建设、规范运维管理、强化保障措施。截至2018年底，各级行政机关、事业单位开设政务新媒体共17.87万个，基本实现了国务院部门、省、市、县、乡全覆盖。[③]

2018年4月27日，十三届全国人大常委会第二次会议通过《英雄烈士保护法》，为歪曲历史、侮辱英烈的网络公害划出红线，为弘扬革命文化、捍卫英雄提供了法治保障。2017年6月设立杭州互联网法院。2018年9月，北京市组建互联网法院。近年来，司法机关依法处理侵犯“狼牙

①《习近平关于社会主义文化建设论述摘编》，中央文献出版社2017年版，第45页。

②《光明日报》2017年1月16日。

③《2018年宣传思想文化工作亮点综述之二：主旋律更响亮正能量更澎湃》，《经济日报》2019年1月7日。

山五壮士”名誉权案、邱少云人格权纠纷案等，维护英雄荣誉和形象，打击了网络中的历史虚无主义。相关部门开展“扫黄打非”和“净网”“剑网”“清源”“护苗”等系列专项治理行动，为青少年成长创造风清气正的网络环境。2018 年以来，国家主管部门协同发力，联合整治炒作明星绯闻隐私和娱乐八卦、约谈直播短视频平台、将违规网络主播纳入跨平台禁播黑名单等，整治社交媒体及网络视频平台的违法违规行为，整治互联网乱象。

加强网络空间国际合作，推进全球互联网治理体系变革。从 2014 年至 2018 年，在乌镇连续举办五届世界互联网大会。2016 年 12 月 16 日，习近平在第二届世界互联网大会上提出“构建网络空间命运共同体”的倡议。2017 年 3 月，外交部和国家互联网信息办公室发布《网络空间国际合作战略》，以和平发展、合作共赢为主题，以构建网络空间命运共同体为目标，为破解全球网络空间治理难题贡献中国方案。

落实意识形态工作的责任制。落实意识形态工作责任制，是坚持和加强对意识形态全面领导的重要制度安排。掌握意识形态工作领导权和主动权，说到底是个责任问题。强化责任担当，落实主体责任。各级党委（党组）领导班子对本地区本部门本单位意识形态工作负有主体责任。2015 年 10 月，中共中央办公厅印发《党委（党组）意识形态工作责任制实施办法》。2016 年 12 月，中共中央办公厅印发《党委（党组）网络意识形态工作责任制实施细则》，进一步细化意识形态工作责任制在网络空间的具体要求。2017 年 7 月，中共中央印发经过修改的《中国共产党巡视工作条例》，在“违反政治纪律和政治规矩”条款中，增加“落实意识形态工作责任制不到位等问题”。

加强阵地建设与管理，落实主管主办和属地管理原则。为加强和改进宣传思想文化系统事业单位领导人员管理，根据党管宣传、党管干部原则，中组部和中宣部制定《宣传思想文化系统事业单位领导人员管理暂行办法》，规定宣传思想文化工作干部的任职资格和条件。加强对意识形态工作责任制的监督检查，中央巡视对宣传、文化、新闻等单位进行全面政治“体检”，加强党对意识形态工作的领导，促进意识形态阵地建设，推动意识形态领域全面从严治党。[①]2018 年 10 月实施的《中国共产党纪律处分条例》，规定对意识形态问题上违反政治纪律的行为做出处罚。加强阵地建设，同时要求注意区分政治原则问题、思想认识问题、学术观点问题，是什么问题解决什么问题。经过几年来的努力，从根本上扭转了意识形态领域一度出现的被动局面，主旋律更加响亮，正能量更加强劲。

三、坚持以人民为中心的创作导向

让人民当家作主，成为国家的主人，是中国共产党人的初心。中共十八大以来把“坚持以人民为中心”作为新时代文艺工作指导方针，是党的文艺方针的新表达。新时代文艺创作以讴歌时代、引领时代为职责，贴近人民、贴近生活，以浓墨重彩刻画描摹追逐中国梦的时代新人，在文学、影视、美术、摄影、舞台艺术等各个艺术门类，在现实、历史、科幻、少儿等题材方面，产生了一大批精品力作，中国文学走向世界。

文艺是时代前进的号角。社会主义文艺事业肩负着引领时代风尚、塑造时代新人、追求崇高价值的重大职责。改革开放以来，我国文艺百花齐放，无论题材、内容，还是创作手法、表现方式，均有了历史性长足进步。但是，文艺创作也存在着有数量缺质量、有“高原”缺“高峰”的现象。一部分文艺创作脱离群众，疏离社会生活，丧失文艺的精神风骨、人文情怀和审美旨趣，唯票房、收视率是尊，以天价投资、问题明星、制造话题、离奇剧情刺激大众神经，公然挑战社会秩序、伦理道德，甚至挑战法律法规，出现碎片化、虚无化主张和行为，甚至形成了一种追求“娱乐至死”的浮躁恶俗之风，庸俗、低俗、媚俗之作泛滥，抄袭、翻拍、穿越、恶搞、无厘头的胡编乱造霸屏，扭曲、丑化、虚构、解构之风蔓延，电视上一些文化类综艺节目成为各路明星、富豪炫富的竞技场，而部分文艺批评沦为帮闲、吹捧。有识之士对此进行了严肃的批评。如 2011 年 7 月 15 日的《人民日报》发表长篇评论，批评文艺创作十大恶俗，即回避崇高、情感缺失、以量代质、近亲繁殖、跟风炒作、权力寻租、解构经

① 《人民日报》2017 年 5 月 27 日。

典、闭门造车、技术崇拜、政绩工程，引起社会各界广泛持续的关注和讨论。[①] 这引起党中央的高度重视。

习近平在 2014 年主持召开文艺工作座谈会、2016 年在中国文联十大和中国作协九大开幕式上发表重要讲话，就如何认识文艺、如何发展文艺、如何领导文艺、如何坚定不移走中国特色社会主义文艺道路这样一些根本问题发表意见，体现了中国共产党对文艺与时代、文艺与政治、文艺与社会生活关系的思考和总结，是马克思主义文艺理论中国化、时代化、大众化的最新成果。主要内容和要求是：（1）文艺不能在市场经济大潮中迷失方向，不能在为什么人的问题上发生偏差，必须牢固树立以人民为中心的创作导向，把为人民服务作为文艺工作者的天职。（2）文艺要与时代同频共振，发时代之先声、开社会之先风、启智慧之先河，成为时代变迁和社会变革的先导。离开火热的社会实践，在恢宏的时代主旋律之外，钻进自我的“象牙塔”，沉浸于个人的悲欢世界，茕茕孑立、喃喃自语甚至无病呻吟，只能被时代淘汰。（3）歌唱祖国、礼赞英雄从来都是文艺创作的永恒主题，也是最动人的篇章。我们绝不做亵渎祖先、亵渎经典、亵渎英雄的事情。相反，要不断推出讴歌党、讴歌祖国、讴歌人民、讴歌英雄的精品力作。（4）文艺工作者要善于在幽微处发现美善、在阴影中看取光明，要用有筋骨、有道德、有温度的作品，鼓舞人们在黑暗面前不气馁、在困难面前不低头，用理性之光、正义之光、善良之光照亮生活。（5）低俗不是通俗，欲望不代表希望，单纯感官娱乐不等于精神快乐。要倡导讲品位、讲格调、讲责任，抵制低俗、庸俗、媚俗。（6）推动文艺繁荣发展，最根本的是要创作出无愧于民族和时代的优秀作品、艺术精品。否则，再热闹、再花哨，也只是表面文章。文艺工作者要精益求精搞创作，把最好的精神食粮奉献给人民。[②]

加强制度建设，为文艺健康发展提供制度环境和价值引领。针对文艺评奖过多过滥，获奖作品频频引发社会争议等问题，中共十八届三中

---

① 李舫：《让文艺复归心灵让创作贴近现实十大恶俗阻碍文艺健康发展》，《人民日报》2011 年 7 月 15 日。

②《人民日报》2015 年 10 月 15 日；《人民日报》2016 年 12 月 1 日。

全会作出“健全文化产品评价体系，改革评奖制度，推出更多文化精品”的部署。文化体制改革将“制定改革文化评奖的指导性意见”列为重点改革目标。为加强和改进文艺评奖管理，切实提高评奖公信力和影响力，2015 年 12 月，中共中央办公厅、国务院办公厅公布《关于全国性文艺评奖制度改革的意见》，明确整顿措施，大幅压缩奖项数量，对常设和非常设奖项的设置以及颁奖晚会均作出严格规定。2015 年出台《中共中央关于繁荣发展社会主义文艺的意见》，2017 年《关于支持电视剧繁荣发展若干政策的通知》《电影产业促进法》颁布施行，规范文艺发展，纠正扭转奢靡浮夸之风。在“十三五”规划文件中，强调“推出更多传播当代中国价值观念、体现中华文化精神、反映中国人审美追求的精品力作”“建设德艺双馨的文艺队伍”。《关于电视剧网络剧制作成本配置比例的意见》中明确提出“全部演员的总片酬不超过制作总成本的 40%”。2016 年开始，中宣部和中国文联共同举办深入学习贯彻习近平总书记文艺工作座谈会重要讲话专题培训研讨班。同年 10 月，中国文联文艺工作者职业道德建设委员会成立，推动文艺工作者加强自律，指出文艺工作者肩负弘扬先进文化、推动社会进步的神圣职责，只有坚守艺术理想和艺术良知，把德艺双馨作为自己的毕生追求，才能内化于心、外化于行，用优秀作品赢得人民赞誉，用人格力量赢得社会尊重，用自身的艺术才华和创造实践，为社会公众作出表率，为推动社会文明进步作出新贡献。

为此，2013 年以来，中国文联多次组织音乐、美术、舞蹈、民间文艺、摄影等艺术门类的文艺家，深入老少边穷地区开展“追寻中国梦——文艺家采风创作基层行”系列活动，并举办作品汇报展览。2014 年初又组织在全国开展“我们的中国梦”文化进万家活动。文艺工作座谈会召开后，在全国文艺战线广泛开展“深入生活、扎根人民”的主题实践活动。中国文联及所属各文艺家协会深入基层组织各类主题活动，文艺工作者足迹遍布全国基层。仅仅一年时间，各级文联组织超过 2.5 万名文艺家深入 300 多个城市基层开展内容丰富的服务采风活动，直接服务基层群众 280

万人。[①]2015年，中国文联、中国文艺志愿者协会发起“到人民中去”文艺志愿服务主题活动。各级文联、文艺志愿者协会组织开展主题实践活动2000多场次，参与文艺志愿者人数近7万人，直接受益群众达300多万。[②]在基层进行文艺培训，在基层留下一支不走的文艺工作者队伍。

加大对文艺原创精品扶持力度，完善文艺创作生产、流通、传播和引导机制。通过国家艺术基金、出版基金，影视专项资助项目，国家创作工程，政府购买等形式，抓好文学、剧本、作曲等基础性环节，支持戏剧、电影、电视、音乐、舞蹈、美术、摄影、书法、曲艺、杂技等艺术门类创新发展，鼓励戏曲流派创新，推动交响乐、歌剧、芭蕾舞等艺术品种的中国化、民族化，推出更多传播当代中国价值观念、体现中华文化精神、反映中国人审美追求的精品力作，为人民群众提供更多高品质的精神食粮。各省市也出台各项扶持政策，通过重大题材选题，引导和鼓励创作。美术创作工程方面，在2017年完成“中华文明历史题材（1840年以前）美术创作工程”[③]基础上，2016年文化部启动“十三五”时期“国家重大题材美术创作工程”，2018年中宣部、中国文联、财政部、文化和旅游部和中国美术家协会启动“不忘初心继续前进——纪念中国共产党成立100周年大型美术创作工程”。“中国戏剧梅花奖获奖演员优秀剧目数字电影工程”，将优秀的舞台艺术以数字电影的方式实现城乡共享。北京市设立宣传文化引导基金、文化艺术基金、影视出版基金，每年投入4亿元，扶持重大题材创作，影响、引导文艺创作，实施文化精品工程。

由于国家文艺政策的强力引导以及市场秩序得到规范清理，文艺生态明显好转，创作者责任担当意识不断增强，文艺作品的价值导向更加契合时代与人民的需要，思想性艺术性观赏性俱佳的精品力作频现，现实主义精神强势回归，曾经喧嚣的玄幻剧、悬浮剧、炫富剧风光不再，贴近人民生活、关注社会现实的作品更受青睐。文学方面，金宇澄的《繁

① 姜潇：《让艺术之根深植于人民中间》，《光明日报》2015年10月15日。

② 陈新洲、周宁、高薇、熊琳、张漫子：《四大关键词透视文艺工作座谈会一年间》。

③ 由中国美术馆代表国家确认收藏作品146件，其中，国画61件，油画42件，版画17件，雕塑26件。

花》、李佩甫的《生命册》、王蒙的《这边风景》、范小青的《桂香街》、王树增的《抗日战争》、陈启文的《大河上下》等作品直面现实生活的转型，是表现精神坚守，与时代变革同行的精品力作。中国长篇小说持续繁荣。2015 年，超过 5000 部，2018 年，突破了 8000 部。[①]60 后、70 后、80 后作家成为当前文学创作中坚力量，85 后甚至 90 后新生代作家崭露头角，2017 年，70 后作家创作的《心灵外史》《国王与抒情诗》《梁光正的光》《猛虎图》《白山》上榜，占据长篇小说排行榜半壁江山，代表了这代人长篇小说技艺的日趋成熟。2018 年，《山本》（贾平凹）、《考工记》（王安忆）、《黄冈秘卷》（刘醒龙）、《艾约堡秘史》（张炜）、《重新生活》（张平）、《铿然有声》（杨少衡）、《天黑得很慢》（周大新）、《老实街》（王方晨）等都在上市之际产生"现象级"的影响，分别荣登不同的图书排行榜单。作家们扎根生活、对话时代，以强烈的激情与现实主义关照，呈现出强烈的主体意识与年轻化、多元化的创作态势，取得了新的艺术成就，产生了广泛的社会影响。

加强对网络文学的引导。20 年来，中国网络文学从无到有、从小到大，创造了堪称浩瀚的原创作品，培育了一大批文学写作人才，并由网络写手们的自娱自乐，发展为一个崭新的文化产业形态。众声喧哗是中国网络文学呈现的基本艺术生态。为加强引导，2013 年 10 月，由中国作家协会指导、"中文在线"发起成立了公益性网络文学大学，为全国网络文学作者提供免费培训，目标是每年培训 10 万人次。网络文学作品，中国作家协会与国家新闻出版广电总局数字出版司联合发起并倡导"网络文学行业自律倡议书"；中国作协设立中南大学基地和上海大学基地，开辟网络文学创作与评论研究的高校阵地，推进网络文学主流化和经典化。从写作的趋向上看，一部分网络文学与传统文学在题材、内容和风格上的边界日益消弭，逐渐被传统文学界所接纳。2018 年初，由国家新闻出版广电总局和中国作家协会联合主办，新华网承办的"2017 年优秀网络文学原创

---

① 桫椤：《文学的市场与市场的文学——2018 年中国长篇小说盘点》，《中国图书评论》2019 年第 1 期。

作品推介活动”，选出了 24 部优秀的网络文学作品，现实类题材的网络作品明显增多。截至 2018 年 12 月，网络文学用户规模达 4.32 亿，占网民总体的 52.1%；手机网络文学用户规模达 4.10 亿，占手机网民的 50.2%。

影视作品展示出时代新气象。譬如军事题材电影《战狼 2》《空天猎》《湄公河行动》《中国蓝盔》《浴血广昌》，表现革命历史的《建军大业》《历史转折时期的邓小平》，表现人民生活的《平凡的世界》《白鹿原》《鸡毛飞上天》等。这些作品为人民的文化生活增加了温度、深度与厚度。致敬改革开放的作品《片警宝音》《春天的马拉松》《照相师》《一个人的课堂》《中国合伙人 2》《热土》《红盾先锋》等影片，刻画了各种普通人在伟大时代里的非凡人生。《唐人街探案 2》《幕后玩家》《西虹市首富》等，使国产喜剧片成为电影市场上观众喜闻乐见的电影类型。

中国电视纪录片呈现精品化趋势。纪录片作为记录时代发展和社会变迁的媒介文本，对于回顾历史、反映当下、展望未来具有重要价值。《大国崛起》《复兴之路》《第三极》《航拍中国》等，见证中国改革发展；《国魂》《百年潮，中国梦》《劳动铸就中国梦》《长征》《永远在路上》《一带一路》《不忘初心，继续前进》等作品，阐释了党和国家重要战略；《我们一起走过——致敬改革开放 40 周年》《四十年：美好生活》《中关村——变革的力量》《小岗纪事》《创新中国》《生活万岁》等作品，均获得高收视率。电视剧《人民的名义》《彭德怀元帅》《琅琊榜》《伪装者》，《北平无战事》《大秧歌》等是这一时期“有筋骨”“有道德”“有温度”的作品。《老农民》首次以编年体的形式为农民树碑立传，《马向阳下乡记》开启了国内农村现实题材创作的新风尚，《安居》是中国棚改第一剧，《琅琊榜》以史诗品格与正剧品质树立了古装剧新标杆，《他来了，请闭眼》创新了互联网反向输出到电视台的发行模式。行业剧崛起，《急诊科医生》《产科医生》《青年医生》《我和我的他们》等医疗题材和《金牌律师》《离婚律师》等律政题材剧热播。电视文化综艺节目，实现从引进到自主创立的跨越。2017 年，被誉为“收视率与口碑齐飞”的文化综艺类节目《中国诗词大会》《见字如面》《朗读者》《经典咏流传》等一经开播，便成为“文化传播”“综艺价值”“自主创新”的风向标，获得了很好的社会效益。

中国电影电视已由外延式的数量增长型转变为内涵式的质量提高型，成为名副其实的影视剧生产大国、消费大国。2018 年，全年生产电影故事片 902 部、动画电影 51 部、科教电影 61 部、纪录电影 57 部、特种电影 11 部，总计 1082 部。[①]

四、加强文物保护利用和文化遗产保护传承

文化遗产保护和利用有新特征。党和政府加快了文化遗产保护制度化、法制化进程，引入国际惯例，在有效保护的基础上，注重文化遗产的社会功能，把扩大开放文物古迹作为传承传统文化、弘扬社会主义核心价值观，解决文化民生问题、保障国民文化权益的重要举措，文化遗产保护与开发利用实现了里程碑式的转变，极大地提高了文化遗产保护的水平和质量。

加强文化遗产保护的制度化、法治化。2013 年以来，全国人大常委会分别于 2013 年、2015 年、2017 年对《中华人民共和国文物保护法》进行了三次修正、修订。从修改的条款看，文物保护越来越注重依法管理、科学管理，同时更加强调文物保护主体责任；在确保文物安全的基础上，推进文物合理适度利用和开发，使文化遗产保护成果更多地服务社会、惠及民众。2016 年 3 月，国务院颁布《关于进一步加强文物工作的指导意见》。2018 年 10 月，中共中央办公厅、国务院办公厅发布《关于加强文物保护利用改革的若干意见》，全面总结了文物保护和利用长期实践中遇到的诸多难点问题，以新发展理念进行顶层设计，深化文物保护利用体制机制改革，全面提升文物依法保护水平，健全文物保护利用传承体系。《国家“十三五”时期文化发展改革规划纲要》，对加强文化遗产保护，传承振兴民族民间文化，保护和发展传统工艺等进行规划布局。《关于实施中华优秀传统文化传承发展工程的意见》，提出到 2025 年基本形成中华优秀传统文化传承发展体系的总体目标。

---

① 转引自刘永昶：《2018 中国电影：民族精神大力彰显票房口碑高于外片》《光明日报》2019 年 1 月 16 日。

博物馆是传承人类文明的重要场所，是重要的公共文化服务机构。2015 年 2 月，国务院颁布《博物馆条例》，将博物馆定位于“非赢利组织”，国家鼓励企业、事业单位、社会团体和公民等社会力量依法设立博物馆，公平对待国有和非国有博物馆，全面提升了博物馆的公益性、公共性和服务性，为中国博物馆事业的快速健康发展提供了法制保障，也为吸引全社会力量保护文化遗产打开了无限广阔的空间。鼓励博物馆挖掘藏品内涵，与文化创意、旅游等产业相结合，开发衍生产品，增强博物馆发展能力，既可以多渠道解决经费问题，也丰富了参观者的体验。

加大对破坏文物违法犯罪行为的惩治力度。针对旅游开发中过度开发利用文物资源、导致文物破坏或损毁，甚至擅自拆除文物古迹和历史文化街区、村镇以及历史建筑等问题，2012 年 12 月，国务院印发《关于进一步做好旅游等开发建设活动中文物保护工作的意见》，要求各地各级政府和文物部门统筹考虑“保护”和“利用”的关系，创新文物资源利用模式，探索文物保护与新型城镇化建设相结合，与美丽中国建设相结合，与扶贫开发、产业转型升级相结合的开发路径和模式。“十二五”期间，开始全面启动国家级和省级集中成片传统村落保护工程和第二批 100 个传统村落保护利用项目。

2015 年 12 月，最高人民法院、最高人民检察院颁布《关于办理妨害文物管理等刑事案件适用法律若干问题的解释》，将国有文物与非国有文物、可移动文物和不可移动文物、文物与化石，均纳入保护范围，明确了对走私、盗窃、损毁、非法转让、盗掘文物犯罪，以及失职犯罪的定罪量刑标准。2016 年底，颁布《尚未核定公布为文物保护单位不可移动文物保护管理导则》，启动“全国重点文物保护单位执法监管系统”建设，部署开展“文物法人违法案件三年整治行动”，遏制了破坏文物的势头。

提高全社会的责任意识，加快构建和完善文化遗产传承发展体系。针对文物事业面临的问题和困难，新时代强化了各级政府和领导人在文物保护中的重大责任，要求“各级党委和政府要增强对历史文物的敬畏之心，树立保护文物也是政绩的科学理念，统筹好文物保护与经济社会发展”[①]，把文物工作作为地方领导班子和领导干部综合考核评价的重要参考，建立文物保护责任终身追究制；各级文物部门守土尽责，提高素质能力和依法管理水平，广泛动员社会力量参与，努力走出一条符合国情的文物保护利用之路。

文化遗产保护管理领域进一步拓展，内容包括做好文物保护工作，抢救保护濒危文物，实施馆藏文物修复计划，加强新型城镇化和新农村建设中的文物保护；加强历史文化名城名镇名村、历史文化街区、名人故居保护和城市特色风貌管理，实施中国传统村落保护工程，做好传统民居、历史建筑、革命文化纪念地、农业遗产、工业遗产保护工作；规划建设一批国家文化公园，成为中华文化重要标识；推进地名文化遗产保护。实施非物质文化遗产传承发展工程，实施传统工艺振兴计划；大力推广和规范使用国家通用语言文字，保护传承方言文化；开展少数民族特色文化保护工作，加强少数民族语言文字和经典文献的保护和传播，做好少数民族经典文献和汉族经典文献互译出版工作；实施中华民族音乐传承出版工程、中国民间文学大系出版工程；推动民族传统体育项目的整理研究和保护传承。中国的文化遗产保护越来越全面，并进行专项管理，由文化遗产本体保护延伸到对周边环境和文化生态的整体保护。

其中，革命文物、工业文化遗产和农业文化遗产的保护传承得到加强，使文化遗产保护传承历史脉络更加清晰完整，保护传承体系更加完善。2015 年《重要农业文化遗产管理办法》、2016 年《关于加强革命文物工作的通知》《关于推进工业文化发展的指导意见》的出台。《革命文物保护法》《工业遗产保护和利用法》进入了立法程序。加强革命文物工作，实施革命文物保护利用工程，做好革命遗址、遗迹、烈士纪念设施的保护和利用，制定了革命旧址、抗战遗址保护展示导则；总结推广赣南等原中央苏区革命旧址整体保护经验，指导做好红军长征遗迹、抗战遗址和社会主义建设时期文物保护利用，组织举办红军长征胜利 80 周年展览和相关

---

① 中共中央文献研究室编：《习近平关于社会主义文化建设摘编》，中央文献出版社 2017 年版，第 190—191 页。

宣传活动等，发挥革命文物的社会教育功能。同年 7 月，中共六大遗址在莫斯科郊外重建落成，免费对外开放，展示了数量众多的革命文物。

工业遗产保护是近年开始的。2017 年、2018 年 12 月，工业和信息化部先后公布了两批 53 个国家工业遗产名录，包括鞍山钢铁厂、温州钒矿、汉阳铁厂、太原兵工厂、青岛啤酒厂、第一拖拉机制造厂、茅台酒酿酒作坊、刘家峡水电站等。据不完全统计，全国尚存工业遗产近千处，主要形成于几个重要阶段，一是古代手工业时期，二是清末洋务运动和民国民族工业时期，三是新中国成立后至 20 世纪 60 年代，四是从 20 世纪 60 年代中期到 80 年代初期。从分布时期看，新中国成立后至改革开放前的工业遗产占比约 2/3；从行业领域看，原材料领域工业遗产占比超过 1/3，装备制造、消费品领域工业遗产占比均超过 1/5。2018 年 11 月，工信部出台了《国家工业遗产管理暂行办法》，规范国家工业遗产认定和保护利用。根据《暂行办法》，认定为国家工业遗产有四方面的条件：在中国历史或行业历史上有标志性意义；工业生产技术重大变革具有代表性；具备丰富的工业文化内涵；其规划、设计、工程代表特定历史时期或地域的风貌特色。12 月 18 日，来自全国各地 29 家单位发起成立全国工业博物馆联盟，制定《全国工业博物馆联盟章程》，成员单位共同发布《全国工业博物馆联盟倡议》。

中国是农业大国，有着悠久的农耕历史和灿烂的农耕文化，但相比自然遗产、文化遗产等的知名度，中国农业文化遗产可谓是“被遗忘的角落”。2002 年联合国粮农组织发起了“全球重要农业文化遗产”计划，中国便成为这项事业的最早响应者、成功实践者和重要推动者。2005 年，“浙江青田稻鱼共生系统”成为世界上第一批全球重要农业文化遗产。2012 年，中国率先在世界上开展国家级农业文化遗产发掘，并于 2016 年开始，农业文化遗产发掘与保护已连续三年写入中央“一号文件”。截至目前，已有 15 个项目得到联合国粮农组织的认定，数量居于世界首位。农业文化遗产的发掘与保护，有助于将农业生态与文化优势转变为经济发展优势，也有助于推进农业国际合作，向世界传播“中国经验”。

让文化遗产活起来，在传承中发展，在发展中传承。文化遗产不仅具有历史价值、丰富的思想文化内涵，彰显着民族精神，也具有艺术与审美价值。2013 年 12 月 30 日，习近平主持中共中央政治局第十二次集体学习时提出："要系统梳理传统文化资源，让收藏在禁宫里的文物、陈列在广阔大地上的遗产、书写在古籍里的文字都活起来。"[①]2016 年 4 月 12 日，习近平对文物工作作出重要指示，指出："文物承载灿烂文明，传承历史文化，维系民族精神，是老祖宗留给我们的宝贵遗产，是加强社会主义精神文明建设的深厚滋养。保护文物功在当代，利在千秋。"2017 年 2 月 24 日，习近平又提出对历史文化，要古为今用，要在保护中利用的原则。按照习总书记指示，在坚持科学有效保护的前提下，积极盘活文化遗产资源，传播优秀传统文化，以文化人，引领社会文明风尚，使之成为涵养社会主义核心价值观的源头活水，让文化遗产活起来，融入当代社会，是当前中国文化遗产保护传承的重点方向。[②]

在党和政府支持下，不少文物单位进行了诸多制度创新和实践探索。已有近百年历史的故宫博物院，在数字时代开始了脱胎换骨式的变革，成功转型，跻身世界五大博物馆之一。故宫作为世界上规模最大、保存最完好的古代皇宫，藏有数以百万计的文物珍宝，入选世界文化遗产名录。在调研的基础上，从 2014 年开始，故宫博物院搬迁故宫内非文保机构，整修故宫内建筑、清理文物，开放面积不断拓增，从最初的 30% 到 2018 年底已超过 80%。除了常设展览，故宫不断唤醒、修缮沉睡的文物，定期或不定期举办各种藏品展览。2017 年 10 月 2 日，故宫博物院首次实现全网售票，使故宫常年保持日均 8 万人的流量，解决了困扰故宫文物保护和参观者的流量问题，大大提升了参观质量。着力改变故宫博物院严肃、古板的面孔，组织团队推出"皇帝的一天""紫禁城祥瑞""每日故宫"等 APP，文物开始说话，拉近与公众的距离。2018 年 10 月 22 日，故宫博物院发布首款主题高科技眼动功能游戏《睛·梦》和首张古画主题音乐专辑，

---

①《习近平总书记系列重要讲话读本》（2016 年版），学习出版社、人民出版社 2016 年版，第 203 页。

② 欧阳雪梅：《努力走出一条符合国情的文物保护利用之路——习近平的文化遗产保护思想及实践》，《湖南社会科学》2018 年第 6 期。

拉开“智慧故宫”序幕。游戏中的画作均取材于故宫藏品中国经典书画作品，通过高科技发现《步辇图》《千里江山图》里的秘密。[①]2019 年，故宫举办了“紫禁城上元之夜”文化活动，点亮华灯，并在大殿屋顶展示《清明上河图》投影，使古老与现代对接，弥补并更新了中国人对于上元佳节的追忆与期待，使传统文化活在当下。开发大批文创产品，采取“微博 + 淘宝”的营销方式，“朝珠耳机”“故宫猫”等风趣幽默的文化创意产品，广受欢迎。2013 年、2015 年、2017 年故宫文化创意产品收入分别为 6 亿元、10 亿元、15 亿元，文创产品已经突破 1 万种。[②]2016 年《关于推动文化文物单位文化创意产品开发的若干意见》发布，中国的文化创意产业得到大力开发，取得良好社会效益。

每年的“国际博物馆日”“非物质文化遗产日”是两大国家级的文化遗产宣传日。前者根据联合国教科文组织国际博物馆协会确定的主题，与国际同步举办主题宣传活动；后者则每年由国家文物局发布遗产日主体。各省市配合两大主题日，分别举办具有地方特色的主题宣传活动，通过中华优秀传统文化图书音像版权资源共享，普及中华诗词、音乐舞蹈、书法绘画、经典诵读、国学讲堂、文化讲坛、专题展览等活动，利用线上线下媒体，推动中华优秀传统文化立体传播。创立于 2006 年“中国非物质文化遗产网”，改版升级为“中国非物质文化遗产网·中国非物质文化遗产数字博物馆”，于 2019 年 3 月 21 日上线，成为我国非物质文化遗产领域最具专业性和影响力的网络媒体平台。电视等媒体开辟“致我们正在消逝的文化印记”“我在故宫修文物”“国宝档案”“国家宝藏”“中国戏曲大会”等代表性节目，推动文化遗产走入公众生活，既满足了人民日益增长的美好生活需要，也激发了人民对中华传统文化的自豪感及参与保护文物的热情。

非物质文化遗产保护通过“生产性保护”“生活性保护”，激活非物质文化遗产的潜能，非遗保护从“情怀”走向日常生活，满足社会和大众

---

①《紫禁城开启“智慧故宫”新玩法》，人民网 2018 年 10 月 23 日。

②《2019 年文旅产业发展 5 大趋势和 9 大重点》。

的生活实用和艺术观赏需求。《中国传统工艺振兴计划》中传统工艺主要是通过生产来传承。传统戏曲这个非物质文化遗产深入群众生活。根据2015年8月戏曲普查的结果，全国共有剧种348个，中国戏曲演出团体共有10278个，其中国办团体1524个、民营团体（含民间班社）8754个。一些省市通过举办交流演出活动使稀有剧种得到有效保护和传承。如河南省稀有剧种传统经典剧目展演、河南稀有剧种北京公益展演周，陕西省基层院团（稀有剧种）优秀剧目会演，安徽省稀有剧种（戏曲声腔）展演，福建省百折传统折子戏展演等。京剧、秦腔等名家和歌手的共同演绎，用当代人乐于接受的方式传播戏曲艺术。

截至2018年底，我国的世界文化遗产总数53项，位居世界第二；世界级非物质文化遗产（入选联合国教科文组织非物质文化遗产名录[名册]）40项，位居世界第一。[①] 全国文物保护单位和非物质文化遗产申报工作稳步推进，保护范围持续扩大。不可移动文物近76.7万处、公布七批全国重点文物保护单位共4296家，馆藏文物4000多万件、国家历史文化名城133座，历史文化名镇252个、名村276个，传统村落4153个，重要农业文化遗产项目91个。截至2018年5月8日，共批准公布五批国家级非物质文化遗产代表性项目代表性传承人计3068人。革命文物中，全国登记的革命旧址33315处，占近现代不可移动文物总数的24%；革命文物保护修缮工程全面提速，一大批革命文物保护项目圆满竣工；革命文物展示利用水平大为提升，举办一批传承革命文化、弘扬抗战精神的精品展览，红色旅游蓬勃发展；革命文物保存条件显著改善，革命纪念馆体系基本形成，全国革命纪念馆540个，占到全国博物馆总数的11%。近5年来，累计完成文物修复和博物馆藏品预防性保护项目1000余项，修复文物4万余件。全国有文物科研机构122家，考古发掘资质单位80家。随着科技的发展，在文化遗产保护技术装备、文物保护中大数据应用、智慧博物馆、博物馆物联网体系建设、水下文化遗产保护与水下考古、博物

① 其中，32个项目列入人类非物质文化遗产代表作名录，7个项目列入急需保护的非物质文化遗产名录，1个项目入选优秀实践名册。

馆展览设备的新技术应用等方面取得突飞猛进的发展，文化遗产传承保护水平不断提高，但文化遗产保护任重而道远。

加强文化遗产学科建设和人才队伍建设。2014 年 3 月，教育部印发了《完善中华优秀传统文化教育指导纲要》。我国共有相关本科专业点 251 个，在校生总数约 3.6 万人。许多高校的艺术类专业培养传统艺术传承发展人才。2016 年，中央戏曲学院招生的非遗剧种达到 10 余个。实施了文博人才培养“金鼎工程”和戏曲艺术人才培养“千人计划”。文化部门牵头发布《关于开展非物质文化遗产进校园工作的意见》，西藏大学等 7 所学校编印《西藏非物质文化遗产系列教材》。在中小学，优秀文化遗产内容开始进课程、进教材、进课堂。①

第三节　深化文化体制改革，推动文化事业文化产业高质量发展

这一时期，文化体制改革以完善文化管理体制、构建现代公共文化服务体系、建立健全现代文化市场体系等方面的新举措，构建带有“四梁八柱”性质的主体框架，从而促进新时代中国特色社会主义文化制度更加成熟更加定型，促进文化事业和文化产业高质量发展，用丰富的精神食粮满足人民美好生活的新期待。

一、全面深化文化体制改革

2013 年 11 月 12 日，中共十八届三中全会《决定》将深化文化体制改革作为全面深化改革的有机组成部分。2014 年 2 月，审议通过《深化文化体制改革实施方案》，文化体制改革注重系统性、整体性、协同性，既贯彻全面深化改革的总体要求、共性要求，又要充分考虑文化领域的自身特点、特殊要求。推进文化体制改革，重点是要统筹好四个关系：意识形态属性与商品属性的关系、文化事业和文化产业的关系、社会效益和经

① 《光明日报》2016 年 1 月 7 日。

济效益的关系、文化传承与文化创新的关系；着力抓好五个方面的重点任务，即着眼激发文化创造活力、保障和改善文化民生、提高文化产业发展效益、扩大中华文化国际影响、引导和支持文化改革发展，加强文化政策法规建设。各省区市按照中央要求制定本地区的改革实施方案并建立起工作台账和督查机制，有序推进改革。在中央与地方协同作战下，到2019年初，《实施方案》中的全部104项改革任务已完成97项，完成率超过92%，其余7项将如期在2020年完成。[①]

文化领域的重要基础性制度框架基本确立。围绕中国特色社会主义文化制度建设，中共中央、国务院着力于管全局、管根本、管方向、管长远的制度设计，密集出台了一系列具有基础性、战略性、引领性的政策文件，以健全已有制度、加强薄弱制度、填补空白制度。截至2019年3月，由中央深改组（委）审议通过的指导性文件就有20个[②]，再加上其他以中

---

① 张贺：《文化建设，持续释放创新创造活力（全面深化改革这五年）——党的十八届三中全会五周年述评之三》，《人民日报》2019年1月4日。

② 中央深改组（委）审议通过的文化领域的改革文件主要包括：2014年8月的《关于推动传统媒体与新兴媒体融合发展的指导意见》、12月的《关于加快构建现代公共文化服务体系的意见》，2015年7月的《关于推动国有文化企业把社会效益放在首位、实现社会效益和经济效益相统一的指导意见》，2016年7月的《关于加强文化领域行业组织建设的指导意见》、8月的《关于公共文化设施开展学雷锋志愿服务的实施意见》、10月的《关于进一步把社会主义核心价值观融入法治建设的指导意见》、11月的《关于进一步加强和改进中华文化走出去工作的指导意见》、12月的《关于加强"一带一路"软力量建设的指导意见》《关于加快构建中国特色哲学社会科学的意见》，2017年2月的《关于社会智库健康发展的若干意见》《关于深化中央主要新闻单位采编播管岗位人事管理制度改革的试行意见》，7月的《关于深入推进公共文化机构法人治理结构改革的实施方案》《关于加强和改进中外人文交流工作的若干意见》，2018年1月的《关于推进孔子学院改革发展的指导意见》、7月的《关于建设新时代文明实践中心试点工作的指导意见》《关于加强文物保护利用改革的若干意见》、11月的《海南省建设国际旅游消费中心的实施方案》《关于加强县级融媒体中心建设的意见》《关于深化改革培育世界一流科技期刊的意见》《关于加强和改进出版工作的意见》等。

共中央、中办、国办名义印发的重要文件[①]，改革全面涉及了思想舆论战线、文化管理体制、文化机构改革、文化事业和文化产业的重要领域、文化金融与财税、对外文化贸易与交流等各个方面的制度创新，尤其是对深化文化体制改革中关乎性质、方向、阵地的方面作出根本性制度安排。

相比于十一届三中全会以来特别是十六大以来的文化体制改革，十八大以来的文化体制改革是在已经基本取得了阶段性改革成果，在难问题与新问题复杂交叠的新形势下展开的。从顶层设计来看，新一轮文化体制改革既要彻底解决以往"渐进式"改革积累下来的深层次矛盾和问题，更要从根本上转换文化改革发展的动力来源，即从党和政府大量投入来推动改革转向以健全制度体系来激发改革创新的内在动力。从改革实效来看，文化管理体制、现代公共文化服务体系、现代文化市场体系等重点任务领域均取得了改革与发展的新成果。

二、完善文化管理体制和运行机制

完善文化管理体制是深化文化体制改革的重点任务。中共十八大以来的文化管理体制改革以文化管理机构改革和文化行政体制"放管服"改革为重心，着力解决管理机构职能"上下一般粗"、权责不匹配的问题，从而降低制度性交易成本、激发职能机构协同效应。通过机构改革和行政体制改革，进一步理顺党政、政企、政事关系，形成党的领导体系总揽全局、政府管理体系精强高效、群团组织体系广泛团结、社会和市场主体健康活跃的顺畅文化运行机制。

---

① 十八大以来以中央、中办、国办名义印发的文化领域代表性文件有：《关于培育和践行社会主义核心价值观的意见》（中办发〔2013〕24号）、《中共中央关于繁荣发展社会主义文艺的意见》（2015年10月3日）、《党委（党组）意识形态工作责任制实施办法》（中办发〔2015〕52号）、《关于全国性文艺评奖制度改革的意见》（中办国办2015年10月18日印发）、《关于进一步深化文化市场综合执法改革的意见》（中办发〔2016〕20号）、《关于实施中华优秀传统文化传承发展工程的意见》（中办发〔2017〕5号）、《中国文联深化改革方案》（中办2017年3月印发）、《中国记协深化改革方案》（中办2017年4月印发）、《中国作协深化改革方案》（中办2017年5月印发）、《国务院关于推进文化创意和设计服务与相关产业融合发展的若干意见》（国发〔2014〕10号）、《国务院关于加快发展对外文化贸易的意见》（国发〔2014〕13号）、《关于支持戏曲传承发展的若干政策》（国办发〔2015〕52号）等。

在全面深化党和国家机构改革中统筹考虑文化领域机构改革。中共十八届三中全会《决定》明确提出了“统筹党政群机构改革，理顺部门职责关系”的要求，并按照“积极稳妥实施大部门制，严格控制机构编制”的逻辑实施机构改革。2018 年 3 月，中共中央印发《深化党和国家机构改革实施方案》。中共中央机构改革着力于加强党对意识形态重要领域的集中统一领导，将中央网络安全和信息化领导小组改为中央网络安全和信息化委员会，并由其办公室直接管理国家计算机网络与信息安全管理中心，以维护国家网络空间安全和利益。中央党史研究室、中央文献研究室、中央编译局整合为中央党史和文献研究院以加强中国共产党历史和理论的系统研究，由中央宣传部统一管理新闻出版和电影工作以更好发挥新闻舆论和电影在宣传思想和文化娱乐方面的重要引领作用；全国人大机构改革主要将教育科学文化卫生委员会整合于新组建的全国人大社会建设委员会，使文化在“五位一体”总体布局中得到统筹推进；在国务院机构改革方面，将文化部、国家旅游局整合为文化和旅游部以集聚文化事业、文化产业、旅游资源开发的综合优势，组建国家广播电视总局以突出广电媒体在党的新闻舆论工作中的“喉舌”功能，将“中央三台”整合为中央广播电视总台并归口中宣部领导以加强党对重要舆论阵地的集中建设与管理；在全国政协机构改革方面，将原全国政协教科文卫体委员会承担的联系文艺界等功能调整到新更名的全国政协文化文史和学习委员会，以与新时代中国特色社会主义文化的历史内涵相适应；在行政执法体制改革方面，整合组建文化市场综合执法队伍，在文化和旅游部指导下统一行使文化、文物、出版、广电、电影、旅游市场行政执法职责；群团组织改革方面，根据加强和改进党的群团工作的统一部署，深化文联、作协、记协改革①；地方机构

---

① 2014 年 12 月 29 日，中共中央政治局会议审议通过了《关于加强和改进党的群团工作的意见》。2015 年 7 月 6 日至 7 日，中共中央召开了中国共产党历史上的第一次中央党的群团工作会议，提出以加强群团组织的“政治性、先进性、群众性”为主线开创新形势下党的群团工作新局面。在这次会议之后，中共中央办公厅陆续印发了各领域群团组织改革方案，文化领域的《中国文联深化改革方案》《中国记协深化改革方案》《中国作协深化改革方案》三大改革方案，着力于全面加强和改善群团组织在团结动员文艺界方面的特殊作用。

改革对标中央机构改革方案，在2019年3月底前基本完成。这一轮大刀阔斧的机构改革，根据“一类事项原则上由一个部门统筹，一件事情原则上由一个部门负责”的改革思路，以解决政出多门、责任不明、部门之间推诿扯皮等问题和现象，使文化职能体系的内部结构和职权分配更加科学合理。

“放管服”改革，加快文化行政管理体系转型。着力推动党领导文化工作的机制创新，探索完善管人管事管资产管导向相结合的国有文化资产管理体制，建立主管主办制度与现代企业出资人制度有机衔接的工作机制。这是落实党的重大事项决策权、资产配置控制权、宣传业务终审权和主要领导干部任免权的重要依托。加快文化行政管理机构职能转变。一是推动传统行政审批管理制度向负面清单管理制度转变。除了关乎国家文化安全和意识形态安全的内容、出版和涉外业务仍需行政审批和监管外，原生产经营活动、资质资格许可认定等领域的行政审批向市场、社会和地方放权；[①]2017年12月，中央文化企业国有资产监管转向事中事后综合监管，各级子企业的国有资产交易、评估等事项下放到中央文化企业管理[②]。2018年10月，电影、新闻出版、广播电视、文物、文化和旅游等行政部门的25项涉企行政审批事项列入了国务院第一批在全国范围内实施的“证照分离”改革，在106个各行业部门改革事项中占比近四分之一。[③]二是推进文化市场领域信用体系建设和失信联合惩戒机制。2018年，《全国文化市场黑名单管理办法》《关于对文化市场领域严重违法失信市场主体及有关人员开展联合惩戒的合作备忘录》对接，初步形成了“黑名单+备忘录”的文化市场信用监管机制。截至2019年3月，全国共有200余家文化市场主体被列入黑名单。[④]三是“互联网+政务服务”加速文化行政管理的效率提升。根据国务院关于建设全国一体化在线政务服务平台

① 中央编办综合司：《国务院新组建六部门“三定”规定的制定过程及取消下放行政审批权限的主要考虑》，《中国机构改革与管理》2013年第9期。

② 曾金华：《中央文化企业国有资产监管推进“放管服”改革》，《经济日报》2017年12月15日。

③《国务院关于在全国推开“证照分离”改革的通知》。

④ 文化和旅游部国际交流与合作局：《文化和旅游市场活力尽显》。

的“一网通办”要求，新闻出版、广播电视、文化旅游等各领域政务服务，不同程度地实现了“不见面审批”“只进一扇门”“最多跑一次”的制度改革。

加快文化立法步伐。由于各种复杂原因，文化立法总体进程缓慢。中共十八大以来，文化立法的数量和质量均取得了历史性的成绩。2016年11月到2018年5月两年半的时间内,《网络安全法》《电影产业促进法》《公共文化服务保障法》《公共图书馆法》《英雄烈士保护法》5部法律密集颁布实施，文化法律总量增加到9部。与此同时，修订了《档案法》和《物保护法》，提高了现行法律的质量和适用性。此外,《著作权法》修改和制定《文化产业促进法》列入了全国人大五年立法规划。文化领域立法成熟一个通过一个，健全文化法律制度体系，推动了中国特色社会主义文化建设走上法治轨道。

三、构建现代公共文化服务体系

构建现代公共文化服务体系的探索，不局限于公共文化服务体系功能结构的纵向升级，更着重于公共文化服务体系建设的“现代性”内涵，注重其水平更高的开放性、协同性、均衡性，吸纳更广的社会资源，与文化市场相关联，以提供更充足丰富的公共文化产品和服务。

2014年3月，国家公共文化服务体系建设协调组（以下简称“协调组”）成立，26个部委[①]作为成员单位共同推进现代公共文化服务体系建设，形成了新的统筹联动的议事机制。搭建现代公共文化服务体系的基本制度框架。2015年1月,《关于加快构建现代公共文化服务体系的意见》《国家基本公共文化服务指导标准（2015—2020年）》发布。2016年、2017年颁布的两部公共文化服务领域法律，加快了公共文化服务体系运行的法治进程。2017年3月，国务院下发《“十三五”推进基本公共服务均等化规划》，明确基本公共文化服务包括公共文化设施

---

① 国家公共文化服务体系建设协调组成立时成员单位有20个部委，后增加到26个部委。

免费开放、送地方戏、收听广播、观看电视、观赏电影、读书看报、少数民族文化服务、参观文化遗产共 8 项内容，建立了“十三五”国家基本公共文化服务清单，重点补齐公共文化服务规模不足、质量不高、发展不平衡的短板。

为保障人民基本文化权益，以标准化、均等化为重点，重点加强基层和农村，尤其是革命老区、民族、边疆、贫困地区的文化扶助。2018 年，全国一般公共预算文化体育与传媒支出 3522 亿元，比 2013 年的 2544.4 亿元增长了近四成。2017 年，全国政府性基金文化事业费支出 855.8 亿元。其中，投入到县及县以下文化单位 457.45 亿元，占 53.5%，同比提高 1.6%。[①] 国家财政投入方式和结构在优化。2012 年到 2017 年期间，中央财政投入了 16 亿元支持 214 个地市级公共图书馆、博物馆和文化馆的新建和改扩建，全国各省（区、市）安排超过 20 亿元用于购买公共文化服务。[②] 自 2015 年以来中央每年补助地方公共文化服务体系建设专项资金决算数保持在 129 亿元左右[③]，2019 年预算数增加到了 147.1 亿元，增长率达到 14%[④]，以促进城乡、区域发展均衡。2013 年 12 月，成立国家艺术基金，5 年以来中央财政注资 33.4 亿元、资助项目 4013 个，资金投入和产出效率大为提高。2015 年 12 月，发布《“十三五”时期贫困地区公共文化服务体系建设规划纲要》《贫困地区百县万村综合文化服务中心示范工程方案》，进一步将村级综合性文化中心建设作为文化扶贫的主要依托模式。2016 年 11 月，发布《贫困地区民族自治县、边境县村综合文化服务中心覆盖工程方案》，将 288 个国贫县村纳入实施范围，原则上对每个村补助 8 万元，计划用两年时间完成约 2.2 万个行政村的综合文化服务中心建设。截至 2018 年 9 月，全国近 30 万个行政村和近 5 万个社区建成了基层综合性文化服务中心。

---

① 文化和旅游部：《中华人民共和国文化和旅游部 2017 年文化发展统计公报》。

② 郑娜：《让民众享受更多更优公共文化》，《人民日报》2017 年 10 月 3 日。

③ 财政部：《中央对地方税收返还和转移支付决算表》。

④ 财政部：《关于 2018 年中央和地方预算执行情况与 2019 年中央和地方预算草案的报告》，《人民日报》2019 年 3 月 18 日。

全面推进公共文化机构法人治理结构建设是深化公益性文化事业单位改革的主攻方向。2014 年，文化部制定的《公共文化机构法人治理结构试点工作方案》，开始改革试点。在取得试点经验基础上，2017 年 9 月，中宣部等 7 部门印发《关于深入推进公共文化机构法人治理结构改革的实施方案》，主要是在公共文化机构建立以理事会为主要形式的法人治理结构，以形成与现代公共文化服务体系相适应的主体运行模式。2016 年 12 月开始，重点推进县级文化馆图书馆总分馆制建设，推进优质公共文化服务资源向基层延伸。

为加强公共文化产品和服务有效供给，推动公共文化服务社会化发展，激发各类社会主体参与公共文化服务。2015 年 5 月，国办转发文化部等四部门制定的《关于做好政府向社会力量购买公共文化服务工作的意见》，提出各级行政机关以及有实际需要的群团组织要将所需资金列入财政预算，向社会组织、事业单位以及企业等社会力量购买公共文化服务，中央和省级购买公共文化服务的制度体系进入常态化发展阶段，并积极尝试探索将购买公共文化服务模式运用于综合性文化活动中心建设和文化馆图书馆总分馆体系建设中。据不完全统计，截至 2017 年上半年，各省区市安排购买公共文化服务资金已经超过 65 亿元。如北京市东城区第一图书馆将王府井书店纳入总分馆体系，探索借阅服务与图书销售有机结合；北京西城区广安门内下斜街道以每年给予租金补贴的方式将社区图书室委托给企业运营，打造出了“甲骨文·悦读”社区书店品牌；成都市高新技术开发区将新建成的综合性文化活动中心委托给本地实体书店经营，以场地换服务，获得良好社会评价。但政府购买公共文化服务在购买内容、承接主体、资金投入等方面还存在着不平衡、不充分的问题，需要进一步探索完善运行机制，大力培育专业性承接主体。2016 年 7 月发出的《关于加强文化领域行业组织建设的指导意见》，提出了建构有益于文化社会组织发展活力与秩序的政策框架。2012 年以来，文化社会组织数量保持高速增长，到 2017 年底数量翻了近一倍，达 6 万余个，占全部社会组织总量的 7.9%。其中，文化类社会团体增长较快，占全国社会团体总量为 10.99%，数量达到 3.9 万个；文化类民办非企业单位 2.1 万个，占全国民非的比重为5.25%，增长速度较慢。[①]文化志愿服务制度建设取得了较大进展。随着志愿服务制度化、规范化、常态化的发展，2016年7月，文化部制定出台的《文化志愿服务管理办法》，提出构建参与广泛、内容丰富、形式多样、机制健全的文化志愿服务体系。开展公共文化设施学雷锋志愿服务。截至2017年10月，全国已有24个省、275个地级市组建了文化志愿服务机构，各类文化志愿服务团队达到6700多支，登记在册的文化志愿者人数突破百万，接近全国基层文化队伍总量的1/3。[②]文化志愿队伍在一定程度缓解了基层公共文化机构人员短缺问题，也涵养和丰富了公共文化机构的志愿文化与公益内涵。

截至2018年底，全国共有公共图书馆3173个，总流通84529万人次；全国文化馆机构3326个；全国广播节目综合人口覆盖率98.9%，电视节目综合人口覆盖率99.3%，有线电视实际用户2.14亿户；出版各类报纸340亿份，各类期刊24亿册，图书95亿册（张），人均图书拥有量6.85册（张）；全国共有档案馆4210个，已开放各类档案14016万卷（件）。[③]截至2017年底，全国群众文化机构44521个，全年组织文艺活动111.43万次；博物馆机构4721个；艺术表演团体机构15742个，全年演出293.77万场。[④]其中，公共图书馆年流通人次、电视人口综合覆盖率已经提前实现2020年基本公共文化服务均等化发展指标。全国城市影院数超过1万家，银幕数达到5.9万块；农村院线233条，放映队约5万支，全国农村年均放映电影约800万场[⑤]，城乡居民的公共文化服务受惠感得到普遍增强。推进全民阅读。中共十八大报告提出“开展全面阅读活动”，自2014年开始，全民阅读已经连续五年写进《政府工作报告》，进行部署落实。2016年12月，发布了首个全民阅读规划——《全民阅

---

① 民政部：《2017年社会服务发展统计公报》。

② 郑娜：《让民众享受更多更优公共文化》，《人民日报》2017年10月3日。

③ 国家统计局：《2018年国民经济和社会发展统计公报》。

④ 国家统计局：《经济社会发展统计图表：我国文化事业发展主要指标》，《求是》2019年第6期。

⑤ 王晓晖：《改革开放40年中国电影发展成就与经验》，《人民日报》2018年12月18日。

读“十三五”时期发展规划》，加快了书香社会建设的步伐。全国400多个城市设有读书节，60万家农家书屋和10多万家职工书屋为全民阅读提供了便利。[①]2017年，国民综合阅读率比2012年提高了4个百分点，达到80.3%[②]。2018年北京市全民阅读综合阅读率已达到93.5%[③]。数字文化服务能力快速提升。全国文化信息资源共享工程、数字图书馆推广工程、公共电子阅览室建设计划三大重点惠民工程的实施，搭建起了公共数字文化服务的主体框架。各地探索出了地域特色浓厚的数字化发展新模式，如上海的“文化嘉定云”、嘉兴的“文化优越”、宁波的“一人一艺”云平台、山东东营的“数字文化广场”、内蒙古的“数字文化走进蒙古包”等模式，实现了与当地群众文化需求的精准对接，使公共文化服务更加便捷高效地惠及到城市居民和农牧民。2017年8月，文化部印发的《“十三五”时期公共数字文化建设规划》，进一步加快了公共数字文化服务体系建设的总进程。

四、健全现代文化产业体系和市场体系

进入21世纪以来，中国文化产业高速发展，但经过十多年的粗放式增长，为满足人民日益增长的美好生活需要，文化产业发展向“规模化、集约化、专业化”的高质量增长转变，进一步深化文化体制改革，转变文化产业体系结构，在传统文化市场业已饱和的情形下，发展新兴文化产业。

强调文化产业把社会效益放在首位。20世纪80年代以来，中共中央在推进文化体制改革的过程中，始终将社会效益作为根本价值取向予以重点强调。1985年9月，邓小平在中国共产党全国代表会议上的讲话曾指出：“思想文化教育卫生部门，都要以社会效益为一切活动的唯一准则，

---

① 郝振省：《书写波澜壮阔的中国》，《人民日报》2019年1月8日。

②《第十五次全国国民阅读调查成果发布》，《文艺报》2018年4月23日。

③《2018年北京新建实体书店126家综合阅读率达93.48%》，《北京晚报》2018年12月20日。

它们所属的企业也要以社会效益为最高准则。”[①] 然而，在文化市场化、产业化的浪潮中，文化生产经营领域片面追求经济效益的现象较为普遍。中共十八以来，强调文化领域的特殊性，文化企事业单位和文化工作者的社会责任，加强对文化市场的监管和引导。2015 年 9 月 14 日，中办、国办出台的《关于推动国有文化企业把社会效益放在首位、实现社会效益和经济效益相统一的指导意见》，明确要求建立“社会效益指标考核权重占 50% 以上”的考核评价机制，并将社会效益居于首位的原则具体落实到国有文化资产监管体制改革、企业内部组织结构和运行机制改革等重要环节。

完善文化经济政策以促进文化产业高质量发展。这一阶段继续落实经营性文化事业单位转企改制后的综合配套政策。2018 年 12 月，国办印发的《文化体制改革中经营性文化事业单位转制为企业的规定》和《进一步支持文化企业发展的规定》，为经营性文化事业单位转企改制和文化企业生产运营提供动力。15 年来全国有近 7000 个经营性文化事业单位法人注销、近 30 万个事业编制核销。与此同时，文化企业数量以高于全国企业增速的态势快速增长，生产经营能力大为增强，涌现出一批具有国际竞争力的文化企业。据国家统计局数据，2018 年，全国规模以上文化及相关产业 6 万家企业实现营收 8.93 万亿元，增速达到 8.2%。全部九个行业有七个行业实现营业收入的增长，有三个行业的增速超过了 10%。[②] 其中，全国文化企业 30 强主营收入 3768 亿元、净资产 4569 亿元、净利润 421 亿元[③]，骨干文化企业竞争力显著增强。随着文化市场主体规模和实力的提高，文化产能水平不断跃升。2018 年，全国电视剧产量 323 部 13726 集，电视动画片产量 86257 分钟；全国各类影片产量 1082 部[④]，继续保持电视剧产量世界第一、电影产量世界第二的水平。与此同时，随着文化产

①《邓小平文选》第 3 卷，人民出版社 1993 年版，第 145 页。

② 国家统计局：《2018 年全国规模以上文化及相关产业企业营业收入增长 8.2%》。

③ 张玉玲：《“文化体制改革综合配套政策”再延 5 年》，《光明日报》2018 年 12 月 28 日。

④ 国家统计局：《2018 年国民经济和社会发展统计公报》，《光明日报》2019 年 3 月 1 日。

品质量的提高和经营能力的增强，经济效益快速增长。2018 年，全国电影总票房为 609.76 亿元，城市院线观影人次为 17.16 亿。其中，国产电影票房为 378.97 亿元，占票房总额的 62.15%；全年票房过亿元影片 82 部，其中国产电影 44 部，在与进口大片的市场竞争中，国产电影无论从票房数字还是口碑上，都已占据优势。《战狼Ⅱ》票房达 56.8 亿元，成为跻身 2017 年度全球票房第六位的非好莱坞影片。《红海行动》36.48 亿元，取得了社会效益和经济效益的双丰收。倡导文化与社会资本合作。推广文化领域政府和社会资本合作（PPP）模式和文化产业专项债券。2018 年 11 月，文化和旅游部、财政部联合印发的《关于在文化领域推广政府和社会资本合作模式的指导意见》，为完善文化市场运行机制、深化文化领域供给侧结构性改革建立起重要政策框架。

培育文化产业新业态。2016 年 11 月，国务院发布了《“十三五”国家战略性新兴产业发展规划》，将数字创意产业与新一代信息技术、生物、高端制造和绿色低碳产业并列为国家战略性新兴产业的五大新支柱。2017 年 4 月，文化部印发《关于推动数字文化产业创新发展的指导意见》，构建起培育数字文化产业发展的政策支持框架。随着政策体系的不断完善，数字信息技术的快速发展，基于互联网的网络动漫、网络游戏、网络文学、网络音乐、网络视频等数字文化产业新业态不断涌现，成为加快文化产业发展的新动能。据国家统计局数据，以“互联网 +”为主要形式的文化信息传输服务业增加值自 2013 年以来年平均增速达到 26.9%，占文化产业增加值的比重不断提高。在营业收入上，2017 年全国规模以上文化信息传输服务业营业收入达到 7990 亿元，同比增长 34.6%。[①] 文化产业新业态呈现强劲的发展态势。

随着中国经济与国民收入的增长，旅游业已成为满足人民群众美好生活和精神文化需求的大产业、大民生，但旅游供给主要聚焦旅游的产业属性，跟不上游客对体验文化的意愿和需求节奏。2018 年 4 月 8 日，新

---

① 国家统计局：《文化事业建设不断加强文化产业发展成绩显著——改革开放 40 年经济社会发展成就系列报告之十七》。

组建的文化和旅游部反映了国家推进文化和旅游融合，用文化提升旅游品位发展文旅产业的战略。为促进文化和旅游产业形成良性融合互促的发展态势，国家鼓励开发的 11 大旅游新业态，包括文化体验、乡村民宿、休闲度假、生态、城市购物、工业遗产、研学、红色教育、康养体育、自驾游等。2018 年旅游总收入为 5.97 万亿元，同比增长 10.5%。经初步测算，全国旅游业对 GDP 的综合贡献达到 9.94 万亿元，占 GDP 总量的 11.04%；旅游业直接和间接就业人数达到 7991 万人，占全国就业总人口数的 10.29%；全年国内旅游人数为 55.39 亿人次，入出境旅游总人数为 2.91 亿人次。① 仅 2019 年春节假期，全国旅游接待总人数和旅游收入就分别达到了 4.15 亿人次和 5139 亿元。2019 年 3 月，文化和旅游部与中国银行在北京签署的《推动文化和旅游高质量发展战略合作协议》，初步建立起文化、旅游、金融的合作模式，加快了新的文旅产业带动传统文化产业转型升级的进程。在贫困地区，坚持“文旅融合、扶贫扶智”的原则，着力解决贫困地区观念滞后、资金匮乏、交通等基础设施落后、人才短缺和市场开发不足等问题，发展乡村旅游，有效地推进贫困地区的发展。

第四节 建设世界科技教育体育强国

经过 60 多年的发展，中国的科技、教育、体育发展取得了很大成绩，在新时代开始升级转型，由科技、教育、体育大国迈向建设科技、教育、体育强国征程。

一、实施创新驱动发展战略，走科技强国之路

2010 年，我国经济总量跃居世界第二位，社会生产力、综合国力、科技实力迈上了一个新台阶，同时，我国发展中人口、资源、环境压力越来越大，经济发展进入新常态；发展的国际环境也发生变化，如美国基于“文明冲突论”理论，把中国视为主要竞争者，出台一系列限制中美高科

① 文化和旅游部财政司：《2018 年旅游市场基本情况》。

技交流的政策，并向各个西方国家施压，与其一起围堵中国高科技发展，中国与西方的高科技合作将变得越来越困难。中国要把握发展自主权、提高核心竞争力，必须实施创新驱动发展，倡导创新文化。

中共十八大提出实施创新驱动发展战略，坚持走中国特色自主创新道路，以全球视野谋划和推动创新，提高原始创新、集成创新和引进消化吸收再创新能力，更加注重协同创新。深化科技体制改革，加快建设国家创新体系，着力构建以企业为主体、市场为导向、产学研相结合的技术创新体系。完善知识创新体系，强化基础研究、前沿技术研究、社会公益技术研究，提高科学研究水平和成果转化能力，抢占科技发展战略制高点。2015 年 10 月，中共十八届五中全会明确了“创新、协调、绿色、开放、共享”五大发展理念。五大理念中，“创新”排在第一位，强调创新是引领发展的第一动力。2015 年出台《关于深化体制机制改革加快实施创新驱动发展战略的若干意见》，提出加快实施创新驱动发展战略，就是要使市场在资源配置中起决定性作用和更好发挥政府作用，破除一切制约创新的思想障碍和制度藩篱，激发全社会创新活力和创造潜能。2016 年 5 月，中共中央、国务院印发《国家创新驱动发展战略纲要》，指出：实现创新驱动是一个系统性的变革，要按照“坚持双轮驱动、构建一个体系、推动六大转变”进行布局，构建新的发展动力系统。双轮驱动就是科技创新和体制机制创新相互协调、持续发力。一个体系就是建设国家创新体系，即以问题为导向，以需求为牵引，在实践载体、制度安排、政策保障、环境营造上下功夫，在创新主体、创新基础、创新资源、创新环境等方面持续用力，强化国家战略科技力量，提升国家创新体系整体效能。六大转变就是发展方式从以规模扩张为主导的粗放式增长向以质量效益为主导的可持续发展转变；发展要素从传统要素主导发展向创新要素主导发展转变；产业分工从价值链中低端向价值链中高端转变；创新能力从“跟踪、并行、领跑”并存、“跟踪”为主向“并行”“领跑”为主转变；资源配置从以研发环节为主向产业链、创新链、资金链统筹配置转变；创新群体从以科技人员的小众为主向小众与大众创新创业互动转变。提出三步走的战略目标：第一步，到 2020 年进入创新型国家行列，基本建成中国特色国家创新体系，有力支撑全面建成小康社会目标的实现；第二步，到2030年跻身创新型国家前列，发展驱动力实现根本转换，经济社会发展水平和国际竞争力大幅提升，为建成经济强国和共同富裕社会奠定坚实基础；第三步，到2050年建成世界科技创新强国，成为世界主要科学中心和创新高地，为我国建成富强民主文明和谐的社会主义现代化国家、实现中华民族伟大复兴的中国梦提供强大支撑。

2016年5月30日，习近平在全国科技创新大会、两院院士大会、中国科协第九次全国代表大会上提出，科技发展“必须坚持走中国特色自主创新道路，面向世界科技前沿、面向经济主战场、面向国家重大需求，加快各领域科技创新，掌握全球科技竞争先机”。按此要求，2017年10月，中共十九大提出加快建设创新型国家，强调创新是引领发展的第一动力，是建设现代化经济体系的战略支撑。要瞄准世界科技前沿，强化基础研究，实现前瞻性基础研究、引领性原创成果重大突破。近年来，实践中坚持创新引领发展，培育壮大新动能，提出发展以“智能+”“互联网+”为代表的新业态、新模式，把握科技创新的新趋势、新特点，特别是抓住了人工智能、大数据、新一代信息技术以及颠覆性技术等新兴产业发展的势头，并结合我国的特点和优势，与产业发展有机融合。加强国家创新体系建设，强化战略科技力量。

培养造就一大批具有国际水平的战略科技人才、科技领军人才、青年科技人才和高水平创新团队，是科技发展战略的重点。习近平指出：“人才资源是第一资源，也是创新活动中最为活跃、最为积极的因素。要把科技创新搞上去，就必须建设一支规模宏大、结构合理、素质优良的创新人才队伍。”[①]“一切科技创新活动都是人做出来的。”[②]“用好人才，首先要用好科学家。”[③]因此，新时代科技体制改革的核心就是充分发挥以科学家为代表的广大科研人员的积极性、主动性、创造性。中共十八大以来，国家出台《深化科技体制改革实施方案》《关于深化中央财政科技计划（专项、

①《习近平关于科技创新论述摘编》，中央文献出版社2016年版，第110—111页。
②《十八大以来重要文献选编》（下），中央文献出版社2018年版，第338页。
③《习近平关于科技创新论述摘编》，中央文献出版社2016年版，第120页。

基金等）管理改革的方案》《关于进一步完善中央财政科研项目资金管理等政策的若干意见》《关于实行以增加知识价值为导向分配政策的若干意见》《关于分类推进人才评价机制改革的指导意见》《关于深化科技奖励制度改革的方案》《关于进一步加强科研诚信建设的若干意见》等一系列改革方案，解决科技创新和驱动发展存在的体制机制和政策制度障碍，一方面，建立以企业为主体、市场为导向、产学研深度融合的技术创新体系，加强对中小企业创新的支持，促进科技成果转化；另一方面，从科技计划和管理体系重构到科研项目和经费管理体制改革，从加大成果转化收益分配力度到增加知识价值为导向的分配政策，改革的整体思路一直沿着“减少束缚”与“加强激励”两条主线推进，前者致力于消除影响科研与创新活动的种种障碍，后者着力增强科研人员和科研单位的内在动力，核心是为广大科研人员创造宽松自由的工作环境，提供稳定体面的生活待遇，保护其探索未知的兴趣，激发科研人员和科研单位创新创造的活力。中共十九大以来，进一步优化科研项目评审机制、改进人才项目评价方式、完善科研机构评估制度，强调要科学、规范、分类、高效、诚信，建立重结果、重绩效的评价体系，改变片面将论文、专利、资金数量作为人才评价标准的做法，将科研方案与技术路线的决策权、科研资源的使用权、科研过程的管理权，真正交还给科学家，交还给科研单位，让“专业”的人做专业的事，为科研人员营造一个潜心研究、追求卓越、风清气正的科研环境。

加强知识产权政策体系建设，实行严格的知识产权保护制度，强化知识产权创造、保护、运用。2014 年 12 月，国务院办公厅转发《深入实施国家知识产权战略行动计划（2014—2020 年）》提出，努力建设知识产权强国，为建设创新型国家和全面建成小康社会提供有力支撑；2015 年 12 月，《国务院关于新形势下加快知识产权强国建设的若干意见》印发实施，围绕知识产权强国建设进行了全面部署；2016 年 3 月，国务院知识产权战略实施工作部际联席会议制度建立，国务院分管知识产权工作的领导同志担任联席会议召集人；2016 年 12 月，《关于开展知识产权综合管理改革试点总体方案》发布；2017 年 1 月，国务院印发《“十三五”国家知识产权保护和运用规划》，这是知识产权规划首次列入国家重点专项规划。修改专利法、修订《专利代理条例》,《关于加强专利行政执法工作的决定》《关于严格专利保护的若干意见》等文件先后印发实施,《关于进一步加强知识产权运用和保护助力创新创业的意见》则为推动创业创新热潮奠定了政策基础。在党中央、国务院的推动下，各地区、各相关部门深化知识产权领域改革，破除制约知识产权发展的障碍，全面提高知识产权治理能力，推动知识产权事业取得突破性进展。鉴于我国具有原创性，能够对学科和行业有重大影响的思想和成果不多，为提升科技支撑能力，国家提出了有针对性和可操作性的工作要求和具体举措，特别是强调要“加大基础研究和应用基础研究支持力度，强化原始创新，加强关键核心技术攻关”。这是我国科技创新向高水平跃升、向创新型国家目标迈进的短板和瓶颈。

中共十八大以来，健全党对科技工作的领导体制，国家创新体系建设更加完善，形成了关键核心技术攻坚体制，我国主要创新指标进入世界前列。2018 年的研究与试验发展（R&D）经费支出 19657 亿元，比上年增长 11.6%，与国内生产总值之比为 2.18%，其中基础研究经费 1118 亿元。全年国家重点研发计划共安排 1052 个项目，国家科技重大专项共安排 563 个课题，国家自然科学基金共资助 44504 个项目。截至 2018 年底，正在运行的国家重点实验室 501 个，累计建设国家工程研究中心 132 个，国家工程实验室 217 个，国家企业技术中心 1480 家。国家科技成果转化引导基金累计设立 21 支子基金，资金总规模 313 亿元。全年境内外专利申请 432.3 万件；授予专利权 244.7 万件；PCT 专利申请受理量为 5.5 万件。截至 2018 年底，有效专利 838.1 万件，其中境内有效发明专利 160.2 万件，每万人口发明专利拥有量 11.5 件。全年共签订技术合同 41.2 万项，技术合同成交金额 17697 亿元。①

我国重大科技成果涌现，一些前沿方向开始进入并行、领跑阶段，科技实力正处于从量的积累向质的飞跃、点的突破向系统能力提升的重要

① 国家统计局:《2018 年国民经济和社会发展统计公报》,《光明日报》2019 年 3 月 1 日。

时期。基础研究和应用基础研究方面，化学、材料、物理等学科居世界前列，铁基超导材料保持国际最高转变温度，量子反常霍尔效应、多光子纠缠世界领先，中微子振荡、干细胞、利用体细胞克隆猕猴等取得重要原创性突破，悟空、墨子、慧眼、碳卫星等系列科学实验卫星成功发射，500米口径球面射电望远镜、上海光源、全超导托卡马克核聚变装置等重大科研基础设施为我国开展世界级科学研究奠定了重要物质技术基础。面向国家重大需求的战略高技术研究发展迅速，超级计算机连续10次蝉联世界之冠，采用国产芯片的“神威·太湖之光”获得高性能计算应用最高奖“戈登·贝尔”奖，载人航天和探月工程取得“天宫”“神舟”“嫦娥”“长征”系列等重要成果，北斗导航进入组网新时代，载人深潜、深地探测、国产航母、大型先进压水堆和高温气冷堆核电、天然气水合物勘查开发、纳米催化、金属纳米结构材料等正在进入世界先进行列。科技产业方面，复兴号高速列车迈出从追赶到领跑的关键一步，超超临界燃煤发电、特高压输变电、杂交水稻、海水稻等世界领先，移动通信、语音识别、新能源汽车、第三代核电“华龙一号”、掘进装备等跻身世界前列，集成电路制造、C919大型客机、高档数控机床、大型船舶制造装备等加快追赶国际先进水平，龙门五轴机床、8万吨模锻压力机等装备填补多项国内空白，自主研发的人工智能深度学习芯片实现商业化应用，超导磁共振等医疗器械实现国产化替代，重大传染病防控和疫苗研制、重大新药创制等有力改善民生福祉。我国科技创新的全球化水平和国际影响力不断提高。2015年，中国药学家屠呦呦获得2015年诺贝尔生理医学奖，以表彰她在寄生虫疾病疗治上做出的革命性贡献。这是中国科学家在中国本土进行科学研究而首次获诺贝尔科学奖。2019年初，在英国BBC发起的“20世纪最具标志性人物”票选活动中，屠呦呦入选，成为与爱因斯坦、居里夫人等科学家比肩的科技先驱。BBC列出的入选理由是：艰难时刻仍秉持科学理想，砥砺前行亦不忘回望过去，她的成就跨越了东方和西方。截至今年（2019年），美国国家科学院的467名外籍院士中，有30名为中国籍学者（含已故）。

二、建设教育强国，办好人民满意的教育

中共十九大报告提出："建设教育强国是中华民族伟大复兴的基础工程，必须把教育事业放在优先位置，加快教育现代化，办好人民满意的教育。"[①] 中共十八大以来，习近平多次深入大中小学和幼儿园考察并同师生座谈，多次主持会议审议教育重大议题，在 2018 年 9 月召开的全国教育大会上发表重要讲话，指导教育改革发展，重点在以下三个方面：一是优先发展教育，要以人民为中心，办人民满意的教育；二是要明确培养什么人，怎么培养人，为谁培养人，这是教育的核心问题，培养德、智、体、美、劳全面发展的社会主义建设者和接班人；三是促进教育公平，提高教育质量[②]，体现了树立正确的教育观、人才观的要求，中国教育进入了一个新的发展时期。

坚持立德树人。改革开放以来，我们引进了很多西方的教育思想，建设教育强国，既要引进和借鉴，但不能丢失根本。中共十八大报告提出"坚持教育为社会主义现代化建设服务、为人民服务，把立德树人作为教育的根本任务，培养德智体美全面发展的社会主义建设者和接班人。"[③] 把立德树人贯穿于教育教学全过程，实现全程育人、全方位育人。2015 年新修订的《中华人民共和国教育法》明确规定："教育应当坚持立德树人，对受教育者加强社会主义核心价值观教育，增强受教育者的社会责任感、创新精神和实践能力。"习近平在全国教育大会上强调要"坚持立德树人，加强学校思想政治工作"，他明确指出"要把立德树人融入思想道德教育、文化知识教育、社会实践教育各环节，贯穿基础教育、职业教育、高等教育各领域"。2019 年 3 月 18 日，他主持召开学校思想政治理论课教师座谈会，就如何上好思政课，实现铸魂育人使命进行专题讨论。习近平在会上作出了上好思政课，关键在教师的指示。

围绕立德树人，教育部印发了《中小学德育工作指南》，建设大中小学各学段有机衔接的课程教材体系。2016 年 10 月，中办、国办印发了

---

①《人民日报》2017 年 10 月 28 日。

②《习近平在全国教育大会上发表重要讲话》，《人民日报》2018 年 9 月 11 日。

③《人民日报》2012 年 11 月 18 日。

《关于新形势下加强和改进大中小学教材建设的意见》，这是新中国成立以来第一个关于教材建设的中央文件。2017 年国务院成立国家教材委员会，下设专家委员会，教育部成立教材局，发挥课程在立德树人中的龙头作用。中宣部、教育部组织对已出版的马工程重点教材进行全面系统修订。2018 年秋季，《马克思主义基本原理概论》《毛泽东思想和中国特色社会主义理论体系概论》《中国近现代史纲要》《思想道德修养与法律基础》4 种高校思想政治理论课教材已完成修订并投入使用。

教育优先投入。对教育的持续投入，是支撑国家长远发展的基础性、战略性投资，并日益成为评价一个国家、一个地区教育事业是否优先发展的一项重要指标。2012 年，全国公共财政教育支出（包括公共财政预算教育事业费拨款、基建拨款、教育费附加）为 20314.17 亿元，其中，中央财政教育支出 3781.55 亿元，总支出超过 2 万亿元，我国财政性教育经费支出占当年国内生产总值比例为 4.28%，首次超过 4%，[①] 并得以连年保持在 4% 以上，2017 年国家财政性教育经费达到 3.42 万亿元。[②]2017 年国务院印发的《国家教育事业发展“十三五”规划》进一步明确了保证国家财政性教育经费支出占国内生产总值的比例一般不低于 4%，确保财政一般公共预算教育支出逐年只增不减，确保按在校学生人数平均的一般公共预算教育支出逐年只增不减。2019 年，国家财政性教育经费占国内生产总值比例继续保持在 4% 以上，中央财政教育支出安排超过 1 万亿元。[③]

教育公平取得重要进展。教育发展成果更公平地惠及全体人民，体现着中国特色社会主义的内在价值追求。中共十八大以来，促进教育公平成为国家基本教育政策和中国特色社会主义教育的显著特征。2015 年新修订的《中华人民共和国教育法》把“促进教育公平”摆在重要位置。主要体现在：一是推进义务教育免试就近入学。从重点监测的 24 个大城市

① 参见教育部国家统计局财政部《关于 2012 年全国教育经费执行情况统计公告》，2013 年 12 月 7 日。

② 参见教育部国家统计局财政部《关于 2017 年全国教育经费执行情况统计公告》，2018 年 10 月 15 日。

③ 参见《政府工作报告》，《人民日报》2019 年 3 月 17 日。

来看，2014 年至 2017 年，小学免试就近入学比例一直稳定在 97% 以上；初中免试就近入学比例稳定在 95% 以上，[①] 有效缓解了“择校热”，对规范教育秩序、营造良好教育生态发挥了重要作用。二是优化教育资源配置结构，缩小教育区域差距取得新进展。为提升中西部教育水平。2013 年 12 月，国务院启动“全面改善贫困地区义务教育薄弱学校基本办学条件”重大工程项目。该项目实施以来，规划新建、改扩建校舍约 2.2 亿平方米，购置教育仪器设备约 1066 亿元，惠及全国 2600 多个县的近 22 万所义务教育学校。《中西部高等教育振兴计划（2012—2020 年）》实施，包括中西部高校基础能力建设工程、中西部高校综合能力提升工程、中西部教师教育创新计划、千名中西部大学校长海外研修计划等，促进优质资源共享，扩大中西部学生入学机会。2016 年 5 月，国务院办公厅印发《关于加快中西部教育发展的指导意见》，对中西部学前教育、义务教育、高中教育、高等教育、职业教育、民族教育、特殊教育等的发展作出顶层设计，大力促进中西部教育的公平发展。2018 年，中央财政教育转移支付增加到 3067 亿元，其中 80% 用于中西部农村和贫困地区。[②] 目前，80% 以上进城务工人员随迁子女在公办学校就读，留守儿童关爱服务体系不断健全。视力、听力、智力三类残疾儿童义务教育入学率达 90% 以上。三是实施支援中西部地区普通高校招生协作计划。从 2015 年起，国家将新增大学招生计划主体全部投向中西部地区和人口大省，3 年来支援中西部地区招生协作计划共安排 90 余万人。四是启动农村和贫困地区专项招生计划。从 2012 年起，高等教育招生向中西部和寒门学子倾斜，重点高校定向招收农村和贫困地区学生的国家专项计划、地方专项计划和高校专项计划开始实施。至 2018 年，这些专项计划已累计招收农村和贫困地区学生 27.4 万人。自专项计划实施以来，中西部录取率最低省份与全国平均水平的差距缩小到五个百分点以内。

加强高素质专业化教师队伍建设。教师是立德树人关键。进入新世

① 参见《人民日报》2018 年 9 月 9 日。

② 参见《光明日报》2018 年 9 月 8 日。

纪，党中央、国务院着力教师队伍建设。保障中小学教师待遇。2013年开始，国家实施乡村教师生活补助政策，至2017年，中央财政核拨乡村教师奖补资金已达112亿元，惠及130多万人。2015年6月，国办印发《乡村教师支持计划（2015—2020年）》，这是新中国成立以来，党中央、国务院出台的第一部专门指向乡村教师队伍建设的政策文件，从师德荣誉、补充交流、职称编制，到工资待遇、培养培训、管理改革，对乡村教师给予全方位支持。同年8月国务院常务会议决定，改革中小学教师职称制度，设置正高级职称，打破中小学教师的职业“天花板”。2018年1月，《全面深化新时代教师队伍建设改革的意见》发布，是新中国成立以来的第一个专门面向教师队伍建设的里程碑式政策文件。全面深化新时代教师队伍建设改革，目的是要培养造就党和人民满意的高素质专业化创新型教师队伍，目标是通过采取一系列政策举措，经过5年左右努力，教师培养培训体系基本健全，职业发展通道比较畅通，事权人权财权相统一的管理体制普遍建立，待遇提升保障机制更加完善，教师职业吸引力明显增强。教师队伍规模、结构、素质能力基本满足各级各类教育发展需要。坚持五个基本原则：一是确保方向，确保党牢牢掌握教师队伍建设的领导权。二是强化保障，把教师工作置于教育事业发展的重点支持战略领域。三是突出师德师风，把提高教师思想政治素质和职业道德水平摆在首要位置。四是深化改革，把管理体制改革与机制创新作为突破口。五是分类施策，根据各级各类教师的不同特点和发展实际，考虑区域、城乡、校际差异，采取针对性的政策举措。

新时代教育发展成就显著。学前教育步入“幼有所育”并逐步提高质量的时代。我国学前教育是教育体系中最薄弱的环节，发展不平衡、不充分，学前教育资源尤其是优质资源紧缺。2011年起，国务院连续推出3个“学前教育三年行动计划”，“扩总量、建机制、调结构、提质量”。2017年全国幼儿园有25.5万多所，全国幼儿园教职工达到419.29万，学前3年在园幼儿4600万人，适龄儿童毛入园率达到79.6%，[①] 达到了中高

---

①《幼有所育，从“能入园”到“入好园”》，《人民日报》2018年8月2日。

收入国家的平均水平。2018 年 11 月，中共中央、国务院出台《关于学前教育深化改革规范发展的若干意见》，健全学前教育体制机制和政策保障，推进其普惠发展，大力发展公办园，同时打破壁垒，确立以公办园、公办性质园和普惠性民办园为主体多元发展的办园体系，建立健全督导评估与问责制度。为鼓励社会力量兴办教育，支持和规范民办教育发展，2016 年 11 月 7 日，新修订的《中华人民共和国民办教育促进法》按非营利性和营利性分类管理民办教育，为深化民办教育改革发展提供了法律保障。中国民办教育已形成了从学前教育到高等教育、从学历教育到非学历教育，层次类型多样、充满生机活力的发展局面。

加快发展现代职业教育。2013 年开始，我国实施农村免费中等职业教育。2014 年，国务院印发《关于加快发展现代职业教育的决定》，国务院召开的第三次全国职业教育工作会议，支持和帮助职业教育发展。2019 年 2 月，国务院印发《国家职业教育改革实施方案》。我国已建成了世界上规模最大的职业教育体系。2017 年，全国 1.21 万所职业院校开设约 10 万个专业点，年招生总规模 933 万余人，在校生 2697 万余人，每年培训各级各类技术技能人员 200 多万人，覆盖了所有制造业和服务业。[①] 为提升国民整体素质、劳动力竞争能力，2015 年 10 月，十八届五中全会提出“普及高中阶段教育”。国家“十三五”规划将高中阶段教育普及攻坚计划列入教育现代化重大工程。

高等教育在完成了规模扩张、教育体系日趋完备的前提下，推进现代大学制度建设，完善学校内部治理结构，高等教育综合改革向纵深推进，促进内涵式发展。2015 年 10 月，国务院印发《统筹推进世界一流大学和一流学科建设总体方案》，“双一流”建设成为继“211 工程”“985 工程”后，中国高等教育内涵式发展的新起点。按此方案，国家大力发展新工科、新医科、新农科、新文科；推进信息技术与教育教学深度融合，分两批认定公布 1291 门“国家精品在线开放课程”。慕课上线数量快速增长至 8000 余门（年增长量 4800 余门），学习人数近 2 亿。2018 年，全国

---

①《从谋求“饭碗”到追求梦想——党的十八大以来全国职业教育发展纪实》，《光明日报》2018 年 9 月 14 日。

共有普通高校 2663 所，在学总规模 3833 万人，占世界高等教育总规模的 1/5，位居世界第一。[①]2012 至 2018 年，高等教育毛入学率从 30% 增长到 48.1%，正向普及化阶段迈进。

目前，中国教育总体发展水平进入世界中上行列。2018 年，九年义务教育巩固率达到 94.2%，小学学龄儿童净入学率、初中阶段毛入学率超过或相当于高收入国家平均水平，高中阶段毛入学率 88.8%，高于中高收入国家的平均水平。劳动年龄人口平均受教育年限 10.5 年，新增劳动力中接受过高等教育的比例超过 45%，平均受教育年限达到 13.5 年，高于世界平均水平。[②] 但中国教育发展尚需破除制约教育事业发展的体制机制障碍，克服唯分数、唯升学、唯文凭、唯论文、唯帽子的顽瘴痼疾，“双一流”建设尤其应避免“学术 GDP”导向，克服浮躁、急功近利行为，充分激发教育事业发展生机活力。

中国教育的国际影响力不断加强，已经成为世界第三、亚洲最大的留学目的地国，2018 年，共有来自 196 个国家和地区的 492185 名各类外国留学人员在全国 31 个省（区、市）的 1004 所高等院校学习。其中，接受学历教育的外国留学生总计 258122 人，占来华生总数的 52.44%。[③]

三、加快建设体育强国

北京奥运会成功举办后，中国体育发展站在了一个新的历史起点上，党和政府提出了推动我国从体育大国向体育强国迈进的奋斗目标，内容包括群众体育、竞技体育、体育产业三个方面。

加强和改进群众体育工作是建设体育强国的要求。中共十八大以来，我国秉承“没有全民健身就没有全民健康，没有全民健康就没有全面小康”的理念，把发展群众体育作为整个体育工作的重中之重，不断拓展群众体育的广度和深度，加快推进群众体育事业发展，取得了长足进步。2014 年 10 月，国务院印发《关于加快发展体育产业促进体育消费的若干

---

①《2018 年全国各类高等教育在学总规模达 3833 万人》，2019 年 2 月 26 日。

② 陈宝生《中国教育：波澜壮阔四十年》，《人民日报》2018 年 12 月 17 日。

③《2018 年来华留学统计》，2019 年 4 月 12 日。

意见》，提出将全民健身上升为国家战略。“十三五”规划纲要将“广泛开展全民健身运动”作为推进健康中国建设的重要支撑。2016 年 6 月，国务院印发《全民健身计划（2016—2020 年）》，就深化体育改革、发展群众体育、倡导全民健身新时尚、推进健康中国建设做出部署，建立了政府主导、部门协同、社会共同参与的“大群体”工作格局。2017 年在天津举行的全国第十三届运动会，倡导“全民健身，共享全运”，首次设立群众比赛项目，把群众性体育纳入全运会，翻开了“全民全运”的新篇章。

“十二五”时期开始，将全民健身事业纳入各级国民经济和社会发展规划、将全民健身事业经费纳入各级财政预算、将全民健身工作纳入各级政府年度工作报告的“三纳入”基本实现，初步形成了覆盖城乡、比较健全的全民健身公共服务体系，体育健身场地设施大幅增加，包括民众自发组织的健身活动在内的全民健身运动广泛开展，活动丰富多彩，人民群众的身体素质和健康水平逐步提高。根据《中国群众体育发展报告（2018）》，截至 2017 年底，我国体育场地已超过 195.7 万个，人均体育场地面积达到 1.66 平方米；体育健身组织网络不断健全，全国正式登记的体育社会组织年均增幅达到 10.86%，全国县级以上地区体育总会平均覆盖率达到 72%，全国全民健身站点平均已达到每万人 3 个；体育健身指导人员队伍日益壮大，社会体育指导员超过 200 万人；体育健身赛事活动广泛开展，每年参与活动总人数超过 1 亿人次。[①] 但不平衡不充分问题仍存在，在部分地区“健身去哪儿”的问题还有待解决，“怎样科学健身”的问题需进一步破解。

竞技体育在增强国家凝聚力和文化竞争力方面具有独特的作用。2014 年 8 月 16 日，第二届夏季青年奥林匹克运动会在南京隆重开幕，是我国举办的又一项具有国际影响的奥林匹克盛事。2015 年 7 月，国际奥委会第 128 次全会决定北京携手张家口获得 2022 年冬季奥运会举办权，北京将成为国际上唯一举办过夏季和冬季奥运会的“双奥城”。2016 年 9 月公布的《竞技体育“十三五”规划》，提出我国竞技体育除实施奥运争

① 《中国群众体育发展报告（2018）》，《中国体育报》2018 年 8 月 3 日。

光计划，要把足球改革作为突破口提升三大球项目发展水平，以筹办冬奥会为契机推动冰雪运动的开展。在2012年伦敦奥运会上中国体育健儿取得了38枚金牌27枚银牌23枚铜牌的优异成绩，位列奖牌榜第二，创造了中国体育代表团境外参赛最好成绩。在2016年里约热内卢举办的奥运会上中国代表团取得了26枚金牌18枚银牌26枚铜牌的优异成绩，位居金牌、奖牌榜第三，中国女排时隔12年重夺奥运冠军。中国体育代表团在2014年索契冬奥会上取得3金4银2铜的好成绩，在2018年平昌冬奥会获得1金6银2铜，在5个小项获得奖牌，是历来得牌面最宽的一次。"三大球"是体育强国的标志。2018年在雅加达举行的第十八届亚运会上，中国的"三大球"有了突破，中国队包揽男、女篮金牌，女排夺冠，女足获亚军。根据国家体育总局竞体司2018年11月的数据，改革开放以来，我国运动员获得世界冠军数达3428个，创、超、平世界纪录达1158次。

中共十八大以来，在坚持和完善举国体制的基础上，国家相继出台一系列改革措施，解决竞技体育在发展结构和质量上的一些问题，改革创新，破解体制机制难题，努力探索适合国情的多元化竞技体育发展方式和职业体育发展模式。2015年根据《中国足球改革发展总体方案》，按照政社分开、权责明确、依法自治的原则调整组建中国足球协会，与体育总局脱钩，在内部机构设置、工作计划制定、财务和薪酬管理、人事管理、国际专业交流等方面拥有自主权。与此同时，国家体育总局积极探索奥运项目协会实体化改革，推荐专业人士担任协会主席，姚明、王海滨、冼东妹、周继红、张健、刘国梁等一批专业人士当选27家协会主要负责人，全国性单项体育协会改革取得积极进展。

中国体育产业作为朝阳产业进入快速发展阶段。2014年政府工作报告提出"发展全民健身、竞技体育和体育产业"，这是第一次将体育产业与群众体育、竞技体育并列发展。2014年10月，国务院印发的《关于加快发展体育产业促进体育消费的若干意见》，提出到2025年，基本建立布局合理、功能完善、门类齐全的体育产业体系。体育健身成为我国六大消费增长点之一。2015年9月，《国家体育产业统计分类》发布实施。体育服务业作为生活性服务业的重要内容鼓励大力发展。2016年，国家体育总局在发布《体育产业发展“十三五”规划》，也公布《山地户外运动产业规划》《航空运动产业发展规划》和《水上运动产业发展规划》。我国产业规划政策不断完善，产业平台建设进一步加强，体育产业规模快速增长。2017 年，全国体育产业总规模（总产出）为 2.2 万亿元，相比 2012 年的 9526.38 亿元，增长了 130.9%。[①] 总体上看，我国体育产业仍处在发展初级阶段。2018 年，加快发展体育竞赛表演产业。

党和政府高度重视发展体育事业，在全国体育工作者不懈努力下，群众体育蓬勃发展，竞技体育成绩辉煌，体育产业亮点纷呈，体育改革不断深化，体育事业取得了令人瞩目的成就，中国正在由体育大国逐步迈向体育强国。

第五节　讲好中国故事，传播好中国声音

“提高国家文化软实力，不仅关系我国在世界文化格局中的定位，而且关系我国国际地位和国际影响力，关系‘两个一百年’奋斗目标和中华民族伟大复兴中国梦的实现。”[②] 中共十八大以来，习近平总书记从实现“两个一百年”奋斗目标和中华民族伟大复兴中国梦的高度，审时度势，着眼长远，科学地分析研判国际舆论格局和我国文化软实力现状、挑战、机遇，围绕加强国际传播能力建设、增强国际话语权、提升国家形象、提高国家文化软实力和中华文化影响力，提出了一系列内容丰富、覆盖广泛、影响深远的新理念新思想新战略，成为新时代文化“走出去”战略的理论指导和行动指南。中共中央和国务院先后印发《关于加快发展对外文化贸易的意见》《关于进一步加强和改进中华文化走出去工作的指导意见》《关于加强“一带一路”软力量建设的指导意见》等文件，统筹对外文化传播、文化交流和文化贸易，加快了中华文化发扬光大和走出去的历史进程，国家文化软实力建设取得重大成就。

---

①《2017 年全国体育产业总规模与增加值数据公告》，2019 年 1 月 8 日。

②《习近平关于社会主义文化建设论述摘编》，中央文献出版社 2017 年版，第 198 页。

一、加强国际传播能力建设

2009 年 6 月，中共中央办公厅和国务院办公厅印发《2009—2020 年我国重点媒体国际传播能力建设总体规划》，开始实施国家层面的国际传播能力建设战略。十八大以来，中国特色社会主义建设取得全方位、历史性的成就。"同欧美一些国家受困于金融危机、债务危机相比，同一些发展中国家陷入发展陷阱相比，同西亚北非一些国家政治动荡、社会混乱相比，我国发展可以说是风景这边独好"。[①] 中国正走向世界中央舞台，世界高度关注中国。以习近平为核心的党中央抓住国际传播能力建设的良好机遇，加强对外传播话语体系建设，优化国际传播战略布局，以中国梦为引领，讲中国故事，传播当代中国价值观念，向世界展现一个真实、立体、全面的中国。

加强对外话语体系建设，关键是要"用中国理论阐释中国实践，用中国实践升华中国理论，更加鲜明地展现中国思想，更加响亮地提出中国主张。"[②] 这是中国话语体系建设在内容上的本质要求，其核心就是中国道路、中国理论、中国制度、中国精神、中国力量、当代中国价值观念，是中国之"道"。讲故事，是国际传播的最佳方式，但"不要为了讲故事而讲故事，要把'道'贯通于故事之中"[③]。在对外话语表达方式上，要采用融通中外的概念、范畴、表述，让中国声音赢得国际社会理解和认同。习近平总书记不但阐发了加强话语体系建设的丰富思想，而且率先垂范，创新、阐释、传播中国理念和中国主张，讲好中国故事。

实现中华民族伟大复兴的中国梦，是当代中国最宏大、最精彩的故事。习近平总书记围绕着什么是中国梦、怎样实现中国梦等重大问题，提出了一系列富有创见的新思想、新观点，形成了党和国家面向未来的政治宣言，中国梦的对外传播也成为讲好中国故事，创新对外传播的重要引领。习近平总书记出访演讲时多次讲中国梦的故事，阐释中国梦是中国人民对幸福美好生活的不懈追求和中华民族伟大复兴的美好

---

①《习近平关于社会主义文化建设论述摘编》，中央文献出版社 2017 年版，第 197 页。
②《习近平关于社会主义文化建设论述摘编》，中央文献出版社 2017 年版，第 213 页。
③《习近平关于社会主义文化建设论述摘编》，中央文献出版社 2017 年版，第 213 页。

憧憬，是和平、发展、合作、共赢的梦，与世界各国人民的美好梦想相通。2013 年，习近平在莫斯科国际关系学院的演讲中介绍了中国梦的基本内涵。习近平同年出访美国、2014 年出访韩国、2015 年出访越南，分别谈到了中国梦与美国梦、韩国梦、越南梦的相通之处。以中国梦为引领，习近平还注重讲中国道路的故事，阐明中国道路是人民的选择、历史的选择、现实的选择；讲中华文化的故事，展示中华文化的独特魅力，阐发交流互鉴的新文明观，展示中华文化与各国文化交流互鉴的成果，寻找文化和文明的共通点；讲民相亲、心相通的人民友好故事，讲中国与各国友好交往的故事；讲中国倡导的正确义利观、人类命运共同体、新型大国关系、亚洲新安全观、亲诚惠容周边外交理念；讲中国和平发展的故事；讲全球化的故事；讲“一带一路”的故事；展示中国负责任大国的形象。习近平在国外和国内外事场合，利用世界媒体的关注，面向国际受众，讲中国故事，传播中国声音，提升中国话语的国际影响力。《习近平谈治国理政》集中反映了习近平新时代中国特色社会主义思想的发展脉络和主要内容，生动记录了全党全国和各族人民在新时代坚持和发展中国特色社会主义的伟大实践，既为国际社会观察和理解当代中国发展提供了“窗口”，也为解决人类问题贡献中国智慧和中国方案，得到了国际社会广泛关注和好评。2014 年 9 月，《习近平谈治国理政》第一卷出版发行，截至 2017 年 11 月，已出版 24 个语种 27 个版本，累计发行超过 660 万册，创造了改革开放以来党和国家领导人著作发行量的新纪录。[①]2017 年 11 月，《习近平谈治国理政》第二卷出版发行，截至 2018 年 2 月，全球发行突破 1300 万册[②]，成为构建中国话语体系，讲好中国故事、传播好中国声音的经典范例，对于增进国际社会对中国的了解，提升中国国际话语权具有重大意义。《习近平谈治国理政》两卷书出版后，先后被翻译成包括外国语在内的多种语言版，走出国门，传播世界，产生

① 张福海：《出版好〈习近平谈治国理政〉第二卷传播好新时代中国声音》，《人民日报》2017 年 11 月 25 日。

②《〈习近平谈治国理政〉第二卷全球发行突破 1300 万册》，《人民日报》2018 年 2 月 4 日。

重要影响，也对提升中国国际话语权起了重大作用。

“支撑话语体系的基础是哲学社会科学体系。没有自己的哲学社会科学体系，就没有话语权。”① 为此，习近平要求哲学社会科学工作者从我国改革发展的实践中挖掘新材料、发现新问题、提出新观点、构建新理论，善于提炼标识性概念，打造易于为国际社会所理解和接受的新概念、新范畴、新表述，在国际学术界展开研究和讨论。十八大以来，哲学社会科学界在开展重大理论和现实问题研究的基础上加快了“走出去”的步伐。全国哲学社会科学规划办公室大力实施国家社科基金“中华学术外译项目”，资助我国哲学社会科学学术研究优秀成果的翻译与国外的出版发行。中国社会科学院统筹规划院属报纸、期刊、出版社、图书馆、网络等多种学术传播平台协同发力，强化对外学术传播，向世界清晰传递中国学术声音。第 22 届国际历史科学大会、第 24 届世界哲学大会、第一届和第二届世界马克思主义大会等在中国举办，增强国际学术界对中国议题的关切与交流，扩大中国声音。2017 年 4 月 24 日，中国第一家在欧洲独立注册的智库中国—中东欧研究院在匈牙利首都布达佩斯成立。

媒体走出去工程加快推进。中央主要媒体走出去，参与国际传媒市场竞争，取得重要成果。2016 年 2 月，在新闻舆论工作座谈会上，习近平要求“优化战略布局，集中优势资源，着力打造具有较强国际影响力的外宣旗舰媒体。中央主要媒体要强化驻外机构对外传播职能，加快实施本土化战略，成为国际传播生力军。”②2016 年 12 月 31 日，中国国际电视（中国环球电视网，英文缩写 CGTN）开播。这是一个融媒体传播机构，整合了中央电视台的核心对外传播资源，运用新兴媒体和移动终端进行融合传播，打通新闻阅读、移动直播、手表轻阅读、个人电脑（PC）端等多个终端，组建了多语种、多地区的官方移动新闻网络平台，建设了由主账号、北美、非洲、CGTN 多语种账号构成的社交媒体账号集

---

① 习近平：《在全国党校工作会议上的讲话》，《求是》2016 年第 9 期。

②《习近平关于社会主义文化建设论述摘编》，中央文献出版社 2017 年版，第 214 页。

群。[①] 以 CGTN 开播为标志，中国国际传媒布局进行了重大调整，基本形成“1+6+N”的国际传播格局：既一家国际传播旗舰媒体、六家中央主要新闻单位及其他地方媒体相结合的国际传播模式。伴随着新的对外传播格局的形成，中国媒体对外传播理念、节目风格、表达方式、话语体系也不断进行创新。2017 年伊始，中国国际电视台（CGTN）推出大型系列节目“What is China?”，节目用贴近受众的制作模式，向世界还原一个真实的中国。在题材设立方面，主创团队认真筛选了当时海外受众最为关切的中国热点问题。如“在中国贫富差距有多大？”主题下，记者讲述了城市高楼清洁工“蜘蛛人”的故事，他们为现代化城市付出的努力以及他们改变家人贫困生活的愿望。有海外观众回复：“故事令人落泪，让我们知道了中国政府应对贫富差距的挑战和复杂。”该节目还使用了“老外看中国”的制作模式，由 CGTN 北美制作中心的资深外籍记者与北京总部资深记者联合打造。外籍记者使用西方观众熟悉的表达方式讲述中国故事，进一步淡化了宣传味道，增加了与外国受众的关联度。[②] 议题设置能力是国际传播能力建设的重要抓手。2016 年以来，中央主要媒体从不同角度设置议题，如围绕美国金钱政治、“安倍经济学”、日本福岛核泄漏等话题，掌控舆论引导主动权。[③]2016 年，针对一些境外媒体炒作“南海仲裁案”的闹剧，人民日报社、新华社、中央电视台等央媒主动设置议题，澄清模糊认识，驳斥错误论调，许多报道被美联社、路透社等外媒转引转述，为打赢这场外交战提供了舆论支持。中国主要媒体议题设置能力不断增强，极大地提升了中国在重大国际事务中的话语权和主动权。[④] 为加强“一带一路”软力量建设，为“一带一路”建设提供有力的理论支撑、舆论支持、文化条件，重点媒体推出“一带一路”纪录片全媒体国际传播平台等传播渠道，

---

① 李宇：《从 CCTV4 到 CGTN：浅析中国国际电视频道的发展嬗变》，《对外传播》2017 年第 5 期。

② 韩斌：《新时代对外传播的理论重构与实践》，《对外传播》2019 年第 3 期。

③ 新华通讯社课题组：《习近平新闻舆论思想要论》，新华出版社 2017 年版，第 172—173 页。

④《习近平新闻思想讲义》（2018 年版），人民出版社、学习出版社 2018 年版，第 169 页。

促进沿线国家“民心相通”。2017 年 5 月，在“一带一路”国际合作高峰论坛召开之际，人民日报社推出被称为“超燃神曲”的《“一带一路”之歌》，新华社、中新社几乎在同一时间各自推出不同曲风的《“一带一路”之歌》。这些歌曲，通过年轻、时尚、国际化的表现形式，对“一带一路”的历史渊源和当代意义进行解读，让人耳目一新。

2018 年 3 月，深化党和国家机构改革，整合中央电视台（中国国际电视台）、中央人民广播电台、中国国际广播电台，组建中央广播电视总台，作为国务院直属事业单位，归口中宣部领导，对内保留原呼号，对外统一呼号为“中国之声”。这是重点媒体传播格局的又一次重大调整，进一步加强了党对新闻舆论工作、国际传播能力建设的集中统一领导。

中国的对外传播话语体系任重而道远。哲学社会科学在学术命题、学术思想、学术观点、学术标准、学术话语上的能力和水平同中国综合国力和国际地位还不太相称，在国际舆论格局中“西强中弱”的状况还没有完全改变。

二、扩大中外文化交流合作

文化是沟通心灵的桥梁。中国自古以来就有主动与世界各国进行文化交流的传统。新中国成立以来，对外文化交流始终是党和国家对外工作的重要组成部分。中国实施文化“走出去”战略以来，对外文化交流成为提升国家文化软实力的重要途径。进入新时代，以习近平同志为核心的党中央更加重视对外文化交流的作用。2014 年 3 月，习近平访问联合国教科文组织并发表重要演讲，阐发了关于文明交流互鉴的新文明观。他主张尊重文明多样性，强调文明平等和包容，呼吁通过文明交流互鉴，推动人类文明进步和世界和平发展。新文明观打破了“文明冲突”论，也对西方一些人的冷战思维和“大国冲突”逻辑形成有力冲击，受到国际社会欢迎，成为新时代中国对外文化交流的思想基础和理论指南。习近平主席不但是新文明观的提出者，也是新文明观的践行者。在出访及主场外交，他时常通过发表署名文章、演讲、参加活动等方式阐释文明交流互鉴的意义，表达中国愿同国际社会一道，推动不同文明相互尊重、和谐共处的意愿。2017 年 1 月 18 日，习近平主席在联合国日内瓦总部发表了《共同构建人类命运共同体》的演讲，将文明交流互鉴思想落地为“人类命运共同体”是一个超越国家、民族、宗教和国际政治的时代命题，是对人类文明走向的理性判断，强调和谐、和睦、和爱、共存、共生、共荣等理念。

在元首外交引领和推动下，中国与多个国家建立了高级别人文交流对话机制。高级别人文交流对话机制是双边合作关系中的重要机制，被看作是继高级别战略对话机制、经贸高层对话机制之后双边合作的第三支柱。在这一机制下，合作双方定期举行高层会晤，就文化、艺术、教育等广泛领域展开对话，制定和落实合作规划和项目，推动双方人员和文化交流。中共十八大之前，中国与俄罗斯、美国、英国、欧盟建立了高级别人文交流对话机制，党的十八大之后，中国又先后与法国、德国、印尼、南非、印度等国建立了高级别人文交流对话机制。不断深化拓展的高级别人文交流机制，涵盖了教育、科技、文化、卫生、体育、广电、媒体、旅游、妇女、青年、档案和地方合作等多个领域，形成高层支持、官民并举、多方参与的中外人文交流格局。2015 年举办中英文化交流年，充分展示了中英在艺术和创意产业深入而富有活力的合作，共吸引超过 200 万观众现场参与。2016 年 12 月，中英高级别人文交流机制第四次会议确认在教育领域，双方政府通过包括未来英国和中文培优等项目，支持各自年轻人到对方国家学习、实习、学习对方语言。英国官方认为，“经过双方的多年努力，中英高级别人文交流机制已经成为支撑两国关系及两国人民友好往来的重要支柱”。①

截至 2017 年底，我国与 157 个国家签署了文化合作协定，累计签署文化交流执行计划近 800 个，初步形成了覆盖世界主要国家和地区的政府间文化交流与合作网络。中国成功主办“中美文化论坛”、第十五届亚洲艺术节、“东亚文化之都”、“欧洲文化之都”合作论坛、首届金砖国家文

---

①（中国驻英国大使馆教育处）凤智：《“中英高级别人文交流机制”第四次会议获英国各界高度关注》,《世界教育信息》2017 年第 3 期。

化节、第三届中国—中东欧国家文化合作部长论坛和“意会中国”、“中非文化聚焦”等文化交流活动，进一步扩大了中华文化国际影响力。[①] 为服务“一带一路”倡议，2016 年，文化部出台《“一带一路”文化发展行动计划（2016—2020 年）》，推动建立“一带一路”文化交流机制，加强与“一带一路”沿线国家的文化交流。2016 年 9 月，23 个国家文化部长或代表受邀出席首届丝绸之路文博会文化部长圆桌会议并通过《敦煌宣言》。2017 年，举办第四届“丝绸之路国际艺术节”、第三届“海上丝绸之路国际艺术节”和第二届丝绸之路（敦煌）国际文化博览会，参展参演国家和地区总数、演出场次、参展艺术品数量、成交额等再创新高。2019 年 5 月，中国在北京举办亚洲文明对话大会，主题为：亚洲不同文明的交流互鉴、取长补短、共同进步，体现了中国对促进亚洲文明发展深邃思考和责任担当，成为当年中国对外文化交流的重头戏。

党的十八大以来，中国政府加强了海外文化阵地建设的总体战略规划，先后出台《海外中国文化中心发展规划（2012-2020 年）》和《孔子学院发展规划（2012—2020 年）》，推动整合资源，突出重点，快速有序发展。截至 2018 年底，中国已在海外设立了 37 个中国文化中心。在全球 154 个国家（地区）建立 548 所孔子学院和 1193 个孔子课堂。大型海外文化交流活动进一步加强了品牌化运营和传播，“欢乐春节”“东亚文化之都”“中非文化聚焦”“拉美艺术季”“相约北京”等国际性文化节庆、赛事和展会品牌逐步成为广泛传播中华文化的重要载体。

内地与港澳文化合作长效机制不断巩固，《内地与香港特区 2016—2018 年文化交流与合作执行计划》《内地与澳门 2016—2018 年文化交流与合作执行计划》分别于 2015 年和 2016 年签署。根据合作执行计划，持续打造“根与魂”“艺海流金”等品牌项目。开启两岸文化交流新模式，组织开展了“情系青春——两岸青年八闽行”“情系中华——海峡两岸文化创意产业展”“守望精神家园——两岸非物质文化遗产月”等品牌活动，促进文化认同。

---

①《中华人民共和国文化和旅游部 2017 年文化发展统计公报》。

三、促进对外文化贸易

一个国家的文化产品和服务在国际文化市场上占有的份额是反映该国文化软实力的重要指标。联合国教科文组织一份题为《文化贸易全球化：文化消费的转变—2004—2013 文化产品与服务的国际流动》的报告显示，2013 年中国文化产品出口总额为 601 亿美元，美国为 279 亿美元，中国取代美国成为文化产品的最大出口国。[①]但是，在核心文化产品和服务贸易方面中国文化贸易逆差仍然存在。中国的对外文化贸易占对外贸易总额的比重还较低。中共十八大报告提出增强文化贸易的整体实力和国际竞争力。中共十八届三中全会提出提高文化开放水平，培育外向型文化企业，支持文化企业到境外开拓市场。2014 年，国务院发布《关于加快发展对外文化贸易的意见》，要求加快发展传统文化产业和新兴文化产业，扩大文化产品和服务出口，加大文化领域对外投资，力争到 2020 年使核心文化产品和服务贸易逆差状况得以扭转，对外文化贸易额在对外贸易总额中的比重大幅提高，中国文化产品和服务在国际市场的份额进一步扩大，文化整体实力和竞争力显著提升。2015 年，国务院发布的《关于加快发展服务贸易的若干意见》进一步强调积极推动文化艺术、广播影视、新闻出版、教育等承载中华文化核心价值的文化服务出口，大力促进文化创意、数字出版、动漫游戏等新型文化服务出口，加强中医药、体育、餐饮等特色服务领域的国际交流合作，同时也指出要推进文化服务业有序开放。

2013 年以来，商务部会同相关部门先后认定和公布 3 批文化出口重点企业和重点项目，从资金、税收、金融、通关、营销网络、中介组织建设、境外投资、技术创新、信息平台建设等方面给予支持。为推动对外文化贸易高质量发展，2017 年，商务部又会同相关部门启动了国家文化出口基地建设，并于 2018 年 6 月认定公布北京天竺综合保税区、上海市徐

① 转引自《中国取代美国成为最大文化产品出口国》，《印刷质量与标准化》2016 年第 4 期。

汇区、江苏省无锡市、中国（浙江）影视产业国际合作区等13家国家文化出口基地。文化出口基地建设重在创新文化贸易发展的体制机制和政策措施，摸索适应文化贸易创新发展的模式和经验。2016年，文化部印发《开拓海外文化市场行动计划（2016—2020年）》，启动“国家艺术院团海外商演计划”，推动直属文化企业探索走出去的有效模式。2017年12月，文化部公布2018年“一带一路”文化贸易与投资重点项目名单，24个省区市的项目入选，覆盖了面向“一带一路”沿线国家的文化投资和基础设施建设、数字文化产业营销推广、文化贸易人才培训、对外文化贸易服务平台建设等七大领域。这一系列政策和举措产生了积极效果。

2015年刘慈欣凭借科幻小说《三体》获第73届雨果奖最佳长篇小说奖；2016年，郝景芳凭借《北京折叠》获第74雨果奖最佳中短篇小说奖；同年，曹文轩获“国际安徒生文学奖”。中国文学作品在世界文学发展中占有越来越重要地位。2016年1月，“中国电影普天同映”国产电影全球发行平台成立，相继在海外发行了《西游记之三打白骨精》《战狼2》《非凡任务》等多部影片。其中《战狼2》创造了近十年来新西兰和澳洲华语影片发行的票房纪录，以760万美元的成绩成为年度海外发行票房冠军。《流浪地球》在北美票房突破500万美元，是中国科幻电影走出国门的标志。2017年，中国国际电视总公司在尼泊尔播出的尼泊尔语版电视剧《西游记》，取得了平均收视率超过34.5%的好成绩；现实题材作品《国民大生活》出口蒙古国。2018年7月在爱奇艺首播《延禧攻略》，网络播放量破150亿，击败《权力的游戏》，击败漫威、DC、各类欧美IP，问鼎2018全球范围搜索量最高电视剧，版权卖往90个国家，收益超3亿元。中国青春网剧《致我们单纯的小美好》登陆Netflix，在全球超过190多个国家和地区播出。《择天记》被翻译成15种语言，海外上线3天单集突破流量100万。2018年，中国影视内容产品和服务出口超4亿美元。

伴随中国游戏特别是移动游戏产品质量的提升，除了东南亚市场，中国网络游戏公司纷纷抢占西亚、非洲以及欧美市场。2017年，自主研发的网络游戏海外营业收入约为 76.1 亿美元，同比增长 10.0%。[①] 数字影视内容、网络文学和数字音乐出口增长迅速。故事化的中国网络文学吸引世界目光。截至 2018 年底，有超过 500 部中国网络文学作品被译为英、日等十多种语言文字，海外读者对中国网文翻译作品日均访问量超过 500 万人次。[②]2018 年 11 月 11 日，浙江卫视的《我就是演员》原创节目与美国 IOI（Is or Isn't Entertainment）公司签署模式销售协议，授权其及合作伙伴在美国、英国、加拿大等诸多英语地区制作国际版《I AM THE ACTOR》。这是中国原创综艺节目模式首次落地欧美。纪录片《孔子》《故宫》《透视春晚：中国最大的庆典》《舌尖上的中国》等在海外热播，《中国好歌曲》等节目模式被海外订购，不仅成功实现国际传播，也在于其所表达的东方美学意境，展现出中华文化的悠久历史和独特的人文情怀。

根据商务部和海关公布的数据，2018 年中国文化贸易实现快速增长，进出口总额达 1370.1 亿美元。其中，文化产品进出口 1023.8 亿美元，出口 925.3 亿美元，增长 4.9%；进口 98.5 亿美元，增长 10.3%；顺差 826.8 亿美元，规模比上年扩大 4.3%。相比文化产品贸易，文化服务贸易的增长速度更快，进出口总额 346.3 亿美元，增长 17.8%，占文化产品和服务进出口总额的比重为 25.3%。文化产品和文化服务贸易的出口结构趋于优化：文化产品贸易方面，中华文化内涵较为丰富的工艺美术品及收藏品、出版物出口增幅较高，分别增长 9.9% 和 5.9%，增幅比上年分别提升 12.4 和 9.3 个百分点；文化服务贸易方面，处于核心层的文化和娱乐服务、著作权等研发成果使用费、视听及相关产品许可费三项服务出口 18.7 亿美元，增长 21.4%，高出整体增速 3.2 个百分点，占比提升 0.8 个百分点至 25.7%。贸易伙伴更加多元，美国、中国香港、荷兰、英国、日本为中国文化产品出口前五大市场，合计占比 59.6%。对“一带一路”沿线国家文

---

①《〈2017 年中国游戏行业发展报告〉发布》，新华网，2017 年 11 月 29 日，http：//www.xinhuanet.com/info/2017-11/29/c_136786870.htm。

②《又到年末盘点时！2018 年版权十大热点来了》，《中国知识产权报》。

化产品出口总额达 162.9 亿美元。[①]

进入新时代以来，中国在国际传播能力建设、对外文化交流和对外文化贸易等领域都取得重大成就，极大提高了中国的国际话语权、中华文化影响力、国家文化软实力和国家形象。外文局对外传播中心发布的《2016—2017 中国国家形象全球调查报告》显示，中国整体形象在世界上的好感度稳中有升，中国内政外交表现受好评，中国的国际贡献得到更多认可，历史悠久、充满魅力的东方大国和全球发展的贡献者成为中国最突出的国家形象。但调查报告也指出，谈及中国文化的代表元素，海外受访者首选中餐（52%），其次是中医药（47%）和武术（44%）。“一个国家的文化软实力，从根本上说，取决于其核心价值观的生命力、凝聚力、感召力”，把当代中国价值观念贯穿于国际交流和传播方方面面，使当代中国价值观念走向世界，赢得国际社会理解和认同，为中国发展营造良好环境并为世界文明发展做出贡献是当代中国文化的使命。

---

①《我国文化贸易结构持续优化》，商务部中国服务贸易指南网。

结 语

新中国成立 70 年来，中国共产党领导全国人民致力于推动社会主义文化的繁荣发展，与时俱进创新文化建设理论，丰富文化建设实践，探索文化发展规律，在实践创造中进行文化创造，在历史进步中实现文化进步，为构筑了中国精神、中国价值，凝聚了中国力量，丰富了广大人民精神文化生活，促进了人的全面发展，为新中国实现从站起来、富起来到强起来的伟大飞跃提供了重要支撑，也取得了文化建设的基本经验。主要表现在以下五个方面：

一是坚持以马克思主义为指导是保持社会主义文化先进性的根本保证。马克思认为，在不同的经济和社会环境中，人们生产不同的思想和文化，思想文化建设虽然决定于经济基础，但又对经济基础产生反作用。先进的思想文化一旦被群众掌握，就会转化为强大的物质力量；反之，落后的、错误的观念如果不破除，就会成为社会发展进步的桎梏。理论自觉、文化自信，是一个民族进步的力量；价值先进、思想解放，是一个社会活力的来源。[①] 在新中国，马克思主义中国化、时代化、大众化形成的成果及其文化形态是中国特色哲学社会科学的主体内容和最大增量，也是中国社会主义文化的主体内容和最大增量。聆听时代的声音，回应时代的呼唤，及时总结党和人民在实践中创造的新经验和获得的新认识，不断推进了马克思主义的创新，毛泽东思想、邓小平理论、“三个代表”重要思

① 习近平:《在纪念五四运动 100 周年大会上的讲话》,《人民日报》2019 年 5 月 1 日。

想、科学发展观和新时代中国特色社会主义思想，都有力地回答了现实生活提出的、干部群众关心的重大思想理论问题，善于运用马克思主义观点同各种错误观点进行积极斗争，统一了思想、凝聚了共识。同时，要注意区分政治原则问题、思想认识问题、学术观点问题，不能以意识形态代替文化，影响文化多样性、丰富性；文化又不能去政治化。

二是人民性是社会主义文化的本质特征。“为了谁、依靠谁”是社会主义文化改革发展的根本问题。新中国坚持文化发展为了人民，文化发展成果由人民共享。人民的需要是文化存在的根本价值所在，坚持面向基层、面向群众，鼓励创作生产受群众欢迎的文化产品，让文化发展成果惠及全体人民，创新文化发展理念，不断满足人民多层次、多样化、多方面的精神文化需求。文化发展依靠人民，充分尊重人民的首创精神，充分发挥人民的主体作用，使全社会文化创造活力竞相迸发。坚持把服务群众同教育引导群众结合起来，把满足群众的文化需求同提高群众的文化素养结合起来，以促进人的全面发展为根本目的。社会主义文化以立德树人为根本，不断提高人民的思想道德文明素养，致力于培养有理想、有道德、有文化、守纪律的社会主义公民。社会主义文化以人民为中心，就是不断提高人民思想觉悟、道德水平、文明素养，丰富人民精神世界，增强人民精神力量，满足人民群众过上美好生活的新期待，培养担当民族复兴大任的时代新人。

三是重视社会主义核心价值体系建设，发挥文化引领风尚、教育人民、服务社会、推动发展的作用。文化的核心和灵魂是价值理念。核心价值是一个国家的品格，也是一个国家文明和文化的精神标识，构建符合时代要求的共同理想、价值观念和道德规范，始终是新中国文化现代化的核心。国家之魂，文以化之，文以铸之。新中国成立后，党引导人民高扬革命理想主义旗帜，坚定理想信念，大力推进社会主义先进文化建设。在社会主义精神文明建设中，将思想道德建设放在重中之重位置。在社会主义市场经济条件下，党适应新情况，着力建立与之相适应、与社会主义法律规范相协调、与中华民族传统美德相承接的社会主义思想道德体系。世纪之交，党中央确立了依法治国与以德治国相结合的方略。社会主义核心价值体系是社会主义先进文化的精髓。党的十八大后，社会主义核心价值观的培育和践行，凝魂聚气、强基固本的基础工程，确立全民认同的价值观“最大公约数”。新中国的爱国主义、集体主义、社会主义精神广为弘扬，始终保持着为“国家富强、民族振兴、人民幸福”而团结奋斗、改革创新的文化主旋律，把个人理想融入民族复兴伟大理想，时代楷模、英雄模范不断涌现。

四是正确处理古今中西文化的关系，推动中华文化守正创新。以马克思主义为指导，坚持“不忘本来、吸收外来、面向未来”，[①] 在继承中转化，在借鉴中超越，是中国特色社会主义文化发展的路径。“不忘本来”，就是坚守中华文化立场。“中国共产党从成立之日起，既是中国先进文化的积极引领者和践行者，又是中华优秀传统文化的忠实传承者和弘扬者。”[②] 从坚持古为今用、推陈出新，全面认识祖国传统文化，取其精华，去其糟粕，到新时代强调深入挖掘中华优秀传统文化蕴含的核心思想理念、传统美德、人文精神，推动中华优秀传统文化实现创造性转化与创新性发展；继承从五四运动以来形成的革命文化传统，弘扬爱国、进步、科学、民主的“五四精神”，发展社会主义先进文化，社会主义文化保持民族性，体现时代性。“吸收外来”，就是放眼世界，吸收借鉴国外优秀文明成果。既认为“社会主义要赢得与资本主义相比较的优势，就必须大胆地吸收和借鉴人类社会创造的一切文明成果”，[③] 闭关自守、固步自封是愚蠢的；又强调“属于文化领域的东西，一定要运用马克思主义对它们的思想内容和表现方法进行分析、鉴别和批判”，“对国外的理论、概念、话语、方法，要有分析、有鉴别，适用的就拿来用，不适用的就不要生搬硬套”，即“以我为主、洋为中用，辩证取舍”，[④] 以此丰富和发展中华文化，这是我国文化发展的原则与遵循。经济全球化，经济愈自由化、一体化，文

①《十七大以来重要文献选编》（下），中央文献出版社 2013 年版，第 558 页。

②《人民日报》2017 年 10 月 28 日。

③《邓小平文选》第 3 卷，人民出版社 1993 年版，第 373 页。

④ 中共中央文献研究室编：《习近平关于社会主义文化建设摘编》，中央文献出版社 2017 年版，第 213 页。

化就愈多样化、特色化。“面向未来”，我们要传承中华文化独一无二的理念、智慧、气度、神韵，同时准确判断世界文明发展趋势，善于融通古今中外各种资源，不断推进中华文化创新，努力创造光耀时代、光耀世界的中华文化。

五是加强党对文化工作的领导。这是发展中国特色社会主义文化的关键。中国共产党始终把文化改革发展摆在全局工作的重要位置，结合时代要求、围绕党的中心任务提出文化纲领、文化发展目标、文化政策，把握文化发展的正确方向，对表对标，对出现的不足及时校准偏差，建立健全领导体制和工作机制，加强文化治理，党发挥了政治领导、思想引领、制度安排、群众组织、社会动员、道德示范等重要作用，这是新中国社会主义文化不断开创新的根本保障。

主要参考文献

1.《马克思恩格斯选集》，人民出版社 1995 年版。

2.《毛泽东选集》，人民出版社 1991 年版。

3.《毛泽东文集》第 6—8 卷，人民出版社 1999 年版。

4.《建国以来毛泽东文稿》，中央文献出版社 1987—1998 年版。

5.《毛泽东思想年编（1921—1975）》，中央文献出版社 2011 年版。

6.《毛泽东年谱（1949—1976）》，中央文献出版社 2013 年版。

7.《周恩来选集》下卷，人民出版社 1984 年版。

8.《周恩来文化文选》，中央文献出版社 1998 年版。

9.《刘少奇选集》下卷，人民出版社 1985 年版。

10.《邓小平文选》1—3 卷，人民出版社 1993 年版（含 1994 年版）。

11.《邓小平文集（1949—1974）》，人民出版社 2014 年版。

12.《邓小平年谱（1904—1974）》（下），中央文献出版社 2009 年版。

13.《邓小平年谱（1975—1997）》，中央文献出版社 2004 年版。

14.《江泽民文选》，人民出版社 2006 年版。

15.《习近平总书记系列重要讲话读本》，学习出版社、人民出版社 2014 年版。

16.《建国以来重要文献选编》，中央文献出版社 2011 年版。

17.《中共中央文件选集（1949.10—1966.5）》，人民出版社 2013 年版。

18. 中国人民解放军国防大学党史党建政工教研室编:《“文化大革命”

研究资料》，1988 年版。

19.《三中全会以来重要文献选编》，中央文献出版社 2011 年版。

20.《十二大以来重要文献选编》，中央文献出版社 2011 年版。

21.《十三大以来重要文献选编》，中央文献出版社 2011 年版。

22.《十四大以来重要文献选编》，中央文献出版社 2011 年版。

23.《十五大以来重要文献选编》，中央文献出版社 2011 年版。

24.《十六大以来重要文献选编》，中央文献出版社 2011 年版。

25.《十七大以来重要文献选编》，中央文献出版社 2013 年版。

26.《十八大以来重要文献选编》，中央文献出版社 2014、2016、2018 年版。

27.《习近平关于社会主义文化建设论述摘编》，中央文献出版社 2017 年版。

28.《改革开放三十年重要文献选编》，中央文献出版社 2008 年版。

29.《中国共产党宣传工作文件选编》，学习出版社 1996 年版。

30.《知识分子问题文献选编》，人民出版社 1983 年版。

31.《民族政策文件汇编》第 1 编，人民出版社 1960 年版。

32. 文化部办公厅编：《文化工作文件资料汇编（1949—1980）》，1980 年版。

33. 李长春：《文化强国之路——文化体制改革的探索与实践》，人民出版社 2013 年版。

34. 蔡武主编：《新中国成立 60 年中国文化发展报告》，文化艺术出版社 2010 年版。

35.《中华人民共和国现行法规汇编·科教文卫卷（1949—1985）》，人民出版社 1987 年版。

36.《新中国文物法规选编》，文物出版社 1987 年版。

37.《中国文化遗产事业法规文件汇编（1949—2009）》，文物出版社 2009 年版。

38.《中华人民共和国出版史料（1949—1966）》，中国书籍出版社 1995—2013 年版。

39. 胡惠林、肖夏勇主编:《两岸文化产业合作发展报告(2012)》，社会科学文献出版社 2012 年版。

40.《中华人民共和国重要教育文献》(1949—1975、1976—1990、1991—1997、1998—2002、2003—2008)，海南出版社 1998—2010 年版。

41. 教育部计财司编:《中国教育成就(1949—1983)》，人民教育出版社 1984 年版。

42. 中华人民共和国科技部编:《中国科技发展 60 年》，科学技术文献出版社、科学出版社 2009 年版。

43. 中国科学院:《科技强国建设之路——中国与世界》，科学出版社 2018 年版。

44.《中华人民共和国体育运动文件汇编》第 1—3 辑，人民体育出版社 1955—1958 年版。

45. 国家体育局编:《拼搏里程辉煌成就——新中国体育 60 年》，人民出版社 2009 年版。

46.《新中国 65 年统计资料汇编》，中国统计出版社 2015 年版。

47.《当代中国》丛书，中国社会科学出版社、当代中国出版社 1984—1999 版。

48. 当代中国研究所:《中华人民共和国史稿》，人民出版社、当代中国出版社 2012 年版。

49. 中共中央党史研究室:《中国共产党 90》，中共党史出版社、党建读物出版社 2016 年版。

50.《习近平治国理政》第一、二卷，外文出版社 2014、2017 年版。

51. 逄先知、金冲及主编:《毛泽东传(1949—1976)》，中央文献出版社 2003 年版。

52. 戴志贤:《山雨欲来风满楼》，河南人民出版社 1990 年版。

53. 汪澍白:《二十世纪中国文化史论》，中国青年出版社 1999 年版。

54. 郑师渠:《中国共产党文化思想史研究》，中共中央党校出版社 2007 年版。

55. 黄楠森、龚书铎、陈先达:《有中国特色社会主义文化研究》，山东人民出版社 1999 年版。

56. 杨凤城：《中国共产党与当代中国文化发展》，中共党史出版社 2013 年版。

57. 欧阳雪梅：《当代中国文化》，五洲传播出版社 2014 年版。

58. 刘源泉：《中国共产党少数民族文化政策研究》，人民出版社 2014 年版。

59. 洪子诚：《中国当代文学史》，北京大学出版社 1999 年版。

60. 方汉奇主编：《中国新闻事业通史》第 2、3 卷，中国人民大学出版社 1996—1999 年版。

61. 吴廷俊主编：《中国新闻传播史（1978—2008）》，复旦大学出版社 2011 年版。

62. 李道新：《中国电影文化史（1905—2004）》，北京大学出版社 2005 年版。

63. 陈播主编：《中国电影编年纪事·总纲卷》，中央文献出版社 2005 年版。

64. 金兆钧：《光天化日下的流行——亲历中国流行音乐》，人民音乐出版社 2002 年版。

65. 蒯大申、饶先来：《新中国文化管理体制研究》，上海人民出版社 2011 年版。

66. 何东昌主编：《中华人民共和国教育史》，海南出版社 2007 年版。

67. 李国钧、王炳照主编：《中国教育制度通史》第 6 卷，山东教育出版社 2000 年版。

再版后记

《中华人民共和国文化史》系中国社会科学院创新工程项目的最终成果，于2016年出版。本项目由项目首席研究员欧阳雪梅组织落实，采取集思广益的工作方式，请所内外专家一起讨论篇章结构、重点难点问题，由当代中国研究所第三研究室老中青三代学者携手共同完成。执笔人分别是：绪言、结语、第五章，欧阳雪梅；第一章，刘国新；第二章，刘仓；第三章，夏杏珍；第四章第一、二节，魏立帅，第三、四、五节，孙丹；第六章，曹光章。全书由欧阳雪梅作系统调整、资料补充，修改定稿。

2019年项目组以习近平新时代中国特色社会主义思想为指导对全书进行修订，并增补了十八大以来文化建设的内容作为第七章。修订模式为：基本由当初的执笔人自行修订，魏立帅代夏杏珍老师对第三章做修订；重点修改了绪言，重写了结语，增补了有关文化领导管理体制、反映中国精神如红旗渠精神、科普工作等方面的内容，删除了一些与文化建设相关度不强的内容。第七章的执笔人分别是：第一节、第二节第一和第二目，刘仓；第二节第三目与第四目，孙丹；第三节，潘娜；第四节第一目，魏立帅；第四节第二、三目，牛冠恒；第五节，曹光章。全书由欧阳雪梅修改定稿。

作为第一部中华人民共和国文化史，要用40万字的篇幅，说清楚新中国成立70年来内容丰富、纷繁复杂、敏感问题多的文化建设历史，是一件不容易的事。也许正是从这点出发，专家们在结项评审时一致给予了“优秀”的评定。在本书出版三年后再修订本书稿时，中共中央对文化建设又提出了许多新思想新理念。我们对是否能够分析把握好新中国的文化建设历史尤其是文化创造历史，仍然忐忑。这本专门史姑且抛砖引玉，为同行了解新中国文化发展历程提供线索。

感谢中国社会科学院原副院长兼当代中国研究所所长朱佳木、李捷同志。朱佳木同志组建了第三研究室这支研究队伍，并在退休前夕部署了中华人民共和国文化史项目工作。李捷同志启动了该项目，并亲自修订文化史写作大纲框架，明确写作范式，虽然他调任《求是》杂志社社长时我们尚未完成初稿，但他始终悉心指导文化史写作，在百忙之中抽空对初稿提出具体修改意见，尤其他对第三章中如何把握“文化大革命”时期一些重大文化事件的指导，使我们如醍醐灌顶。

在大纲讨论及写作中，中央文献研究室副主任陈晋，中国文联书记处书记郭运德，中央政策研究室文化局原局长严昭柱，中共中央党校教务部柳建辉主任，党史教研部罗平汉主任，《中共党史研究》杂志任贵祥主编，中国人民大学马克思主义学院杨凤城书记，中宣部文艺局副局长王强，中国艺术研究院马克思主义文艺理论研究所所长祝东力，亚太与全球战略研究院书记王灵桂，当代中国研究所所长姜辉，当代中国研究所原所长荆惠民，副所长武力、李正华，当代中国研究所原副所长程中原、张星星等专家，给予了指导。其中杨凤城、任贵祥两位专家，从大纲初稿到结项，全程指导，提出了许多建设性意见。中共中央党史研究室专家审稿时提出了宝贵的修改意见，在此一并表示诚挚的感谢！同时感谢所内一直鼓励与帮助我们的各研究室、办公室、科研办的同仁们！由于篇幅所限，不能一一列举他们的名字。

书中不当之处，恭请读者批评指正。

项目组

2019 年 5 月